Architecture

堀部安嗣 作品集

1994−2014 全建築と設計図集

平凡社

Architecture
Yasushi Horibe Works 1994 - 2014

第1章

Architecture &
origin
建築と原初

- 018 / 052　南の家　1995
- 024 / 054　ある町医者の記念館　1995
- 056　秋谷の家　1997
- 058　阿佐ヶ谷の家（改修・増築）　1997 / 2003
- 060　大宮の家　1998
- 030 / 064　伊豆高原の家　1998
- 066　ひばりが丘の家　1999
- 068　小平の家　2000
- 072　屋久島の家　2000
- 036 / 074　牛久のギャラリー　2001
- 078　目白通りの家（改修）　2001
- 080　鵜原の家　2001
- 042 / 084　軽井沢の家　2002

- 050　私たち家族にとっての堀部さんの発掘
  森 有子（「伊豆高原の家」建主）
- 051　構造体すら美しい住居
  上野素美子（「牛久のギャラリー」建主）
- 088　もうひとつの時間
  堀部安嗣

第2章

Architecture &
form
建築と形態

- 122　つくばの家　2002
- 124　碑文谷の家　2002
- 128　表参道テラスハウス（改修）　2002
- 130　逗子の家　2003
- 134　玉川田園調布共同住宅　2003
- 138　赤城のアトリエ　2003
- 092 / 140　八ヶ岳の家　2004
- 144　府中の家　2004
- 148　ひたちなかの家　2004
- 098 / 150　桜山の家　2004
- 104 / 156　由比ガ浜の家　2004
- 108 / 160　那珂の家　2005
- 114 / 162　鎌倉山の家　2005

- 120　静かに変わりゆくもの
  山本 淳＋山本久美（「八ヶ岳の家」建主）
- 121　全長と全高をのぞむ時、
  小さな家が広がる
  曽根智子（「桜山の家」建主）
- 170　意識の中の白
  堀部安嗣

第3章

Architecture &
imagination
建築と想像

- 174 / 204　屋久島の家 II　2005
- 206　ジュネス自由が丘（改修）　2005
- 208　鵠沼の家　2006
- 212　東山の家　2006
- 218　ひねもすのたり（改修）　2006
- 178 / 220　浅草の家　2006
- 224　調布の家　2006
- 182 / 228　砧の家　2007
- 232　馬込の家　2007
- 236　片瀬海岸の家　2007
- 186 / 240　芦屋川の家　2007
- 246　荒尾の家　2007
- 194 / 250　青葉台の家　2008
- 256　玉川学園の家　2008

- 202　音楽と詩と
  加藤雅也（「砧の家」建主）
- 203　私と家が馴染むための年月
  沼田綾子（「青葉台の家」建主）
- 260　仰ぎ見ること
  堀部安嗣

- 006　はじめに
  堀部安嗣
- 010　隠された方向
  ——堀部安嗣の建築を読みとく
  植田 実

- 514　対談 益子義弘×堀部安嗣　ゲスト 植田 実
  建築との向き合い方、建築図面の意味
- 524　おわりに
  堀部安嗣

第4章
Architecture &
landscape
建築と風景

- 264 / 314　KEYAKI GARDEN　2008
- 272 / 320　玉川上水の家　2008
- 278 / 324　ひたち野うしくの家　2008
- 　　　328　武蔵関の家　2009
- 282 / 334　大美野の家　2009
- 　　　338　北沢の家　2009
- 　　　340　自由が丘の家　2009
- 286 / 342　信州中野の家　2009
- 292 / 346　軽井沢の家Ⅱ　2010
- 300 / 358　蓼科の家　2010
- 　　　364　華林荘　2010
- 308 / 368　屋久島メッセンジャー　2010

- 312　時の試練に耐え、美しく年月を重ねる建築
　　　木下壽子（「玉川田園調布共同住宅」「KEYAKI GARDEN」建主）
- 313　私を仰天させた設計の「答え」に至るプロセス
　　　中村勇吾（「蓼科の家」建主）
- 370　建築の居場所
　　　堀部安嗣

第5章
Architecture &
time
建築と時間

- 374 / 408　鹿嶋の研修所　2010
- 　　　412　京都洛北の家　2010
- 380 / 416　市原の家　2010
- 386 / 420　正光寺客殿・庫裏　2010
- 390 / 424　善福寺の家　2011
- 396 / 428　我孫子の家　2011
- 　　　430　屏風浦の家　2011
- 402 / 434　富士見の家　2011
- 　　　438　那須の家　2012
- 　　　442　流山の家　2012

- 406　この家に護られ、勇気づけられて
　　　長谷川美智子（「市原の家」建主）
- 407　物語の始まりを喜ぶ
　　　荒井清児（「我孫子の家」建主）
- 446　桜と石垣
　　　堀部安嗣

第6章
Architecture &
memory
建築と記憶

- 450 / 486　森の中のゲストハウス　2012
- 456 / 494　湘南のゲストハウス　2012
- 460 / 498　イヴェール ボスケ　2012
- 　　　502　軽井沢のゲストハウス　2013
- 468 / 504　阿佐ヶ谷の書庫　2013
- 474 / 506　竹林寺納骨堂　2013

- 484　4回も設計をお願いして
　　　松原幸子（「阿佐ヶ谷の家」建主、「ひねもすのたり」店主）
　　　松原隆一郎（「阿佐ヶ谷の家」「阿佐ヶ谷の書庫」建主）
- 485　魂のすこやかさを感じる建築
　　　海老塚和秀（「竹林寺納骨堂」建主）
- 512　記憶
　　　堀部安嗣

●本書の構成について

本書は、堀部安嗣が建築家として独立後、20年間に設計した68の建築作品を収録。巻頭では建築評論家の植田実氏による堀部の作品論考、巻末では堀部が独立前に師事した益子義弘氏との対談も掲載している。建築作品は竣工年順に収録。堀部の創作の変遷と特徴から、6章立ての構成とした。各章は前半で各年代を代表する作品を堀部自身の撮り下ろし写真と文章で紹介。後半ではすべての作品の図面と解説を掲載している。さらに、作品の住み手や使い手である建主のエッセイ、および堀部のエッセイを章ごとに掲載している。なお、図面内の用語の略称は巻末（p.526）に説明をまとめた。

はじめに

堀部安嗣

　設計者として、表現の結果のすべては出来上がった建築の空間にあり、それを様々な人に見てもらいたいという願いはいつももっている。また、建築は実際に体験してもらわないとわからないことがたくさんあるというのは間違いのないところだ。

　けれども、出来上がった建物やそこから生まれる人の営みは"自分だけ"の表現ではなく、ましてや自分だけの作品でもない。設計が拙くても、施工の技術や自然の力、その後の建主の暮らし方や使い方の力が、その拙さを補ってくれることが多々ある。その逆もある。つまり出来上がった建築やそこからの人の営みは設計者の本意と力量が必ずしも一致せず、正確には表現されない。

　では、設計者としての等身大の表現はどこにあるのだろうか。

建築の図面とは

　建築の行為をオーケストラの演奏にたとえると、工事に関わる職人は楽器の演奏者であり、施工の現場監督は彼らをまとめる指揮者である。建主は演奏の機会と場を与えた人であり、住宅であればその演奏を聴き続ける聴衆にもなる。それでは設計者はというと、私は作曲者にたとえられるのではないかと思う。

　古代ギリシャ・ローマ時代からルネッサンス期に至るまでの、あるいは日本のかつての"棟梁(とうりょう)"と呼ばれる偉大なアーキテクトは、作曲者でありかつ指揮者であったように思う。しかし、現代の建築のつくり方は良くも悪くも分業化が進み、役割分担がなされ、それぞれの責任の所在ははっきりしている。中には指揮者のような役割を担わなければならない設計の仕事もあると思うし、現代においても作曲者でありかつ指揮者であるように仕事をしている設計者もいると思うが、自分自身の能力と資質、また、今までの仕事を振り返ってみると、私の仕事は指揮者ではなく"作曲者"に近いと捉えている。

　メロディーやリズムを考え、誰にでも正確に伝わり、無理なくわかりやすく演奏できる楽譜を書くことが作曲者の主な仕事であるように、設計者はプランや構造を考え、それを"図面"という伝達手段を使って表現することが最大の仕事だ。そして、この図面こそが設計者の本意を如実に表す純粋な表現であり、正真正銘、設計者の"作品"だと思う。

　"凍れる音楽"とも比喩される建築であるが、建った後も様々な環境に左右されながら、まるで生き物のように動いてゆく。特に現代の日本においてその動きは激しいように感じる。しかし、図面こそは揺るがず、その時の設計者の真意や感情までもがあたかも冷凍されたかのようにそのまま保存されてゆく。何百年も前に作曲された楽譜が今でも演奏可能なように、建築も図面が描かれてから時間をおいて、あるいは一度建物が壊されても、図面があればもう一度、ほぼその通りに再生が可能な場合もある。つまり図面は建物よりも長い時間を生きられる側面をもっているのだ。

"情"と"知"と

　普段は当たり前のように描いている建築の図面。その仕組みを改めて見直してみると、図面は揺るぎがたい原理原則の上に成り立ち、時代や民族の枠を超えた普遍的な美しい表現方法であると感じる。そんな人間の"知"の集積ともいえる建築の図面は、この仕組みがあまりに完成されているからこそ、そして、あまりにも当たり前になっているからこそ気をつけなければならないことがある。

　建築を設計するにあたっての感情や情緒といった"情"がなくても、この知の仕組みに乗ってしまえば簡単に、物理的に建物をつくることが可能だからだ。昨今のCADの普及により、そのことにますます拍車がかかったように思う。

　私は常々、建築を設計する時は"知"の前に"情"が存在していなければならないと思っている。それは喜び、慈しみ、愛しさ、穏やかさ、良心といった人の"正"の感情だ。"なにをどうつくるか"から建築を始めるのではなく、"なにを思い、どう感じるからなにをつくるか"という問いから建築を始めることを心がけている。その"情"を様々な立場の多くの人に対して正確に伝えられるように、そして同時に安全性や性能、あるいは経済性を織り込んで人を説得できるように、図面による"知"の力が必要になる。

　しかし、この情を知に変換する行為ほど難しいものはない。自分の思いを線や形に置き換えてゆくと、"自分の思いはこんなことではない"とまず壁に当たる。様々な条件を整理し、幾多の人の心理や自然の摂理をひもときながら行ったり来たりして、時間をかけてようやく自分の思いが徐々に図面に反映されてくる。先に図面は設計者の"作品"だと書いたが、この難しさを克服するからこそ"作品"といえる質につながるのだと思う。

　建築設計の目的は図面を描くことではなく実際の空間をつくることだ、あるいは建築は共同作業であり、その後のチームの力に期待を委ねればいいのでは、という考えで情を知に変換する試練から逃げてしまうと、その後の長い建築行為の中で、自分の思い描いていた世界がなんであったのかさえ忘れてしまう。そもそもしっかりとした図面を描かないとチームの信頼を得ることもできず、結局思い通りの建築をつくれなくなってしまう。図面を描くという行為を決意表明の場と捉え、これからつくろうとする三次元、あるいは四次元の建築空間に対する思いのすべてを二次元の線に正確に変換しなくては、建築と人の気持ちが拓かれてゆかないのだ。

　また、考えに考え抜いて真剣に計算された図面は、必ずしもその通りにつくられなくても、ほかのやり方を許容するおおらかさを秘めている場合がある。たとえば建設途中で施工者が別のアイデアをもちかけても、様々な可能性を追求し尽くした図面を描いていれば、その別のアイデアの意味と重要性を瞬時に理解して受け入れることができる。

　バッハの曲は時代を超えて様々に解釈され演奏されている。それが可能なのも、元の楽曲の完成度が崇高なまでに高いゆえだと思う。だからこそ、オリジナルの格と軸は揺るがないのだ。

図面を描く行為が自分の心身と建築をつなぐ

　別の視点で図面を描くことの大切さを考えてみたい。今までの経験でこんなことが少なからずあった。体調がやや優れず、身体が重い時に図面を描くと、意外にも納得のゆくプランや良い線が生まれる。身体が軽い時には浮いていたアイデアが、身体の重い時に描くと落ち着き、足元が固められた図面になることが多い。考えてみれば、出来上がった建築に住む人や使う人は決していつも健康な状態にあるわけではない。特に住宅ともなれば、心身ともに様々な状況を空間が受け入れなくてはならない。少し身体が重い時の方が、つくろうとする建築の中で生活する人の気持ちや動きに近づくことができ、プランやディテール、あるいは素材

の選択にも奥行きと深さが生まれ、建築が確実なものになってゆくのかもしれない。

複雑で難解な図面は当然、施工も難しくなる。施工が難しくなるということは、それだけ余計な手間と費用がかかる。建築には最小限の労力と費用で最大限の効果をあげるという鉄則が原始の時から変わらず存在していると思う。そのため、その鉄則を守り、知恵を絞ってなるべく手間や費用がかからず、シンプルで理解しやすい図面を描くことに最大限努めなくてはならない。体調がいい時にはどんどん勝手にたくさんの線を描いてしまうが、身体が重い時には良い意味で手数が減り、線がシンプルに整えられてゆく場合がある。身体が軽い時、身体が重い時、それぞれに考え方、描き方に役割があり、それらをうまく使い分けて図面を描ければと思っている。

こんな時もある。忙しさからまとまって図面を描く時間がとれず、スタッフや施工者に口だけで指示を与える日々が続くと、自分がつくろうとする建築がどんなものであったのかがわからなくなり、自分自身と建築の間に溝が生まれ、やがて自分の限界と可能性がどこにあるのかさえもわからなくなってゆく。それは建築に対して自分が責任のとれる範囲をわかりにくくしてゆくことにつながってゆくのだ。

また、図面はそれ以下でもそれ以上でもない冷静で正確な表現であるからこそ、嘘や虚飾があってはならない。わかっていないところがあれば、わかっていないように描かなくてはならない。その時、等身大の自分の実力に気付くことができる。さらに、重量があるものを軽く見せようとしたり、厚みがあるものを薄く見せようとしたり、あるものをないように見せることを図面でなるべく表現しないように心がけている。なぜならその表現は私にとって、"もの"としての建築を過剰に表現してゆくように感じるからだ。それにそのような表現は経年変化とともに物理的に問題を起こし、感情的にも飽きやすくなる性格をもっている。

このように、図面を描くことは建築をつくるための単なる手段を超えて、自分の心身と建築をつなぐために、あるいは自分の心身や良心を見つめるための、なくてはならない大切な行為と捉えることができる。

こうしてできた身体感覚と良心をともなった建築には、生き生きとした生命感とあたたかみとやわらかさが表現されてくるのだ。

平面図を描いている時に浮かぶイメージ

私が図面のなかで最も大切に考えていて、最も時間をかけるのは平面図だ。建築は言うまでもなく三次元で成り立っているが、不思議なことに、文字通り最も平面的なこの図面に、ほぼすべてのことが表現されている。

人の動き、心理、リズム、温熱環境、風の動き、音など、住宅であれば最も大切な"暮らしやすさ"をそこから確実に読み取ることができる。シンプルな潔い建築であれば、そこから断面形状や立面、あるいは佇まいやディテールまでも平面図から立ち上がって見えてくる。

音楽家が優れた楽曲の譜面から情感まで感じるように、優れた計画の図面になると、そこから設計者の良心や体温、記憶のようなものまでを感じることがある。コンピュータではなく手で描かれた図面の方がそのような表現を得意としているが、真剣に描かれたCAD図面でもその表現は可能であると考えている。

これ以上大きくても小さくても成り立たない、もう動かしようのない、絶妙なバランスで成り立っている美しい平面図を描きたい、という気持ちをいつももち続けている。

特に住宅の平面図を描いている時、無意識のうちに頭にあるイメージが浮かぶ。一言で表すと、それは"円"だ。このイメージは振り返ってみるとずっと前からもっていたように思うが、"円"には様々なイメージが重なっている。

まずひとつは、人の住まいや居場所の原形は円にあるということだ。原始の住まいは竪穴住居に見られるように円形に近い平面をしており、登山のテントやビーチパラソルなども円が形の基準になっている。花見やピクニックの時も、ござやシートを敷いて人は自然に円を描いて座る。

人間という動物の習性を見るようだ。もちろん、現代の生活は様々な人の営みや動きがあるからそう単純にはいかないが、私はこの人間の居場所の"原形"を現代においても表現したいと考えている。それは原初的であり、かつ洗練された形であると思うと同時に、飽きのこない、普遍的な魅力と力強さを感じるからだ。また、現代にあっても、どこか太古の昔の記憶を呼び覚ますように感じる時もある。そしてその思いから、平面に円を描くイメージをもつのだろう。私の設計する平面形状に正方形や正多角形が多く、屋根もテントのように原始的な形状にするのもその現れだと思う。さらに、人の動きもすべて直線的ではないように、一方通行ではないように、どこか円を描くような動線を考えているところがある。散歩の時も行きと帰りに同じ道を通るのはつまらないけれど、家を起点にぐるりと回れば楽しい。そのように家の中も楽しく動ければ、と考えている。

　敷地の形やそのほかの条件で円に近い平面形状がつくれない場合も、断面における動線が円を描くように考えている。暮らしが現代的になっても、人はその原初的な感覚の心地良さを決して忘れないもの、と確信をもって図面を描いている。

　そしてもうひとつ、これは概念的な話だが、建築する時には様々な立場の人が様々なことを考えているから、放っておくと気持ちがあちらこちらに散らばってゆく。それらを円のようにつなぎ合わせたいという感覚だ。文字通り"円くおさめる"のだ。立ち位置はそれぞれ違っていても、見つめるところは同じである状態にしたい。そのおさめ方はあれこれ様々な手段と段階を必要とする場合ももちろんあるが、可能であればたったひとつの図面や考え方ですべてがつながってゆくイメージをいつも理想に抱いている。

竣工後の生活風景は建主の作品

　建物が竣工すると、それまでの現場の活気が嘘のようにシーンと静まり返る。この生々しく、建築という"もの"の存在の強すぎる状態がどうも私は苦手で、ここにはもう自分の仕事はないという寂しさとあいまって空虚な気持ちになる時もある。建築にまだ生命が宿っておらず、"もの"はあるけれど"こと"がないからだろう。この時、自分は"もの"に対する興味が稀薄で、自分がつくりたいのは"もの"ではなく"こと"であるのだと明確に認識する。

　竣工時の抜け殻のような建物の様子が一変するのが、建主が暮らし始めた後だ。幸いにも自分は、設計した建物をよく理解して受け入れ、住みこなしてくれる建主に恵まれており、"こんなふうにこの空間を解釈して自由に暮らしているのだ"という感慨に浸ることが多々ある。図面が設計者の作品であるとすれば、建物を使いこなす生活風景は建主の"作品"と呼んでいいのではないだろうか。そうした建主の作品に出会った感動を写真に記録する。それは自分が設計した建物を愛でているからでは決してなく、あくまでも建主のありのままの生活の美しさや、樹木の生長や土地と建物の馴染んでゆくような時間の経過がもたらす豊かさを撮ろうとしている。

　冒頭で職人はオーケストラの演奏者であると書いたが、建物ができて生活が始まると、建主は聴衆であり、かつ建築という楽器を身体の一部として自由自在に操る優れた演奏者になるのだ、と感じる時がある。優れた演奏者が奏でる楽曲は、譜面や音符を感じさせず、ただただ美しいメロディーが身体を包み込んでゆく。

　そんな音楽を聴く時が、作曲者として最も嬉しい瞬間である。

隠された方向――堀部安嗣の建築を読みとく　　　　植田 実

　建築の設計とは、建築をつくることではない。
　堀部安嗣の書く、詩のように美しい文章を読むと、どうしてもそんな思いに誘われてしまう。例えばそれは原初的な居心地のいい場所、気持ちが未来に開かれるような懐かしさの場所とも言いかえられているが、建築の原形あるいは建築の否定を言っているのではない。建築のはたらきを探っている。だから形は見えないがこれまでに知らない大きな広がりの気配に目覚める。その行方を追う心になっている。彼の建築はそこにある。
　堀部は設計の依頼があった時は、その人に自分が実際に手がけた仕事のいくつかを見てもらうようにしているという。新しい建主に対してまず知ってもらうのは、答えではなく問いであることを伝えたいにちがいない。そして彼の手がけた仕事の多くは今のところ住宅だから、彼に住まいを頼みたい人がすでに生活されているお宅を訪ねて住み手の感想を訊きながら、写真や図面ではわからなかったぶんを実際の空間体験によって納得し楽しむ様子が見られる。住宅という建築が体験によって容易に伝達されることの証しである。住宅とは誰にもよく知られている建築なのだ。
　けれども堀部の住宅はどちらかといえば難しいと私は思う。全体像を把握しにくい。自分なりに説明できないからだ。それほど自然であり普通で、その普通がただごとではない。しかも建築家自身があまりにもうまく書いてしまっている。それは建物の説明というより、住まいがそこにやってきた方向、これからの生活を通して住まいが赴く方向を見遣る、遠さを伴う建築家のメモである。
　冒頭から建築と同様、その記述にこだわっているけれど、そこに新しい関係を感じている。空間の体験が、また歳月を重ねての生活が、その先に必要としているものがあるとすれば、方向性である。言いかえれば、建築における自然あるいは普通とは、方向が隠されたままの状態のこと。

*

　初期の作品、「南の家」[*1](1995)、「秋谷の家」[*2](1997)、「大宮の家」[*3](1998)、「屋久島の家」[*4](2000)などは、余分な造形表現を嫌う寡黙さを強く印象づけられるが、その印象が彼の記述と重なった時、たんに黒々とした家形、あるいは素のままのシンプルな架構としての解釈に終わらない。先にある距離を予感している。そこにはすでに「伊豆高原の家」[*5](1998)のような、最小限の言葉で場所の記憶がうたわれる複雑な形と空間が待ち受けている。
　森の中という立地でありながら、やや閉じた不整形平面の総2階。その外壁は砂漆喰塗りで、別荘というよりは家の形をさりげなく固辞して屹立する、何かの記念碑にも似ている。かつてここに30年間建っていた別荘を建て直したという来歴によるのかもしれない。「今までの家の記憶を継承してほしい」という建主の願いのもとになっている今までの家とは、住宅の巧者といわれた高木滋生の設計による3階建てで、各階の機能を各階独自の、南北軸中心のシンメトリカルな平面形に反映させ、羅針儀のように機能と方位とをいわば裸形にして3層に明快に重ねた建築だった。それとは一見まるで対照的な平・立面によりながら、堀部がいかに見事に前の家のコンセプトを継承したかは、この家を紹介する私家版冊子に寄せられた、建築史家・松隈洋の精緻な解読がある。つまりは過去と現在との思いがけない入れ子になっているのだ。あるいはクリストとジャンヌ＝クロードがベルリンの国会議事堂やパリのポン・ヌフを大きな布でまるごと梱包したインスタレーションを連想したとしても決しておおげさではない。覆い隠すことで見慣れたものの精髄が現れ、更新される考えかたは同じなのだから。根のない新しさを拒否しているのだ。
　これに続く「牛久のギャラリー」[*6](2001)は、ギャラリーとアトリエと住まいの、外に開かれた場と私的な場と、それを分けつつ一体化するアクセスや出入り口をうまく解決して、愛らしい路地と中庭を抱いたコンパクトな佇まいになっている。一方、「軽井沢の家」[*7](2002)では、例えば「牛久のギャラリー」が内側に抱え込むことで豊かにした場を、生成りの自然の中に解き放ち、一直線にのびる寝室棟とそれに45度の傾きでつながれた正方形平面の広間、そして地下階の、洞窟でもあり眺めに開かれたテラスでもあるという、相反する性格を重ねた場をのびのびとつくり出す。息つく間もない展開である。そしてこれらに続いてはシンプルな幾何形体の中で集中的にプランニングを進める時期にバトンタッチされる。

＊1「南の家」pp.18-23,52-53
＊2「秋谷の家」pp.56-57
＊3「大宮の家」pp.60-63
＊4「屋久島の家」pp.72-73
＊6「牛久のギャラリー」pp.36-41,74-77
＊7「軽井沢の家」pp.42-49,84-87
＊8「つくばの家」pp.122-123
＊9「八ヶ岳の家」pp.92-97,140-143
＊10「府中の家」pp.144-147
＊12「由比ガ浜の家」pp.104-107,156-159

＊5「伊豆高原の家」　pp.30-35,64-65

　堀部安嗣の建築は本に似ていると思うことがある。とくにこの時期の住宅はそうだ。生活の内容を織り込んだその外形が、閉じているのではないのにかっちりとした輪郭をつくっている。でも中身は読みはじめてみなければわからない。だから惹きつけられる。

　具体的に並べてみよう。「つくばの家」＊8（2002）では正方形平面、2004年に集中する「八ヶ岳の家」＊9「府中の家」＊10「桜山の家」＊11「由比ガ浜の家」＊12では十字形、正六角形、正八角形などを基本とした平面になっているが、こうした幾何学形が、枠ではなくむしろ思考を解放していく装置になっている。その間取りを図面に辿るだけでも建築家の思考が加速され、多方向に精緻になっていくのがよくわかる。彼自身の説明によれば、「由比ガ浜の家」では、「設計することの気負いが常に邪魔をして」「新しく自分がつくりだす平面計画やかたちにどこか違和感があった」。だが、あるとき「落書きのような気楽な気持ちで正五角形の平面を敷地図に描い」てみたら「それまでとまっていた鉛筆がどんどん滑りだし、あっという間にプランができてしまった」。

　前述した最初期の住宅では、設計者の内部と新しく建つ外部との対立を調停するためのゆったりと長い時間が建築にそのまま表れている。ところが「落書きのような」幾何学形をまず置いてみることで、シュルレアリストの自動記述のように、内外の境界がフッと消えた。「鉛筆がどんどん滑りだし」たのは、そこに部屋や場所の思いもかけない新しいつながりが次々と見えてきたからだろう。どんな物語なのかわからない中身が盛り込まれた本のような印象はそのことと連結している。一般に住宅はその外観からおおよその間取りがわかるものだ。堀部の住宅も例外とは言えないのだけれど、そこから変化がふいに生じる。

　「つくばの家」の躯体は整然としている。正方形平面。螺旋階段を中心に、上下階とも四隅にやはり正方形平面の小さなテラスを残して四立面にコンクリートの壁が立ち上がる。この壁の幅をもう少し狭めて壁柱状にすると菊竹清訓の「スカイハウス」を思い出してしまうほどだが、それほどに完結した躯体の中身はむしろ正反対で、「スカイハウス」が1階をピロティ状に空け、2階に四周の通路と一室空間を求心状に構成しているのに対して、中心の階段室と四隅のテラスとの連携で、多方向に大小の部屋を切り分け、あるいはつないでいる。

　「八ヶ岳の家」も正方形平面が基本だが、その中に隠されていた十字形が正方形の四面中央から突き出されるとともに、2階では十字の形状をはっきり見せて立ち上がり、残された1階の四隅の部屋や土間、コーナーを下屋のように落ち着かせている。階段室がやはり中心部を占め、これをL字形に囲む台所、その外に雁行しながら広がる居間・食堂。一方でポーチからクロークと一体の玄関、土間が並ぶ、いかにも具合のよさそうな玄関まわりは、2階建ての十字形と下屋部分との切り分け、つなぎの結果であり、堂々たる外観からはその内側に生起している多様な場所は推測しにくい。それは森の中にまるで以前からあったひときわ大きな木である。

　正多角形平面は「府中の家」からはじまる。1階は六角形の中心に六角形の寝室があり、周りは土間、玄関、洗面・浴室、クローゼット、物置の部屋が蜂の巣みたいに整然と同じ形で囲み、それを中心から周辺へ波紋のように広がる床板のパターンが端的に表している。つまり多方向のプランで、玄関にもその反対側の物置にもアクセスできる土間は堀部の住宅に特徴的なものだが、この家ではその効果をもっとも見事にあげている。2階は一転して六角形の輪郭と外の景色がまるごと視界に入ってくる一室空間。台所もテーブルも壁に沿い、部屋の真ん中を、深呼吸するかのように開けている。

　前にちょっと触れた「由比ガ浜の家」は正五角形平面。この部屋の構成はまたがらりと違う。螺旋階段室が五角形の南西隅に追い込まれ、そこを要として左右二辺に、1階では台所、個室、納戸。2階では浴室・洗面、クローゼット、個室が片寄せられて並んでいる。残る北東の、やや小さくはなったが開かれた五角形の床は、1階では食卓などが見える広間、2階も同じ大きさの広間。だが2階はそれをさらに二分する簡単な間仕切り棚をへだてて、一方に長いデスク、一方にベッドが置かれる。ゆったりとくつろげるにちがいない二つの部屋である。たまたま発見されたコーナーとでも言えそうな。

これら多角形シリーズともいうべき住宅についてこまごまと描写してきたが、じつは実際には1軒も拝見していない。図面と写真を追うだけでも飽きないのは、生活の場を想像すると同時に設計の展開を追う気持ちになっているからだろう。幾何学形の枠で、慣習的間取りと距離を置くことができ、しかしゲーム的プランニングにならずに思いがけない生活の実感に次々と触れてゆく新しい組織の発生に立ち会う。そんな領域に建築家はどんどん入り込んでいっている。

　「桜山の家」(2004)は訪ねることができた。平面の基本形はさらに手の込んだものになり、同じ正八角形を三つ、少しずつずらしながら直線状に重ね並べている。鉄筋コンクリート造総2階、小屋組は木造の、東西に細長い住宅。連結された八角形の外郭が壁柱となって整列し、それから見れば斜辺になる面は開口部として、言いかえれば、コンクリートの長い直方体の両端部の角を垂直に削ぎ落とし、長手の南北壁面にも同じようにそれぞれ等間隔に2カ所ずつ、斜めの刻み目を上から下まで一直線に入れた形になっている。この斜辺面の効果に驚かされる。外から見ると、壁柱に挟まれて内側に切り込まれた開口部は細く目立たないスリット状だが、室内では壁と同じ幅の開口部だから景色も木々の緑も中に引き込むような明るさと力を備えている。どの部屋もテラスも入り口部分に斜めの奥行きがあるので引き出しのように小さく収まっているような。だがその中に入ると奥行きが生きて膨張する。1階の土間は数ある堀部土間の中でも特筆もので、物置を取り囲み玄関と連結してリング状になる。屋外作業場として懐かしいような玄関まわりの景観をつくっている。この家も外形は本のようにかっちりしていて、四方位の立面が同一の構成要素で貫徹し、表裏がない。内部は多方向に折りたたまれ、循環動線どころか一歩進むごとに内外の新しい景色で視界が四方に感応変化する。日々の生活の足どりが発見の連続であるのが、そこにいっときお邪魔しただけで実感されるのだった。

　2005年にも正多角形平面が見られるが、「屋久島の家Ⅱ」[*13]が基本とする正六角形は規模が大きくてもうまく対応する原理の、恰好の証明である。その中心を屋外として抜き取ることで環状に囲繞する形をスケールに合わせ、さらにその一辺を取り外すことで、家を海に向かわせる。そこから劇場的な階段という新しい建築言語を組み込み、開かれた六角形の尖った両翼があまりにも広大な風景の中で建築の居場所を遠くまで広げつつ内側は守っている。2階の広間はオープンキッチンからグランドピアノまでを一室空間に配置する広さだが、仄暗さと正六角形外辺の屈曲が周到にそれぞれの場をつくりあげている。

　その先にまた驚くべき発展形が、これまでとは異質ともいえる様相で待ち受けている。「青葉台の家」(2008)[*14]はスケールも、二世帯とはいえ一戸建て専用住宅としては堀部がこれまでに手がけたものの中では最大の延床面積だが、その規模の大きさをじつに思いがけない発想で見事に生かしているのだ。鉄筋コンクリート造、一部木造。地下1階、地上3階。階段室を中心にした十字形平面。ところがこの住宅ではこれまでとやや違って十字の腕、すなわち階段室という要から突き出た部屋の位置が少しずつずれている。建築家の説明を借りると、5,400mm角の各室が卍形に構成されている。

　つまり四方に突き出た部屋の一面の壁がほんの少し長く、台所・食堂、居間、寝室・水まわり、そのほかの部屋部屋が反時計まわりにリレーされる形でつながっていく。しかも垂直方向では、中央階段室でよくわかるけれど4〜6段ずつのスキップフロアが螺旋状に、地下のオーディオルームから3階の書斎まで切れ目なくつながっているので、二つの世帯ははっきり遮断されていない。十字のふところに四つの庭がつくられ、メインの部屋部屋からそれを望む窓は、大きさも壁に開ける場所もみな同じなのでこの同一反復が迷路性を高める。収納、水まわり、図書コーナーなどの小部屋に通じる(というより迷い込ませる)小さな階段がまたあちこちに現れる。一方で中央の、エレベーターを囲む階段室はすべての部屋への動線上の起点でもあり、その四隅にやはり卍形に位置するスリット状の吹抜けが、この家の4層分の距離を垣間見せると同時に、その完結的な幾何学形状をあらためて思い起こさせる。

　同じことを繰り返すのだが、十字に突き出た部屋は三方に開口を持つ。これ以上、分離自立した部屋はないはずだ。ところが開口の仕掛けと卍形ずらしによってすべての部屋が同一反復(しかし画一性の気配は微塵もなく一つひとつが毅然としている)という現れかたでどこまでも、家の果てまでもつながってしまう。けれどもこれは家族の現実にいちばん近い肖像画ではないか。

　同じ年に完成した「ひたち野うしくの家」(2008)[*15]も、正方形に十字形を重ねて四隅を開けている平面は一見「つくばの家」に戻っているように思えるが、L字形の囲いを卍形に組み合わせ、その袖壁が外部にも室内にもリズミカルに表れ、とくに2階の台所、食堂、居間、書斎は一室空間ではあるがそれぞれが落ち着くコーナーを確保している。このL字形の囲いも「リレー方式」になっている。四隅の外光の方向性と囲われた場所との連携にいちだんとめりはりがついてきている。1階の寝室階では完結した部屋が集まっているために見えにくかったL字形の壁の構成が、2階ではじめて意識される。体感によるスケールや開閉の記憶が戻ってくる。こうした上下階での意識の再生はとても新しいプランニングだ。

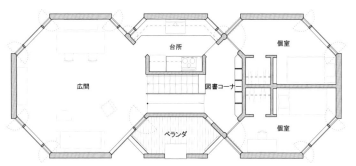

*11「桜山の家」 pp.98-103,150-155　　　1階平面図　　　　　　　　　　　　　　　　　2階平面図

*14「青葉台の家」 pp.194-201,250-255　　　1階平面図

2階平面図

*13「屋久島の家Ⅱ」 pp.174-177,204-205
*15「ひたち野うしくの家」 pp.278-281,324-327

建築家はしなやかで自由になっている。

全体の枠組とその部分である部屋の割り振りへの意識よりも、部屋から部屋、場所から場所へ動く体験自体がずっと強くなっていく生活内容を設計しはじめている。言いかえれば、内が外になる。例えば「鵠沼の家」(2006)では総2階建ての正方形と五角形が各1/2辺でつながるというくびれた平面形で、正方形棟は上下階とも寝室、五角形棟の1階は書斎と水まわり、2階は台所と広間に分けた形がごく自然に外観となっているし、「軽井沢の家Ⅱ」(2010)では同じ正方形平面の棟が三つ、出隅部で45度に振って連結され、さらに傾斜面の立地を存分に生かした結果、断面も複雑になり、中央棟は最上階に四周の眺めを満喫できる広間、その下階はインナー・テラスで外部につなげ、ほかにもオーディオルームやアトリエなど、別荘にふさわしい要素を盛り込んでいる。8年前の「軽井沢の家」と相呼応しているような印象でもある。外観は小さな集落とも見える。自由な建築。「市原の家」(2010)や「善福寺の家」(2011)ではより自然に、雁行しつつゆるやかに連続することで、その間を埋める庭も外の部屋として図と地が一体になっている。

あらためて堀部安嗣にとっての住まいの、あるいは建築の最小単位はどれなのかを考えると、いや考えるまでもなくずっと私の心にあったのは、じつにチャーミングな「赤城のアトリエ」(2003)で、桜並木の道路にコンクリート打放しの円い屋根が野兎のように顔を出している。北東の傾斜面に身をかがめて、2階から張り出したテラスが前面道路と同じレベル、そのテラスを庇として1階の寝室が斜面の緑の中に隠されている。反対側にまわると玄関、入れば寝室と水まわりだけ。2階は外観をそのまま内景とした湾曲天井のアトリエ、3,000mm角の衝立の裏は台所。アトリエ側に窓はない。台所が背にしているテラスからの外光が衝立に押しとどめられながら台形に広がる。やわらかいが方位性は強い。

「赤城のアトリエ」はいわば単気筒の台形プランだが、「逗子の家」(2003)、「ひたちなかの家」(2004)、「鎌倉山の家」(2005)などでは台形が三つ、四つと束ねられて扇形となる。眺望そのほかの外力が家の方位の流れをさらに増幅している姿とも見える。その中で、「赤城のアトリエ」と同じように、光や視野の流れと直交する衝立、書棚、家具などが堰板のようにあちこちに配置されている。そうした仕切りを外した場（例えば階段室）ではそのぶん流れが勢いづく。多方向的動線や表裏のなさとはまた別に、方位をひとつに絞る時でもその流れの緩急をじつにうまく差配して、それぞれの居場所を固有種として育てているのだ。

堀部の建築は、その一つひとつを隅から隅まで確かめなければ、読み終えたとは言えない。似通った立地や家族構成、同じ正多角形平面を下敷きにしていても、まるで違う事件や結末が待っていることが多いからだ。建築家は、自分で自分を裏切る予想外の成り行きをむしろ楽しんでいるようだ。彼の建築を知るいちばんの近道は、説明より図面や写真を先入観なく読んでみること。そう思った。

けれども最新の仕事のひとつ、「阿佐ヶ谷の書庫」(2013)だけはどうしても先触れしたい。この1軒だけを建主と建築家とでまとめた詳細きわまる報告が出版されている。必読書である。地下1階、地上2階、鉄筋コンクリート造の書庫は、堀部の手がけた建築の中でも延床面積は最小の50㎡足らず、でも1万冊の蔵書と仏壇を収める棚だけでなく寝室、シャワールームとトイレ、台所、そして書斎のスペースがちゃんと確保されているのがこの眼で見ても信じられないくらい。

やや不整形なコンクリートのマッスが阿佐ヶ谷の大通りに面して建っているさまは、そこの地下の土塊を建物の形のまま地上に上げて据えた、そんな印象を受けた。つまり彫刻家・関根伸夫のよく知られている作品「位相-大地」(1968)を当然のように思い出した。円筒形の土の塊とそれが掘り抜かれた跡の円筒形の竪穴。ポジとネガの併置は、「阿佐ヶ谷の書庫」の外形と中の空間に重なって見えるが、言いたいのは形の類似ではない。コンクリートの、壁ではなく塊から部屋をくりぬく、いわば許されざる発想のすごさである。しかも無謀ともいえる工事をひたすら突き抜けて実現してしまった。

ひとりなら普通に生活できる空間だが「書庫」と呼んでいる。前述の報告書を読むと「仏間」のほうがふさわしいと思うかもしれない。外壁の「小豆色」と呼ばれる色は周辺の街に合わせてという建主の要望で決められた。けれどもこの場所は、これから住みはじめる建主にとって縁があるわけではなく、新しく購入した敷地だという。建主の実家は阪神大震災に遭遇した。仏壇と庭木のいくばくかをここに運んできた。書庫の壁にすがる緑はわずかである。だが語ることは膨大にある。その庭木はこの街のかつての名残りとさえ思えてしまう。周りになじもうとする壁の色ではあるが、遠い過去の海から帰ってきて今の街に突然姿を現した浦島太郎の風貌然としてもいる。だからこそ現代が必要とする住宅になっている。

堀部安嗣がこの20年間につくってきた住まいの場は、ここで、家の時間の重みをさらに直截に引き受けることでこれまでになく過激な沈黙に向かい、生きることになった。彼の建築設計の手法は、建主や工事担当の人々にも支えられて、身体で感じられる思想となった。言いかえれば、時間とか記憶とかを安易に気取った説明が、建築そのものの衰弱にほかならないこの時代の騒然たる只中を堀部は突破して、時間や記憶の不滅に触れようとした。

書庫を辞し、表通りに出て歩きはじめた時、堀部の建築時間がまだ身体にしっ

*16「鵠沼の家」pp.208-211
*17「軽井沢の家Ⅱ」pp.292-299,346-357
*18「市原の家」pp.380-385,416-419
*19「善福寺の家」pp.390-395,424-427
*20「赤城のアトリエ」pp.138-139
*21「逗子の家」pp.130-133
*22「ひたちなかの家」pp.148-149
*23「鎌倉山の家」pp.114-119,162-169

*24「阿佐ヶ谷の書庫」 pp.468-473,504-505　　*25「竹林寺納骨堂」 pp.474-483,506-511

かりと残っているのに気づいた。街の動きが速すぎる。街の声が高すぎる。

＊

　高知市五台山竹林寺。四国霊場第三十一番札所。神亀元年(724)、僧行基により大唐五台山になぞらえ開創。時代の波に耐えてきた宏壮な境内は、山門を潜った先に本堂と大師堂、五重塔を経て西参道に至る。また山門手前を北に向かえば、客殿、書院を囲む名勝庭園がこの境内全体の位置する地形、すなわち山裾と一体になった場所であることを端的に気づかせる。それが森や池によっていっそう深まるのが西境内の「めぐりのもり」と呼ばれる霊廟域で、ここに総墓と納骨堂がある。樹木も土も石も長い歳月の表れとなっている参道のいちばん奥に、何気ない木造の建物が見えてくる。堀部の仕事としてさらに新しい、「竹林寺納骨堂」*25 (2013)である。

　彼の設計による住宅をその最初期からずっと見てくると、ある特性を感じる。それを冒頭でとりあえず、自然であり普通であることと書いたが、もちろん建築家の個性を言うわけではなく、良識を指摘しているのでもなく、いやむしろその正反対に近いかもしれない。では何なのかを考えはじめた矢先に、非住宅という形で、ある回答を受け取ってしまった気分なのだ。建築家は建主を得て仕事が実現する。東京の書庫と高知の納骨堂がこの時期に踵を接して完成したのは偶然のように見えるが、堀部の設計をさらに深く受けとめ考えていた人が多くいる証しというべきだろう。

　「竹林寺納骨堂」は約1300体を納める、幅2m、奥行き25mの納骨室が2列、通路を中心軸としてシンメトリカルに一直線に延びる。明快な構成だが形式性の強さは感じられない。寸法が身体に迫るほどに抑制され、外光も滲む程度にひっそりと入ってくるために、建築として見える距離を奪われている。しかも外壁は、土佐漆喰の目地なし鏡面仕上げ、と建築家の説明にある。25mの長い面が目地休みなく一気に塗り込められている。近代主義的な意味での建築の分節がない。だからコンセプトとしてこの建築は終わらない。終わるのは外的実際的な、例えば敷地は無限ではないといった理由による。納骨堂は完結せず、中断するだけだ。

その先に白い塀にやわらかく囲われた水庭の間がある。この建物の木造部は105mm角の杉材を使用しているが、仄暗い通路を過ぎて水庭に出たときにはじめて、同寸角材で天井も梁も仕切り壁もつくられていたことに気づく。入り口ポーチも同じ角材の柱が林立していたことを思い出す。

　そして不思議な感覚に襲われる。水庭やポーチが、死者の万古の眼で見た束の間の地上の景色のように思えるのだ。冒頭に記した、自然であり普通であることをさらに説明して、方向が隠されたままの状態と書いたが、納骨堂の印象はそこにもつなげられている気がする。

　そこに方向をもたらしたのが近代建築の光だったのではないか。中でも住宅という、施設ではなく日々の生活なくしては生存できない建築の光。だが繰り返し使用できる近代の光。堀部はその住宅をつくり続けながら自然とは、普通とはという問いの中に、その畏れの中に入り込んで帰路に無頓着だった。書庫と納骨堂とは、彼がひそかに自覚していた建築設計が本来内包する自家撞着をあえて露わに見せたものではなかったか。堀部はこの最新の仕事にこれまでとは違う手応えをもったにちがいない。そして私は「阿佐ヶ谷の書庫」から街に出た途端、「竹林寺納骨堂」の冥い通路から水庭の明るさに逃れた瞬間に、堀部安嗣を抱きすくめて離さない建築の強靭なヴィジョンに不意に出くわしたのだった。

植田 実　うえだ・まこと

編集者、建築評論家。1935年東京都生まれ。早稲田大学第一文学部フランス文学専攻卒業。『建築』編集スタッフ、『都市住宅』編集長、『GA HOUSES』編集長などを経て、住まいの図書館出版局編集長。2003年日本建築学会賞文化賞を受賞。著書に『アパートメント―世界の夢の集合住宅』(平凡社、2003)、『都市住宅クロニクルⅠ・Ⅱ』(みすず書房、2007)、『真夜中の庭』(みすず書房、2011)、『いえ 団地 まち―公団住宅設計計画史』(木下庸子と共著、住まいの図書館出版局、2014)ほか。

参照…『memento mori 伊豆高原の家』松隈洋ほか　森オフィス　1999
　　　『堀部安嗣の建築』堀部安嗣　TOTO出版　2007
　　　『JA90 特集・堀部安嗣』　新建築社　2013 夏号
　　　『書庫を建てる』松原隆一郎、堀部安嗣　新潮社　2014

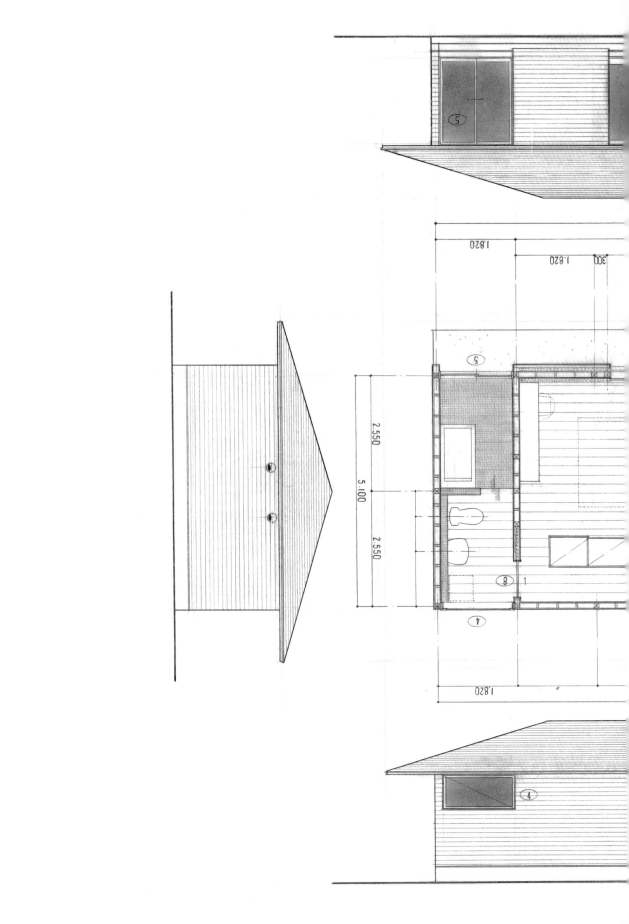

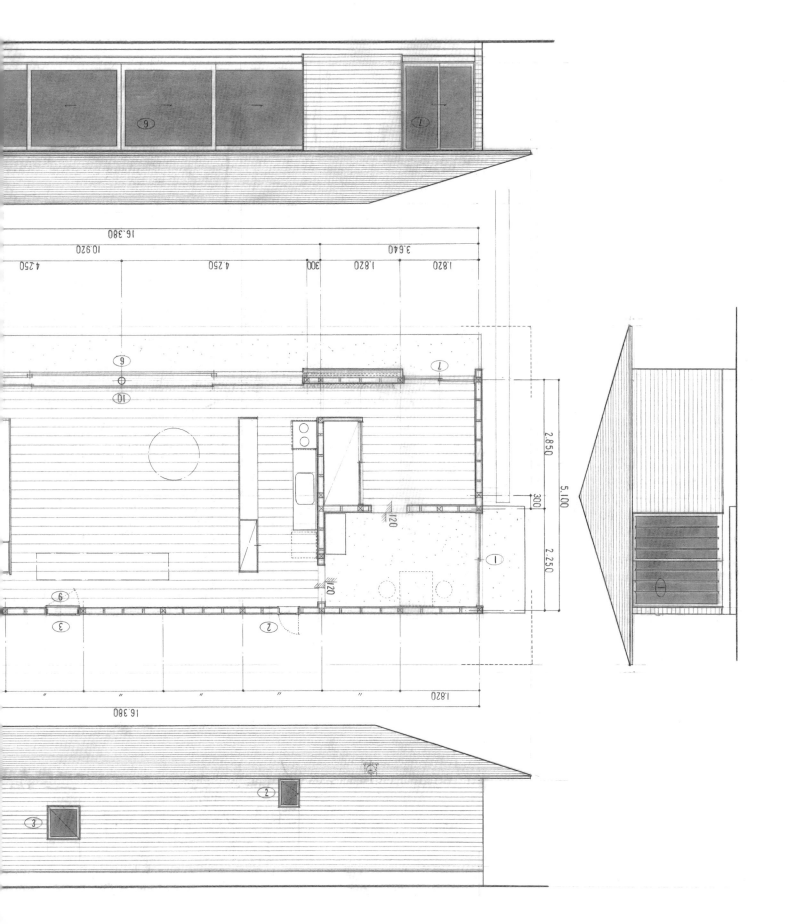

第1章

Architecture &
origin
建築と原初

1995 - 2002

1996年に設計した未完のプロジェクト。
このプランの考え方は後に「秋谷の家」に活かされた。

南の家

House in Satsuma 1995

鹿児島県の山間(やまあい)の陸の孤島のような場所にある。町は過疎化が進み、さらにひっそりと取り残されたような雰囲気になっている。現場の進行中は敷地内にあった古い家に住み込みながら監理した。敷地内には同時期に設計監理した「ある町医者の記念館」も建っている。久しぶりに訪れてみると、竣工当初は尖っていた寸法や素材が丸みを帯びてきているように感じられた。

北側から見た外観。軒は低く深い。左手に「ある町医者の記念館」が見える。

左ページ：広間。南側の開口部の外には緑と水田の風景が続く。左：空間の重心が低いことで、水平方向の広がりが強調される。南側開口部の建具はすべて引き込むことができる。右：玄関から広間を見る。天井には円形のトップライト。

左:東側から見た外観。屋根は緩勾配の切妻。
右:広間の東面。右手の開口部は簾戸を閉めた状態。ほかに障子を設けている。左手に見えるのはタタミ室につながる引戸。

ある町医者の記念館

Dr. Norichika Maehara Memorial Museum 1995

「白い夢のような世界で、故前原則知医師に出会う」。そんな思いを描いて設計した。医師の死後20年以上が経った今、記憶は抽象化されていることを実感する。かつての診療所はすでに取り壊され、医師が暮らした屋敷も無人だ。愛用の往診鞄や家具といった具体的なものの手がかりから医師との記憶を辿ってゆく。しかし、時間とともにその記憶の鮮明さと具体性は失われてゆくのであろう。

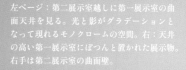

左ページ：第二展示室越しに第一展示室の曲面天井を見る。光と影がグラデーションとなって現れるモノクロームの空間。右：天井の高い第一展示室にぽつんと置かれた展示物。右手は第二展示室の曲面壁。

左：第一展示室の天井は南北に大きな円弧を描く。南面開口部の障子の桟は透明アクリルで製作。右：この建物と前出の「南の家」の位置関係を描いたスケッチ。

左：出入り口からアプローチを見る。右：東側から見た全景。手前の石塀は、かつて診療所の塀に使われていた石を積み直したもの。南側の庭に植えたクスノキが大きく生長している。右ページ：出入り口の高さは 1,800mm。プレートには前原医師の名前が刻まれている。

伊豆高原の家

House in Izukogen 1998

竣工時にこの空間のために、彫刻家の袴田京太朗さんが「夜の誕生」という彫刻作品を制作した。それは今でも階段の上の壁に静かに飾られ、この家の気配をずっと見守っている。そしてこの家が築10年を迎えた時、同じく袴田さんが「ECHO」という作品を制作した。三半規管をモチーフにしたそれは二つに分かれており、一つは海を望むことのできる大きな窓に置かれ、もう一つはこの家で最も闇が深い天井の片隅にそっと存在している。

南西の道路から見た外観。周囲の緑に埋もれるようにして建っている。アプローチの石段は以前建っていた家のものをそのまま活かしている。

左：2階の広間の東面を見る。この建物で唯一大きい右手の窓は彫りが深く、外の風景を印象的に切り取っている。右：広間の北面の窓は隣家の庭を借景として取り込む。

左：広間から台所の白い引戸方向を見る。右手は階段の手摺壁。中：1階の洗面所。右：2階の光に導かれるような階段。右ページ：南東側の外観。小さな窓は台所に設けたもの。広間の窓は外側も彫りが深い。

牛久のギャラリー

Gallery in Ushiku 2001

ギャラリー、住宅、アトリエ、異なる三つの機能を一つの建物の中に織り込んでいる。ギャラリーでは展覧会が不定期に、約15年にわたって開かれている。時間の経過とともにそれぞれの場所の役割や使われ方も少しずつ変化している。長く勤めた職場を退職した建主が今、建物の中で最も長く時間を過ごす場所がアトリエだという。蜜蠟画を描いているそのアトリエの雰囲気は、活気と静けさが同居していた。

東棟の1階に位置するアトリエ。建主は絵画の制作を生活の一環としている。制作時は大谷石の床に絨毯とシートを敷いている。

左：ギャラリーから外を見る。中庭のアオハダの木が印象的に目に入る。上左：中庭からスリット状の開口部を通してギャラリーを見る。上右：南側の前面道路から見た外観。

左：ギャラリーの南面は壁の手前が吹抜けになっていて、ハイサイドライトからの光が落ちる。この上の住居スペースでは吹抜けに面する壁を閉じている。右上：住居スペースの広間。北棟に位置する。右下：寝室は西棟、L字形平面の長辺側にある。

軽井沢の家

House in Karuizawa 2002

築13年を迎え、すっかりこの土地に馴染み、溶け込んできたようだ。そして同じ敷地に今度は2階建てのゲストハウスを設計した。その2階の窓から風景を眺めた時、何度も訪れているこの敷地にこんな眺望があることに驚いた。設計中、予想していた風景であったが、現実の眺望はやはりその予想を遥かに超える迫力があった。

北側の外観。敷地は北側が崖になっていて、
浅間山への眺望が開けている。

左：1階の広間では、柱と屋根から人の居場所が生まれるという建物の原初的な成り立ちが見られる。右上：地階のテラス。洞窟のような場所で外の風景と向き合う。右下：寝室。

左：この家とゲストハウスの位置関係を描いたスケッチ。背景に広がるのは浅間山。右：南側外観。既存の樹木を避けて配置している。右手にちらりと見える濃紺の建物が増築されたゲストハウス。

左ページ：ゲストハウスの2階広間の北側開口部から樹海を望む。その先には浅間山。左：夕暮れ時は浅間山や森の姿がシルエットとなって窓に浮かぶ。右上：右の濃紺の2階建てがゲストハウス。右下：ゲストハウスの広間は2階にあるため、木立の葉の部分と同じ高さになる。ゲストハウスの図面はp.502（第6章）に掲載。

建主の随想「伊豆高原の家」

私たち家族にとっての堀部さんの発掘

森 有子（弁護士）

人として生まれて一番面白いものは、人との出会いだと思う。多くの人との出会いが偶然である中にあって、堀部安嗣さんとの出会いは、私たち家族にとって「探り当てたもの」ということができる。

1995年の暮れ、ある建築雑誌を見ていた娘の桜が「ある町医者の記念館」に目をとめて、私たち家族はさっそく鹿児島に飛ぶことになった。その建物は鹿児島の求名（ぐみょう）という所にあった。簡潔で個性的な建築に感動して、帰途、「堀部なにがしってどんな建築家だろう。作風からして50歳くらいかな」と話し合っていたものだが、なんと堀部さんは20代の建築家だった。そしてこれが最初の作品ということであった。

私たちは1997年、伊豆高原の小さな別荘の建て替えを彼に頼むことにして、私と桜はスウェーデンの建築家のグンナール・アスプルンドが設計した、ストックホルムにある「森の礼拝堂」の墓地に向かった。堀部さんが北欧を旅して建築を志そうとした原点である。

新しく誕生した別荘には「メメント・モリ」と名付けた。アスプルンドの礼拝堂と同じ雰囲気だ。黒の扉と白の漆喰。シンプルで余計なものはなにもない。木々の中に、大地と空の中に、溶け込んでいる。天井と壁の重み。その壁に映る光の移ろいをただ眺めているだけで、一日過ごせそうな空間。その意味では、堀部さんの近作で高知の五台山に建てられた「竹林寺納骨堂」の水庭と通じている。

彫刻家の袴田（はかまた）京太朗さんに、竣工時には作品「夜の誕生」を、築10年の際には作品「ECHO」をこの別荘の中につくってもらった。建築と現代美術のコラボレーションもなかなかいい。

堀部さんの建築は、堀部さんにそっくり。「メメント・モリ」も寡黙で、飾り気がなく、それでいてどっしりと、遠くの先を見はるかしているように思える。堀部さんも地球の先を、生死の先を見はるかしている。

2013年6月、新建築社が『JA90』で堀部さんの特集を組んだ。堀部さんはこの中に5篇のエッセイを載せた。自分の建築に向き合う姿勢、建築と自分の死生観との関係について書いている。

アスプルンドの森の礼拝堂に触発された堀部さんの建築は、竹林寺の納骨堂に帰結するように思われる。

天に向かってどこまでも広く白いアスプルンドの森の礼拝堂に対し、堀部さんの五台山・竹林寺の納骨堂めぐりのもり霊廟は、黒く、地に向かって収斂（しゅうれん）するように思われる。私は堀部さんが納骨堂によって東洋の死生観を表しているように感じた。

「メメント・モリ」はその中にあって、胎内で瞑想するような空間である。「メメント・モリ」という名前は、私たち家族の姓「森」をひっかけて名付けた名前だが、もともとはラテン語の「死を記憶せよ」で、その意味でも堀部さんの死生観ともつながっている。

堀部さんは、私たちの別荘「メメント・モリ」をごく初期の作品ということで、彼が教える大学院の新入生の研修に毎年使っている。

私たち夫婦ももう80歳を越えた。私たちの亡き後も堀部さんの原点の作品の一つとして、この「伊豆高原の家」をなんとか遺していきたい。

建主の随想「牛久のギャラリー」

構造体すら美しい住居

上野素美子

　3年前に高校教員を退職してから、この住まいにいる時間が増えました。南東の角地は良好で、冬の陽射しがあれば一日中、外の空気を入れていると、「ここにいたい」「お茶をしたい」という気持ちになります。2階の広間の窓からは中庭の木々や街路樹が見え、向かいのお宅の木々と一体化して奥行きのある庭に変身します。特に秋、中庭に植えたアオハダが黄金色になり、道路沿いの庭には、ヤマボウシ、ナナカマド、エゴノキ、ガマズミなど、赤や黄の実がなる落葉樹があり、楽しいです。そして、紅葉した葉が地上に落ちて絨毯のように見えるのがとても美しいのです。

　中庭に面してL字形に続く広間と寝室のフローリングが、昔、どこの家でも素足で歩いたようなスタイルで気に入っています。住み慣れてみると、窓の高さや建具類、電気のコンセントの位置にまで、配慮が充分になされていると感じます。北側の水廻りの天井は低く、南側の室内の天井は高いので、階段の踊り場から広間に入ると広さを感じます。2階からテラスを抜けてアトリエに行く屋外空間にも面白さを感じます。

　1階のギャラリーには窓から射す陽が柔らかに入ってきます。西側の吹抜けの窓は大きく、これらの光が刻々と変わるにつれ、展示した作品に魔術師がいるかのように感じさせます。そして、「最後の晩餐のテーブル」と堀部さんが命名した長いテーブルの前の椅子に座って、展示している作家も鑑賞者たちも、ゆるやかな時の流れを楽しんでいるように過ごしています。外光のあるギャラリーは少ないものです。作品には陽が直接当たらない設計になっているようで、展示物の劣化を防いでくれます。光の反射をうまく利用しているのかなと思います。壁面は砂漆喰、木、タイル貼りと変化に富んでいます。それが、作品の品位を落とさずに展示できると喜ばれています。

　会期中、通りかかった人が足を止めたり、近隣の人たちが憩いの場として寄ってくださるので、画一的なこの住宅地にあって、このギャラリーの存在が何かのメッセージを放っていると思えます。ただ、作品を観るのではなく、住宅を黙って見たり撮影したりする人がいるのは困りものです。一言断ってくだされればいいのにと思います。ここはギャラリーであるけれども、プライベートな住居でもあるのですから。でも、この住居のおかげで、建築を志す若い人たちがよく訪ねてきます。中には長く交流が続いている人もいます。この住まいを通して堀部さんがつくってくださった出会いの縁だと思い、その広がりには感謝しています。

　家を建てようと思って建築雑誌に目を通し、目を奪われた住居の建築士が堀部さんでした。すぐに連絡をとり、お会いした時、彼は30代になったばかりのようでした。あまりに若いと思った私は、すぐに依頼はせず、どうしようかと考えていました。3年ほど経って改めて、住居と制作するアトリエ、退職後の展示のほかに、コミュニティの場として多目的に使えるギャラリーがほしいと設計をお願いしました。

　堀部さんの図面は、私の大学の恩師である剣持昤教授のものと似ているような気がしました。わかりやすい図面で、そこに、ルートの長方形や残像が見えて、また、黄金比の美しさも感じました。それで、全てをお任せしようと決心しました。

　当時は時間のゆとりもあったのでしょう。工事が始まると、堀部さんは毎日のように東京から牛久まで通って現場を見てくださいました。施工の細かい部分にまで図面を通して職人さんを指導していらっしゃいました。面倒なことも億劫がらずに指導する姿は勇敢にも思えました。また、浴室のタイルの数や流しの側溝にまで意匠の位置を確認したり、鏡のコーキングの色まで修正させたり、細部まで目を行き届かせていた姿が脳裏に残っています。後に、工務店の方に「堀部さんの図面はわかりやすいので助かりましたよ」と言われました。

　工事中、構造体の姿が美しかったことが印象にあります。外壁を仕上げる以前に、プロセスの「美」があるのだと思ったほどでした。住居の完成までにはプロセスがあって、まるで、絵を完成させるがごとく様々な表現があることに気付きました。材料に対しても自ら思うものを探す姿には感銘しました。専門家でない私の意見も聞きながら、その材料を使う理由を言ってくださいました。ギャラリーの床はカナダ杉から替えて、全面に大谷石を敷き詰める案でした。今、振り返ると、その鋭い感性は正解だったと思います。

南の家

House in Satsuma
1995

所在地　鹿児島県薩摩郡
用途　　週末住宅
施工　　岩倉建設
主体構造　木造
敷地面積　792.00㎡
建築面積　87.79㎡
延床面積　74.58㎡

大地との一体感を強く得られる家。敷地の南側に開ける水田、その先に丘陵が続く美しいランドスケープからこの計画は生まれた。床レベルは地面すれすれで、無垢のスギの床には濃く光沢のある塗装を施している。低く抑えた軒や天井が水平方向の広がりと重心の低さを強調する。内部は正方形の平面に、玄関と洗面・浴室が張り出す簡潔なプラン。南側の開口部は、建具を引き込むと柱を1本残して全開でき、外の風景を天井いっぱいに取り込める。幅1間半と大ぶりな建具は、スラブの上を敷居として外から順に雨戸、網戸、ガラス戸を直接据え付け、1段上げて床と同じレベルの敷居に簾戸と障子を設けた。切妻屋根の軒庇を深くしたのは、この地特有の猛暑の中でも快適に暮らせるようにするためで、内部空間に奥行きを与える効果もある。

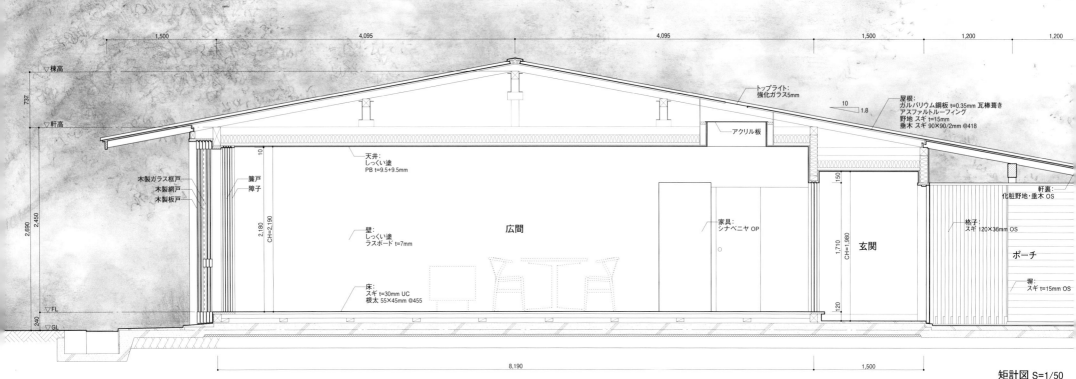

矩計図 S=1/50

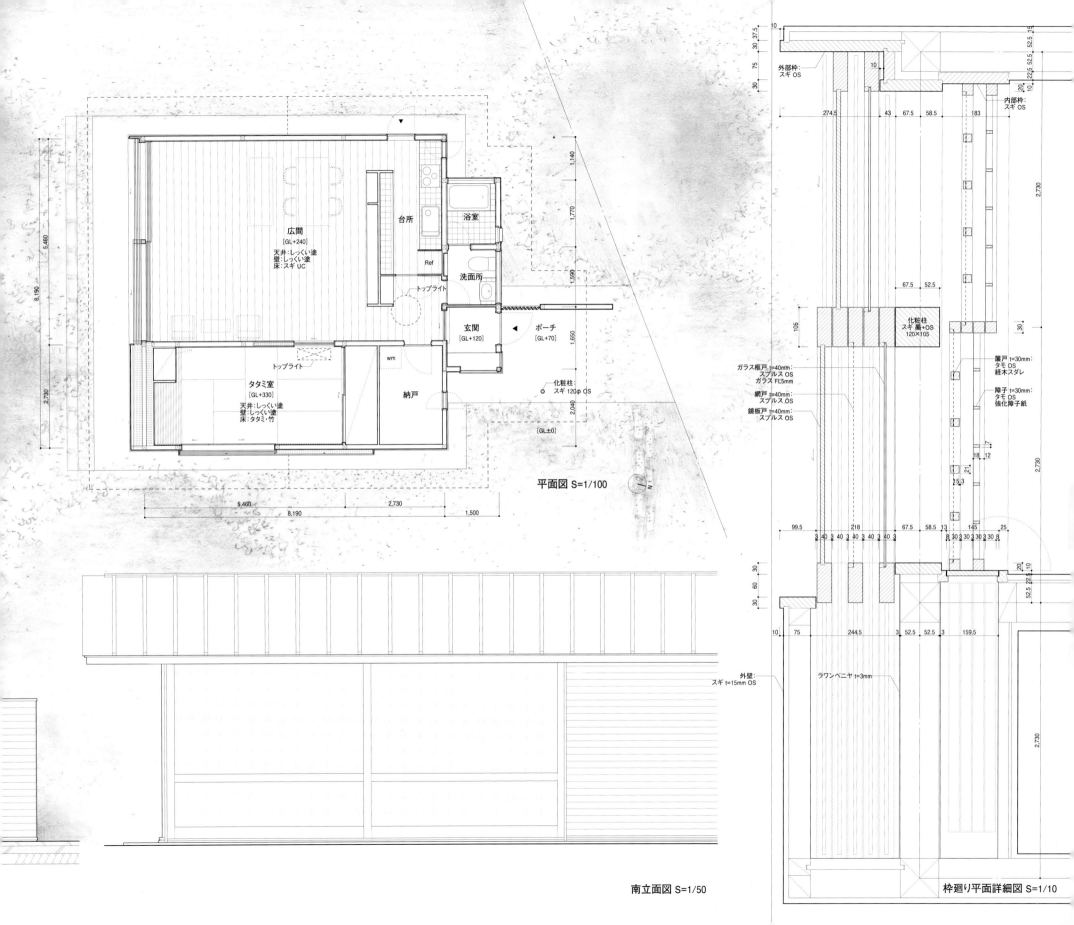

ある町医者の記念館

Dr. Norichika Maehara Memorial Museum
1995

所在地　鹿児島県薩摩郡
用途　　記念館
構造設計　構造設計舎
施工　　岩倉建設
主体構造　RC造
敷地面積　484.92㎡
建築面積　81.00㎡
延床面積　76.05㎡

静かな光に包まれる中で、新たな視点が開かれるような場所をつくることを目指し、抽象性の表現を試みている。大きな弧を描くボールト状の第一展示室は、天井高が高いところで約5,600mmある。それに内包される第二展示室は楕円形。それぞれの曲面が、展示物や訪れた人の距離感を曖昧にする。天井と壁の仕上げは漆喰塗り、床はモルタル。シンプルで素朴な材料を用いた白く静謐な空間に、展示物の骨格や存在がぼんやりと浮かび上がる様子は、抽象的でシュールな雰囲気を醸し出している。南面に設けた開口部からは、透明のアクリルの桟でつくった障子を透して光が入り、やわらかく空間を満たす。

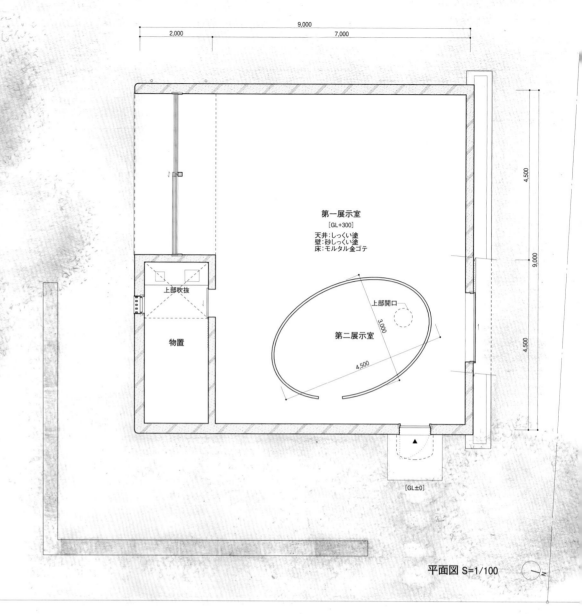

平面図 S=1/100

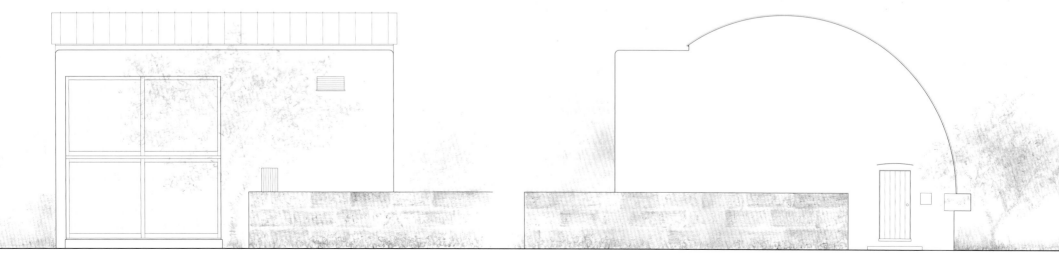

南立面図　　　　　　東立面図

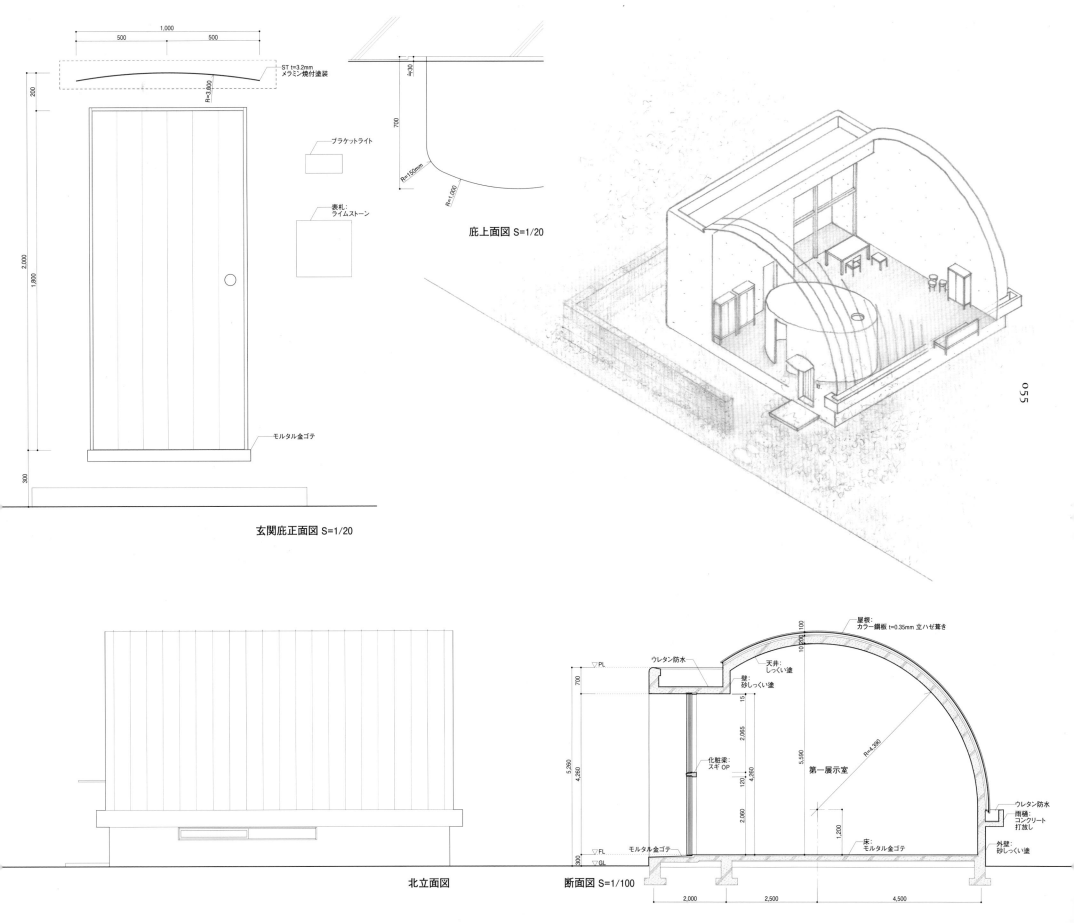

秋谷の家

House in Akiya
1997

所在地　神奈川県横須賀市
用途　　専用住宅
施工　　堀本工務店
主体構造　木造
敷地面積　1,050.67㎡
建築面積　98.07㎡
延床面積　89.44㎡

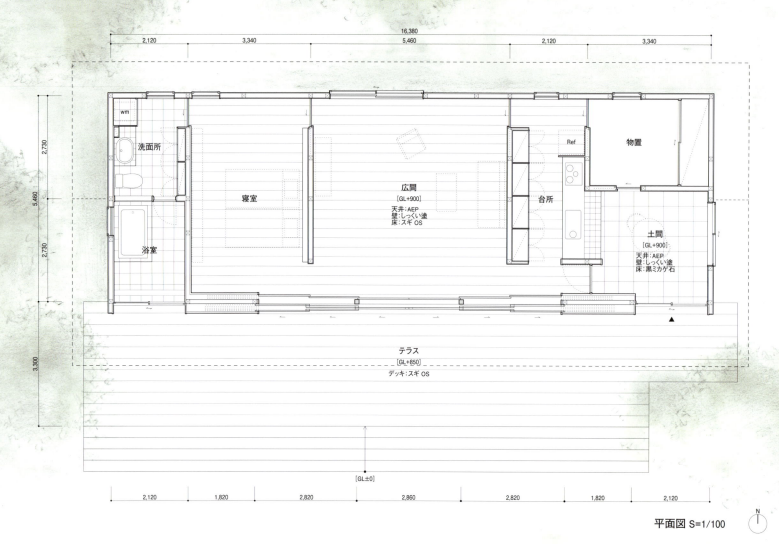

平面図 S=1/100

南東から見た外観。眺望と防湿のため、床は地面より900mm高くした。その床と地面は階段でつないでいる。

相模湾を一望できる高台に建つこの家は、平面は長方形で切妻屋根の、シンプルな平屋である。各部屋は直線上に並び、広間をはじめ、どの部屋からも水平線を眺められる。その時に全体が大きな一室空間となって海に向かうように、部屋ごとの仕切りを最小限にし、建物の幅いっぱいのテラスを海に面して設けて一層の開放感を生み出している。この場所には以前、瓦屋根の日本家屋が建っていた。建物は老朽化のために取り壊されたが、かつての風情や雰囲気を損ねず、景観に溶け込むような家をつくりたいと考え、松の木などの樹木や和風庭園を残して全体を計画した。

南から外観を見る。左から浴室、寝室、広間、土間が直線上に並ぶ。右端の土間は玄関を兼ねている。

広間より海を見る。建具を左右の戸袋に引き込めばフルオープンになり、テラスとの一体感を得られる。

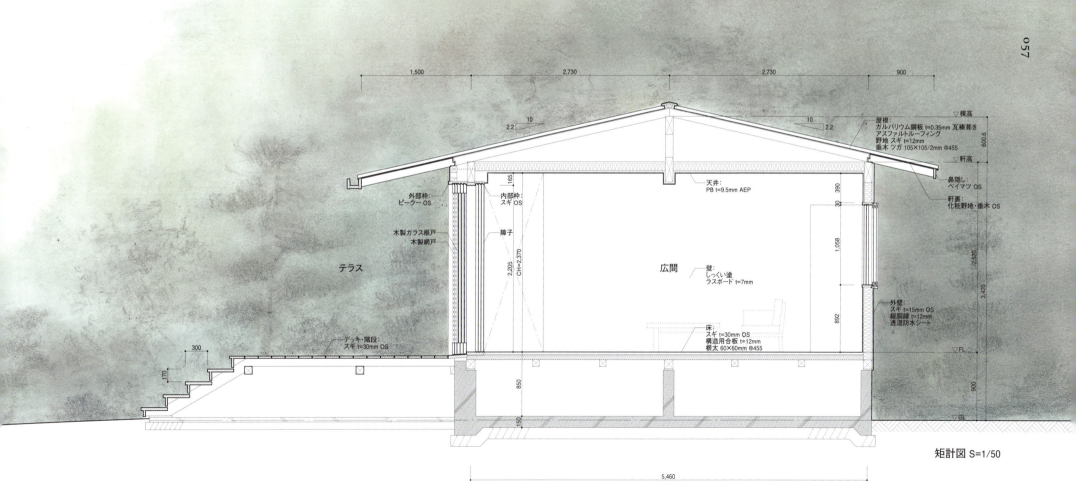

矩計図 S=1/50

阿佐ヶ谷の家
（改修・増築）

House in Asagaya
(Renovation/Extension)
1997/2003

所在地　東京都杉並区
用途　　専用住宅
施工　　氏家工務店
主体構造　木造
延床面積　99.93㎡

築10年の木造住宅の改修設計。主要な構造部に際立った老朽はなく、既存の平面計画に特に不都合もなかったため、構造、平面、外装は最小限の変更にとどめた。しかし、内部はすべて解体し、空間の質を抜本的に変えている。天井高や壁面のプロポーション、ディテールを改め、内装は質感の確かな材料に変更し、建具や家具の大半と照明も一新。新築の家の設計と考え方は変わらず、周辺環境から読み取れる場所の力を引き出し、この場所に存在する大きな時間の流れと雰囲気を活かすことに注力した。改修の6年後、西側の増築部分の設計も担当している。

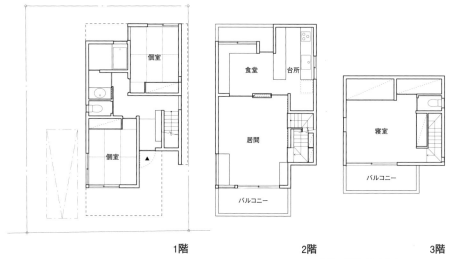

改修・増築前平面図 S=1/200

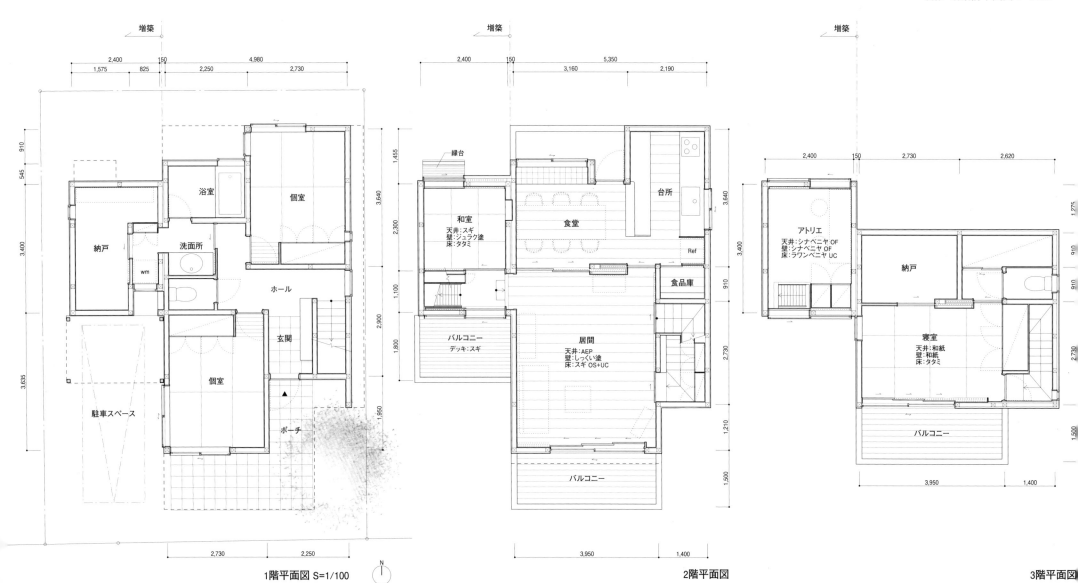

1階平面図 S=1/100　　　2階平面図　　　3階平面図

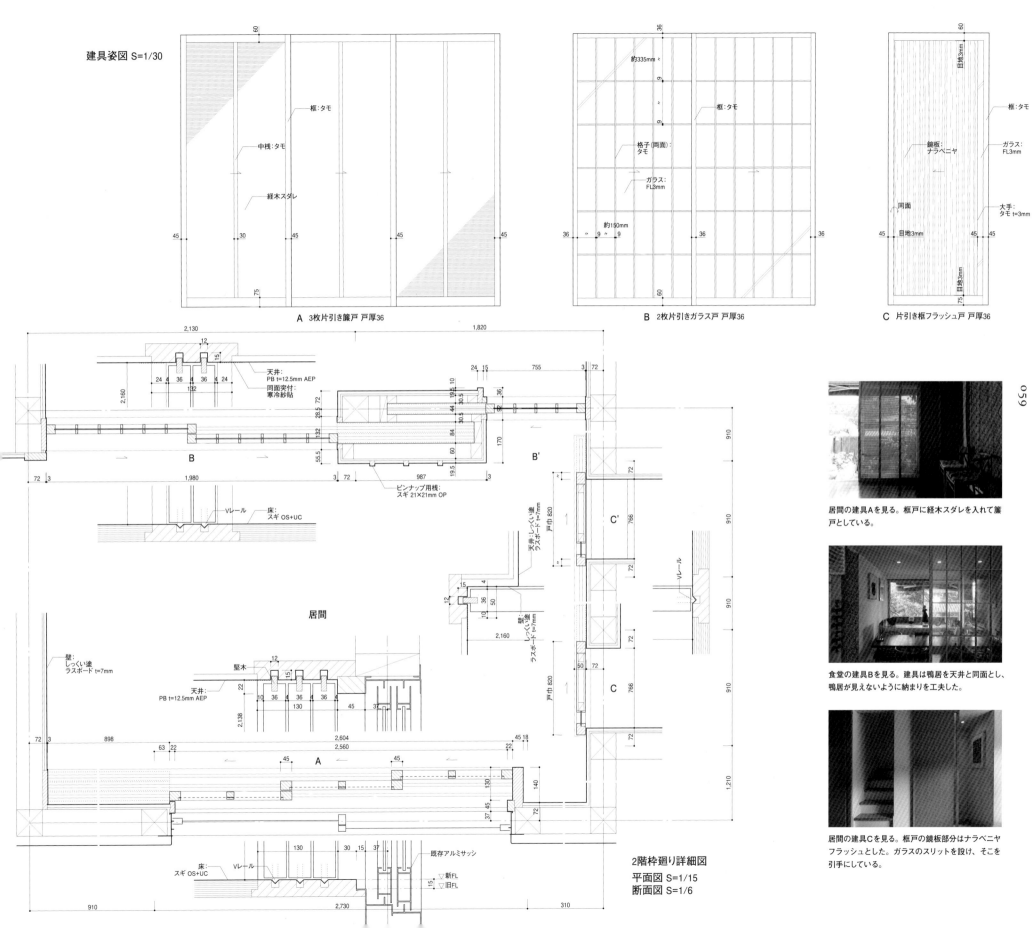

居間の建具Aを見る。框戸に経木スダレを入れて簾戸としている。

食堂の建具Bを見る。建具は鴨居を天井と同面とし、鴨居が見えないように納まりを工夫した。

居間の建具Cを見る。框戸の鏡板部分はナラベニヤフラッシュとした。ガラスのスリットを設け、そこを引手にしている。

大宮の家

House in Omiya
1998

所在地	埼玉県さいたま市
用途	専用住宅（二世帯）
構造設計	構造設計舎
施工	アルボックス時田
主体構造	RC造一部木造
敷地面積	176.84㎡
建築面積	97.29㎡
延床面積	155.09㎡

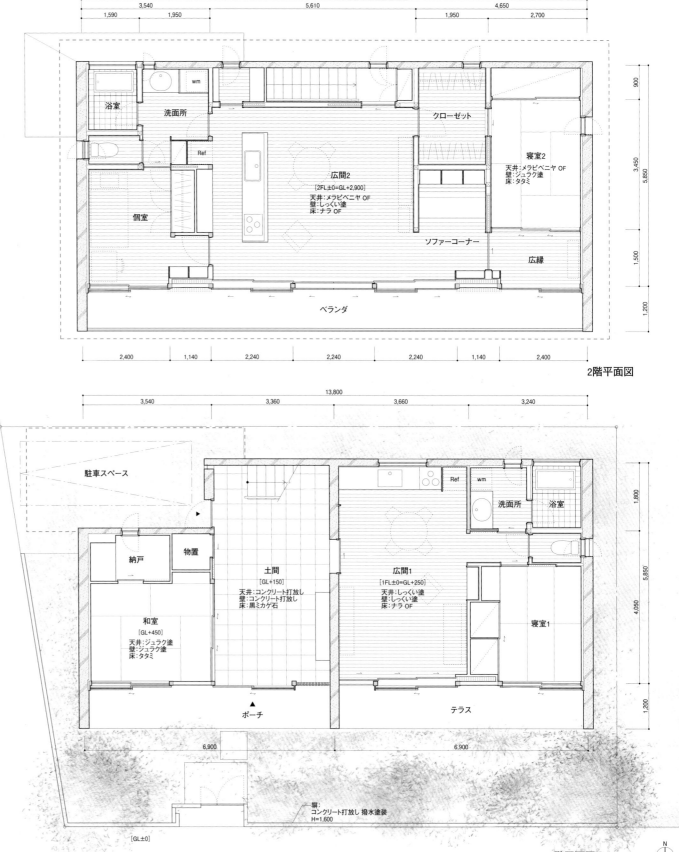

2階平面図

1階平面図 S=1/100

郊外の住宅地に建つ二世帯住宅。南側に梅林を望む敷地にあって、1階の西半分は土間と和室の共有スペース、東半分は親世帯のスペース、2階は子世帯のスペースとしている。三つのスペースはRCの壁と床スラブによって明快に分けられ、全体にコンパクトで無駄のない寸法とスケールで構成。隣家への日照の配慮から、建物の高さを抑えているが、親世帯の広間の天井高は2,250mm、子世帯の広間の天井高は高いところで2,600mm確保している。南側開口部はすべて木製の建具。天井や壁はコンクリート打放し、左官仕上げ、ラワンベニヤ貼り。床は無垢のフローリングとし、2階の台所カウンターはコンクリートブロックを積んでつくった。素朴な材料を用いた、質実剛健な住まいを目指している。

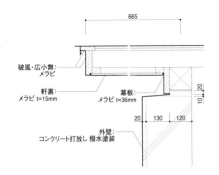

けらば詳細図 S=1/20

南西から見た外観。南面が開放されたコの字形のRC造の壁に、木造の屋根を架けている。

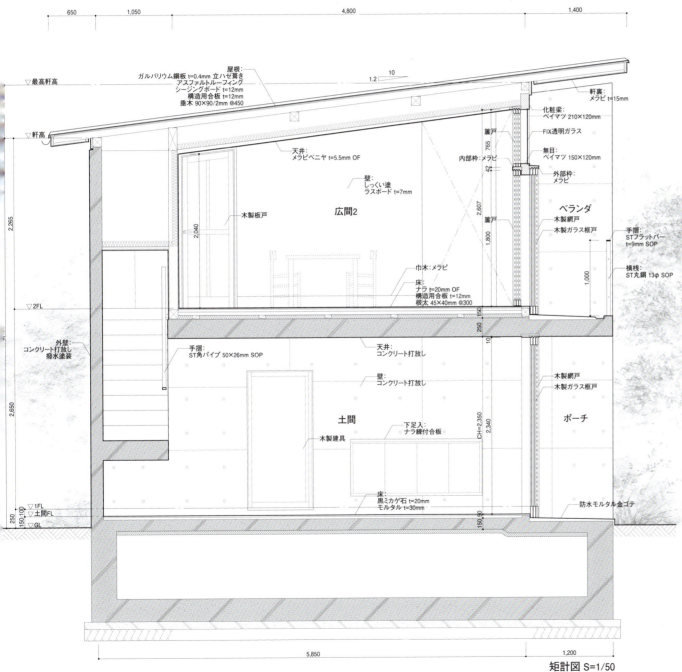

矩計図 S=1/50

南立面図

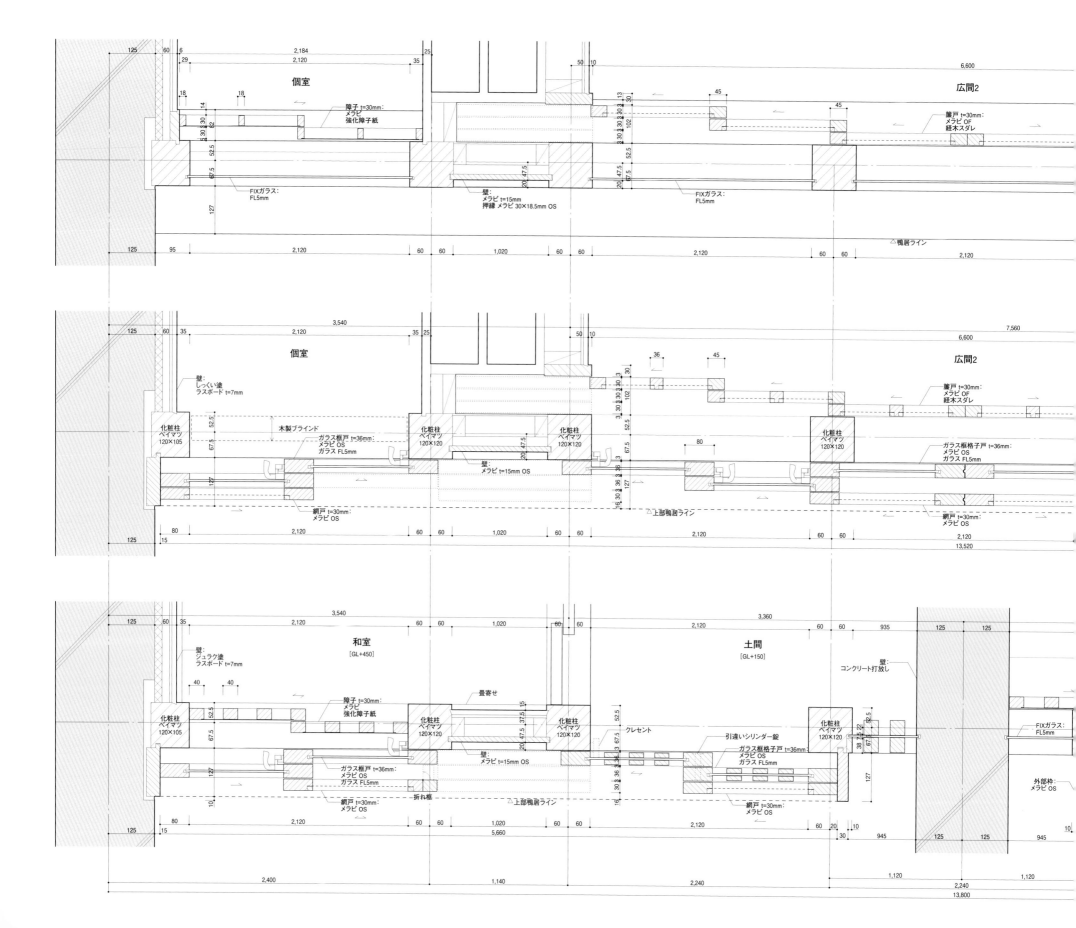

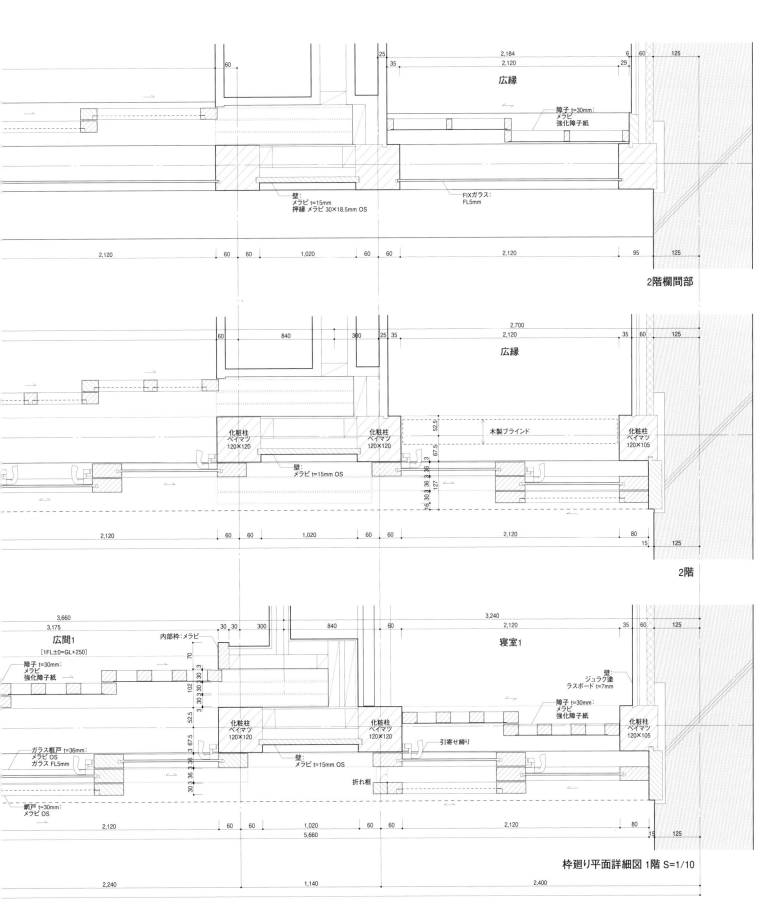

2階欄間部

2階

枠廻り平面詳細図 1階 S=1/10

南側外観。左の詳細図を見るとわかるように、1階と2階と2階欄間部は芯を揃えて計画している。

2階の広間2。台所のカウンターはコンクリートブロックを積んでいる。

1階の土間。隣接する和室は両世帯共有のスペース。土間の格子戸と和室の障子の意匠は合わせている。

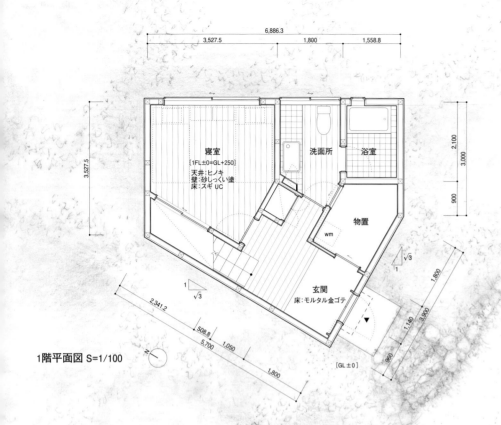

1階平面図 S=1/100

2階平面図

伊豆高原の家

House in Izukogen

1998

所在地　静岡県伊東市
用途　週末住宅
施工　肥田建築店
主体構造　木造
敷地面積　440.00㎡
建築面積　35.59㎡
延床面積　65.60㎡

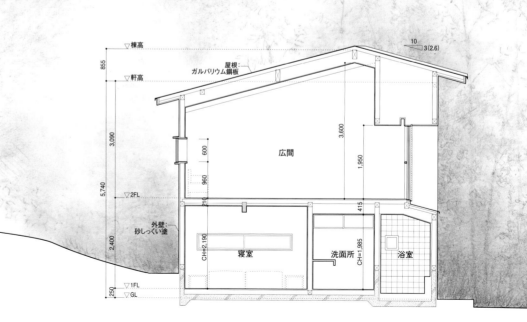

断面図 S=1/100

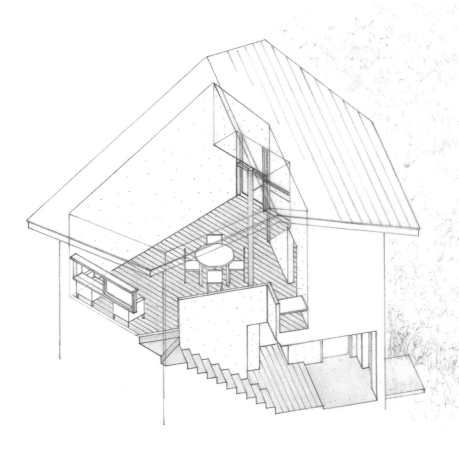

この小さな別荘は、伊豆半島の東、なだらかな丘陵の別荘地に建っている。敷地は南下がりの緩やかな斜面地で、2階ほどの高さで南東の一方向にのみ、木々や隣家との間からかろうじて海を遠望できる。五角形の平面はその方向に開口部を設けることと、敷地形状や空間の広がりを考慮したうえで決まった。この平面に切妻屋根を架け、天井を屋根勾配に従わせたところ、内部に不思議な形をした多面体の空間が生み出された。2階の広間には奥行きの深い大きな窓を設け、海へ向かう風景を切り取っている。周りは緑豊かな環境だが、これ以外の開口部は最小限に抑え、視覚で捉える以上に強く、自然を感じることができるように考えられている。

ひばりが丘の家

House in Hibarigaoka
1999

所在地	東京都東久留米市
用途	専用住宅(二世帯)
施工	氏家工務店
主体構造	木造
敷地面積	147.82㎡
建築面積	59.05㎡
延床面積	115.23㎡

東京郊外の住宅地に建つ二世帯住宅。40坪の敷地に3世代5人と車3台のスペースを確保するという条件に対し、二世帯のつなぎ方と距離のとり方を重視しながらプランを解いている。予算が厳しかったこともあり、間仕切り壁や建具などを最低限にとどめ、家の架構をできるだけシンプルに計画。2階は梁などの構造を露出させているので、ざっくりと、おおらかな印象を与えている。気さくな建主に合う生活の場をつくりたいと、ディテールはなるべく単純に、材料も素直なものを選んだ。建主と毎日のように工法や材料のことなどを話しながら設計を重ねていった。

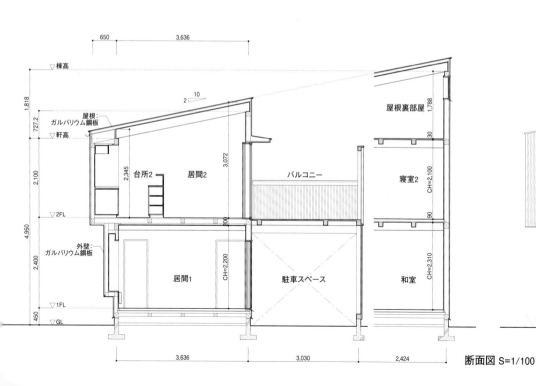

断面図 S=1/100

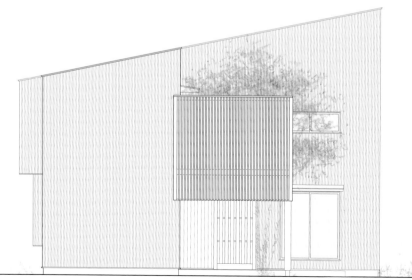

西立面図

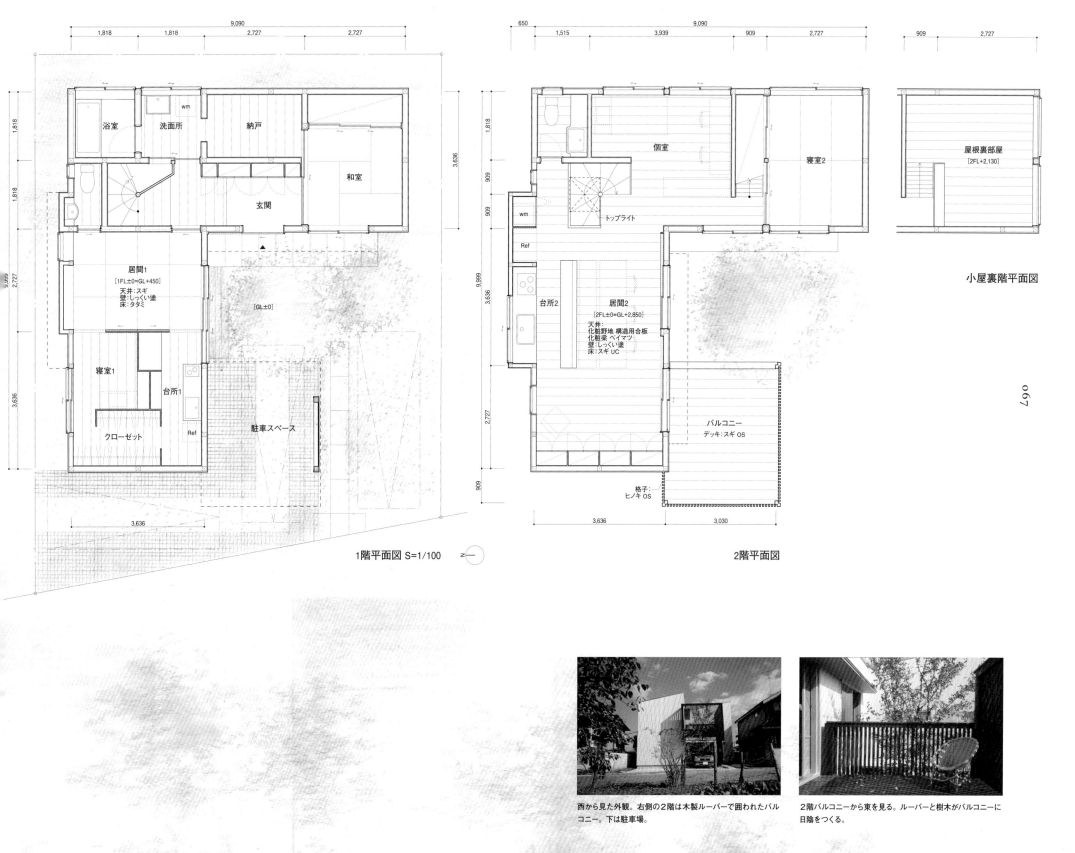

1階平面図 S=1/100

2階平面図

小屋裏階平面図

西から見た外観。右側の2階は木製ルーバーで囲まれたバルコニー。下は駐車場。

2階バルコニーから東を見る。ルーバーと樹木がバルコニーに日陰をつくる。

小平の家

House in Kodaira
2000

所在地	東京都小平市
用途	専用住宅（二世帯）
施工	幹建設
造園	青山造園
主体構造	木造
敷地面積	253.43㎡
建築面積	94.15㎡
延床面積	168.81㎡

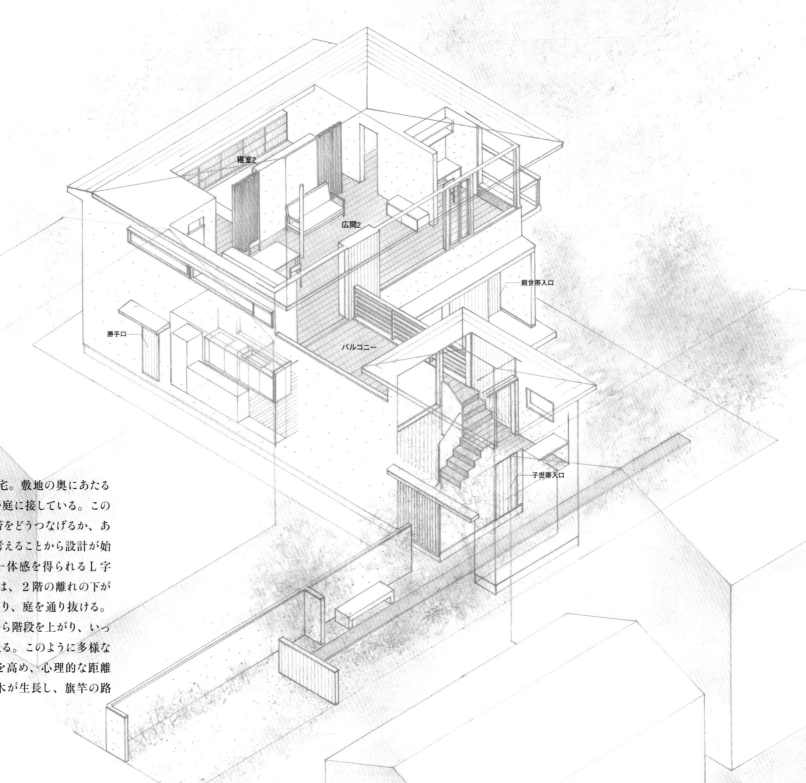

東京郊外の旗竿地に建つ二世帯住宅。敷地の奥にあたる東側はクリ林に、北側は隣家の広い庭に接している。この魅力的な敷地の中で親世帯と子世帯をどうつなげるか、あるいはどう距離をとるか。それらを考えることから設計が始まった。1階の親世帯は、庭との一体感を得られるL字形のプラン。玄関までのアプローチは、2階の離れの下がトンネル状になっているところをくぐり、庭を通り抜ける。子世帯はその離れの下にある玄関から階段を上がり、いったん外のテラスに出てから母屋に入る。このように多様なアプローチ動線が二世帯の独立性を高め、心理的な距離感を生み出す。竣工時に植えた樹木が生長し、旗竿の路地に木のトンネルができている。

東から見た外観。左奥に見えるのが、書斎のある離れ。

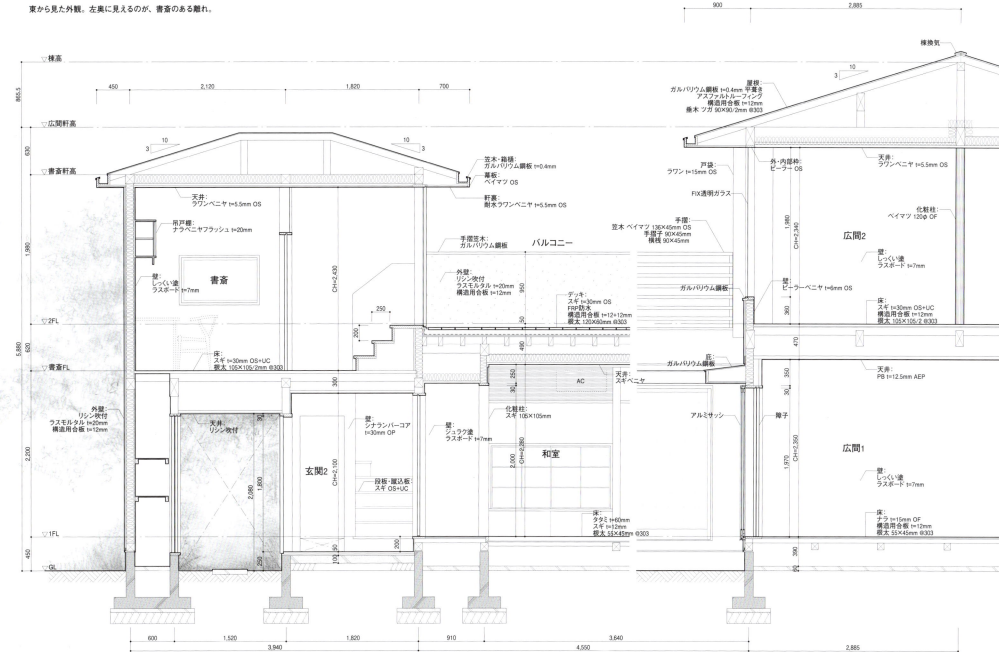

矩計図 S=1/50

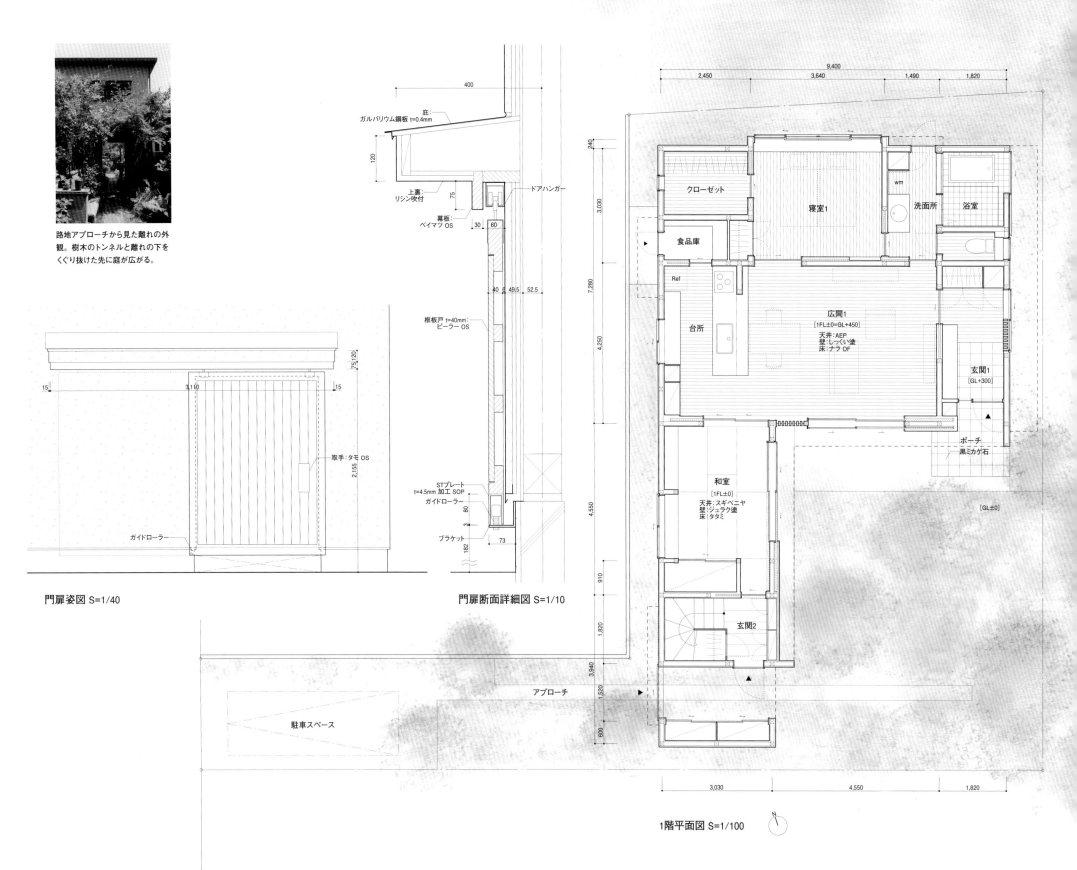

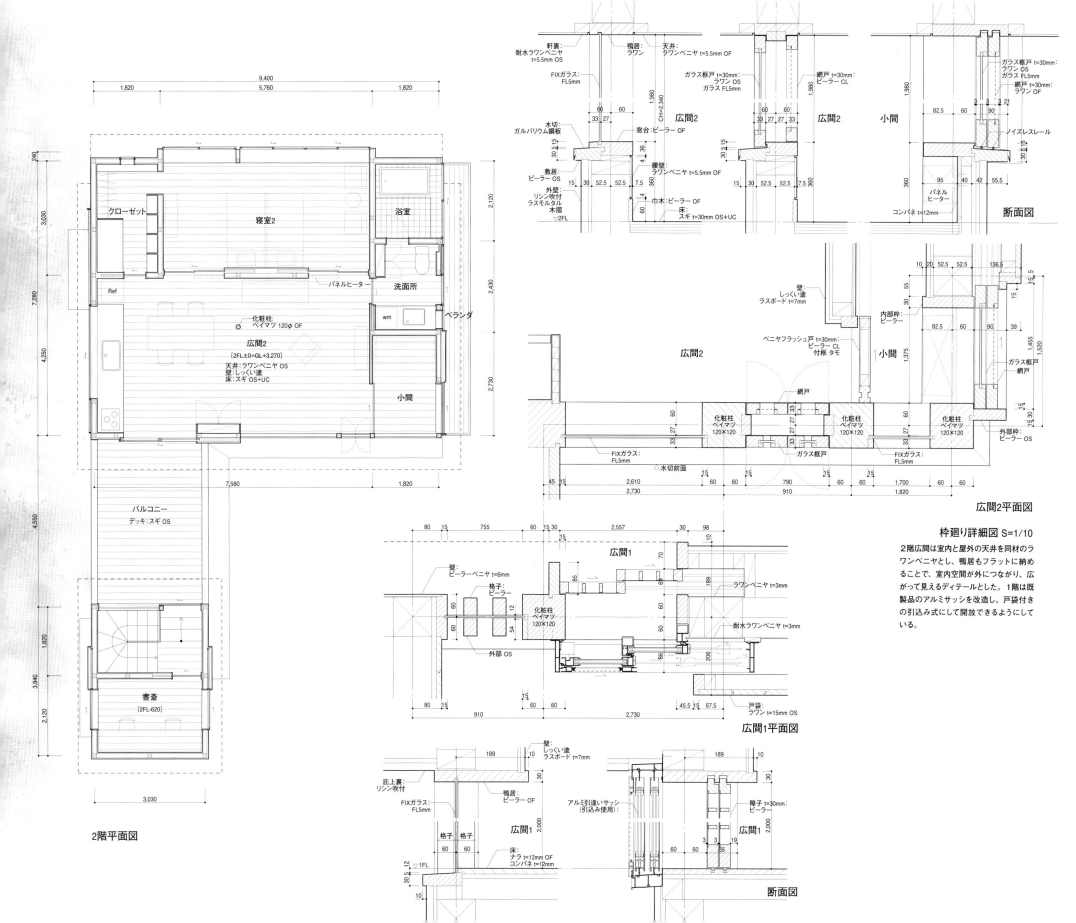

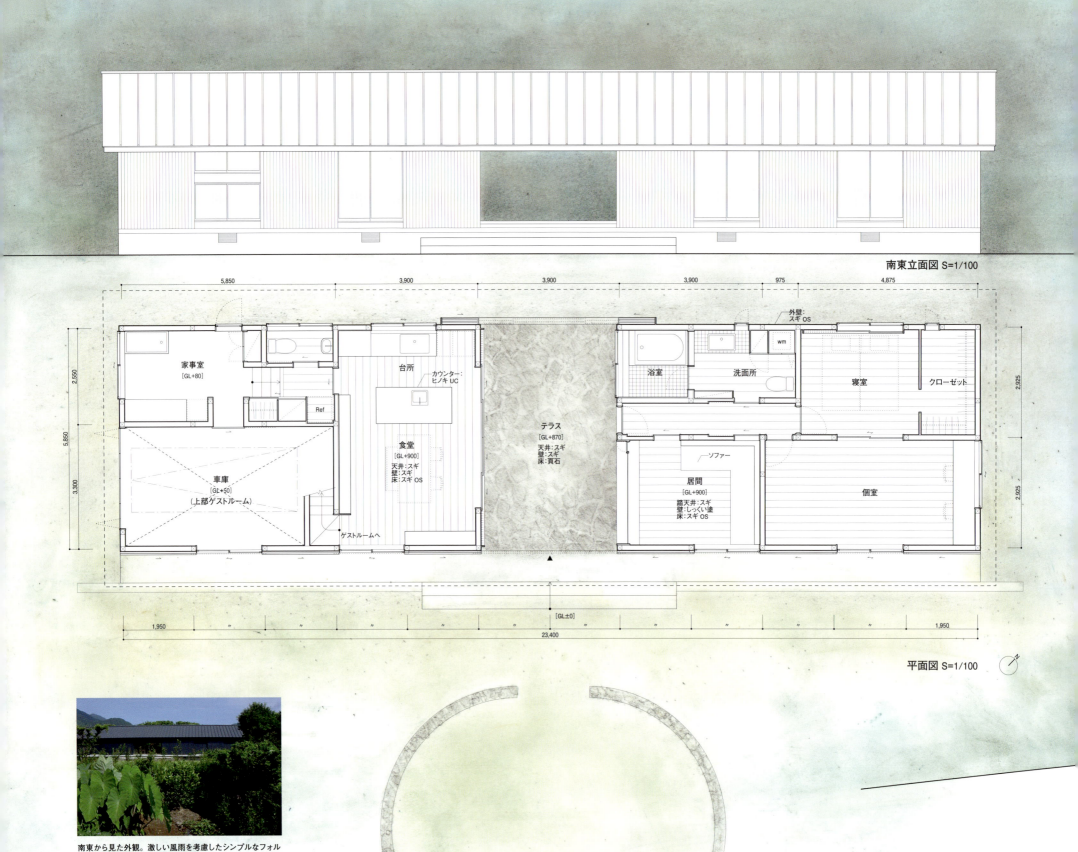

南東立面図 S=1/100

平面図 S=1/100

南東から見た外観。激しい風雨を考慮したシンプルなフォルム。立面は開口部と壁が交互に配置されている。

屋久島の家

House in Yakushima
2000

所在地　鹿児島県熊毛郡
用途　　専用住宅
施工　　平川住建
主体構造　木造
敷地面積　1,472.00㎡
建築面積　136.89㎡
延床面積　156.19㎡

「初めて屋久島を訪れた時の衝撃は一生忘れない」。光、湿度、磁力、匂い、いずれもそれまでに経験したことのないもの。海と山が一体となった地形は、島全体を巨大な生き物のように思わせた。この圧倒的な自然に対し、できることは限られていた。島の人のアドバイスに素直に従い、激しい風雨や強烈な湿気から生活を守るシェルターとしての建築のあり方を追求すること。そして、島の等身大の生活を見つめながら、建物の機能性と合理性を正面から捉えることだった。切妻屋根を架けた長方形の平面は、テラスを挟んで西側にパブリックスペース、東側にプライベートスペースと明快に分かれている。壁と交互に配置した開口部には、台風の時などに開口部を守る雨戸をアルミサッシの外に一本引きで設置している。

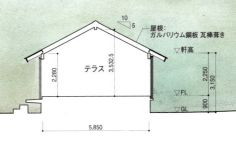

断面図 S=1/200

牛久のギャラリー

Gallery in Ushiku

2001

所在地　茨城県牛久市
用途　　ギャラリー・住宅
施工　　郡司建設
造園　　和泉勉夫
主体構造　木造
敷地面積　284.34㎡
建築面積　119.23㎡
延床面積　185.50㎡

角地の特性を活かし、南から東に抜けられる路地のような中庭をつくり、それを囲むコの字形の平面にギャラリー、アトリエ、住居の三つのスペースを配置している。それぞれは独立しつつも、中庭を介してつながりを得ている。また、普通はギャラリーの窓を最小限に抑えるものだが、ここではギャラリーが街につながることを意図し、中庭側に住居部分と同じリズムで開口部を設けた。その開口部には簾戸を設け、光の具合を調整できるように考えている。大きく街に開いた南側は、道行く人をギャラリーへと誘うパブリックなエントランスとなっている。2階の住居への動線は2通りあり、一つはギャラリーに隣接する玄関の階段を使う動線、もう一つはアトリエの螺旋階段でロフトに上がり、バルコニーから入る動線である。住居の中庭側の開口部には、ガラス戸と簾戸のほかに障子も設置。この設計では開口部のあり方と外部環境の取り込み方のスタディを重ね、その後の設計にもその考え方が活かされている。

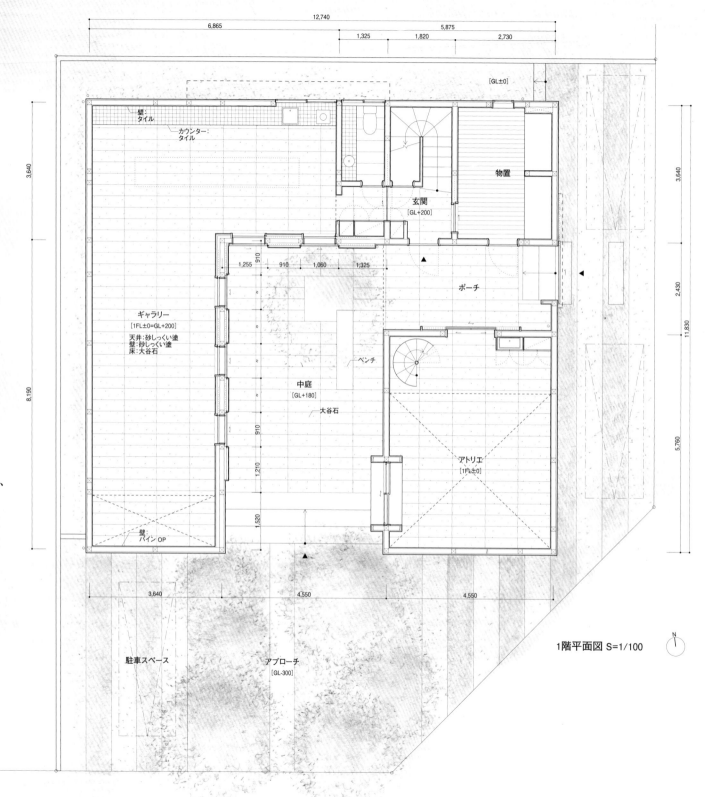

1階平面図 S=1/100

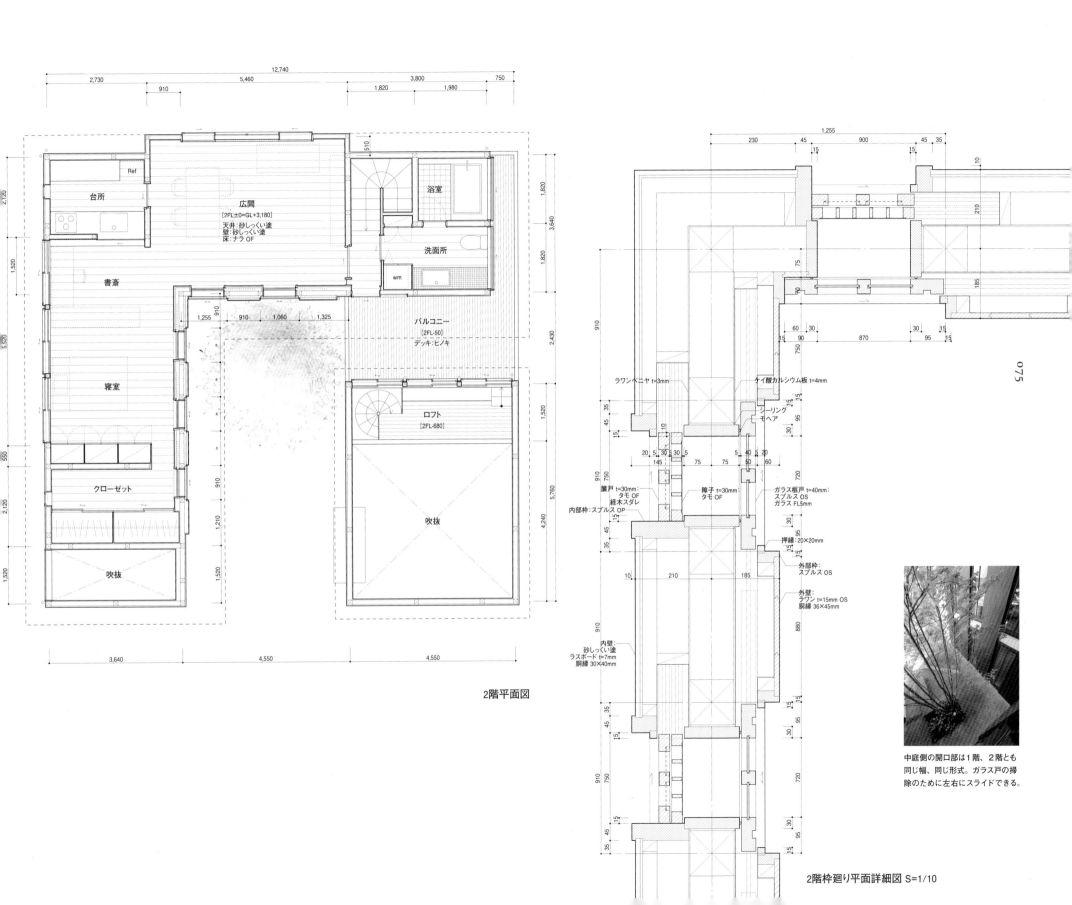

アトリエの螺旋階段。これを使って住居部分の2階に出入りすることができる。

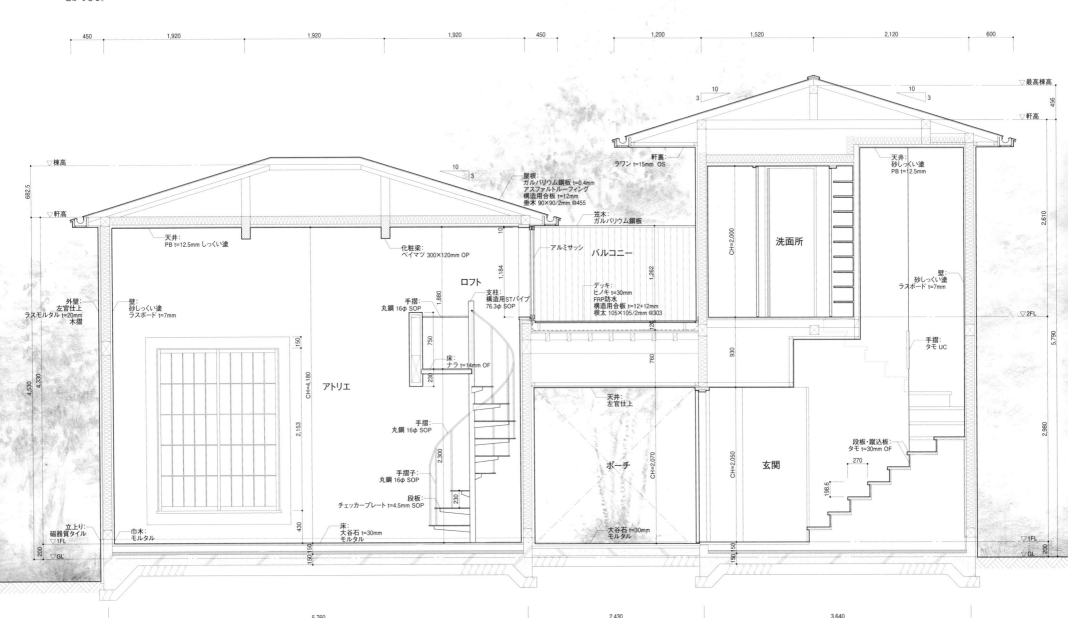

矩計図 S=1/50

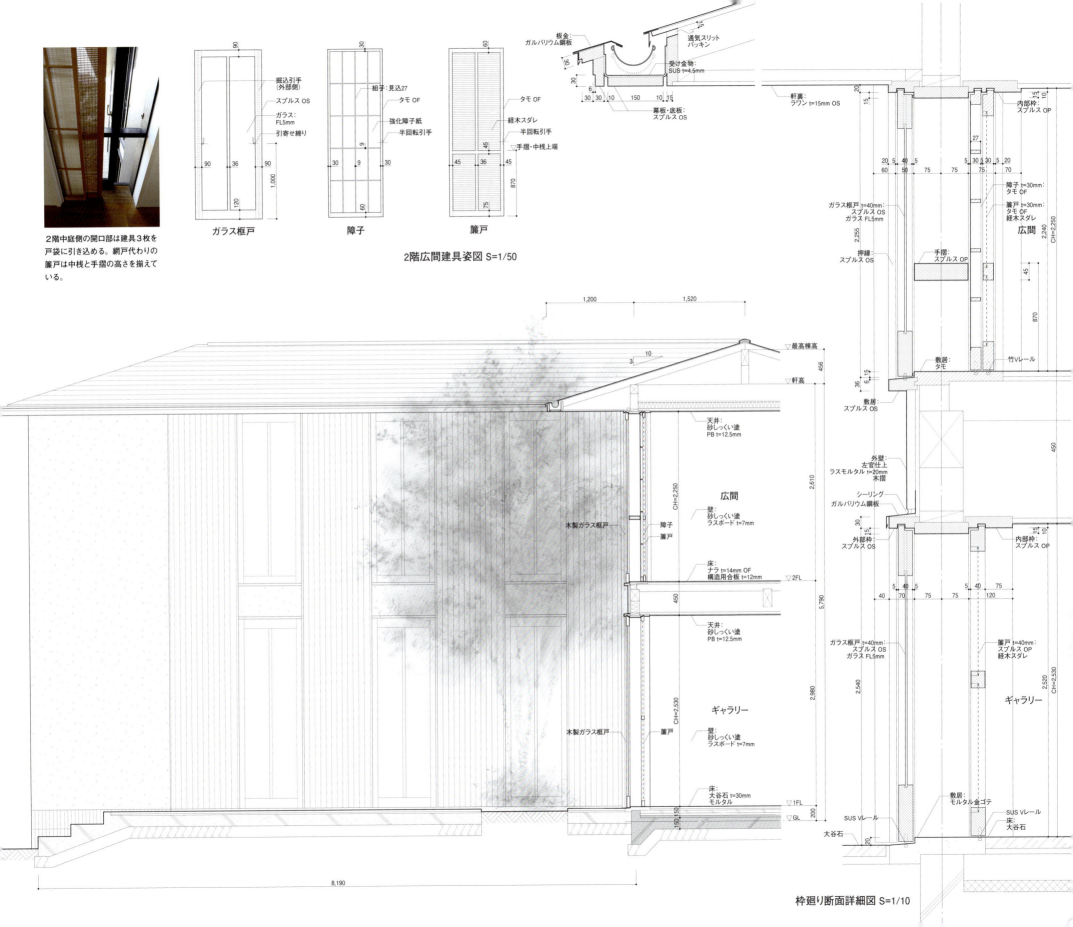

目白通りの家（改修）

House in Mejiro St. (Renovation)
2001

所在地　東京都豊島区
用途　専用住宅
構造設計　山田憲明構造設計事務所
施工　幹建設
主体構造　鉄骨造
延床面積　295.09㎡

築10年の鉄骨ALC造の3階建て住宅。1階の半分は店舗、もう半分と2階は住居、3階は貸家だった。改修のきっかけは、住居部分に一人で暮らしていた依頼主の母親が脳溢血で左半身が麻痺したこと。その母親が車椅子で生活できるように、そして、依頼主夫婦も介護のためにここに移り住めるように、との要望があった。1階に車庫を設けると住居のメインフロアは自ずと2階になり、エレベーターの設置が欠かせなかった。既存の構造に負担を与えてはならず、構造の変更も認めないという行政指導もあったため、北西側にわずかに残る空き地に鉄骨のシャフトを増築。また、以前の玄関は表通りの反対側にあり、共用階段を半階上がらなければならなかったため、車椅子でも行き来しやすい表通り側に移動している。結果的に長くなったアプローチの土間は、様々な制約から必要に迫られて絞り出した苦肉の策だったが、路地のような雰囲気のスペースになっている。2階は軀体とALCの外壁を残してすべて解体し、このフロアだけで生活できるようにプランを全体的に変更。車椅子でのスムーズな動線をつくることに留意し、車椅子を押す人の動きも考えてスペースを配分し、洗面所やエレベーター、食卓まわりなど、車椅子の回転があるところは寸法にゆとりをもたせている。車椅子の動線の合理性から廊下を排しているが、三つの個室を分散させて適度な距離をとり、介護する側もされる側もストレスがたまらないように配慮している。

1階エレベーター前から車庫方向を見る。路地のような土間アプローチが外の喧噪を遮断する。

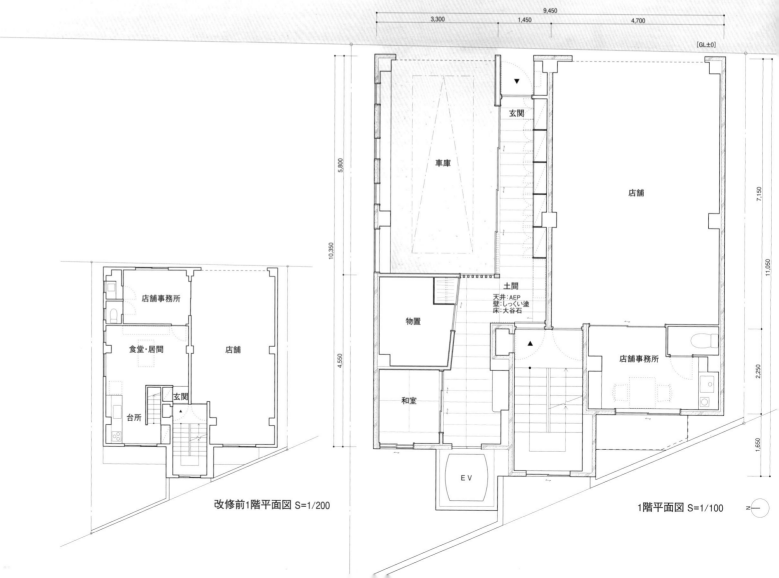

改修前1階平面図 S=1/200

1階平面図 S=1/100

配置図 S=1/200

南西立面図 S=1/200

鵜原の家

House in Ubara
2001

所在地	千葉県勝浦市
用途	専用住宅
施工	木組
造園	小松造園
主体構造	木造
敷地面積	556.42㎡
建築面積	103.36㎡
延床面積	143.38㎡

南房総の、ひっそりと取り残されたような美しい海岸。その浜から歩いてすぐのところにこの家は建つ。1階の中心となるのは大谷石を敷き詰めた土間。ビーチサンダルを履いたまま直接家に入り、料理したり食事したりといった海辺ならではの生活を可能にしている。2階は一転、外の明るさに対して、まぶしさを抑えたやわらかい光で満たされ、静かで落ち着いた場所になっている。広間の窓からは青い水平線と白い波を眺めながら、きらきらと輝く光とさわやかな風を感じることができる。外壁のスギ材は潮風で洗われ、年を追うごとに色の深みが増し、海辺の風景に馴染んできている。

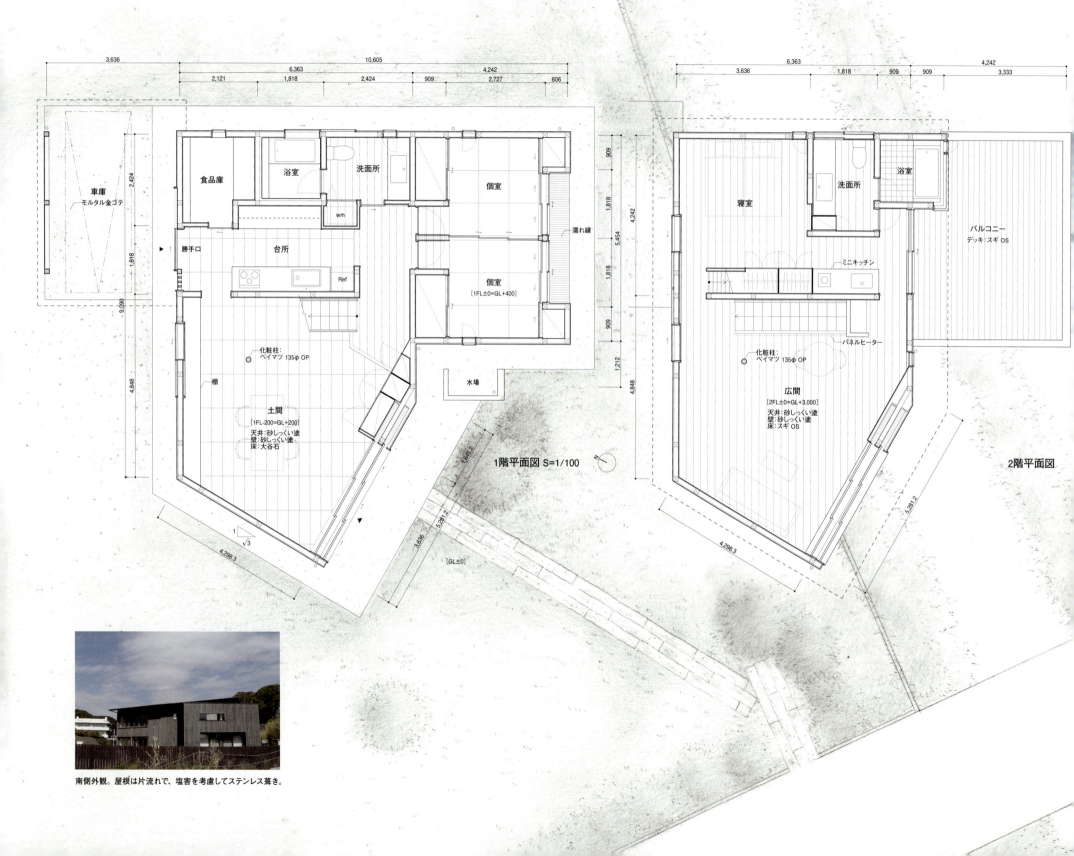

1階平面図 S=1/100　　2階平面図

南側外観。屋根は片流れで、塩害を考慮してステンレス葺き。

外壁はスギ板の上に幅45mmのスギの押縁を打っている。押縁のピッチと窓の外枠は揃えている。

2階の広間。開口部は建具が引き込まれる壁をふかすことで、彫りを深くしている。その彫りの深さを利用して、窓台の下にパネルヒーターを設置。

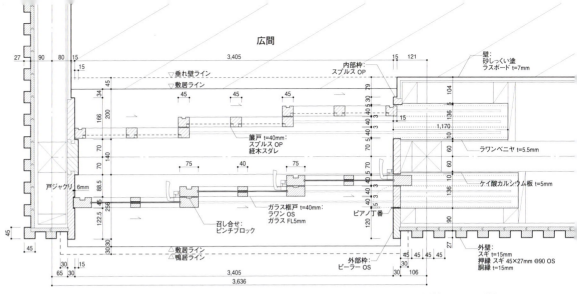

広間枠廻り平面詳細図 S=1/15

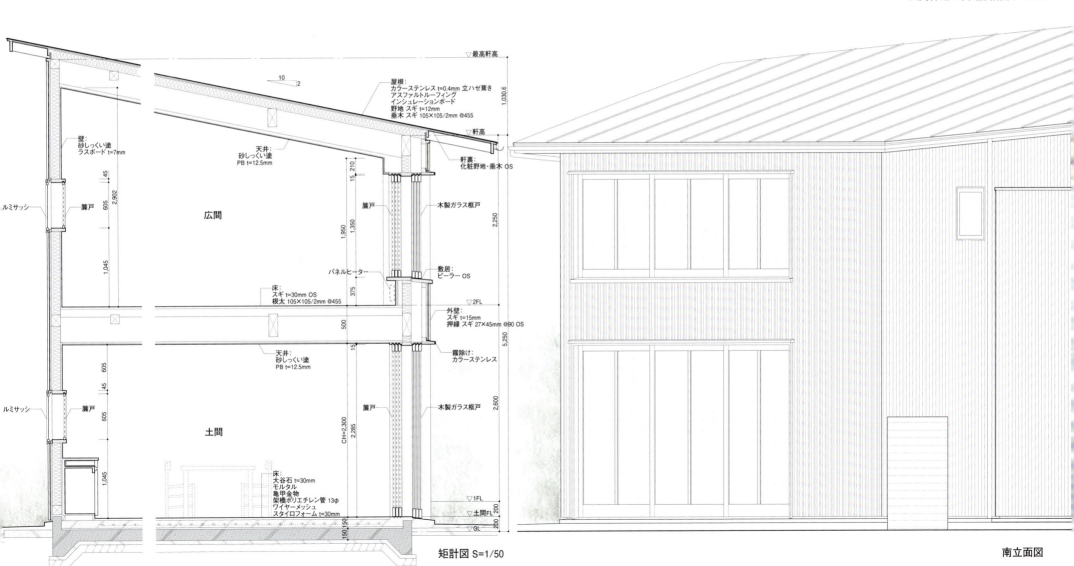

矩計図 S=1/50　　　南立面図

軽井沢の家
House in Karuizawa
2002

所在地　長野県北佐久郡
用途　　週末住宅
構造設計　山田憲明構造設計事務所
施工　　丸山工務店
造園　　雨楽苑
主体構造　RC造＋木造
敷地面積　1,494.37㎡
建築面積　111.98㎡
延床面積　140.91㎡

敷地は東西および南北に約1層分のレベル差がある。その地形を活かすことと積雪への考慮から、RC造の基礎を高く持ち上げ、どの部屋からも外の風景を楽しめる「く」の字形プランにしている。その一部には地階を設け、物置やボイラー室、家事室などを配置し、洞窟のようなテラスもつくった。このテラスは崖に対して突き出ていて、視線を樹海や浅間山へと向かわせる。1階は構造として必要な柱を広間に4本、食堂に1本、ありのままに見せている。柱を背もたれにして昔から変わらぬ姿の浅間山を眺める時、あるいは、地階のテラスで切り取られた風景に対する時、「太古の人々が感じていたであろう気持ちと視線を、時間を超えて重ね合わせることができるのではないか」と考えている。

北立面図 S=1/50

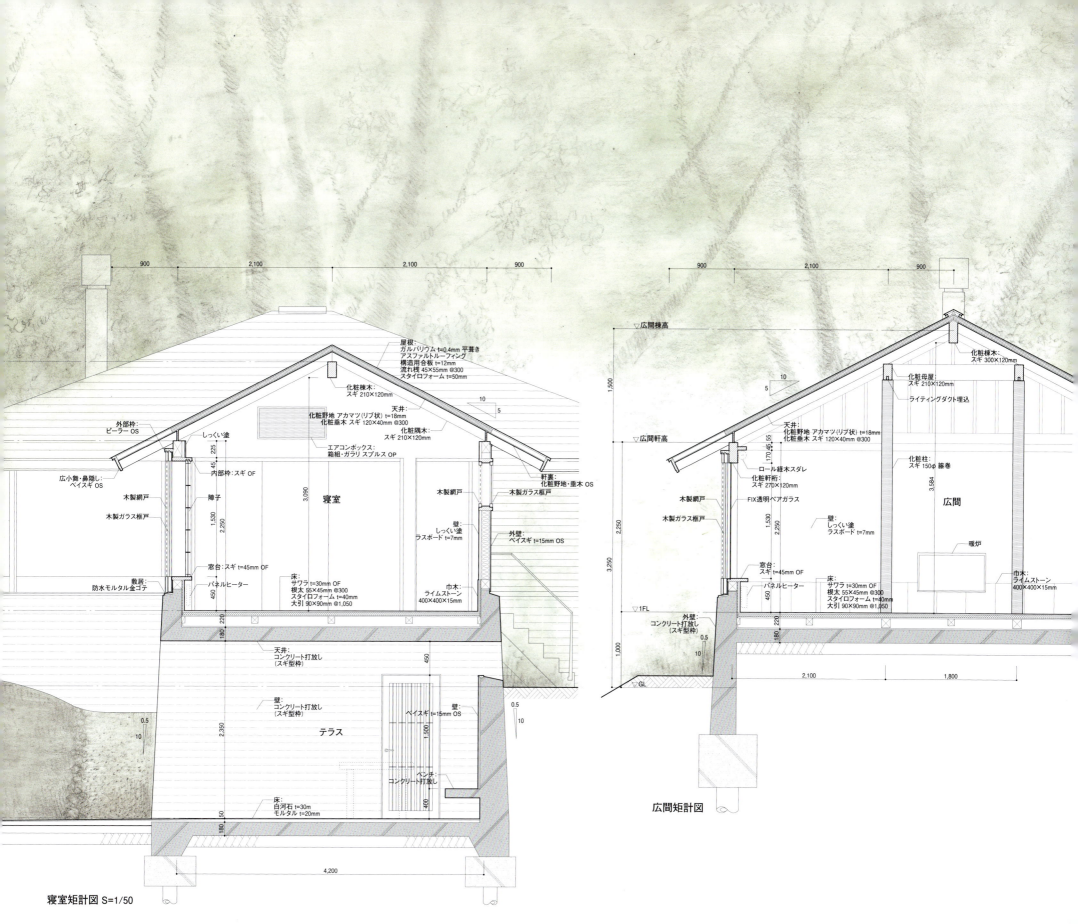

寝室矩計図 S=1/50

広間矩計図

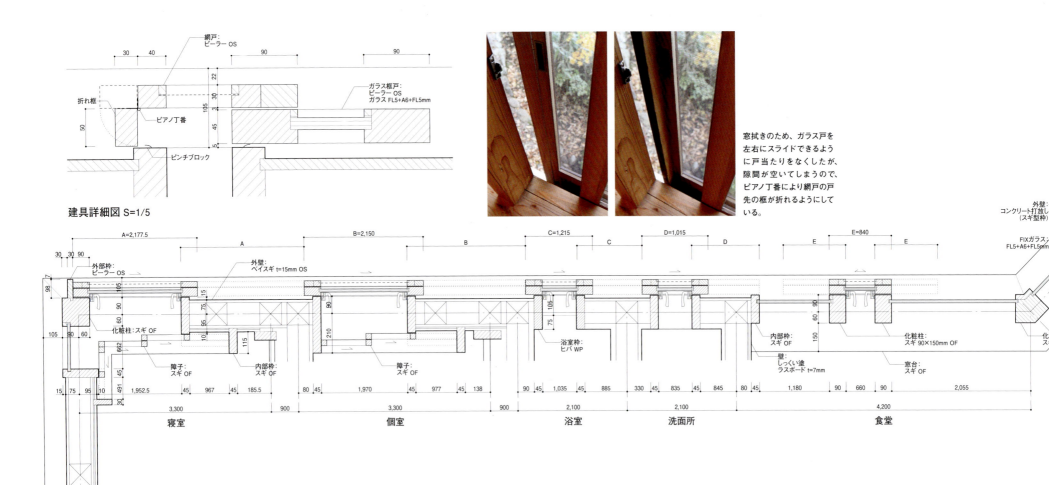

建具詳細図 S=1/5

窓拭きのため、ガラス戸を左右にスライドできるように戸当たりをなくしたが、隙間が空いてしまうので、ピアノ丁番により網戸の戸先の框が折れるようにしている。

枠廻り平面詳細図 S=1/20

外壁の目地にはアルミのTバーを入れている。

広間の外から寝室側の北面を見る。北面の窓はすべて、コンクリートの腰壁に設けたレールの上をスライドする。窓廻りはいずれも同じ形式を採用し、週末住宅での戸締まりの負担を軽減している。

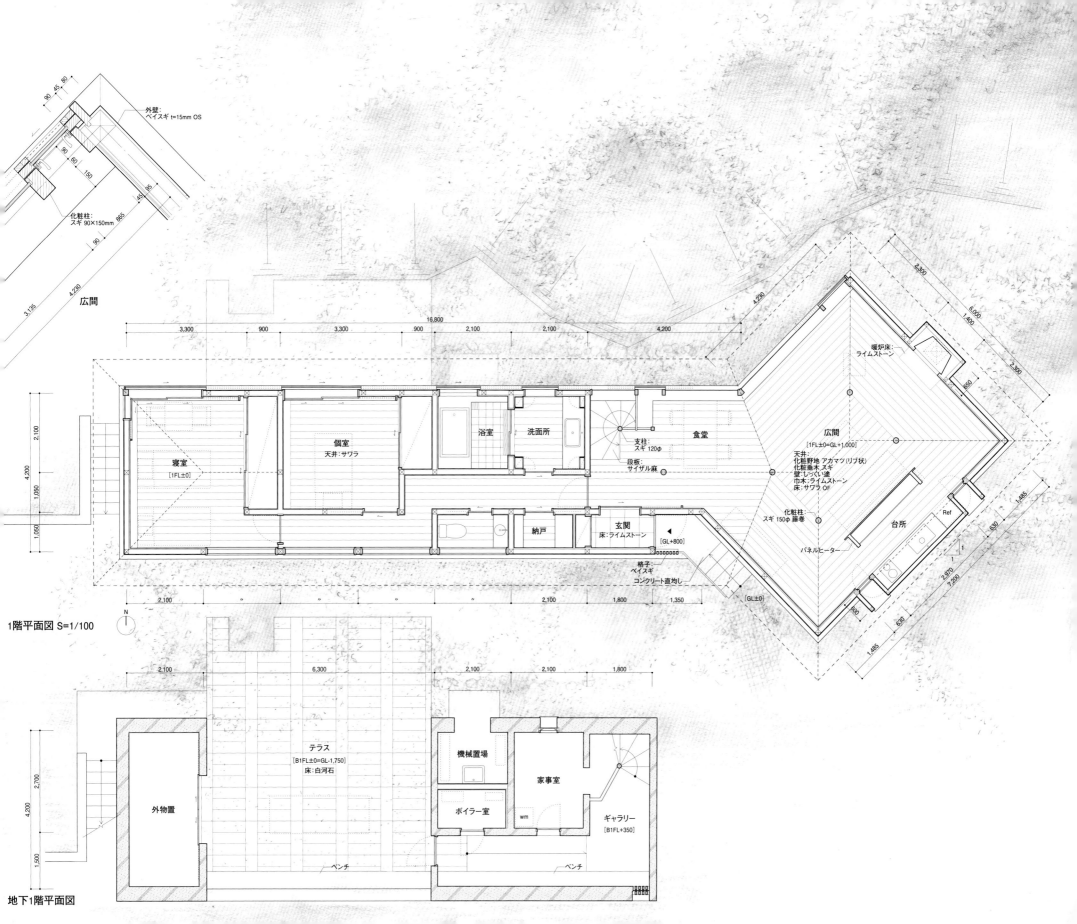

もうひとつの時間

堀部安嗣

築10年経った「伊豆高原の家」を訪れた。用事が済み、東京に戻るための撤収準備も終わり、玄関扉に建主から預かっていた鍵をかけた。ふと2階の戸締まりのことが気になって誰もいない家にもう一度入り、階段を上がって広間に戻った、その時だった。それまでの人がいる時とはまったく異なる、ハッとする印象的な光景があった。誰もいない広間——そこは10年前、この家ができた時をそのまま冷凍保存したような、懐かしくも新鮮で独特の時間が支配していた。

居心地が悪かったわけではない。時間に追われていたわけでもない。けれどもなぜかここに自分がいない方がいいと思った。そして、その光景をまぶたに焼き付けて階段を降り、その時間を大切に封じ込めるように玄関に再び鍵をかけ家を後にした。

今思うと、人の用が済み、人が去って、ようやく取り戻したあの家の幸せそうな時間を邪魔してはいけないと、とっさに感じたのだろう。そう、あの家には人がいる時には決して見せることのない、世の中の時間とはまったく異質な"もうひとつの時間"が存在していた。それを感じ取った時、この体験によって記憶の回路がつながったように、遠い日の光景と感情が鮮やかに蘇ってきた。

私が小学生だった頃に住んでいたのは、友達から幽霊屋敷と呼ばれていた築80年をゆうに超えるオンボロ家だった。平日の日中は家に誰もいない。でもその日は違った。私が忘れ物をして学校の昼休みに家に取りに戻ったからだ。誰もいない、いるはずもない時に足を踏み入れた家の光景はとても不思議で印象的だった。よく晴れた冬の陽射しは長く延び、縁側をわたって茶の間のコタツや読みかけの新聞をあたたかく静かに照らし、冷たく乾いた風が木の建具に嵌(はま)っている薄いガラスをカタカタと鳴らしていて、それはこの家のささやきのようだった。一方、陽の光が届かない父の書斎は暗く沈み、ゆったりと深く呼吸しているようだった。人がご飯をつくったり、食べたり、洗濯をしたり、お風呂に入ったりといった世の中の時間と連動した、あるいは人の"用"に対応している時とはまったく違う家の表情を垣間見て、あたかもこの家が別の時間を生きる人格をもった生き物のように感じた。

この"もうひとつの時間"を今、愛おしく思う。建築が人の"用"だけに対応する時間しかもたないとすれば、それはとても寂しいことだ。なぜなら世の中や人の時間と同じ時間のみを生き、同じように年をとってしまうからだ。

建築は慌しい人の時間に合わせることはほどほどに、そんな時間よりももっともっとはるかにゆったりとした、もうひとつの時間を生きてほしいと思う。そしていつまで経っても新鮮で、懐かしい生命感あふれる情景を保ち続けてほしいと願う。

慌しく過ぎ去ってゆく日常の中でふと、もうずっと前に取り壊されてしまったオンボロ家で見たあの不思議な光景を思い出してみる。あるいは伊豆の地に10年間変わらず存在しているあの情景を思い浮かべてみる。すると、実際にその空間にいるわけではないけれども意識の中でかけがえのない"もうひとつの時間"を生きることができる。深い海の奥に広がっているような、何にもとらわれない遠く静かな情感とともに——。

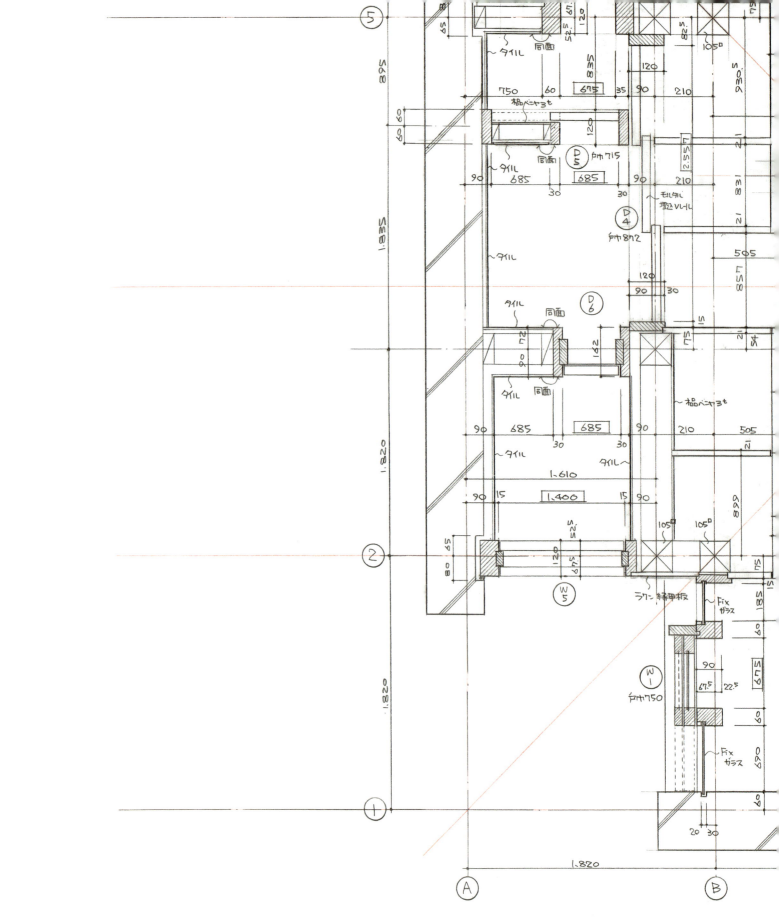

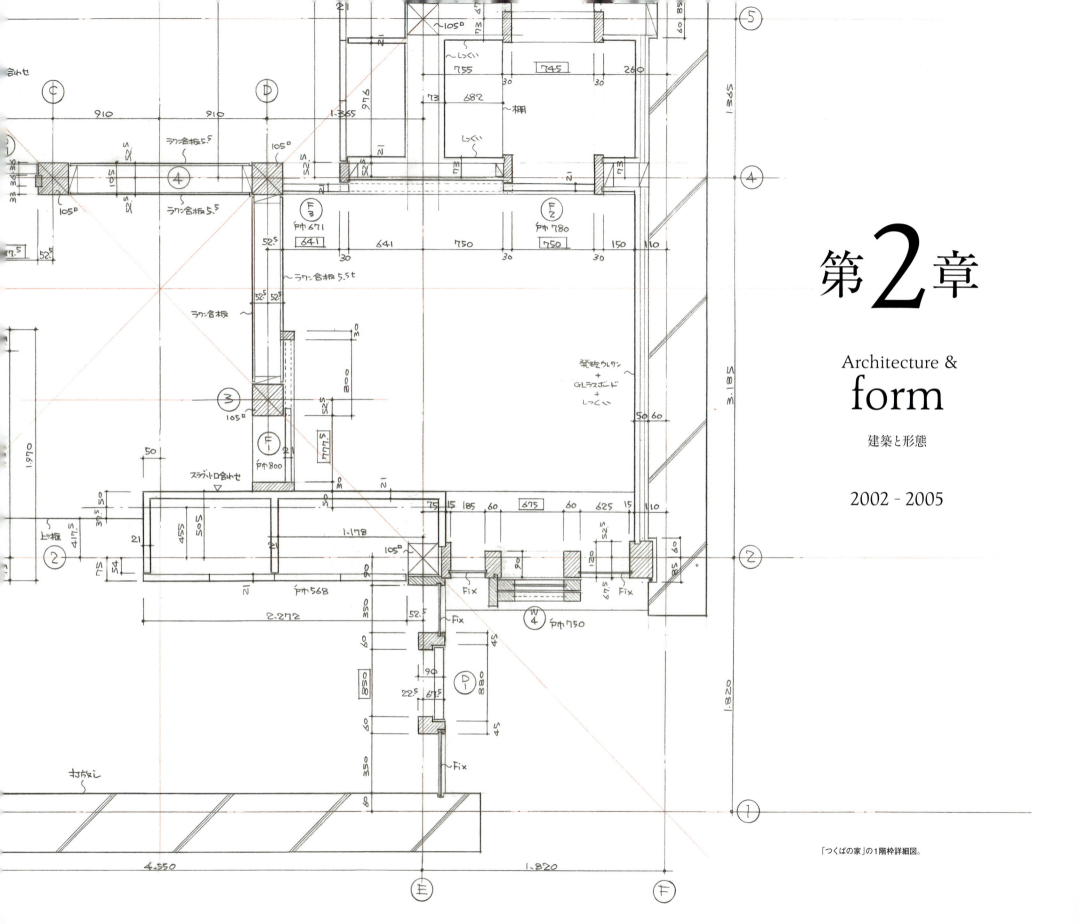

第2章

Architecture &
form

建築と形態

2002 - 2005

「つくばの家」の1階枠詳細図。

八ヶ岳の家

House in Yatsugatake 2004

建主が不在であることはわかっていながらも、近くに行った時に寄ってみることがある。唐松の林を抜けていよいよ現地に近づくと、アスファルトが砂利道に変わり、音という音は自分の車のタイヤのゴツゴツした音だけになる。そのことが周囲の静けさと、目的地が間近であることを知らせる。しばらくすると建物の姿が冬の木立の中から徐々に現れてくる。唐松林の中に静かに佇むその姿はとても頼もしく見えた。

1階の食堂。正面に窓を設けていないが、2階のハイサイドライトからの光が壁にやわらかく落ち、その光や影の現れ方によって、太陽の動きや雲の流れが感じられる。

左ページ：食堂から下屋部分を見る。奥に居間が続く。開いた場所と閉じた場所が交互にあることで、開いた場所の開放感が強調される。2本の化粧柱には籐を巻いている。左：玄関から土間を見る。床はともに白河石貼り。中：2階東側の寝室。右：ある冬の日の風景。

左:周囲との関係を描いたスケッチ。右:東面の全景。周囲の自然に対して毅然とした佇まい。

桜山の家

House in Sakurayama 2004

難産だったプランがようやく解けた時の感動は今も鮮明に覚えている。敷地と構造とプランと生活のイメージがピタリと重なった瞬間だ。今訪れると、その時の手応えを再体験するようだ。そして、もう一度あの感覚を体験してみたいと思い、次への熱意が湧いてくる。

2階の広間。対角線上に窓があることで自ずと視線が外に伸び、空間の奥行きを感じさせ、かつ正対する隣家が視界に入らないようになっている。

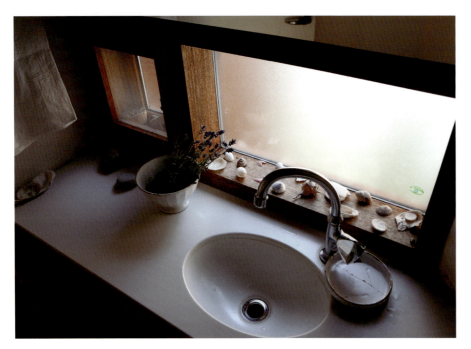

左上:広間の窓は、中央ははめ殺しガラス、両脇を通風のために開閉できるようにしてある。右上:光と木々の葉の影が刻々と室内に変化を与える。左下:便所の手洗い。

右下:最も道路寄りの八角形の1階は、外物置を中心に自転車置き場とサービスヤードを設けている。右ページ:玄関。左は土間、右はサービスヤードと回遊できる。

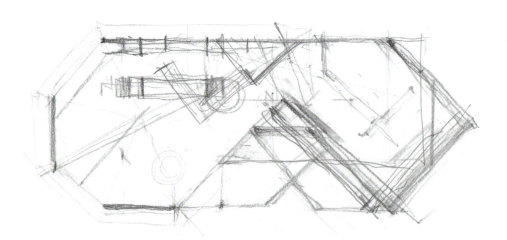

上左：植栽で豊かに彩られたアプローチ。上右：玄関手前の土間。隅切りされた外部スペースに植えられた樹木が目を和ませる。下：設計段階での平面スケッチ。右：南西側の道路からの全景。樹木は外からの視線を遮る効果もある。

由比ガ浜の家

House in Yuigahama 2004

設計中、川沿いにあるこの敷地の護岸が崩れる一幕があったけれど、そんなことも遥か昔の出来事のようにこの場所に根を下ろし、ずっと前から建ち続けているような雰囲気を漂わせている。空気感や設えも変わらず、竣工当時のままが保存されている。

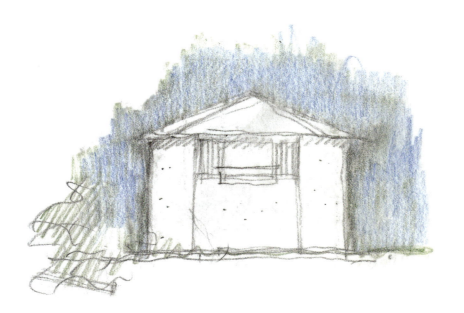

左：南東側の庭から広間を見る。壁面より少し奥まった位置に窓を設け、軒と袖壁を確保している。右：外観スケッチ。

左：広間。化粧柱の位置が正五角形平面の中心となる。右：広間自体は不整形の五角形で、様々な視線の距離感を生んでいる。

那珂の家

House in Naka 2005

竣工後しばらくして子供が二人生まれ、さすがに手狭になったので、現在、玄関部分に増築工事を進めている。方形屋根が架かった平屋の角に同じく方形屋根が架かった2階建ての建物が接続される姿になる。最初はその増築によって姿が変わってしまう不安があったが、今は増築された形の方が味わい深いように思えている。東日本大震災ではこの地域も大きく揺れた。家族とこの家が様々な出来事を介して一体になってゆく様子が見て取れることが感慨深い。

東側から見る。広間のコーナーに設けた窓は大きく、内外を一体に感じさせる。外にはスギゴケの庭が広がる。

左上：ある雪の日の風景。左下：書斎。窓の外に見える石垣は建主が自ら石を積んだ。右ページ：広間の東面を見る。窓台の高さは360mmで腰掛けられる。

左：南側から見た外観夕景。右上：砂利敷きの雨落としとスギゴケ。右下：北西から方形の屋根が架かる全景を見下ろす。

鎌倉山の家

House in Kamakurayama 2005

高台にあり、相模湾や江ノ島の風景を見渡すことのできる眺望の良い場所だが、同時に風雨も厳しく、窓のデザインやディテールは試行錯誤を繰り返した。一方、室内は白を基調に静かに仕上げた。いつ訪れても竣工当時のままの質が維持されている。竣工時に植えた樹木が大きく生長し、コンクリートの擁壁(ようへき)がほとんど見えなくなっている。海と山と緑と風、自然の様々な要素がこの特徴的な窓から取り込まれ続けている。

扇形に開いた平面が見て取れる北側外観。車庫は地下1階のレベルになる。2棟に挟まれた中央部は階段室で、上下左右の動線の要。

左：前面道路から北面を見上げる。窓からは大船市街を見下ろせる。右ページ：敷地周辺は風当たりが強いため、居間をはじめとする南面の開口部は中央をはめ殺しガラス、その左右を通風窓とした。日射をやわらげる簾戸やロールスダレも設置。

左上：2階からは湘南の海の風景を望める。
左下：居間の西面を見る。右手の白い衝立の
裏に書斎がある。右：居間。左ページとは家
具の配置を換えている。

建主の随想「八ヶ岳の家」

静かに変わりゆくもの

山本 淳＋山本久美

　緑の草に挟まれて小さくうねるアプローチが見える、初夏の我が家である。白い雪に阻まれながら、このあたりがアプローチのはずとザクザク歩む、真冬の我が家である。山の家で時折過ごすようになって10年が経った。四季折々の植物、鳥のさえずり、森の動物たち、雨や雷や雪、風と光、そしてそこに流れる時間を最良の友として、すでにいい大人だった僕たちは、さらにまた少し、この場所に育てられた気がする。

　堀部さんが設計する建物の外観は、非常に抑制されている。周りの空間に対して必要以上の主張をせず、環境の中に静かに控えめに佇んでいる様は禁欲的ですらある。建物全体は緻密な合理性に貫かれ、環境の厳しい山にあっても季節を問わず、時間の変化をものともせず、この先もずっと心地よく過ごせる有用の美に満ちている。それでいて、この建物はひとつの生き物のような息遣いを感じさせる。堀部さんには、時間の経過の中で変わらざるをえないもの、そして変わりながらも静かに存在し続けていくものを図面の向こうに見る透徹した目が備わっているのだろうか。

　物静かな外観にくらべ、内部空間は柔らかく、動的である。堀部さんの詩的な感性がちりばめられた空間にあって僕たちは、何かをはじめてみたくなるようなインスピレーションに導かれる。心地よいからと、ただ目をつむり瞑想しているわけにはいかない。静かな時間と覚醒する時間、安らぎと昂揚、佇みと始動、その両方を手にすることができるのは、この森の家の空間があるからこそだ。

　つくり手の堀部さんから宝を引き継ぐように、住み手の僕たちは、静かに変わりゆくものを慈しみながら、ここでの時間を過ごしていきたいと思っている。過ぎゆく時間にこめられている懐かしさは、新しい時間を過ごすために、きっと僕たちの背中を押してくれることだろう。

　僕たちが好きな画家パウル・クレーは、時間芸術である音楽を、空間芸術である絵画で描こうとしたが、彼はまた生涯にわたって数多くの植物を描き続けた。もちろん抽象画として。音楽を描くために抽象表現を使うというのはわからなくもないが、なぜきれいな花まで抽象的に描こうとするのか。それは植物を生成の過程として、つまり音楽同様、時間の中で変化していくものとして捉えたかったからである。どうやら僕たちは、そういう静かな時間の変化、あるいは生成の過程を意識する芸術が好みのようだ。堀部さんのつくった空間で、時の移ろいとともに変化する光を見ているのは、クレーの画集を繰る時間と同じくらいにわくわくする。これからも僕たちは、時間とともに静かに変化を続け、山の家で育っていきたいと思う。

建主の随想「桜山の家」

全長と全高をのぞむ時、小さな家が広がる

曽根智子

　この季節、朝起きると窓を開け、玄関の戸を開け放ち、外気を取り入れて生活が始まります。四方に開かれた各々の窓から木々の緑が目を楽しませてくれます。竣工時に植えた木々も10年ほど経つと大きく枝を広げ、鳥たちが立ち寄る様子が家の中からも眺めることができます。

　この土地を購入し、設計の依頼の旨を伝えてから、はじめてこの敷地に堀部さんが立ち、あたりを見回していた様子が目に浮かびます。「家々に取り囲まれたこの土地に、どんな家をつくったらいいのだろう」。もしかしたらそんな思いが頭の中を駆け巡っていたのかもしれません。直面する家々の視線を斜めにずらして、木々の緑を楽しみ、風を取り込んでくれるこの家の窓は、その時の思いの解答だったのでしょう。

　外と内とのよい連なり、それは玄関まわりでも楽しめます。外でもあり、内でもあり、雨、風を遮りつつも、雨、風をほどよく受けとめる、心地よい空間になっています。洗濯物を干したり、野菜を洗ったり、置いてある椅子にすわってボーッとしたり、ここでは適度な解放感を味わうことができます。

　家の中は、機能別に分かれている個々の空間も、高低差でうまく強弱がつけられています。

　この家でもうひとつ気に入っているのは、家の全長、全高がのぞめる部分でしょうか。リビングの椅子にすわると、台所を通してその隣の部屋の窓まで一直線に空間が伸びてゆき、その先の窓から木々が陽に輝いているのが見えます。また、階段を下りる時、上る時、そこに家の全高の高さを持つ白壁がすっくと立ち上がります。全長と全高、小さな家が広がるような気がします。

　堀部さんに設計をお願いしようと思ったのは、堀部さん設計の「大宮の家」がきっかけでした。「大宮の家」の1階の土間に心ひかれたのです。あの家の土間の魅力と同じものが、我が家の玄関まわりにもあるように思います。また、「大宮の家」の2階のすっきりとした広がりも心ひかれましたが、それと同じものが我が家の全長の伸びやかさにあるようにも思われます。

　夫婦ともに家にいる時間が多くなる年齢になりました。新しい住み方や豊かさがまだまだ発見できるでしょうか。楽しみです。

つくばの家

House in Tsukuba

2002

所在地　　茨城県つくば市
用途　　　専用住宅
構造設計　山田憲明構造設計事務所
施工　　　郡司建設
主体構造　RC造一部木造
敷地面積　186.88㎡
建築面積　67.00㎡
延床面積　107.65㎡

1階、2階とも十字形平面の四隅に等しく外部空間を設け、その上に方形の屋根を架けた家。4枚のRC造の壁柱が、2階のRCスラブと木造の小屋を支えている。この設計は厳しい予算の中で、建主の「空から見て美しい家をつくってほしい」という唯一の要望をどう実現できるかを考えることから始まった。敷地は新しく開発された住宅地内にあり、何らかの拠りどころやヒントを見いだすことが難しい。設計当時は周囲にまだ空き地が残り、その後どう変わるのかもわからなかった。そうした周辺環境に対し、建物の構造や成り立ちを極力シンプルに表現することで要望を満たしながら、いかなる状況にもびくともしない、自立した家をつくることを目指している。

東側道路より見る。RCの壁柱に開口部は一切なく、四つの立面はすべて同じ形と寸法。

2階居間から食堂を見る。

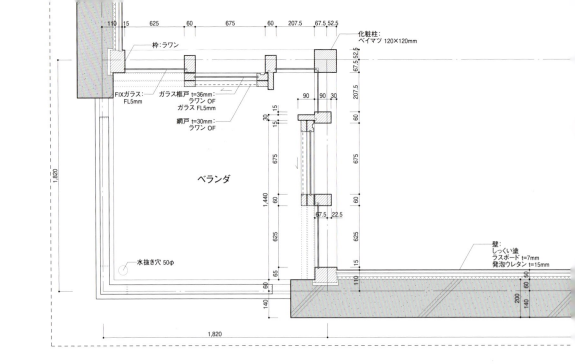

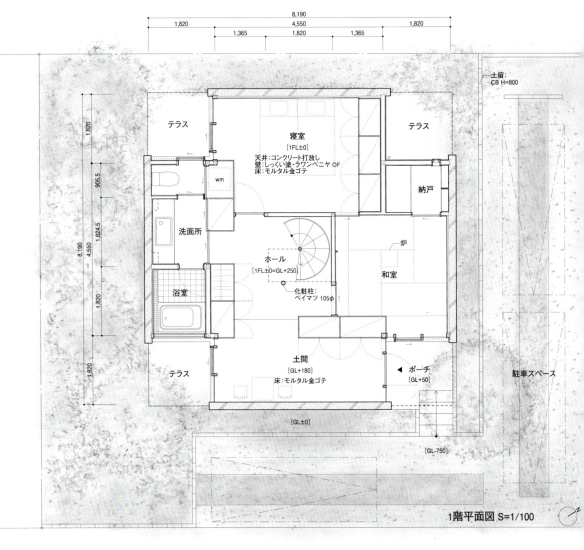

1階平面図 S=1/100

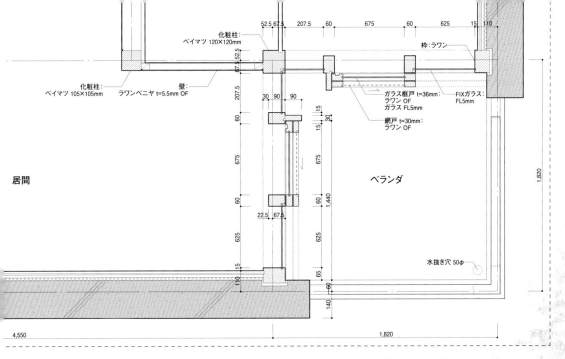

2階枠廻り平面詳細図 S=1/20

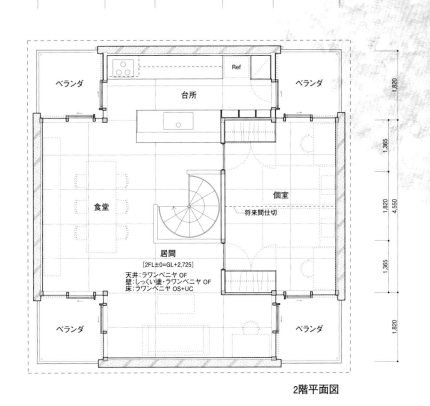

2階平面図

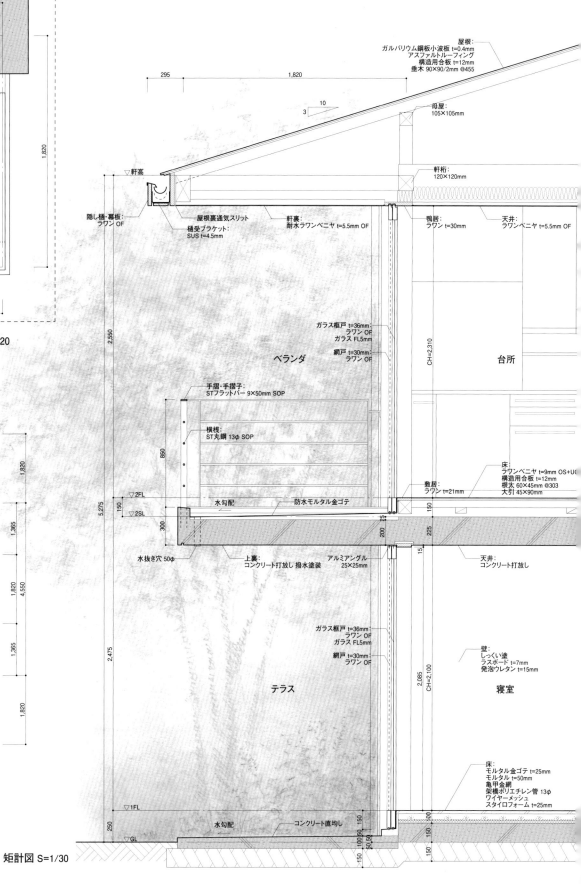

矩計図 S=1/30

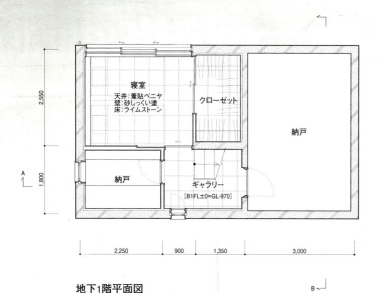

地下1階平面図

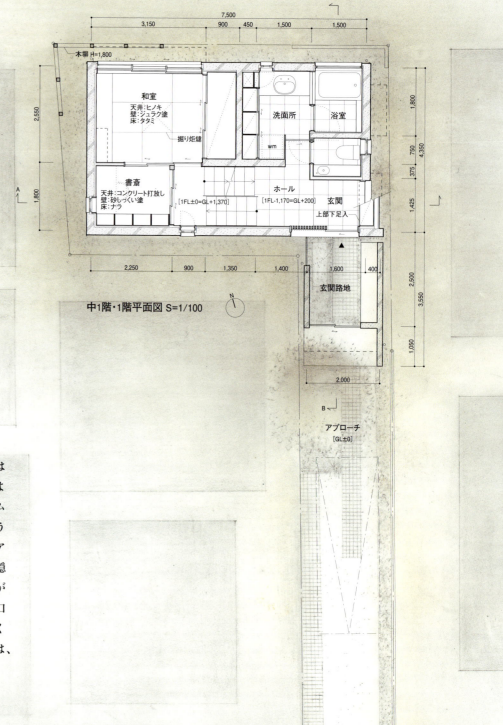

中1階・1階平面図 S=1/100

碑文谷の家

House in Himonya
2002

所在地　東京都目黒区
用途　専用住宅
構造設計　山田憲明構造設計事務所
施工　幹建設
造園　小松造園
主体構造　RC造
敷地面積　82.65㎡
建築面積　39.73㎡
延床面積　92.93㎡

一戸建て住宅が密集する街中の旗竿敷地に建つ。敷地は竿部分を除いて15坪程度。軒高の制限と斜線制限により3階建てにすることも難しく、建てられるボリュームが限られていた。そんな中でも快適な住まいになるように、スキップフロアのプランを採用している。各フロアの床が半階ずつずれていくことで、上下の空間が見え隠れし、垂直方向を意識させて心理的にも物理的にも広がりが得られる。同時に、各スペースの適切な場所に開口部を設け、住宅密集地にありながらも自然光を無理なく導くことに注力した。「小さいけれど広い家」の考え方は、その後の都市部での住宅設計に活かされている。

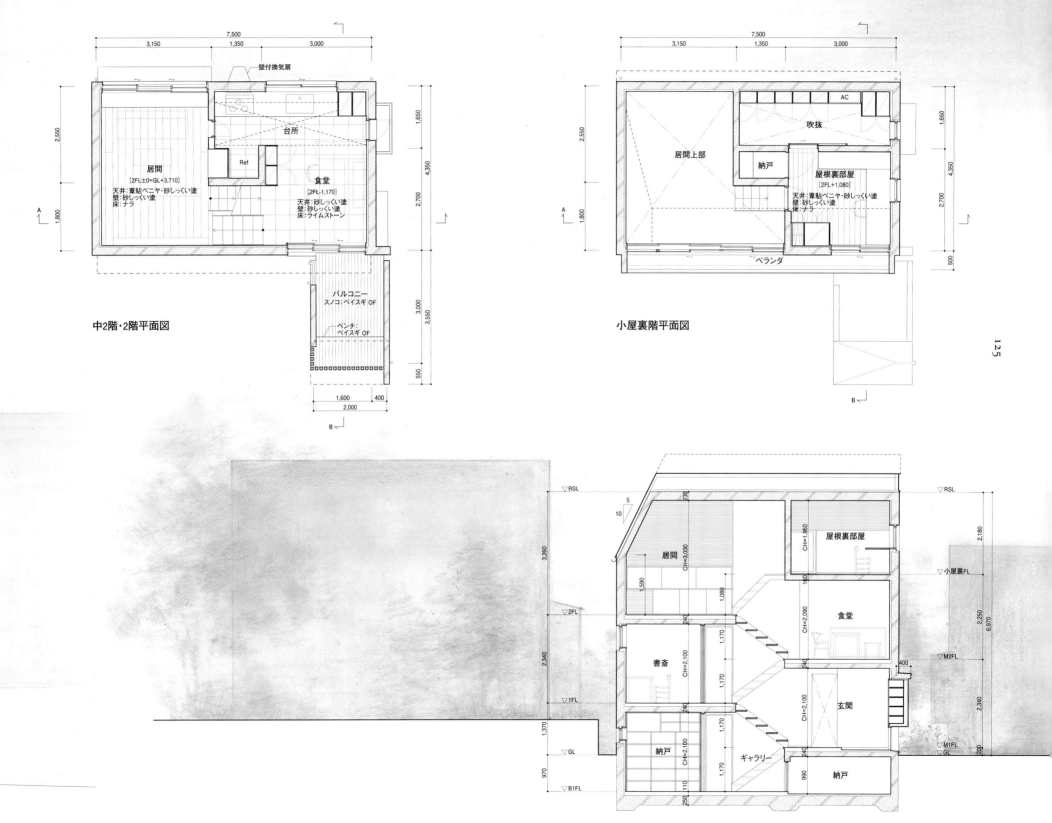

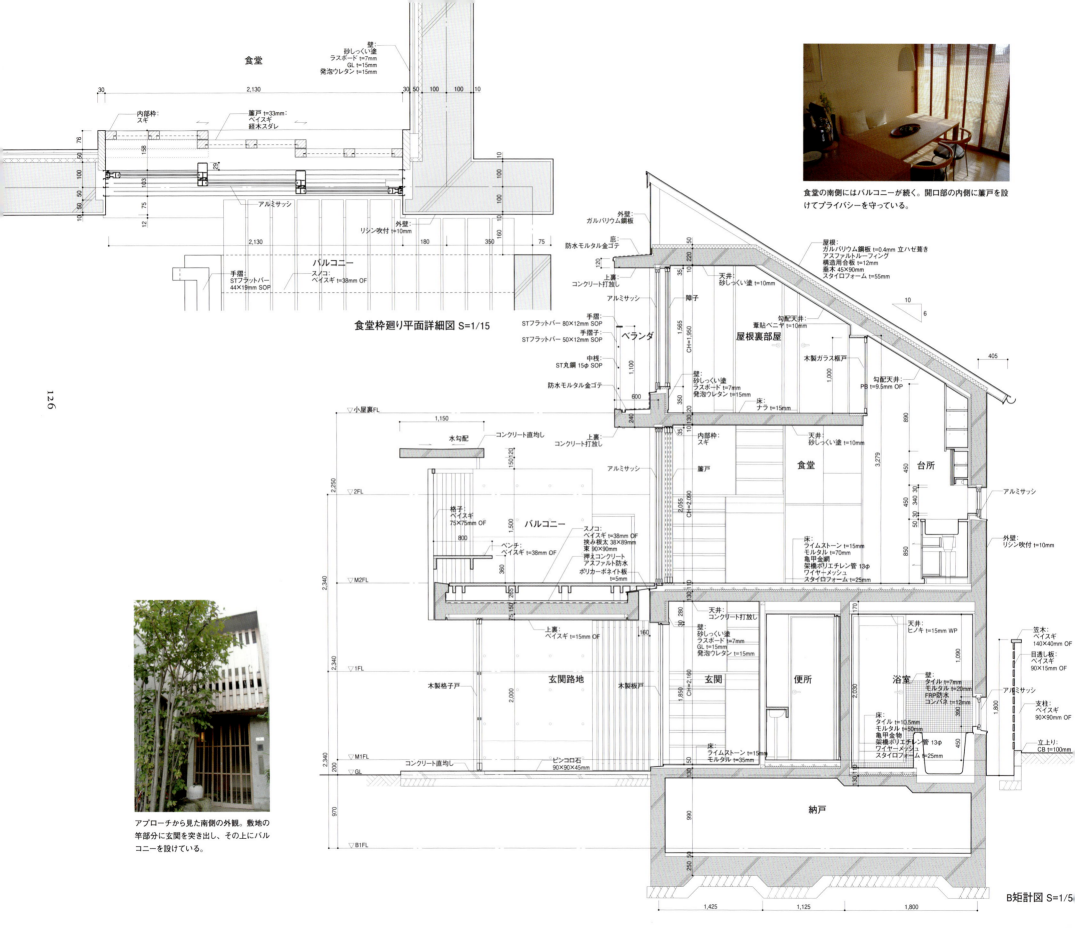

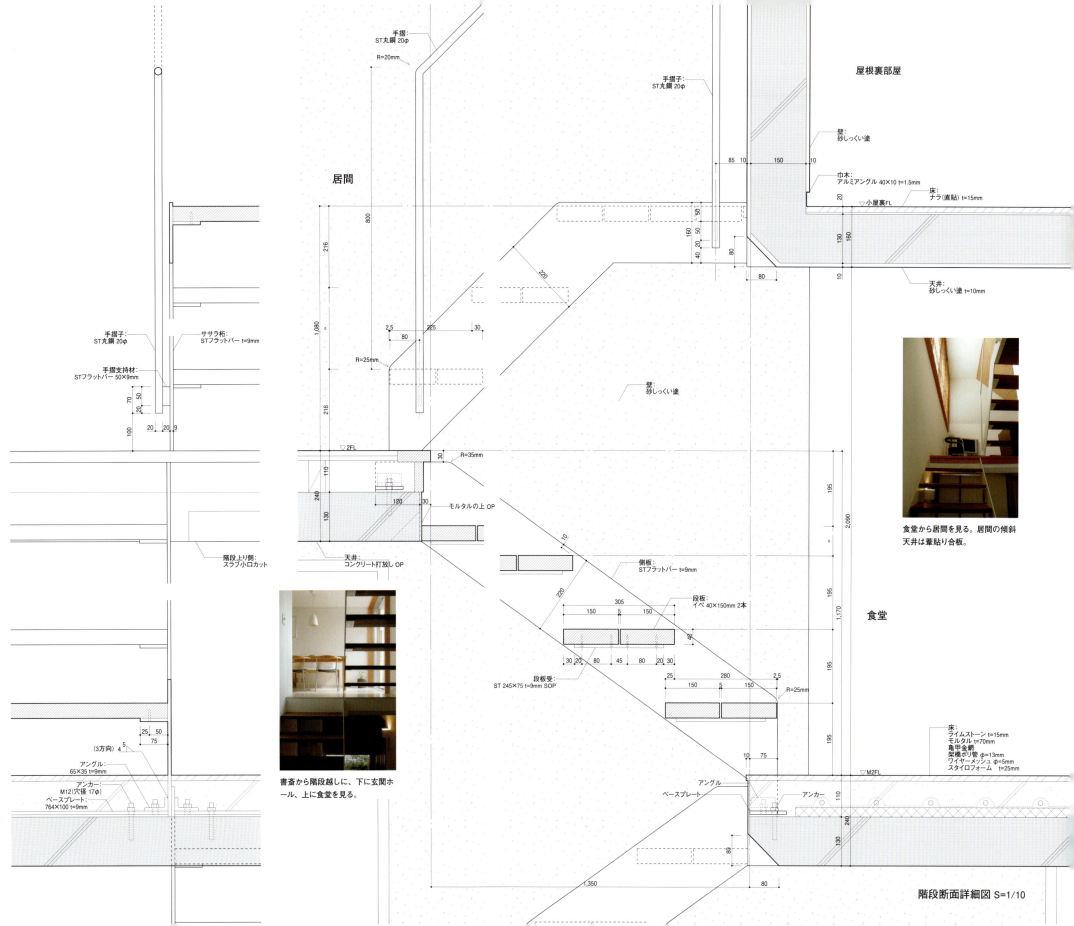

表参道テラスハウス(改修)

Terrace House in Omotesando (Renovation)

2002

所在地　東京都渋谷区
用途　　共同住宅
施工　　sobi
主体構造　RC造
延床面積　305.77㎡

住戸A、台所より食堂を見る。

住戸Cの居間。

かつて企業の社宅だった築17年の三軒長屋を、三つの住戸とも改装し、賃貸住宅として蘇らせたプロジェクト。既存梁の多さと梁下の低さ、開口部の低さなどの問題があったが、できあがってみるとそれらは空間の重心を下げ、落ち着きを与える要素になっていった。また、この建物は勾配屋根と深い軒庇の効果で、築年数を感じさせないほど外壁の傷みや汚れが少なく、雨漏りの痕跡も見当たらなかった。よって外部の補修は最小限に抑えられ、内部の改修に集中することができている。

改装前平面図 S=1/200

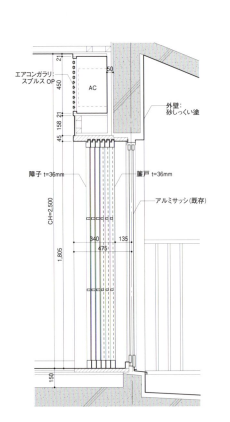

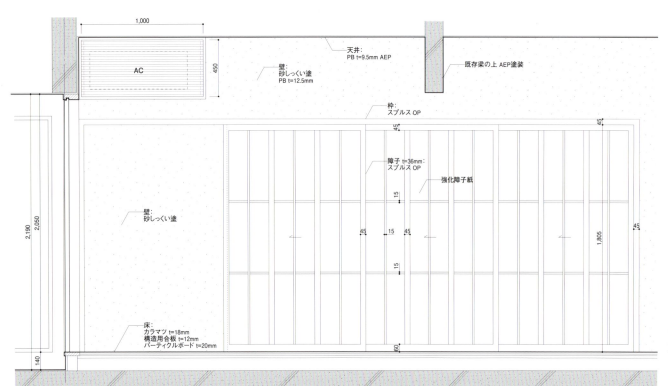

既存のアルミサッシの内側に簾戸と障子を設置し、室内からアルミサッシが目に入らないようにしている。また、エアコンやパネルヒーターは壁の厚みを利用して組み込んでいる。

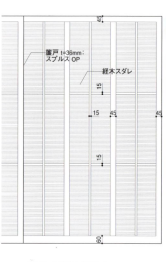

住戸C居間展開図 S=1/30

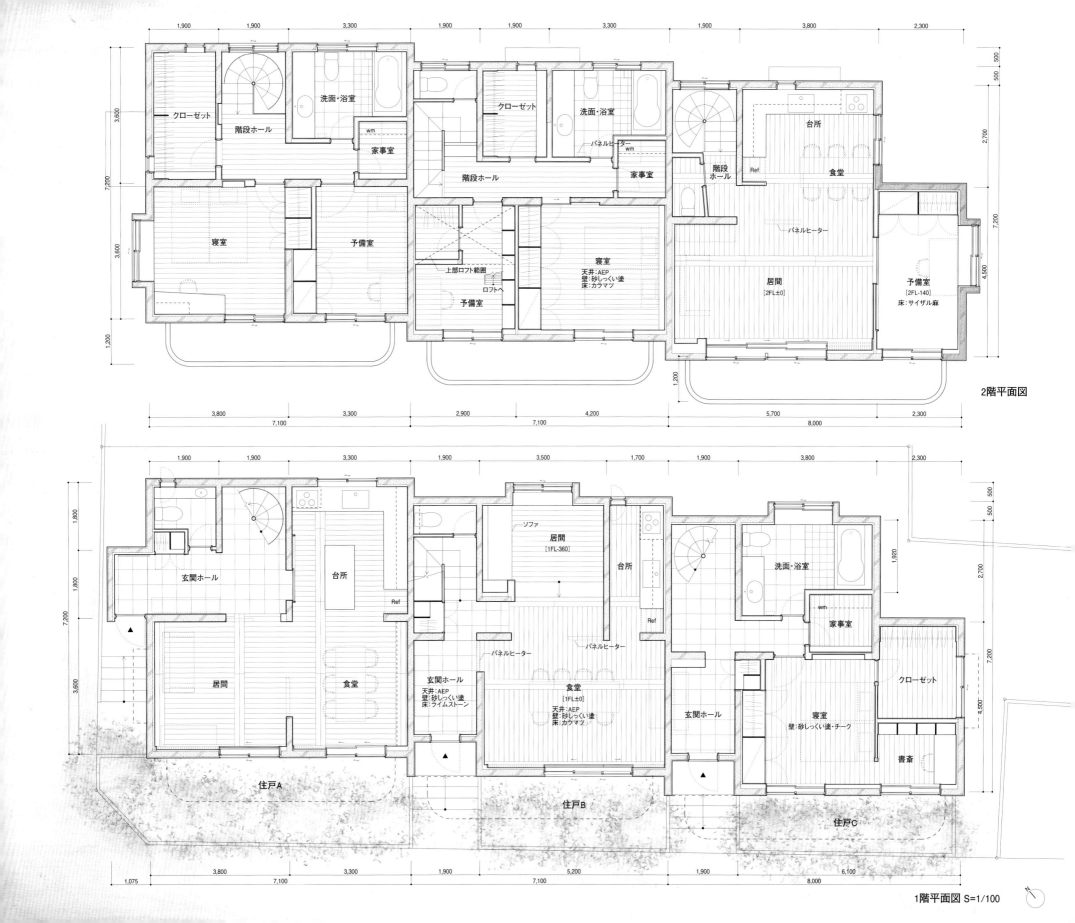

2階平面図

1階平面図 S=1/100

逗子の家

House in Zushi
2003

所在地　神奈川県逗子市
用途　　専用住宅
施工　　マナアソシエイツ
造園　　久世安樹
主体構造　木造
敷地面積　132.27㎡
建築面積　67.75㎡
延床面積　108.50㎡

40坪の敷地に、車3台の駐車スペースを確保しつつ、周囲の風景に溶け込んだ家がほしいというのが建主の要望だった。それに対し、三つの台形を組み合わせた扇形のプランで応えている。台形の開き具合は車の停めやすさから導き出しているため、それぞれ異なる。同時に、敷地が角地であることから街並みに圧迫感を与えないように、三つの棟を少しずつずらして並べている。さらに、全体の高さも極力抑え、それが三つのボリュームに分かれることでも圧迫感を軽減している。また、敷地はわずかに高低差があり、それに屋根を合わせて連ねることで、建物が街に馴染むようにと考えている。

1階平面図 S=1/100

改修後

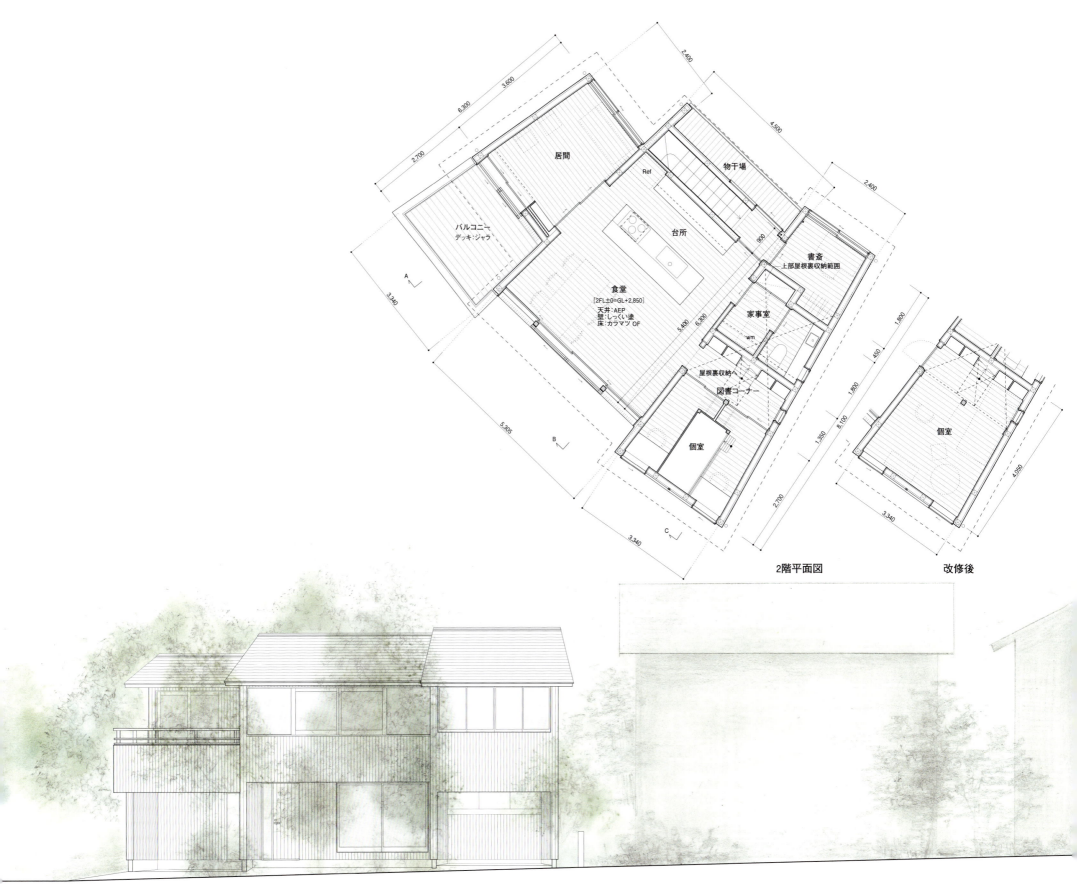

南側道路から見た全景。竣工時に建主が植えた樹木が大きく生長し、街に潤いを与えている。

2階の食堂。天井高は低いところで1,920mm、高いところで2,815mm。奥に見えるのは居間。

2階の居間から出るバルコニー。

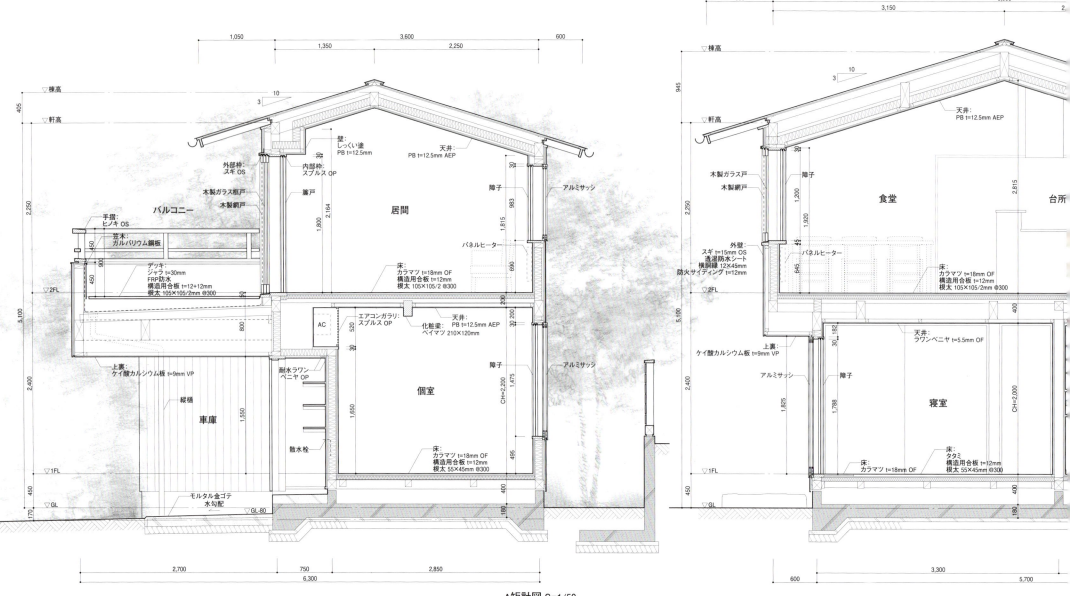

A矩計図 S=1/50

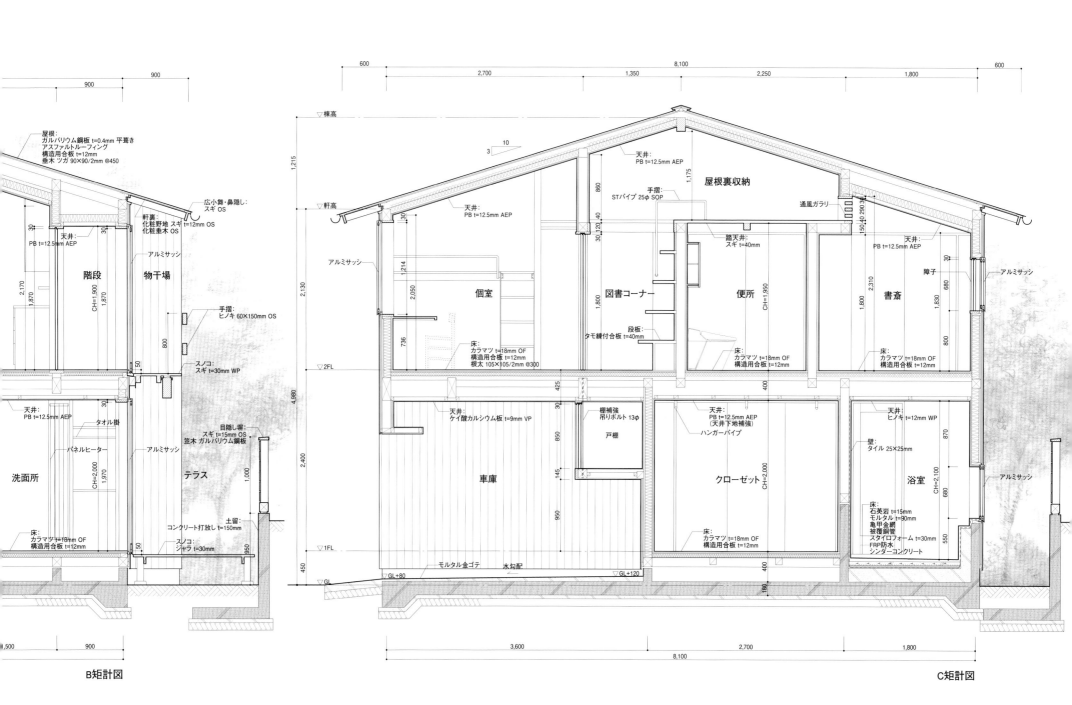

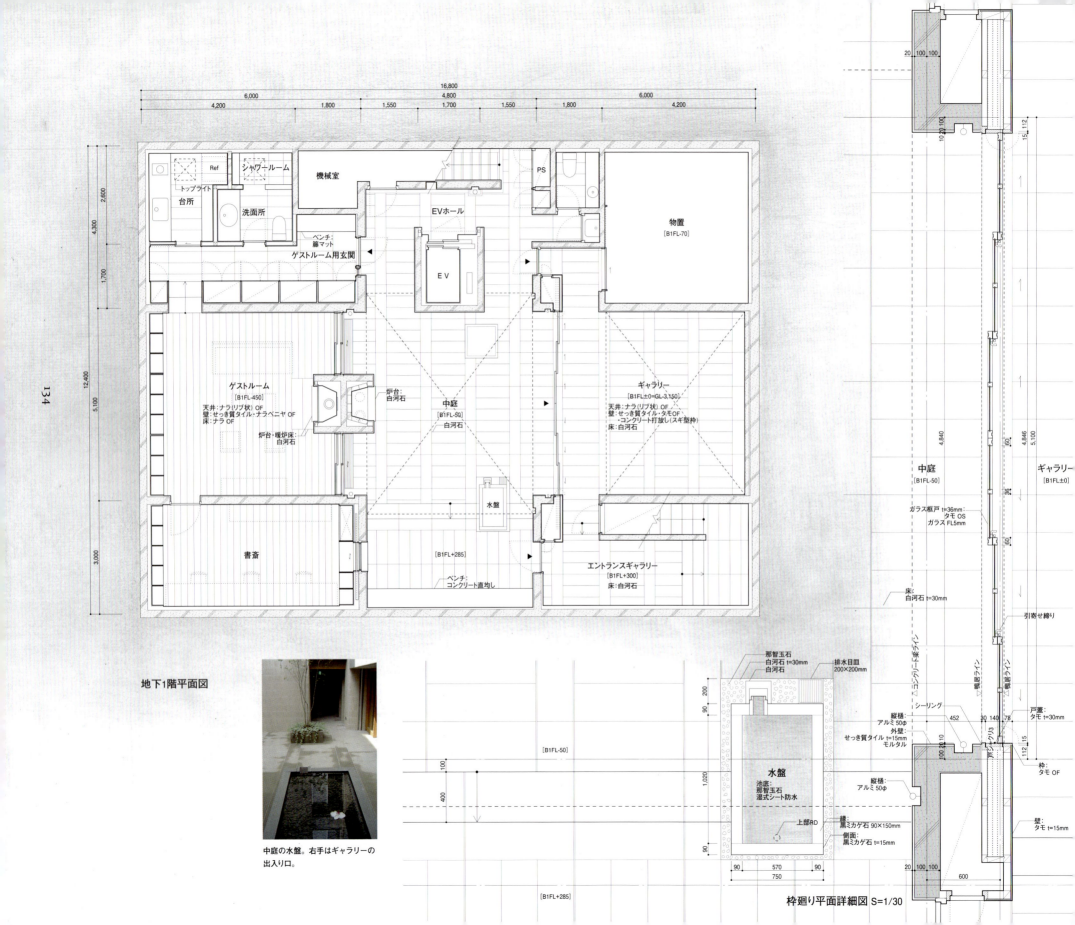

地下1階平面図

中庭の水盤。右手はギャラリーの出入り口。

枠廻り平面詳細図 S=1/30

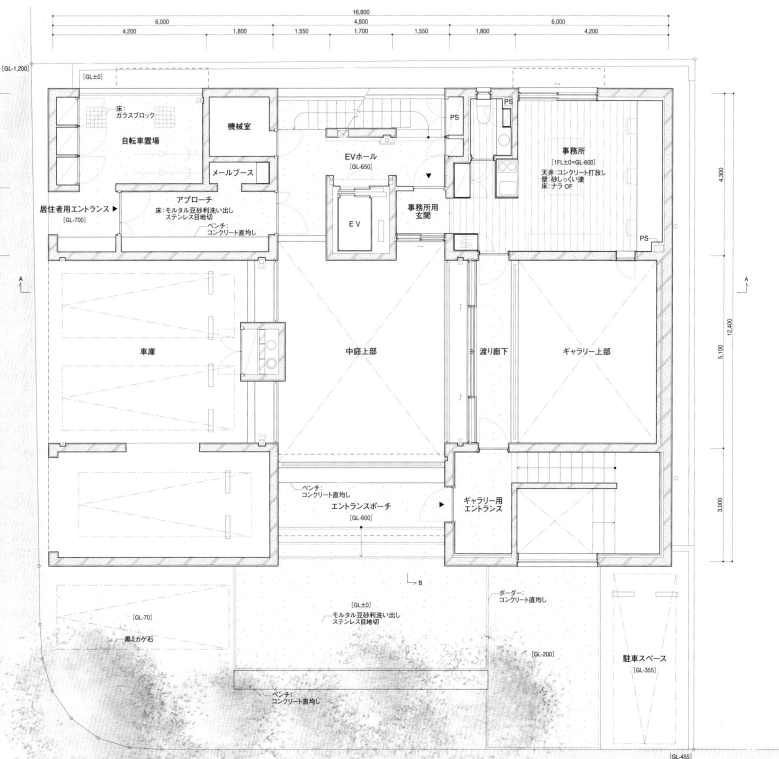

玉川田園調布
共同住宅

Apartment in
Tamagawadenenchofu
2003

所在地　　東京都世田谷区
用途　　　共同住宅・ギャラリー
構造設計　山田憲明構造設計事務所
設備設計　yamada machinery office
施工　　　奥村組
造園　　　小松造園
主体構造　RC造
敷地面積　326.42㎡
建築面積　171.32㎡
延床面積　534.04㎡

性格の異なる複数のスペースを内包する建物。平面は中庭を囲むコの字形で、地下1階にギャラリーとゲストルーム、1階に事務所と車庫、2階と3階に住戸が三つある。建主の要望は、時の試練に耐え、美しく年月を重ねる建築を設計してほしいというものだった。それに応えるために、建主と対話を重ねながら、「人に愛され、人の記憶に深く残り、人の強い気持ちに支えられる建築」を目指している。中庭には樹木と暖炉、水盤を配置し、どのスペースからも緑、火、水の存在を感じられるようにした。これらの小さな自然によって日常のなにげないシーンが生き生きと彩られ、豊かな記憶として建物の姿とともに心に刻み込まれることを意図している。

1階平面図 S=1/100

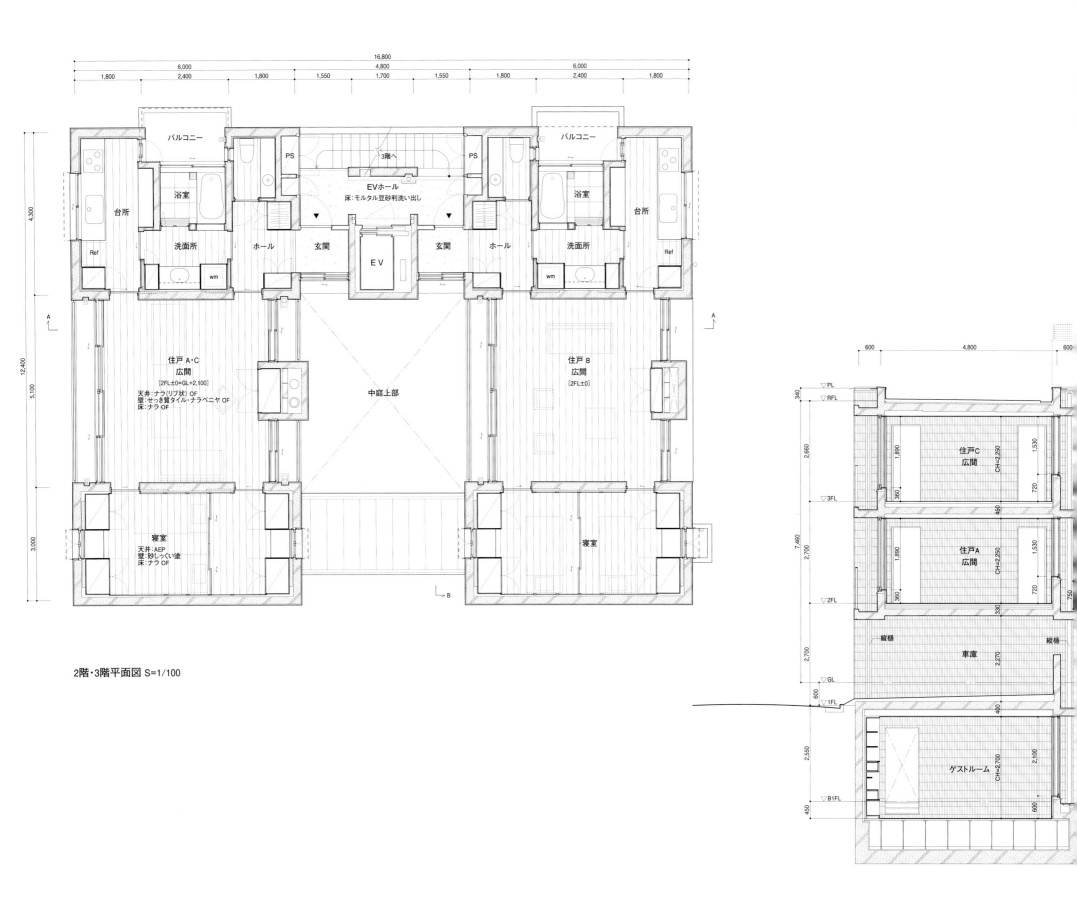

2階・3階平面図 S=1/100

外部の見上げ。パラペットは笠木部の水切りの出を大きくし、外壁を保護。窓には霧除けを設け、雨がかりに配慮した。外壁のせっき質タイルはハンドメイドで、1枚ずつ色とテクスチャーが違う。この建物の計画に合わせてつくられた。

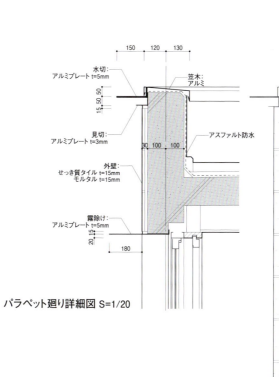

パラペット廻り詳細図 S=1/20

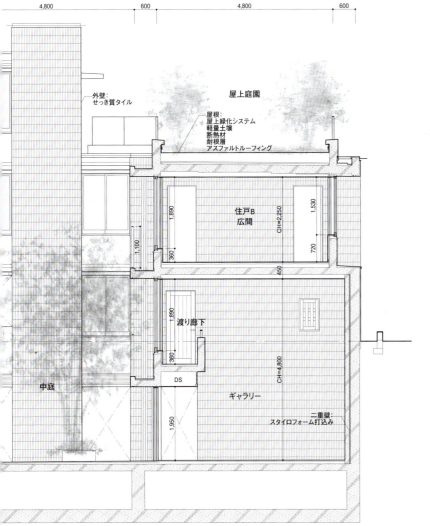

A断面図 S=1/100

B断面図

赤城のアトリエ

Atelier in Akagi
2003

所在地　群馬県勢多郡
用途　　アトリエ
構造設計　山田憲明構造設計事務所
施工　　アルボックス時田
主体構造　RC造
敷地面積　197.24㎡
建築面積　38.75㎡
延床面積　62.27㎡

1階平面図 S=1/100

2階平面図

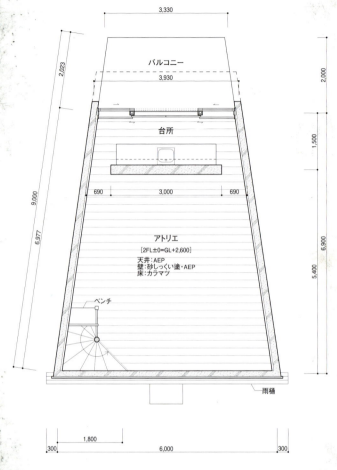

赤城山麓のなだらかな丘陵地に建つこの小さな建物は、画家である建主が絵を描く場所であり、その絵を展示する私的な美術館でもある。晴れた日には湾曲した天井に光が反射し、間接的に絵を照らす。曇りや雨の日は充分な光が届かず、逆光になるため、絵の構成とプロポーションだけが浮かび上がる。美術作品が生み出される場所、あるいはそれを鑑賞する場所はどうあるべきか。「その土地の記憶とつながる特定の光と闇、湿度、匂いが存在すること」の重要性について、建主と共感を重ねていった。アトリエから窓の外を直接見ることはできないが、雨や風の音、木々のざわめき、陽の移ろいを感じることで、その風景は建主の脳裏に鮮やかに描かれる。

東から見た外観。外壁はコンクリート打放し、屋根はガルバリウム鋼板葺き。

2階のアトリエ。立上がり壁の奥にある開口部から自然光が入り、空間全体に広がる。

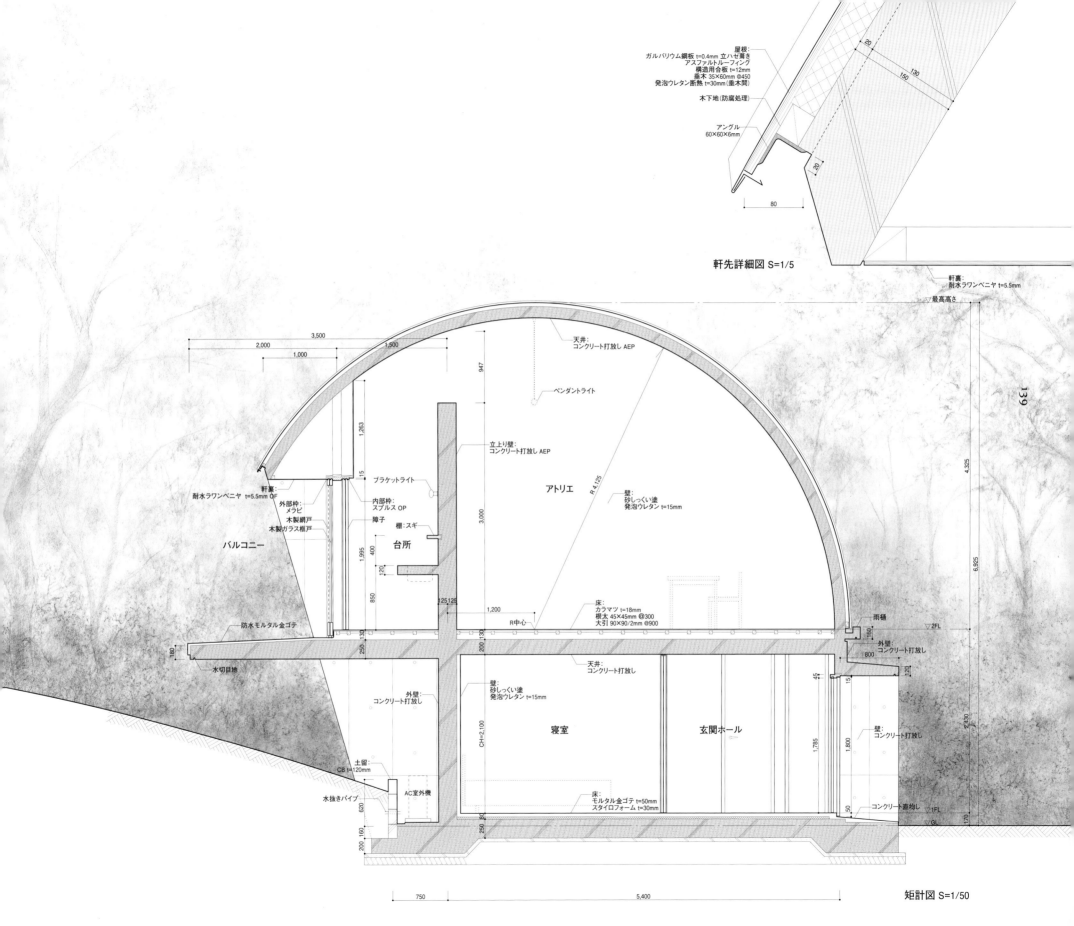

八ヶ岳の家

House in Yatsugatake
2004

所在地　長野県南佐久郡
用途　　週末住宅
施工　　新津組
主体構造　木造
敷地面積　1,125.00㎡
建築面積　93.29㎡
延床面積　152.00㎡

この家は、十字形の軀体の入り隅に開放的な下屋を架け、開かれた空間と閉じられた空間を内部で融合させている。敷地は東西に緩やかな傾斜があり、その高低差を利用してスキップフロアとし、動線を螺旋状につないでいる。それによって内部からの眺望は360度に展開する。1階の食堂と居間は妻側に吹抜けがあり、2階の平側のハイサイドライトから入る光がやわらかく壁面に落ちるようにするとともに、太陽の動きや雲の流れを感じられるようにした。

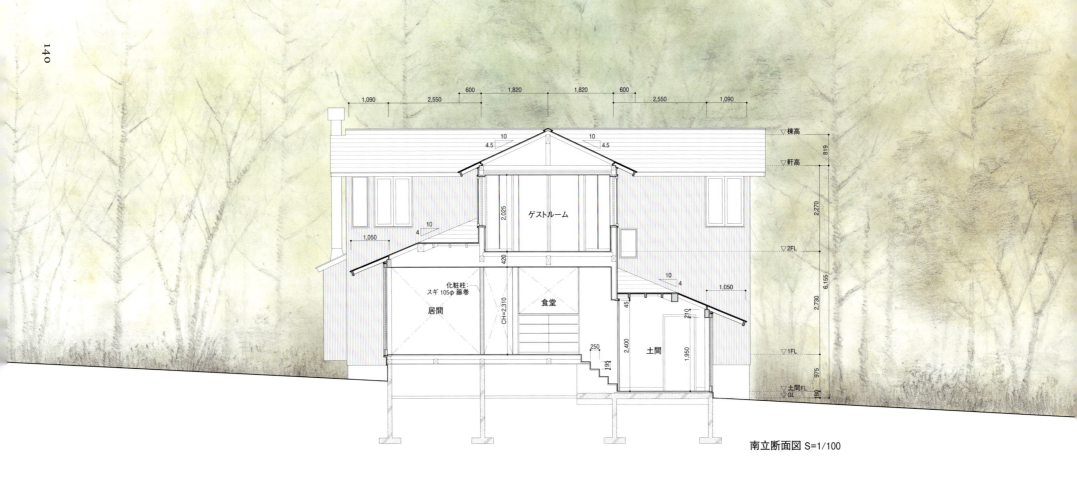

南立断面図 S=1/100

東立面図

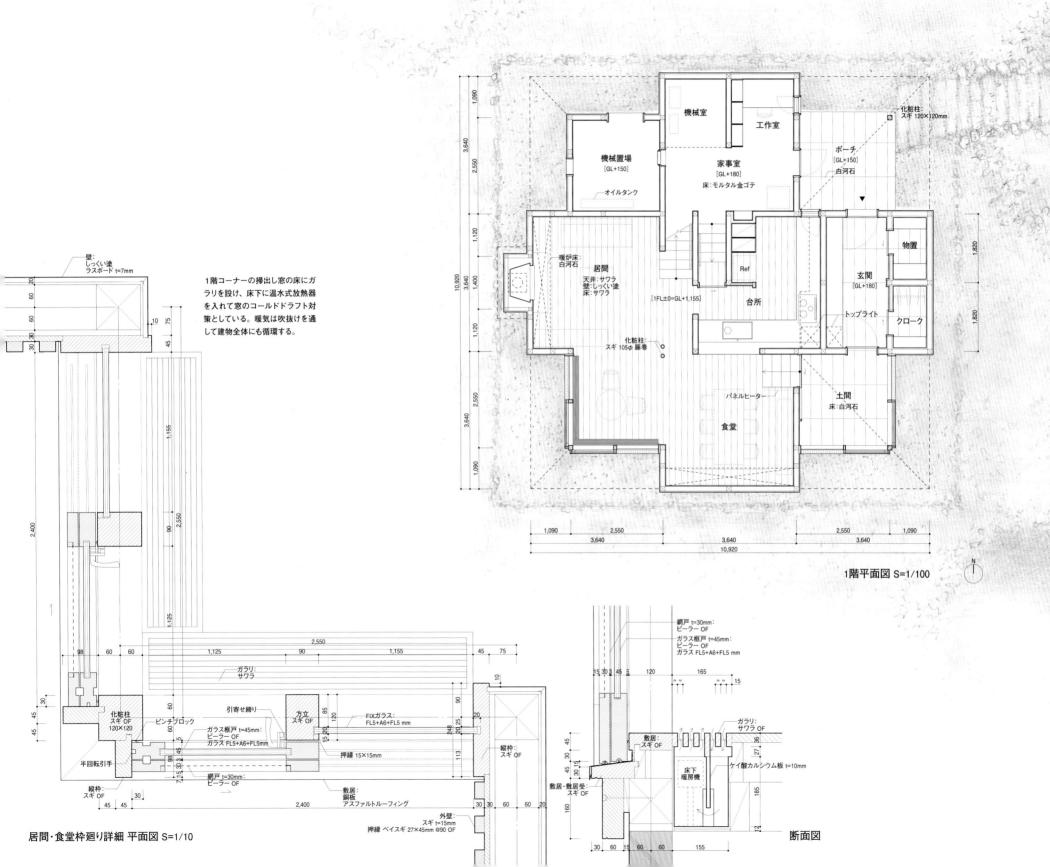

1階コーナーの掃出し窓の床にガラリを設け、床下に温水式放熱器を入れて窓のコールドドラフト対策としている。暖気は吹抜けを通して建物全体にも循環する。

1階平面図 S=1/100

居間・食堂枠廻り詳細 平面図 S=1/10

断面図

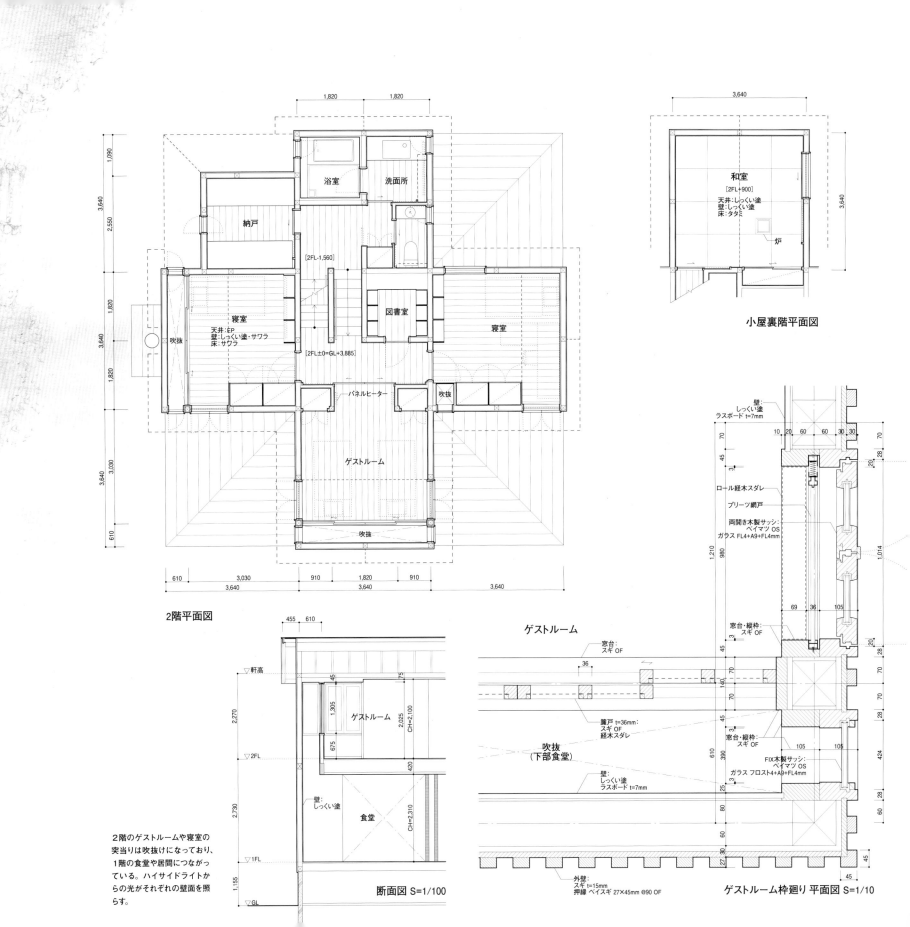

2階平面図

小屋裏階平面図

断面図 S=1/100

ゲストルーム枠廻り 平面図 S=1/10

2階のゲストルームや寝室の突当りは吹抜けになっており、1階の食堂や居間につながっている。ハイサイドライトからの光がそれぞれの壁面を照らす。

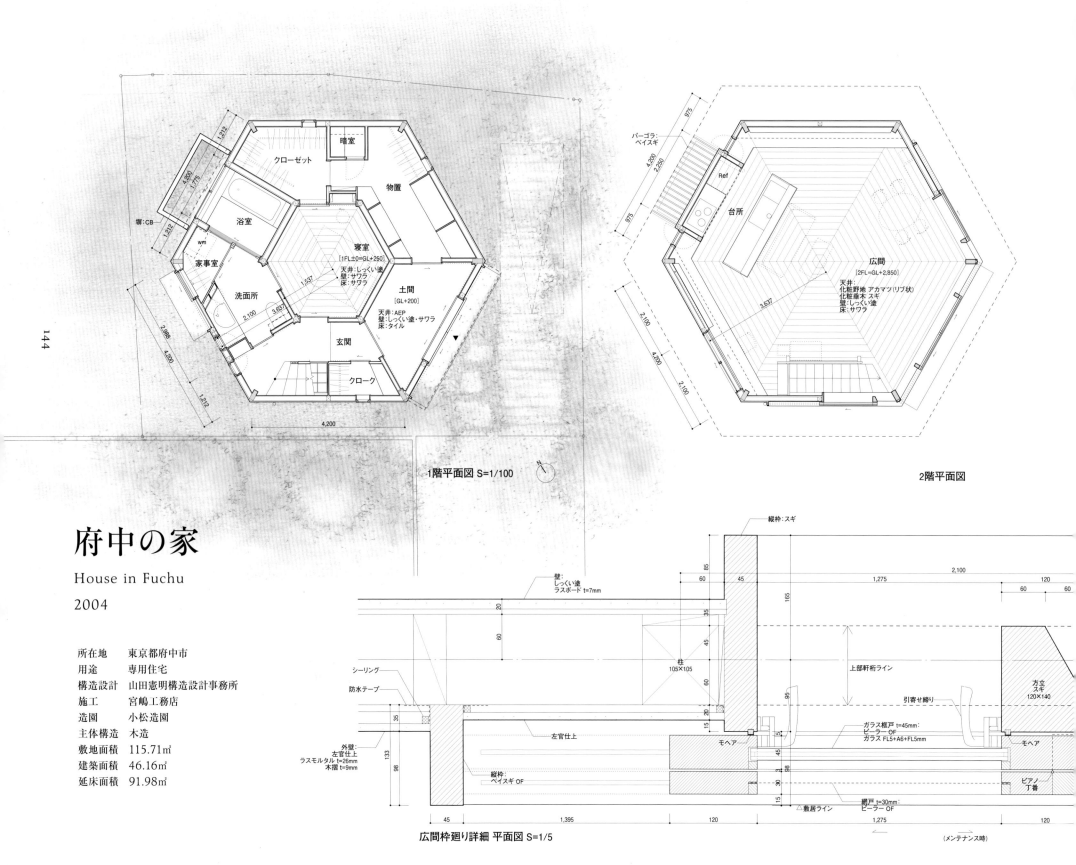

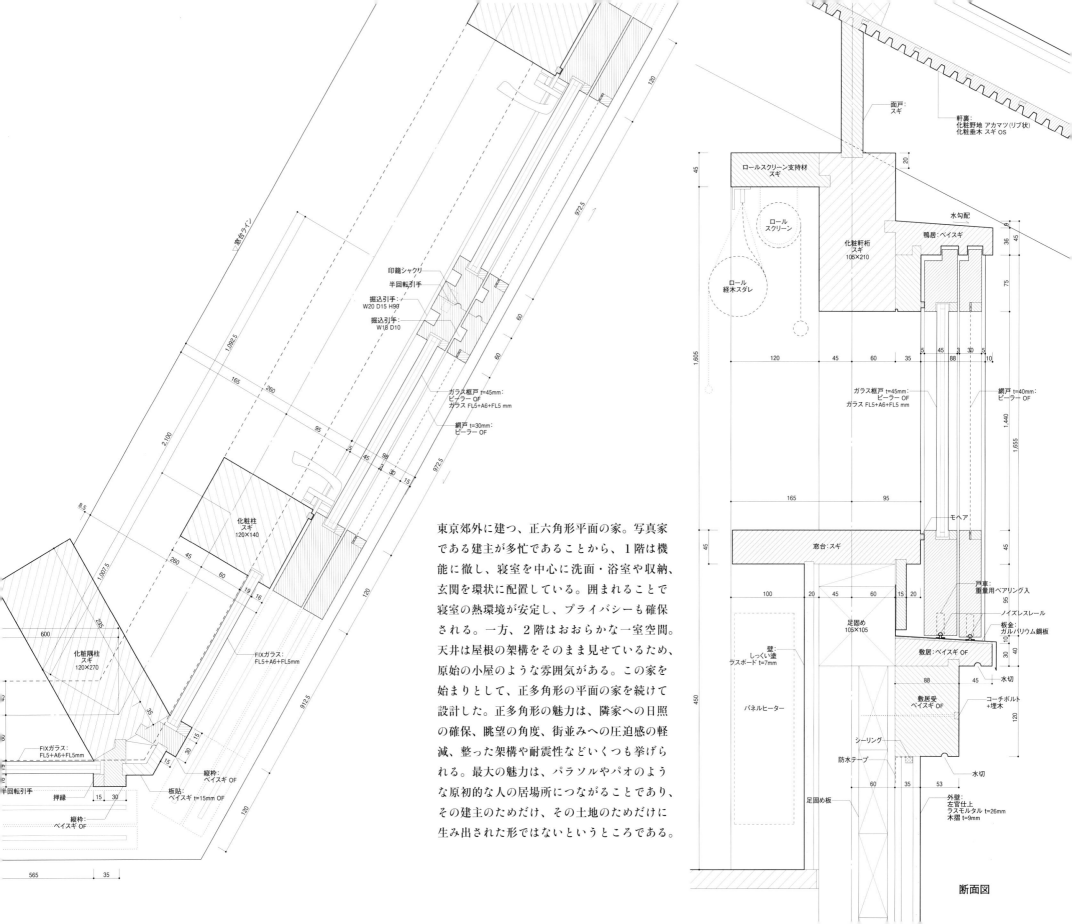

東京郊外に建つ、正六角形平面の家。写真家である建主が多忙であることから、1階は機能に徹し、寝室を中心に洗面・浴室や収納、玄関を環状に配置している。囲まれることで寝室の熱環境が安定し、プライバシーも確保される。一方、2階はおおらかな一室空間。天井は屋根の架構をそのまま見せているため、原始の小屋のような雰囲気がある。この家を始まりとして、正多角形の平面の家を続けて設計した。正多角形の魅力は、隣家への日照の確保、眺望の角度、街並みへの圧迫感の軽減、整った架構や耐震性などいくつも挙げられる。最大の魅力は、パラソルやパオのような原初的な人の居場所につながることであり、その建主のためだけ、その土地のためだけに生み出された形ではないというところである。

断面図

南側から見た外観。1階の板戸を開けると土間が現れる。

2階の広間。南側の緑道に向けて3面を開口部とするために、窓下の腰壁を固めて壁量を確保している。

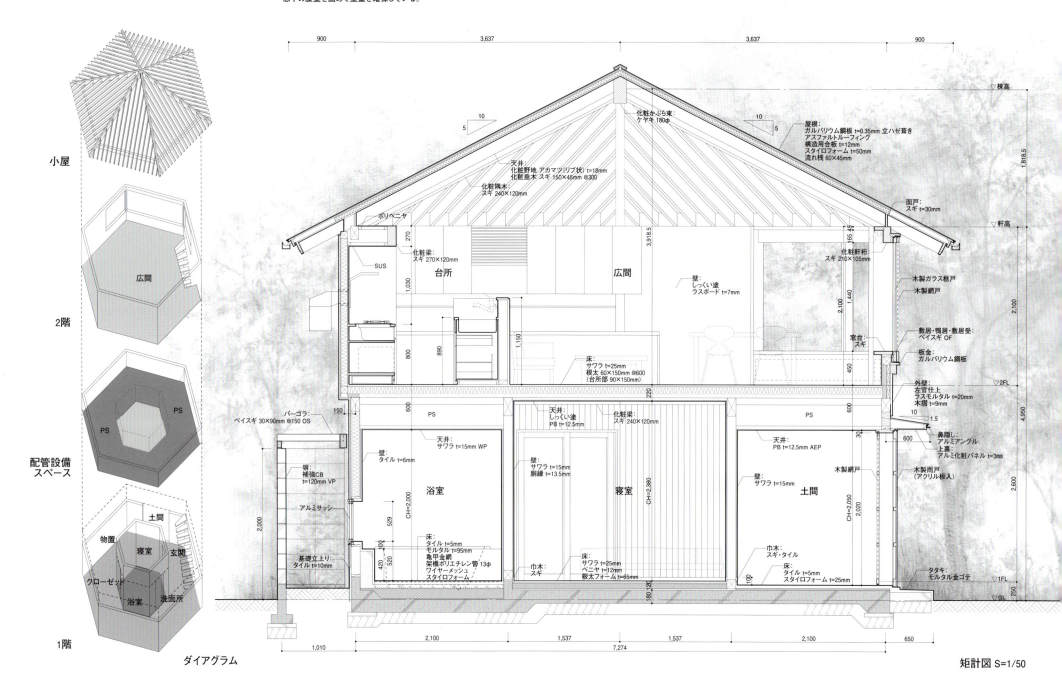

ダイアグラム

矩計図 S=1/50

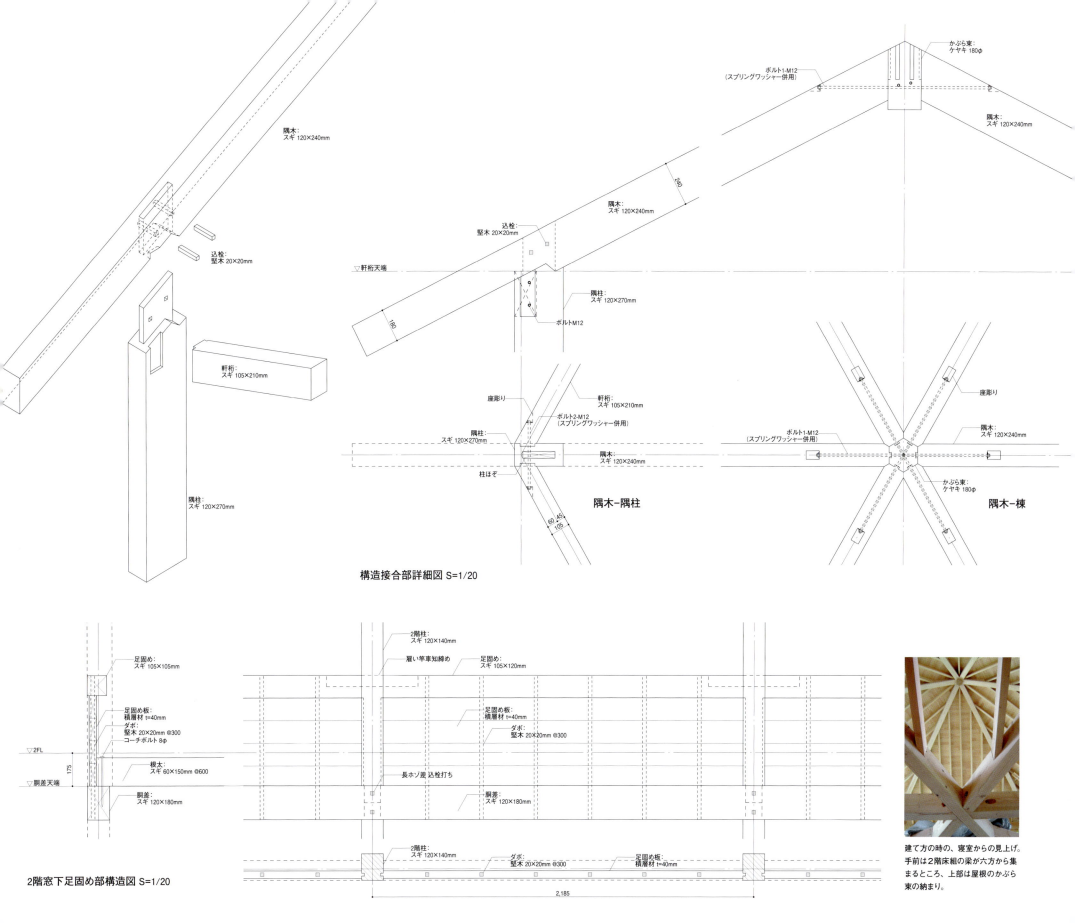

構造接合部詳細図 S=1/20

2階窓下足固め部構造図 S=1/20

建て方の時の、寝室からの見上げ。手前は2階床組の梁が六方から集まるところ、上部は屋根のかぶら束の納まり。

ひたちなかの家

House in Hitachinaka
2004

所在地	茨城県ひたちなか市
用途	専用住宅
施工	郡司建設
造園	舘造園
主体構造	木造
敷地面積	496.57㎡
建築面積	142.22㎡
延床面積	176.62㎡

緩やかに傾斜しつつ下がっていく地形。その先には遠く海がある。そんなランドスケープに馴染むように、この家の平面は扇状になっている。内部は四つの台形平面が少しずつずれながら連続し、それぞれに切妻屋根を架けている。四つのブロックは東から、エントランスゾーン、リビングゾーン、水まわりゾーン、個室ゾーンと特定の役割をもつ。中央に位置する水まわりゾーンには、生活に必要な様々な機能を集約していて、家事動線はこの中で完結する。それによってほかが落ち着いた静かな場所になることを意図した。また、設備機器や排気ダクトなどは専用のスペースに収め、家の周囲に雑多なものが露出しないように計画している。

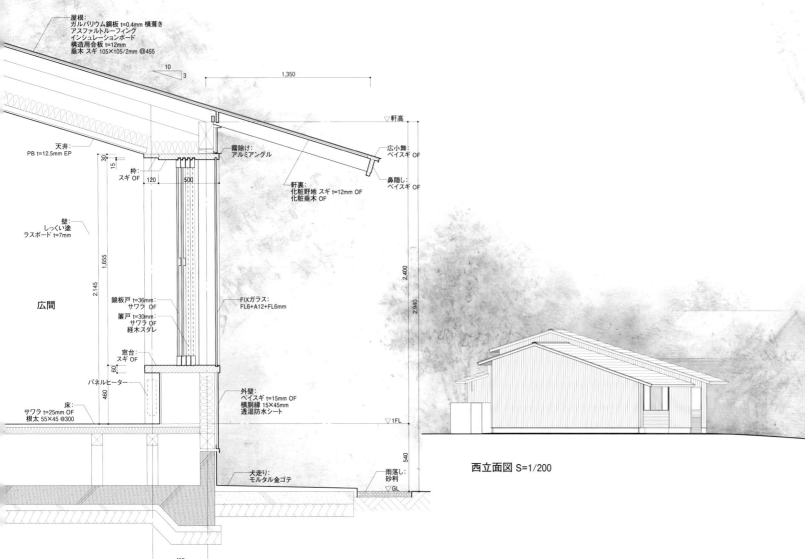

広間枠廻り断面詳細図 S=1/30

西立面図 S=1/200

南側からの全景。砂埃を考慮して大きな開口部ははめ殺し窓とし、その両脇の外壁から奥まった部分に開き窓を設置。

広間から東方向を見る。窓台の高さは460mmで、腰掛けるのにちょうどいい。その下には輻射式の暖房機を設置。

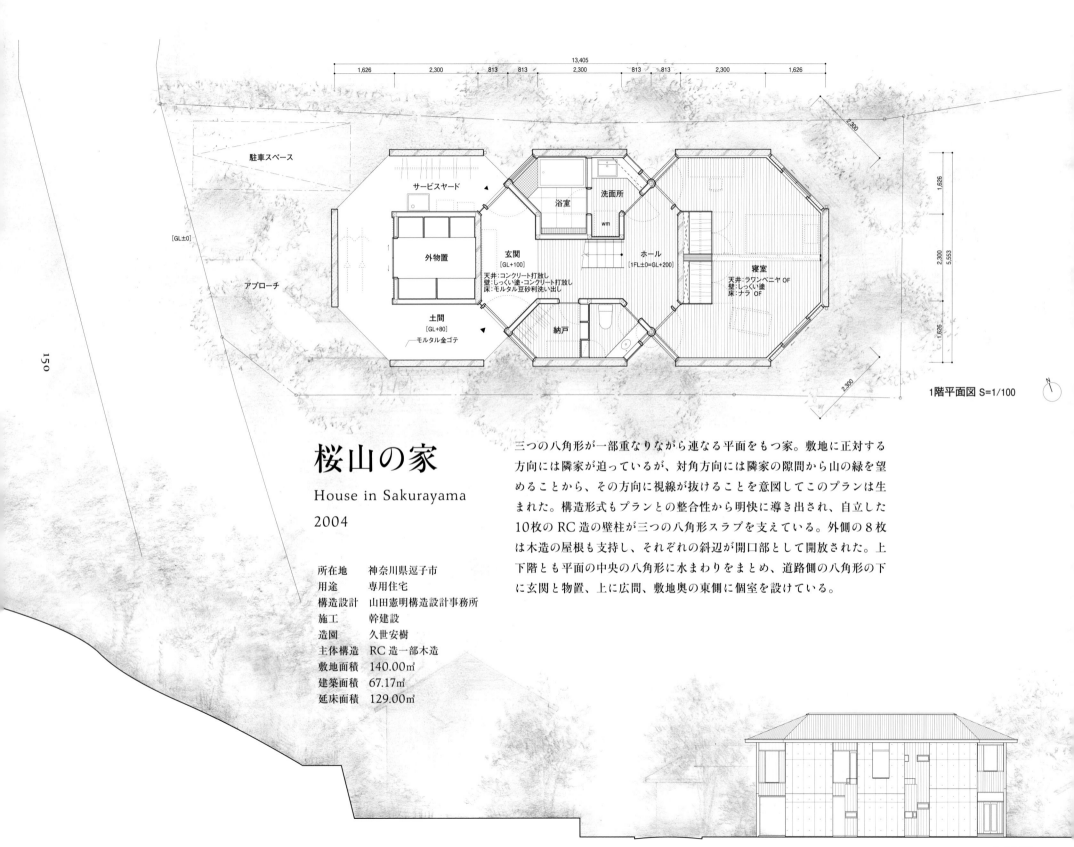

桜山の家

House in Sakurayama
2004

所在地　神奈川県逗子市
用途　　専用住宅
構造設計　山田憲明構造設計事務所
施工　　幹建設
造園　　久世安樹
主体構造　RC造一部木造
敷地面積　140.00㎡
建築面積　67.17㎡
延床面積　129.00㎡

三つの八角形が一部重なりながら連なる平面をもつ家。敷地に正対する方向には隣家が迫っているが、対角方向には隣家の隙間から山の緑を望めることから、その方向に視線が抜けることを意図してこのプランは生まれた。構造形式もプランとの整合性から明快に導き出され、自立した10枚のRC造の壁柱が三つの八角形スラブを支えている。外側の8枚は木造の屋根も支持し、それぞれの斜辺が開口部として開放された。上下階とも平面の中央の八角形に水まわりをまとめ、道路側の八角形の下に玄関と物置、上に広間、敷地奥の東側に個室を設けている。

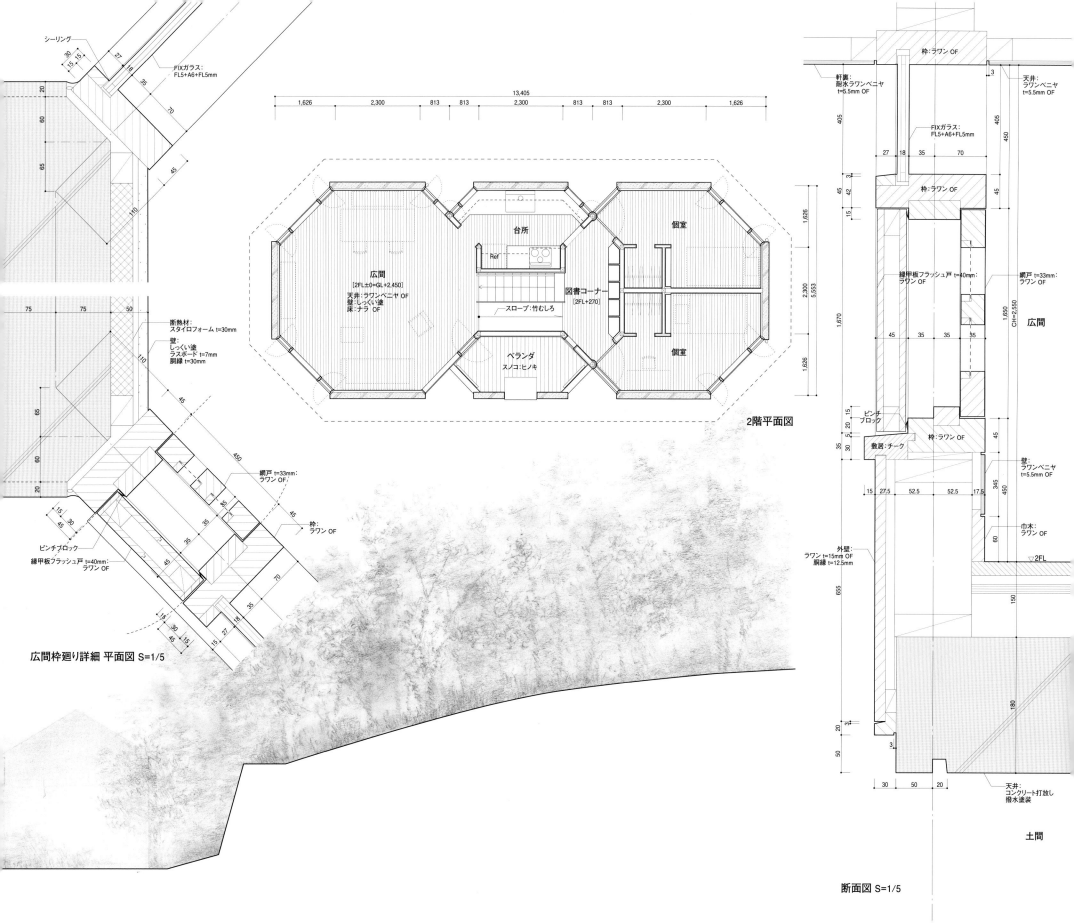

南側外観。RCの壁柱と壁柱の間に植えた樹木が、街並みに対する圧迫感をやわらげている。

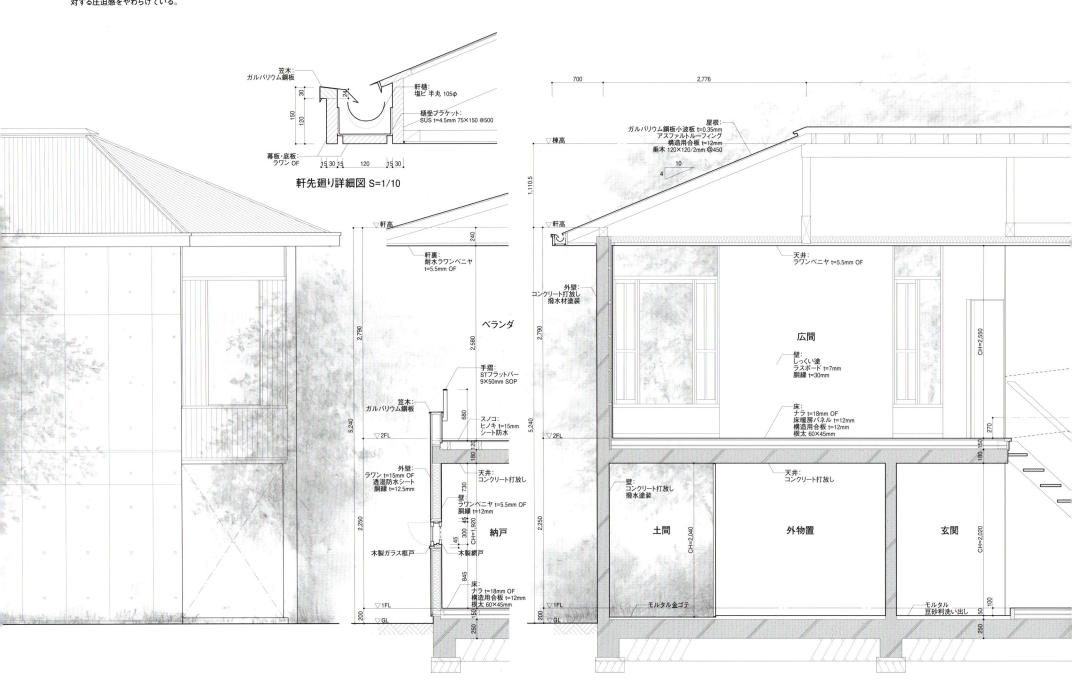

RCの躯体ができあがったところ。この上に木造の屋根が架けられた。

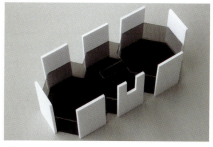
外側の8枚の壁柱とスラブがつながっていることを表す模型。

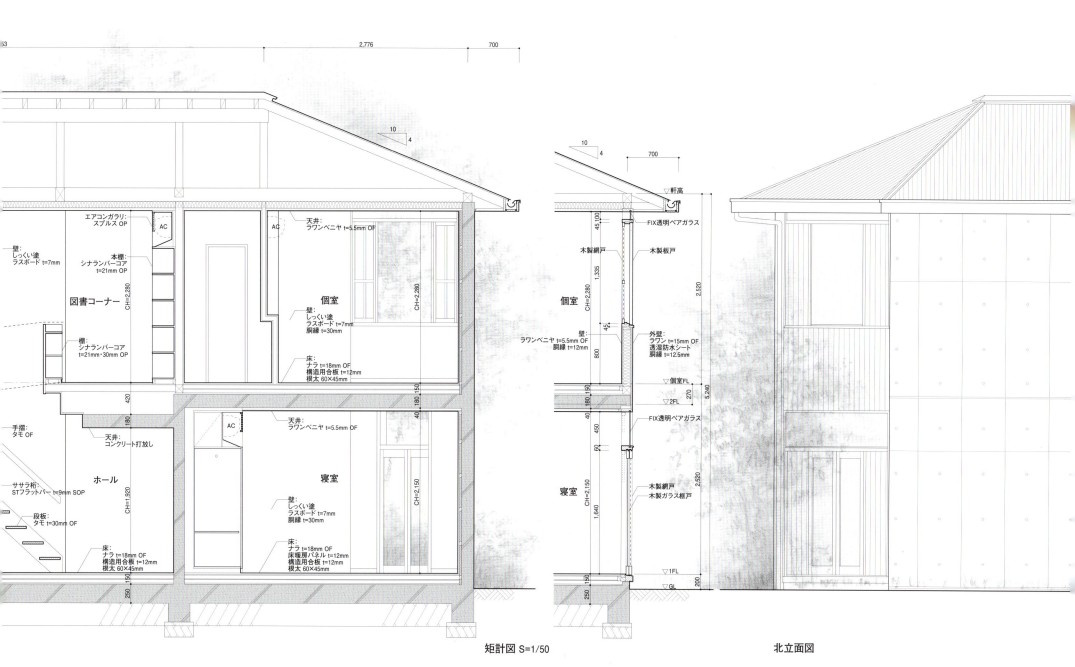

矩計図 S=1/50　　　北立面図

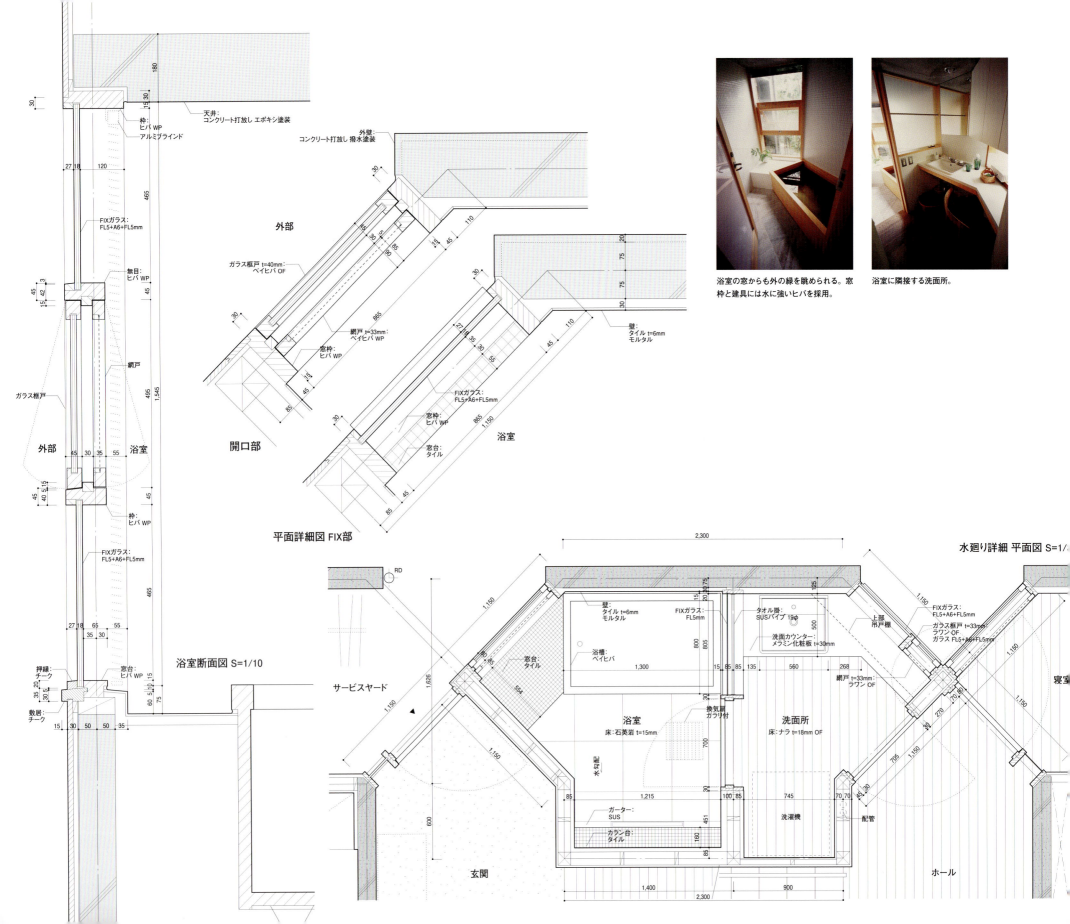

浴室の窓からも外の緑を眺められる。窓枠と建具には水に強いヒバを採用。

浴室に隣接する洗面所。

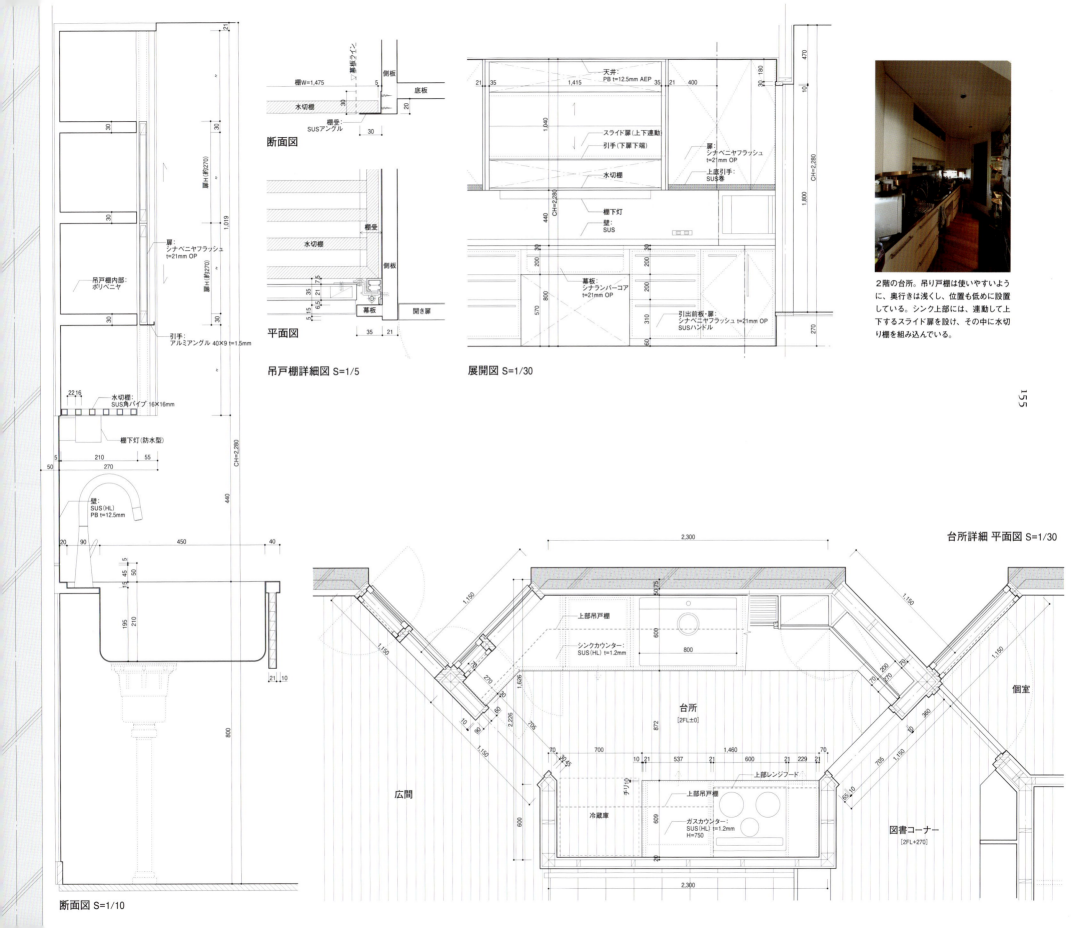

2階の台所。吊り戸棚は使いやすいように、奥行きは浅くし、位置も低めに設置している。シンク上部には、連動して上下するスライド扉を設け、その中に水切り棚を組み込んでいる。

由比ガ浜の家

House in Yuigahama
2004

所在地　　神奈川県鎌倉市
用途　　　専用住宅
構造設計　山田憲明構造設計事務所
施工　　　マナアソシエイツ
造園　　　久世安樹
主体構造　木造
敷地面積　158.69㎡
建築面積　50.16㎡
延床面積　98.38㎡

正五角形平面の家である。図面から受ける印象とは違い、実際にこの空間に身を置いた時には、その強い形を感じることがないようにプランニングしている。多角形の空間は視線の長さが多様で、面積以上の広がりを得ることができる。正多角形の平面にはそれぞれ性格がある。五角形は荒削りだけどユーモラス、六角形は角度がやわらかく、ゆったりした感じがあり、四角形の隅を落としてできる八角形は、性格も四角のようにかっちりしている。これら形の性格を変えることはできないから、設計する時はその性格を翻訳する必要がある。

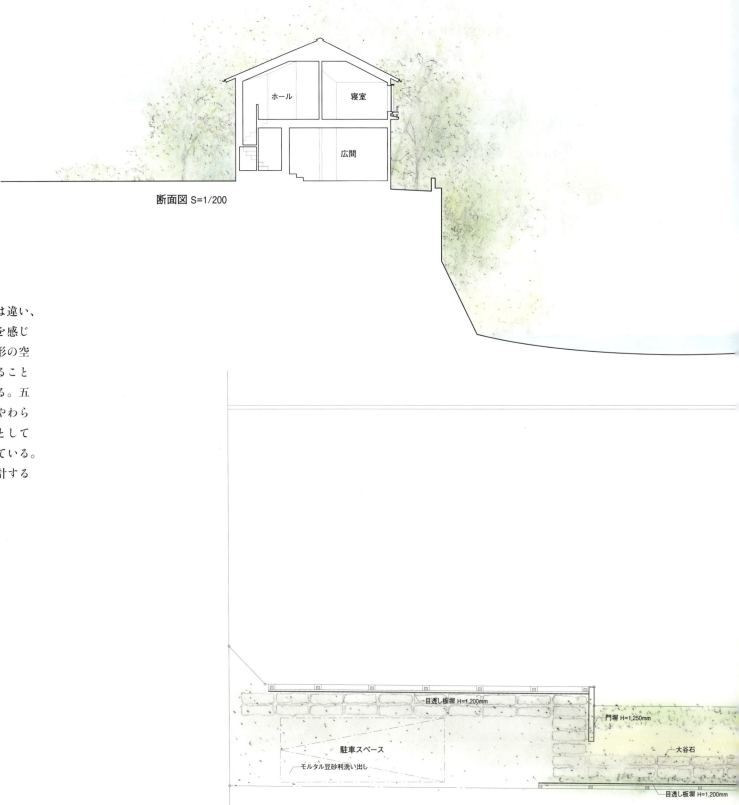

断面図 S=1/200

川の対岸より北東側の外観を見る。多角形の家は屋根の架け方も自動的に決まる。

1階平面図 S=1/100

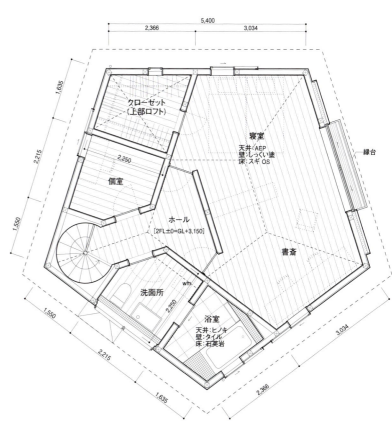

2階平面図

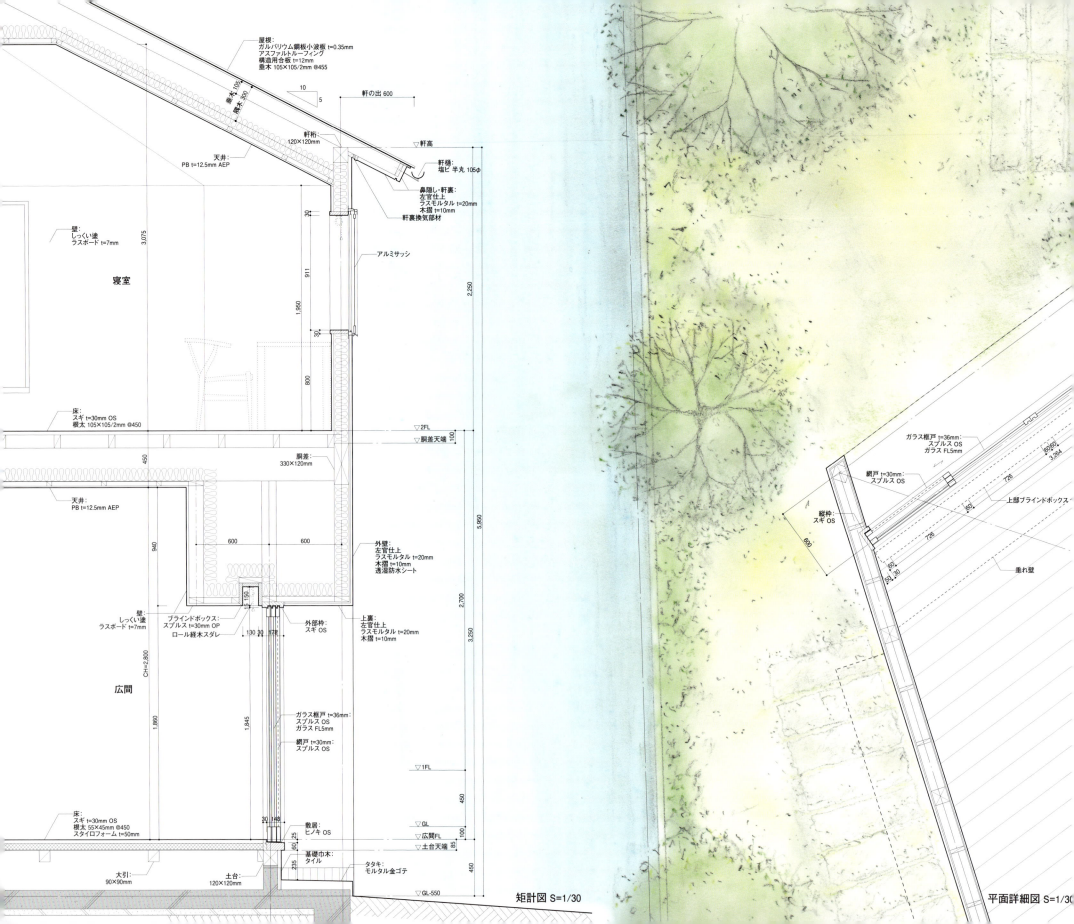

矩計図 S=1/30　　平面詳細図 S=1/30

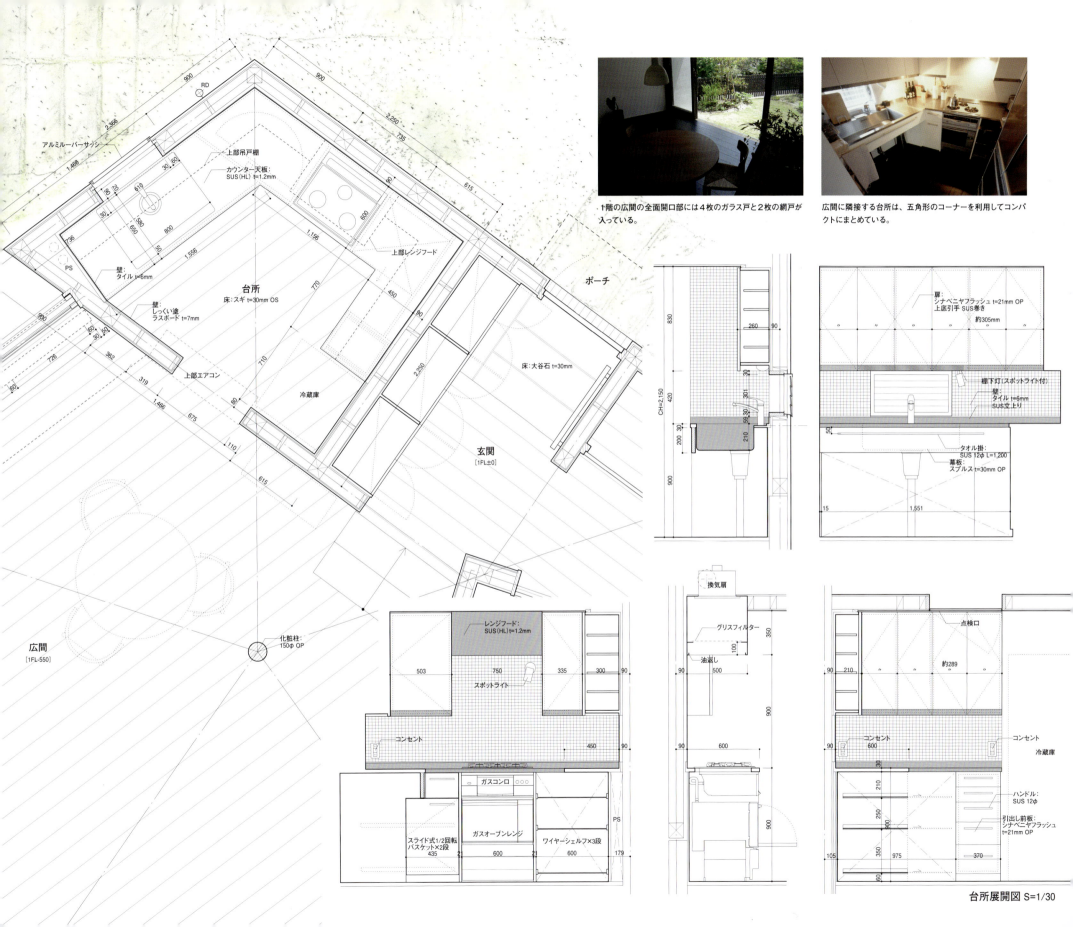

↑階の広間の全面開口部には4枚のガラス戸と2枚の網戸が入っている。

広間に隣接する台所は、五角形のコーナーを利用してコンパクトにまとめている。

台所展開図 S=1/30

那珂の家

House in Naka
2005

住宅としての雑多な機能がそのまま形態に表れないように細心の注意を払ったこの家は、ほぼ正方形の平面である。一辺の中央部はそれぞれ少し突き出して、機能面を過不足なく満たすとともに、空間に心地よいリズムを与えている。合理的に南北の間に水まわりと物置をまとめていて、それによって広間や寝室、書斎の情緒的な空間特性が際立っている。動線をしっかり整理し、そこに空間のメリハリを重ね合わせる設計手法をとっている。

所在地　茨城県常陸大宮市
用途　　専用住宅
施工　　佐藤工務所
造園　　舘造園
主体構造　木造
敷地面積　479.42㎡
建築面積　82.24㎡
延床面積　70.47㎡

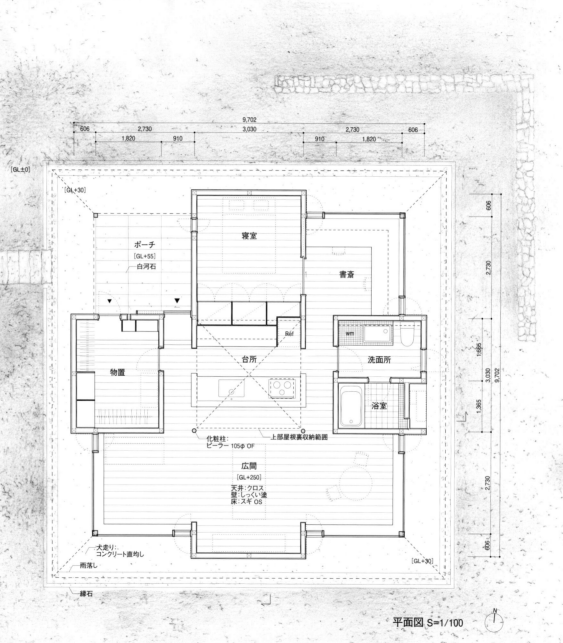

平面図 S=1/100

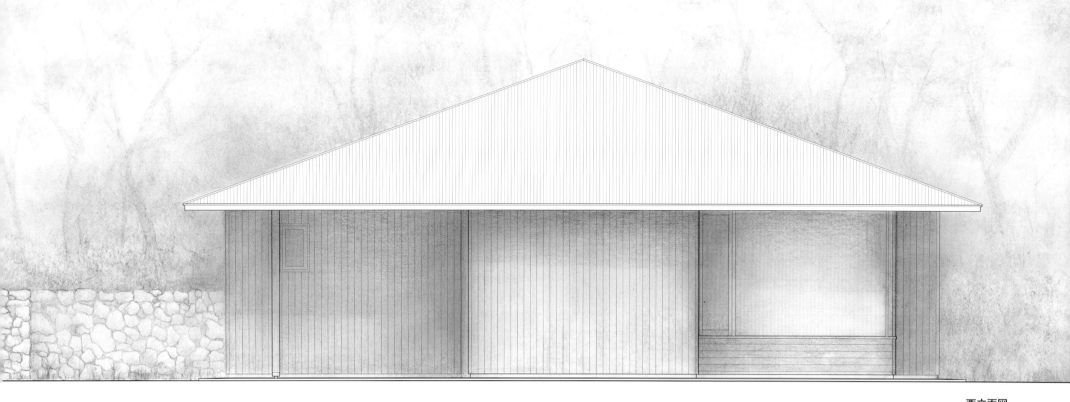

西立面図

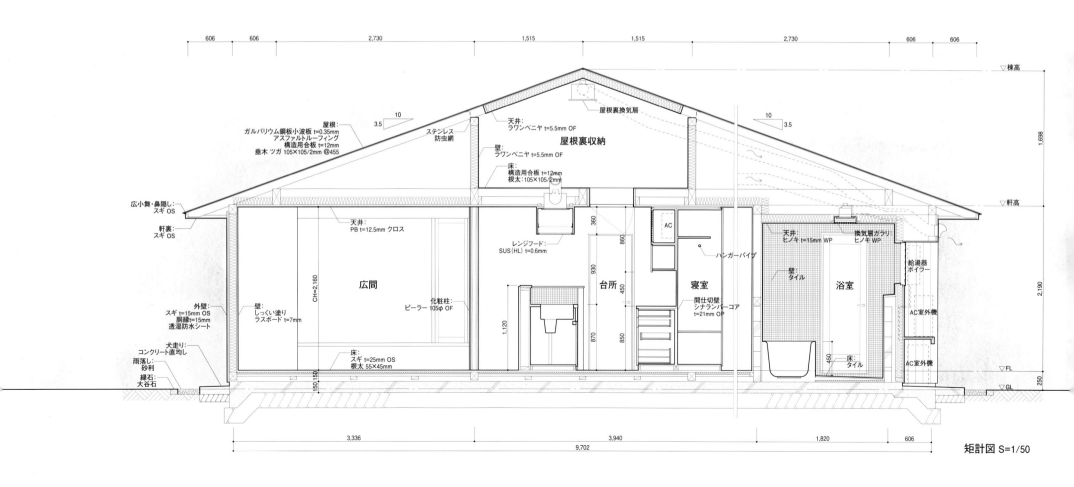

矩計図 S=1/50

鎌倉山の家

House in Kamakurayama
2005

所在地　神奈川県鎌倉市
用途　　専用住宅
構造設計　山田憲明構造設計事務所
施工　　sobi
造園　　久世安樹
主体構造　RC造一部木造
敷地面積　424.33㎡
建築面積　93.64㎡
延床面積　216.32㎡

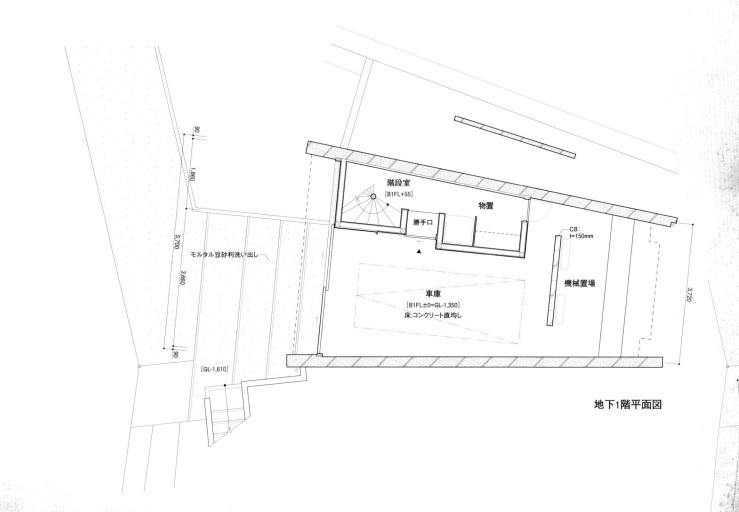

地下1階平面図

西立図面 S=1/500

　鎌倉山の頂部に位置する敷地は周囲に遮るものがなく、風当たりがかなり強い。また、敷地は擁壁で固められた人工的な地盤で、その上に建物を軽くのせることが頼りなく思えた。そこで、既存の擁壁の一部を壊し、自然の地山に深く楔を打つように、4枚のRC造の壁を力強く築いている。この壁は、変形した三角形の敷地形状に合わせて、また、海からの風を流すように扇形に配置。建物に独特のリズムと動きを与えている。内部では、壁と壁の間に生まれた台形平面にスキップ状の床レベルを組み合わせている。シンプルなゾーニングとプランニングながら、床や天井の高低などによって、それぞれ特徴ある居場所が生まれている。

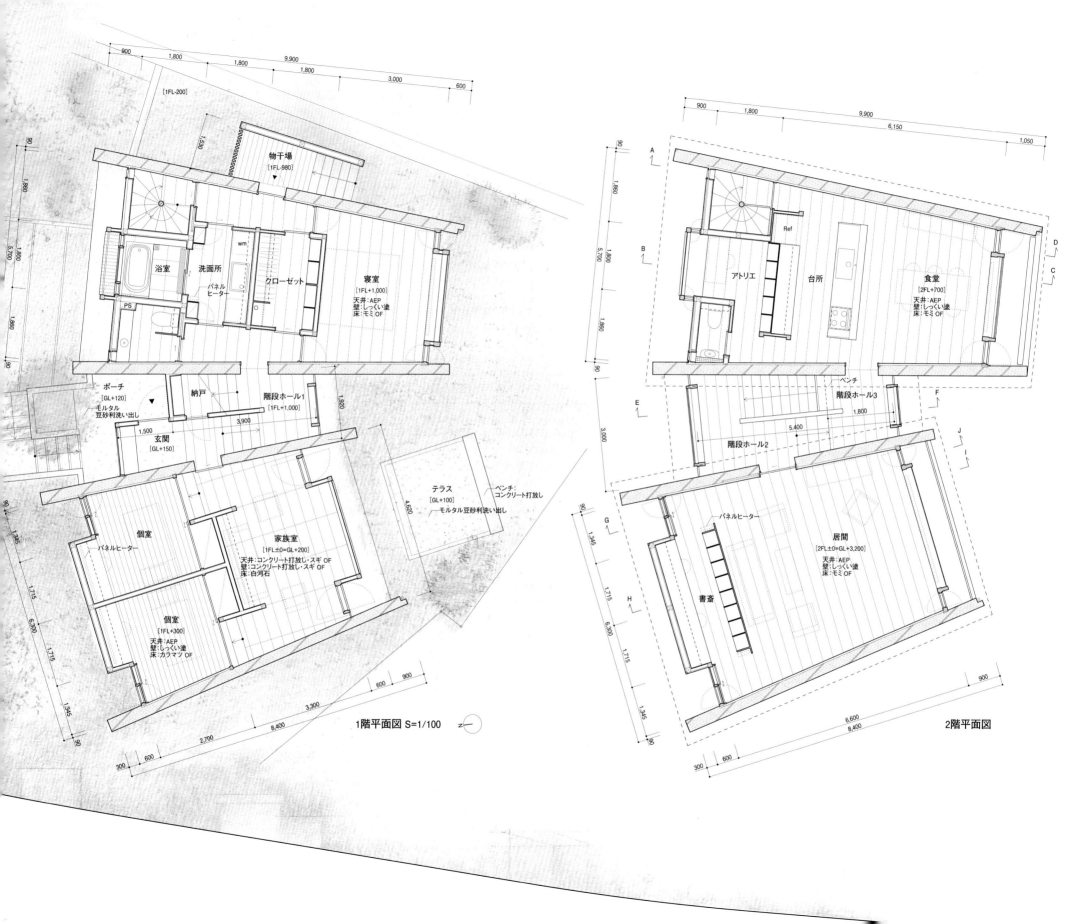

車庫前からの外観見上げ。左に見えるのは浴室、右は便所のアルミルーバーサッシ。その上下はアルミパネル。

2階の居間の北側開口部。障子を引いた奥に網戸とガラス框戸を設けている。

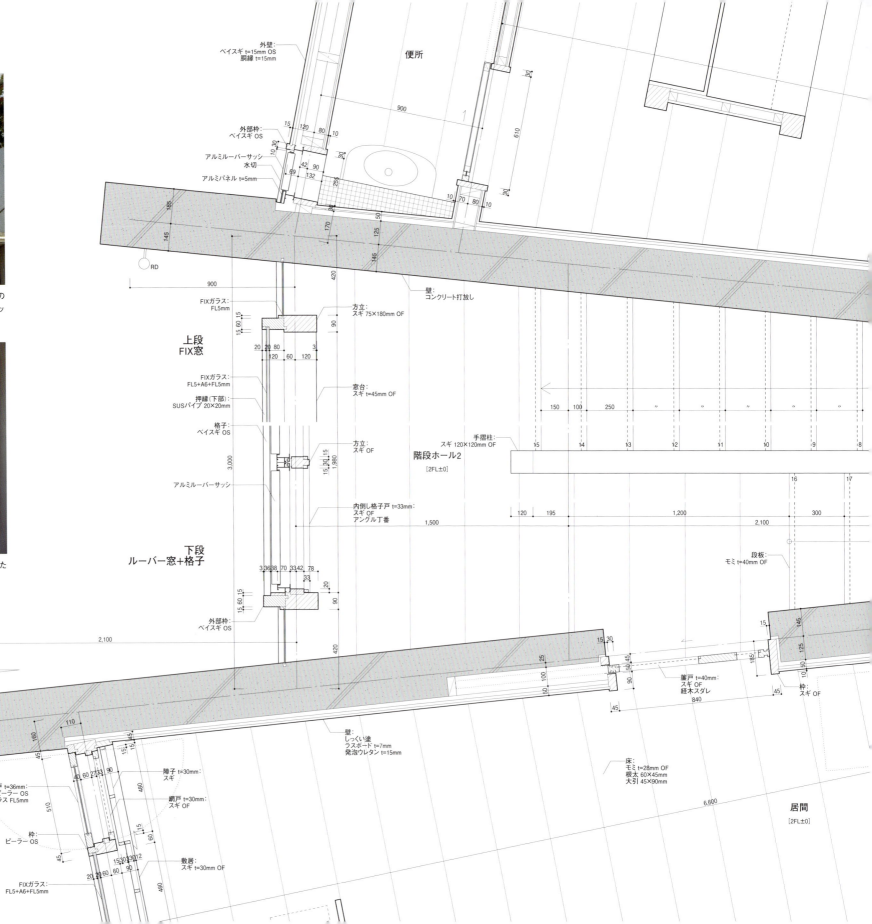

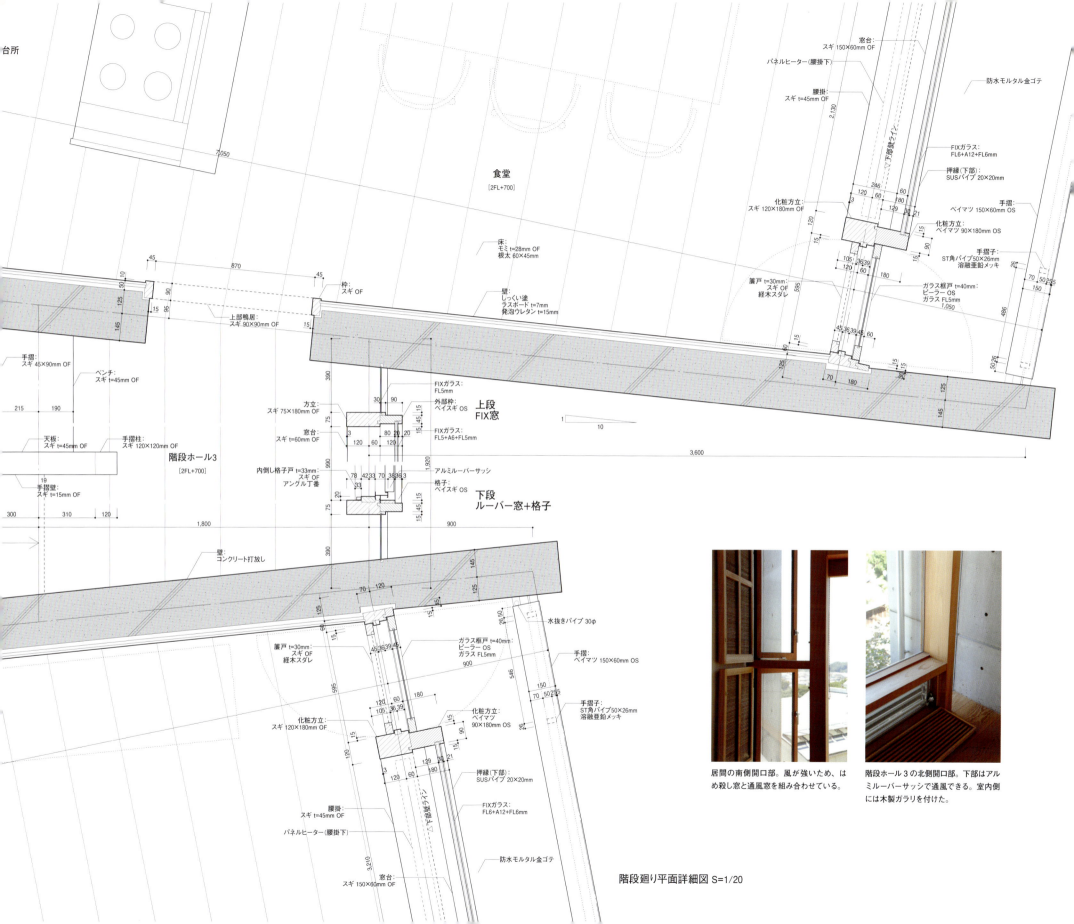

居間の南側開口部。風が強いため、はめ殺し窓と通風窓を組み合わせている。

階段ホール3の北側開口部。下部はアルミルーバーサッシで通風できる。室内側には木製ガラリを付けた。

階段廻り平面詳細図 S=1/20

南面の外観見上げ。左から居間、階段ホール、食堂。床レベルが違うため、開口部の高さもそれぞれ異なる。

施工中、RCの壁が立ち上がったところ。この上に木造の屋根を架けた。

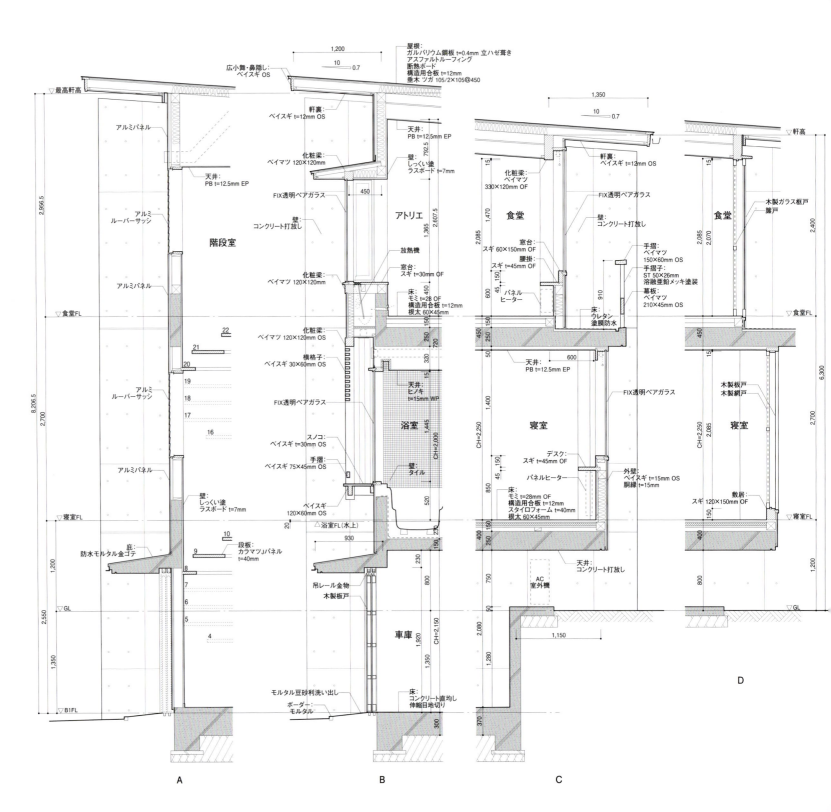

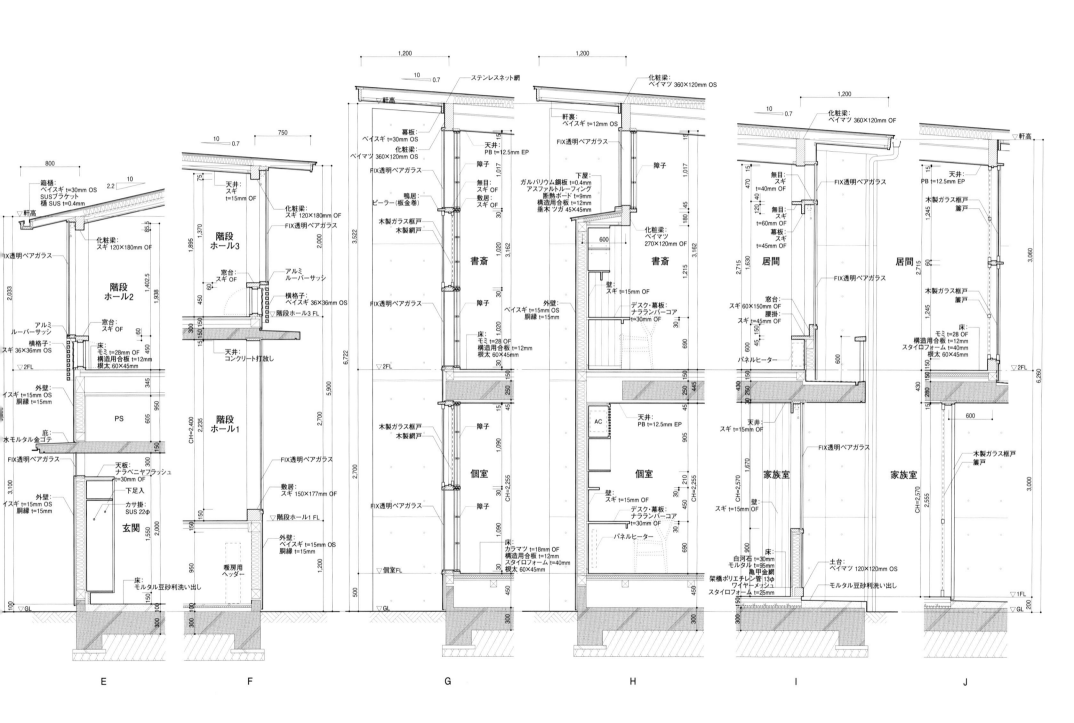

矩計図 S=1/50

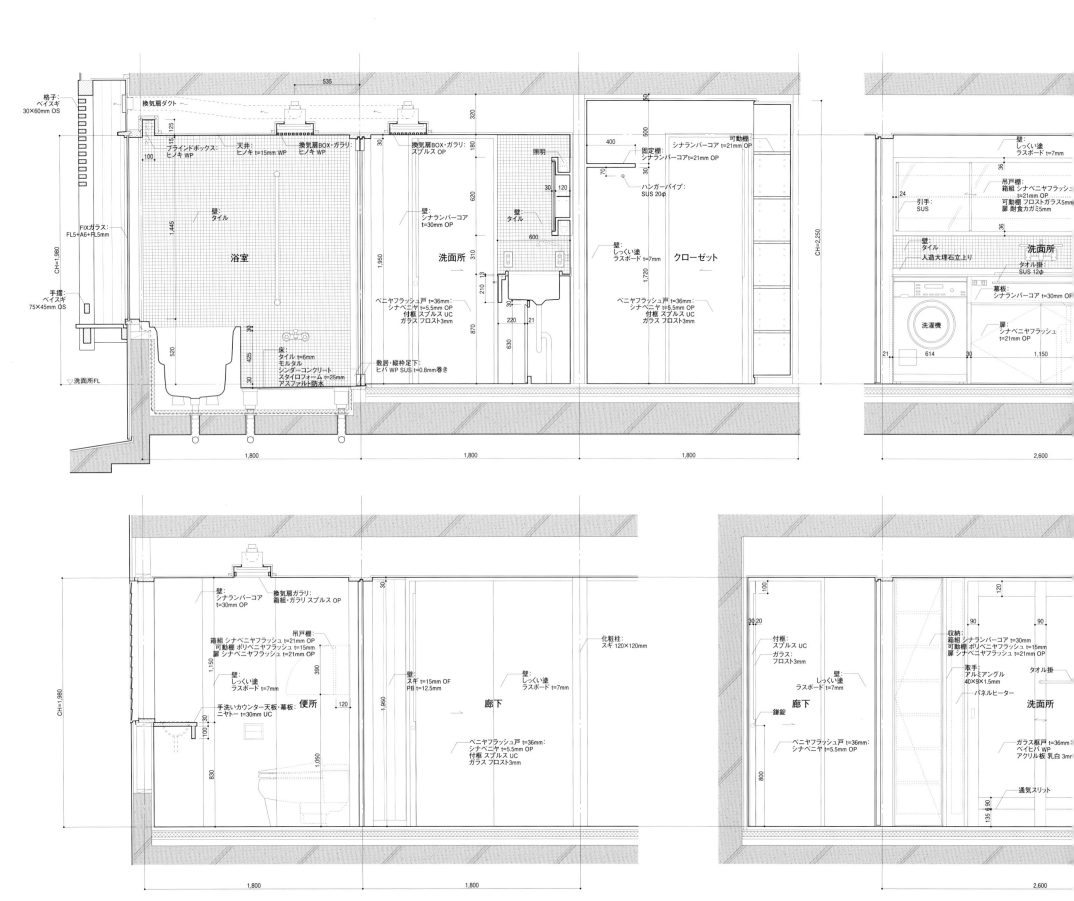

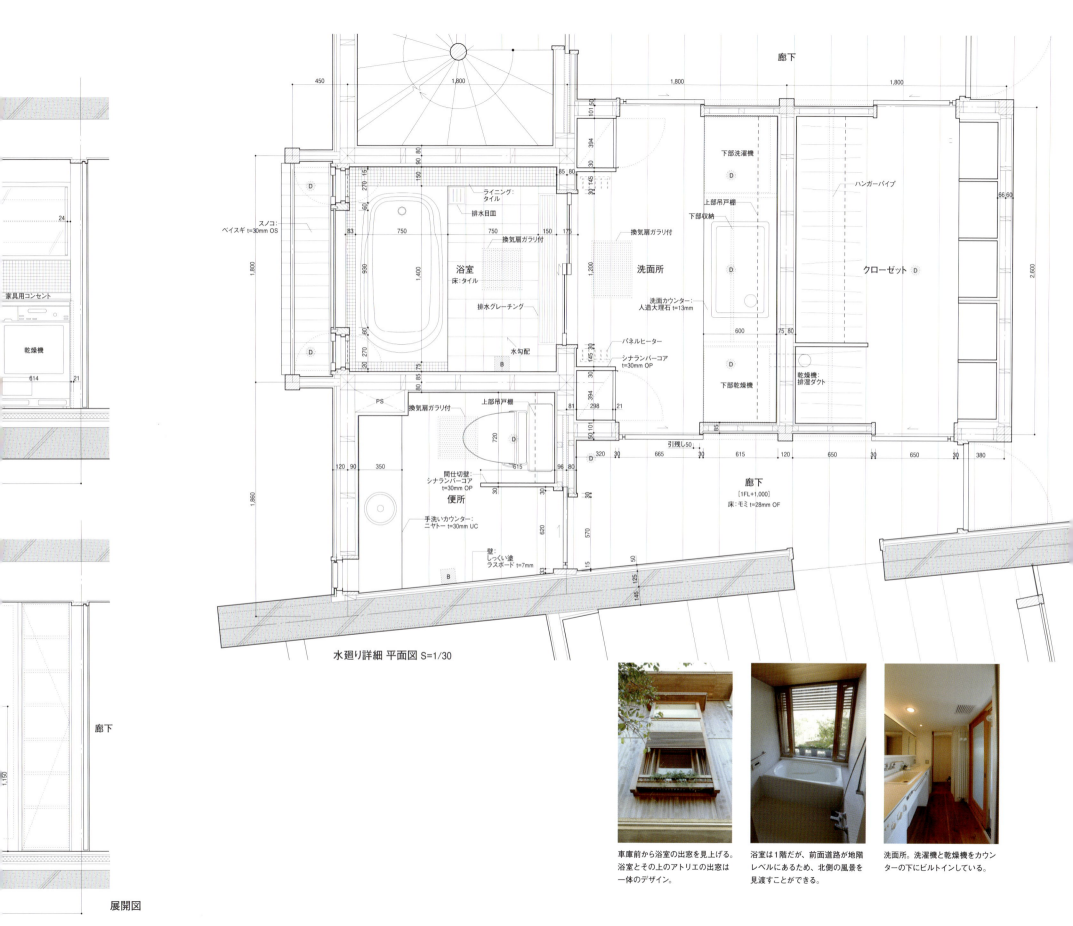

意識の中の白

堀部安嗣

フランスの現代美術の作家であるソフィ・カルの作品のひとつに、〈盲目の人々〉がある。生まれつき視覚のない人々に「あなたにとって美とはなんですか?」と問いかけ、その答えと内容にあった写真、そして答えた本人の顔写真によって作品は表現されている。

海、緑、魚、毛皮、物語の星空、羊、アラン・ドロン、ロダンの彫刻……。

一見無謀で残酷とも捉えられるこの質問に対して、意外にも視覚的に、触覚的に、あるいはものの在り方に対してもしっかりとした確かな答えが多くあることに驚く。

私には視覚があるから目に見える実体的なものに美しさを見いだそうとするけれど、実はすでに意識の中に自分にとっての"美しさ"が存在しているのではないかと考えさせられた。

そんなカルの「あなたにとって美とは?」の質問に対して印象に残った答えのひとつに、「私にとっての美は白です」というのがあった。

　　白は純粋を表す美しい色と聞いています。
　　だから私は、白は美しいと思います。
　　たとえ美しくなかったとしても、
　　私の中では美しくあり続けるのです。

とても不思議なようでいて、けれどもその気持ちはどこかわかるような気がした。私の意識の中で同じように思っていたことが、その答えによって顕在化したような気がしたのだ。

私の設計する建築は外部にも内部にも白の色を多く使っている。「なぜ白を使うのですか?」とよく聞かれるけれど、なかなか言葉にすることができずにいた。一般的に建築に白を使うのは明度としての明るさを求める時や考え方の明瞭さを求める時であると思う。あるいは最も無性格で無難な色で、ほかを邪魔しない色ということで使われることも多い。しかし、私はそのような理由から白色を用いていないことは自分の中で明らかだった。

私は"もの"にあまり興味がない。素材を知らなければ建築はつくれないという理由から素材を知り、それを使いこなす努力はしているつもりだが、依然として興味が薄い。プランを考えている時も、そこから生まれる人の動きや心理のこと、陰影のリズムや時間の流れ方のようなことに最大の関心があり、その探求に多くの時間を費やしてしまう。素材の力に頼らなくても建築を魅力的に成立させたいという気持ちがそうさせているのかもしれない。そして、意識の中で思い描く建築は決まって同じ色をしている。その姿をイメージしやすいようにあえて色で答えれば、白い姿をしている。白っぽい光と白っぽい影でできた白い姿。この色を選んだわけではない。ただ自然とそうなっているだけのことだ。それは私の中で最も"純度"の高い色なのだ。

意識の中で思い描いている情景が確かなものになってくると、できることであれば意識の中にあるままの白い姿で建築を実際につくれたらどんなに魅力的かと思う時がある。なにもない、人の情感と時間の流れと深

い陰影だけがある美しい世界。

　しかし、現実の世界で実体として建築をつくるとなると当然、"白色"を選ばなければならない。言い換えれば素材という"もの"を選ばなければならない。

　ペンキによる白なのか、漆喰による白なのか、白の具合も無制限にある中から選ばなければならない。それらを選ぶ作業が私にとって苦痛である。なぜなら意識の中での白はすでにそこにあった白で、選んだ白ではないからだ。白色のように見えるけれど、そもそも色の白ではない。そこに、意識の中の白と実体として使う白との間に決定的な純度と性格の違いが出る。この距離は今のところ、どうやっても縮める術が見当たらない。

　現実の建築に白を使っている時は、その矛盾を抱えながら、意識の中の姿に"似せて"つくっている。それっぽくは見えるけれど、残念ながら違う白の姿をしている。となると、結局同じ色にならないのであれば、白を選ぼうが、黒を選ぼうが、そのほかの色を選ぼうが、さほど差はない。むしろ木やコンクリートや石のように、ひとつとして同じ色のない、偶然の色の出会いに期待し、委ねるのもいいかと思うようになってくる。一方で、そのようにつくると素材の力が強くなりすぎて、あまりにも意識の中の姿とかけ離れてゆくように思う時もある。だから、またそれっぽく似せて建築に白を使う。そんなことを延々と繰り返してゆく。

　建築の宿命に悶々と悩まされて答えの出ないまま、美しい白い建築が意識の中に取り残されてゆく。

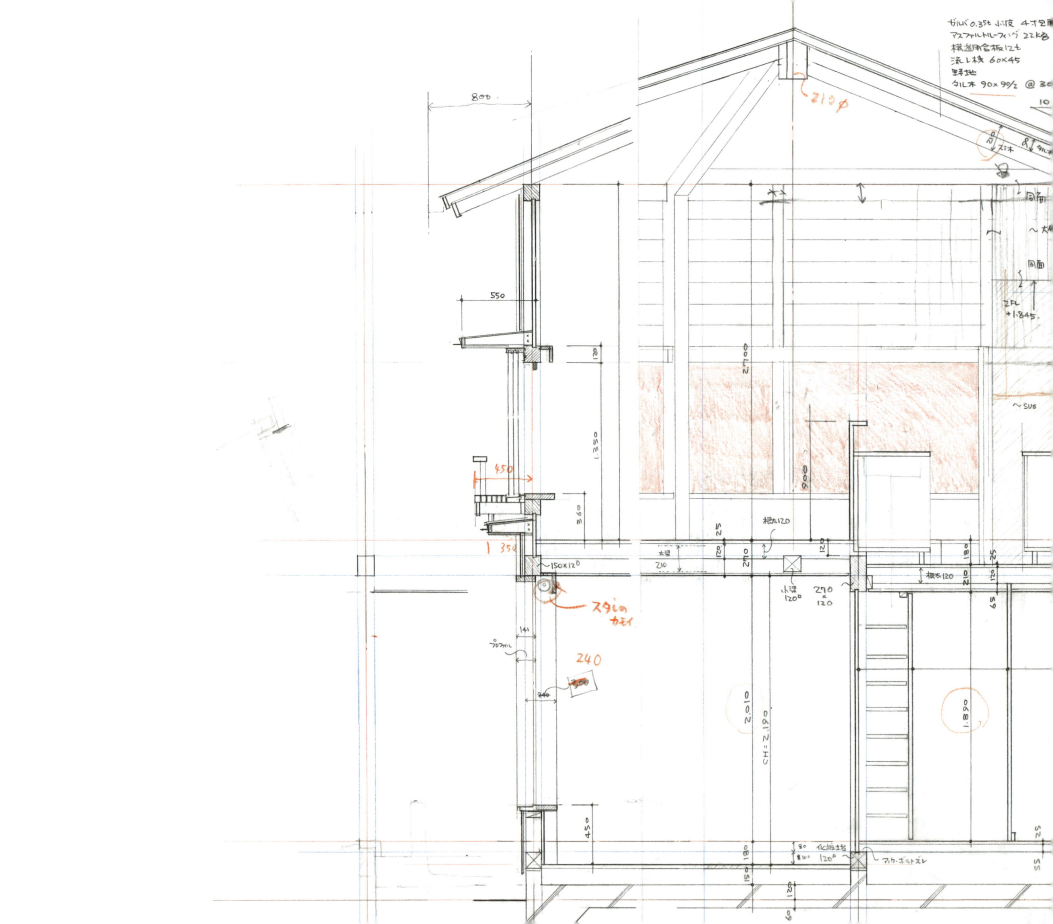

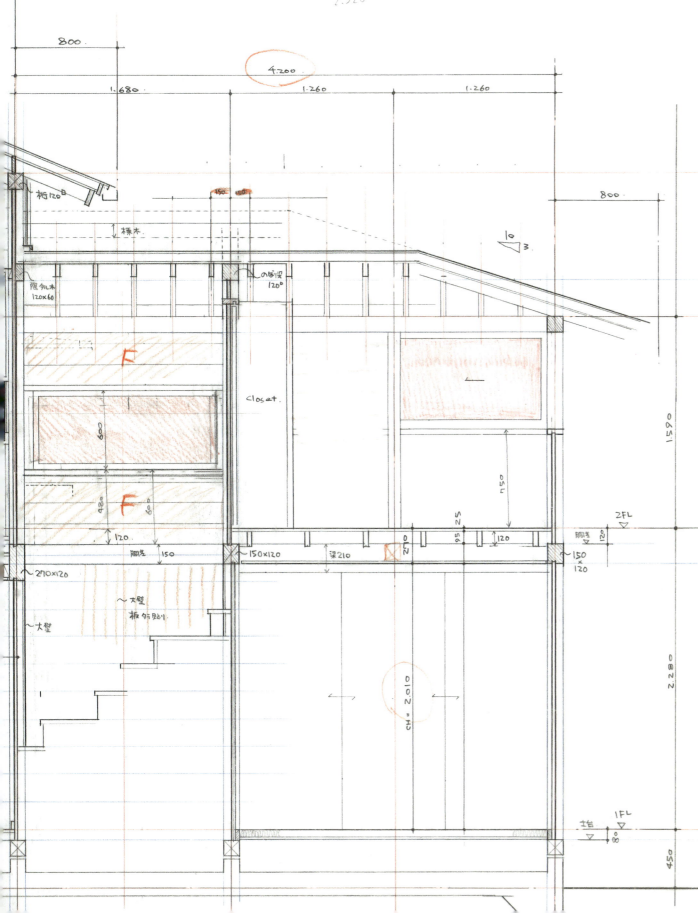

第3章

Architecture &
imagination

建築と想像

2005 – 2008

「鵠沼の家」の矩計スタディ図面。

屋久島の家 II

House in Yakushima II 2005

屋久島には独特の磁力のエネルギーが満ち溢れている。その島のパワーをもらってつくられた家との思いを強くもっている。敷地からピンポイントで望むことのできる青い水平線を捉えるようにつくったこの形は、建築ならではの力強さを肯定して疑わなかったその時の自分が感じられて感慨深い。竣工後しばらくして敷地の東隅にピアノのレッスン室を増築した。

広間から外を眺める。空と海と緑だけの景色が建物の軀体で切り取られる。天気の良い日は正面に種子島を望むことができる。

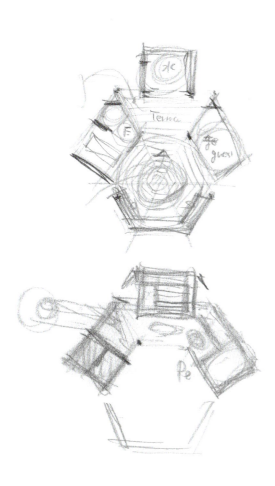

左ページ：夕景。平面は正六角形のリングの一辺を切り取ったような形。前庭には白御影石を敷き詰めた放物線状のアプローチがある。中：設計段階でのスケッチ。右：北側外観。外壁に用いたスギ材はグレーに経年変化した。

浅草の家

House in Asakusa 2006

かつては建主の両親が営む豆腐店がこの場所にあった。その佇まいと風情がこの街の中で好ましかったので、建て替えには躊躇があった。久しぶりに訪れてみると、すっかりこの街角の風景として馴染んできたように思えた。東京スカイツリー®も近くにそびえ立ち、時代や風景は変わってきているけれども、現場に通っている時から変わらない人情が今も街にあることをありがたく思う。

台所から食堂、その奥に居間を見る。食堂に設けた窓は敷地内で最も眺めがいい。右手の階段室は円筒形で、9mm厚の鉄板でつくられている。

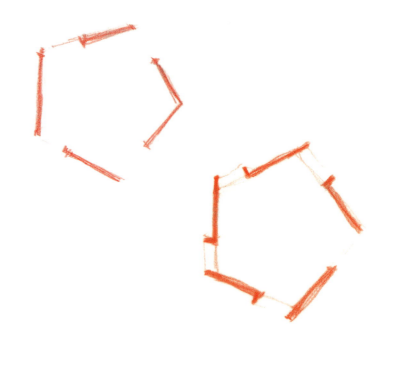

左上：階段室から食堂を見る。左下：北東側から見た外観。敷地の余白には樹木を植えて、街に彩りと潤いを与えている。右：構造体の概念スケッチ。

左：階段室の天井にはワーロン貼りのアクリル板を置き、トップライトからの光を拡散して落としている。中：小屋裏の寝室。右：2階の玄関に至る階段。

砧の家

House in Kinuta 2007

南側の生産緑地や東側の空き地は、いずれなくなるだろうと思っていたけれど、竣工後8年経っても竣工当時のままの風景が残っている。古き良き世田谷の懐かしい風景。建主の生活も親世帯と子世帯が混じり合い、生長した庭木とともに家全体が呼吸しているように感じられた。家のつくりはシンプルで剛胆(ごうたん)なので、余計に緑の鮮やかさや生命感が際立っているように思う。

左：アプローチの夕景。奥に中庭が見える。
右：南側外観。御影石の石段を上がり、格子戸を引いて中に入る。前庭は豊かな植栽で満たされている。

左：2階の広間。天井下のルーバーはエアコンの目隠し。この背面に設備シャフトを設けている。右ページ上左：広間から中庭を介して北側を見る。上中：1階の和室。地窓の向こうに見えるのは前庭の植栽。上右：中庭。下左：2階の廊下の出窓より中庭を見下ろす。下右：玄関。

芦屋川の家

House in Ashiyagawa 2007

設計を始めた時、ここは殺風景な造成地だった。ここに人の居場所をうまくつくれるのだろうか、との不安もあったけれど、竣工後7年経った今はすっかり地形に馴染み、あたかも何十年も前から建っていたように思えることが嬉しい。建主は様々な場所が家の内外にちりばめられたこの家をとてもうまく住みこなしている。竣工後しばらくして木製のデッキを延長して屋上庭園につなげた。そのことで一層、外部の生活に広がりが生まれた。

窓から射し込む光によってモノトーンのグラデーションで彩られるホールの風景。

左：地下2階の車庫から2階まで連続する正八角形の螺旋階段。中：ポーチから玄関を見る。左手の窓から入る光が床、壁、階段の存在を引き立てる。床に置かれた絵画は河口龍夫氏の作品。右：日常のなにげないテーブルの風景。照明は建主が海外で求めたもの。

左：食堂のテーブルは建主が以前から使っていたアンティーク。中：浴室テラスから浴室を見る。左手は物干し場、浴室の上は屋上庭園。右：敷地の高低差を活かし、アプローチは路地のような空間となっている。

左上：玄関ホールの風景。左下：広間の北面を見る。左は裏庭、右は中庭。右：広間の窓を開けると、デッキ状の中庭から屋上庭園までひと続きになる。遠くに港と海を望むことができる。

左：アプローチから中庭を見上げる。右：設計中に描いたスケッチ。右ページ：玄関ポーチから屋上庭園を介して北棟を見る。

青葉台の家

House in Aobadai 2008

設計にとりかかる前に、この場所に以前建っていた古い家を訪れた。建主が長年にわたって収集してきた美術品や調度品が自然体で置かれ、窓からは木漏れ日が差し込むその雰囲気をなんとか新しい家でも継承したいと思った。"美術館のような家"という言い方は語弊があるかもしれない。"生活と美術が馴染み合う家"といえば、私の意図したことが伝わりやすいと思う。

1階の親世帯の居間。3面に設けられた開口部はすべて同じ形と寸法。この部屋の天井高は3,000mmと高く、そのぶん2階の床レベルが上がっている。

左ページ：1階の寝室前から居間を見る。
右：1階の食堂からテラスを見る。

左ページ：2階の寝室よりエレベーターホールを見る。吹抜けを通したトップライトからの様々な光で彩られる。左上：建主が長年にわたって収集してきた現代美術がそこここに置かれている。右上：2階の子世帯の台所と食堂。窓の位置は1階の居間と同じ。左下：1階の寝室。右手は物干し場。右下：3階の書斎は屋根裏部屋のような雰囲気。

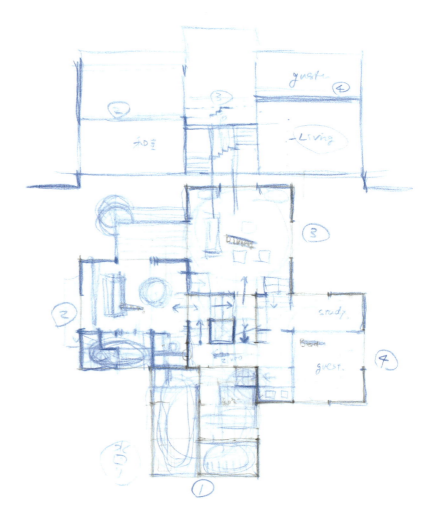

200

上左：エレベーターホールを見上げる。階段室は細く、天井が高い。上右：2階のホールから居間2を見る。下：白い壁と美術作品が呼応する。右：設計中のスケッチ。

左：2階の台所から食堂越しに外を眺める。中：2階の居間から食堂を見る。二つの部屋の床のレベル差は600mm。右：前面道路から見た外観。外壁はスギ板縦貼りの上にスギの押縁。

建主の随想「砧(きぬた)の家」

音楽と詩と

加藤雅也（出版社勤務）

はじめて堀部さんの建築を知ったのがいつだったのか、正確には思い出せない。ただ、手にとった専門誌で「南の家」を見た時のことはよく覚えている。この美しさを言葉で表現できるだろうか。そう自問した。滑稽かもしれないが、書店の棚の前でその雑誌を手にしたまま、腕時計の長針が半周するあいだ言葉を探し、力およばず諦めた。その時から堀部安嗣の名前は忘れられないものになった。

学生時代から建築の美に惹かれ、門外漢にもかかわらず今では建築関係の雑誌や書籍が本棚を占領している。気になる建築家も少なくはないから、自宅を建てようと決めた時、ほかにも候補となる人がいた。でも少し考えてこう思った——「南の家」を設計した人に頼まなかったとして、自分は後悔しないでいられるか。

設計依頼の電話をかけた時のことも深く記憶に残っている。短いやりとりの要点がこんな内容だったのだ。「私が設計した家を数軒見てください。それで納得していただいてから話を進めましょう。逆に私がお断りする場合もあるかもしれません」。そして最後にこう付け加えた。「基本設計に対する変更のご要望は受けられません」。いずれも生半可には口にできない言葉だ。仕事への揺るぎない信念が伝わってくる。実際の建築作品を見るまでもない。気持ちは固まった。

それから数カ月後。打ち合わせではじめて膝を突き合わせた堀部さんは、電話での骨太な印象とは逆に、冗談を交えながら気さくな調子で話し続けた。笑顔がとてもチャーミングだ。お酒を酌み交わせば、好きな野球や音楽の話題をひとしきり。贔屓(ひいき)の球団はジャイアンツ、ミュージシャンはジャコ・パストリアス。学生時代に自分はドラムを叩いていたけど、音楽はベースが要(かなめ)、などなど。当時すでに建築家として名を成しながら、そんなことを少年のような笑顔で嬉しそうに話す人柄をとても好ましく感じた。

最初の打ち合わせから基本設計ができるまで半年ほど音沙汰がなかった。心配になって連絡してみると「試行錯誤しています」と返事があった。その後こちらの事情もあり、着工は打ち合わせから1年半後。竣工はそれから7カ月後だった。住宅メーカーの建て売りが着工から3カ月ほどで雨後の筍のごとく姿を現すのを傍目(はため)に、徹頭徹尾、一軒の家が人の手で丁寧につくられていく様子を見るのは、感慨深いものがある。堀部さんが信頼を寄せる工務店の職人たちの確かな仕事ぶりにも感動を覚えた。「家は買うものではなく建てるものだ」。どこかで目にした文章の記憶が蘇る。

設計を依頼する際にお願いしたことの一つは、経年変化が汚れではなく味わいとなるような家であってほしいということだった。今年で竣工から8年目になる。日の光と風雨にさらされ、かしこまった表情に柔和さが加わり、多少くたびれたところも相まって味わいが出てきた。そして何よりも嬉しいのは、そんな変化を含めてこの家の美質を子供たちも感じているらしいことだ。

建築に対する審美眼と、芸術を捉える審美眼との距離はごくわずかなものだろう。この家がまとう抑制の利いた美しさは、日々の暮らしのなかで音もなくゆっくりと子供たちの身体にしみ込んで、頭ではなく肉体の深いところから美意識を育んでくれるに違いない。何の取り柄もない父親として、それが彼女たちの心の糧になってくれれば、これ以上の喜びはない。

光の粒が輝きを増す初夏の早朝。開口部を地窓だけに抑えた1階の廊下は、まだほの暗く静かだ。だが眠い目をこすりながら階段を上がれば、はめごろしの大きな窓から光が溢れ、中庭の新緑が目に飛び込む。静から動への転換。明暗の差がもたらす気分の高揚は、朝のひとときにこそ似つかわしい。

西の空が茜(あかね)色から藍色に移ろう秋の夕暮れ。中庭の縁側に腰かけて2階の障子から漏れる居間の明かりをぼんやり眺める時、このうえない幸福感に包まれる。いよいよ夜の帳(とばり)が下りると、居間の明かりが中庭に植物の影を落とす。目を室内に転じれば、抑え気味の照明が漆喰の壁にやわらかな光の表情をつくり、窓外の闇との対比が美しい。

風の匂いと木々の葉ずれのざわめき、光と影の揺らぎがこれほど似合う家は稀だと思う。それは、建物と自然が奏でる音楽であり詩である。優れた建築作品は、探せばいくつもあるかもしれない。しかし、詩性を宿す家となるとどうだろう。静かであたたかな詩が、建物のそこかしこに息づいている。奇をてらったところが寸分もなく、かといってことさらに禁欲的な意匠をまとっているわけでもない。手前味噌を承知で言うのだが、「砧の家」は日本の住宅建築におけるつつましやかな美のスタンダードの一つだと確信している。

建主の随想「青葉台の家」
私と家が馴染むための年月

沼田綾子

　ようやく事務所でお目にかかった時、堀部さんは気難しそうにおっしゃいました。「僕は沼田さんがお断りしてくださるのを待っていました」。私はひそかに、神妙に笑っておりました。次に「僕は設計が嫌いなんです」と。堀部さんの繊細な嗜好、独創的な思考が設計の実施現場でぶつかり、右往左往、四苦八苦、きりきりまい。それをそっけなく「嫌い」と表現なさったと感じました。私はこっそり、にこにこしておりました。

　シンプル・モダンで、わりと居心地のいい二世帯住宅。加えて「南の家」の深い廂、黒い板塀と床、砂漆喰の家なら言うことなしでした。けれども堀部さんは「青葉台の家」にまごころをこめて「品格」を添えてくださいました。美しい家の中ではきりりと引き締まった、あくまで清澄な空気が流れています。午後の光線が3階の天窓から降りそそぎ、白い壁におりなす陰影。中世ヨーロッパの修道院の回廊さながら、時々上って行き、飽かず眺めていたものです。かくれんぼが楽しい空間でもありました。

　ところで「品格」と私は当初、ちょっぴり折り合いが悪く、何となくおどおどぎくしゃくしておりました。静かで厳しい雰囲気は真冬の寒気とともに肌に刺すようで、くつろいで音楽を聴くという具合にはいきません。
　ミニマリズムにはつねに文句なく惹かれる一方、色彩豊かなポップな世界も大好きです。私は静かな、きりりと引き締まった空気より、むしろ何というか、そこはかとなく漂う裸ん坊のような空気、雰囲気の家のほうがきっと居心地がいいのじゃないかしらと思ったものです。

　ぐるりと曲がってすぐ、きわだって目を引く凜とした黒い建物。「ワッ」と思わずもらす感嘆符。なんて格好いい！　これ本当に私の家？　小憎らしいまでに格好よく、格好よすぎる家。だからカッコワルイ（堀部さん、すみません）。

　美しい砂漆喰の壁に、エイヤッと現代美術やアフリカのお面をべたべた掛けてみました。でも寛容なこの家は懐深く、おおらかでした。そんなに無愛想でもありません。少しずつ絵もお面も当たり前の顔をして馴染んでいきました。

　高い天井の大きい四角な部屋。同じサイズの窓三つ。居間の片隅にすわり、秋の朝、足の長い光が東、南、西、北にゆっくりさざ波のごとく流れ、同時に風が通り過ぎ、刻の経過さえ体感できるのはたとえようもなく気持ちがいいものです。

　庭には昔からの大きな木々が茂り、この家には山野草が似合うと100種類もの草花を友人が植えてくれました。早春から次々咲いています。庭の緑と草花が八つあるどの窓からも見渡せ、まるで森の中に住む感があります。

　家が建てられて6年目。この年月は私と家がお互いに馴染むプロセスでした。きわだって品格のある「青葉台の家」も少しずつ街並みに寄りそい、ずっと前からそこに在ったごとくの街並みの一部になりつつあるようです。

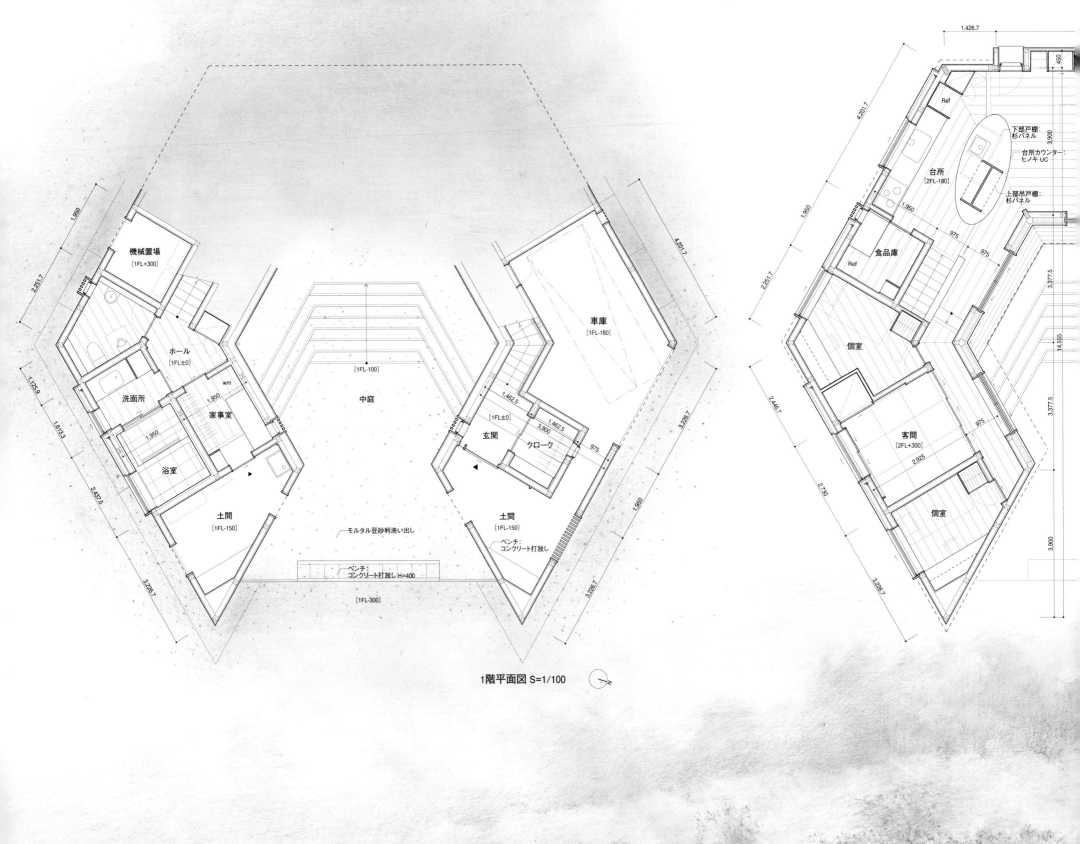

1階平面図 S=1/100

屋久島の家 II

House in Yakushima II
2005

所在地　　鹿児島県熊毛郡
用途　　　専用住宅
施工　　　平川住建
造園　　　寿哲男
主体構造　木造
敷地面積　2,480.81㎡
建築面積　121.48㎡
延床面積　186.19㎡

屋久島で2軒目の設計となる家。1軒目の後、様々な出会いから島への理解が深まり、ここでは島の自然から身を守るだけでなく、自然と地形に呼応する建築のあり方を探ろうと意図している。敷地は南側に民家や電線、駐車場などがあるが、東側ではわずかに青い水平線を捉えることができる。そこから正六角形のリングの一辺を切り取ったようなプランが導き出された。空と海と緑だけの美しい景色を眺められる広間は、それが可能な高さまで床を上げていて、必然的に中庭には高低差が生まれている。家の中心となるこの中庭は、日常では玄関や子供の遊び場となり、時には応接間としても活用されている。同時に、自然というこの島の主人公の舞台として、住み手がそれに親しめる場にもなっている。

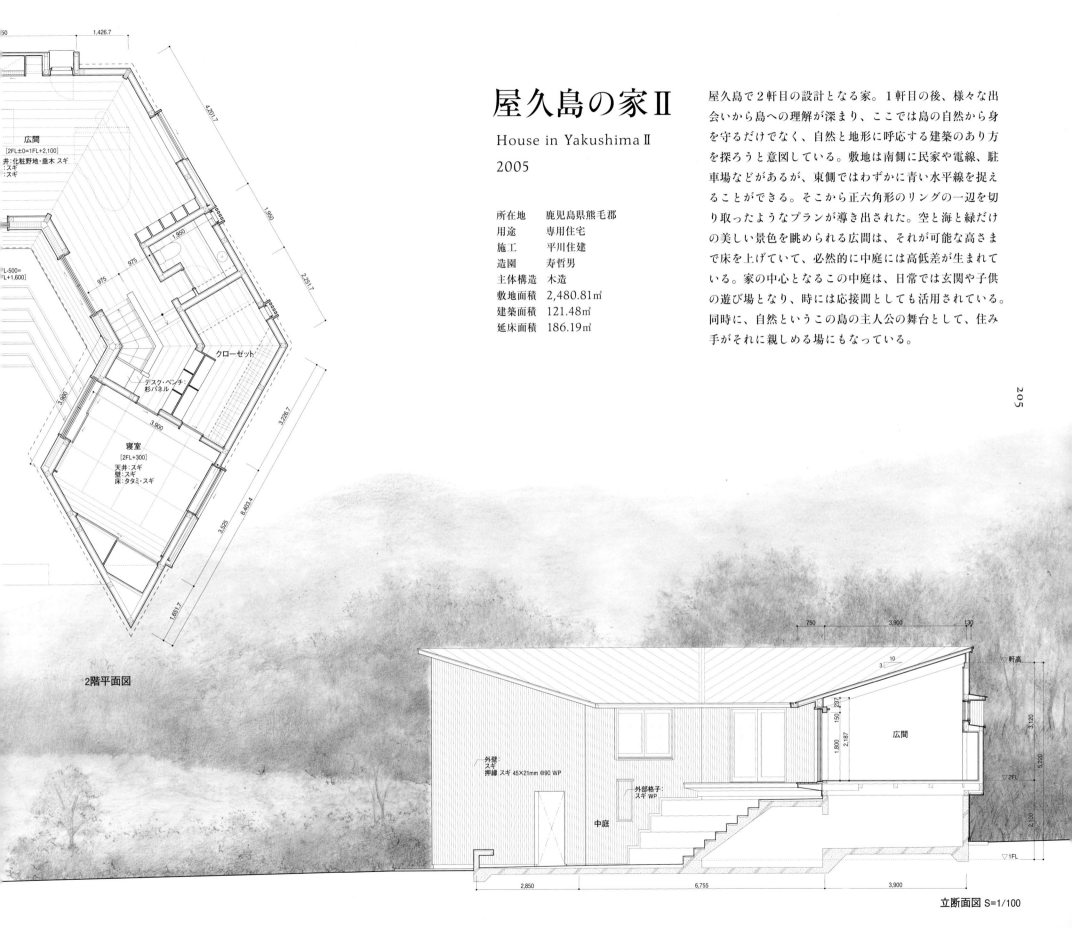

2階平面図

立断面図 S=1/100

ジュネス自由が丘（改修）

Jeunesse Jiyugaoka (Renovation)
2005

所在地　東京都世田谷区
用途　　学生会館
施工　　奥村組
主体構造　RC造
延床面積　287.60㎡

女子学生寮のエントランスホールとラウンジ、リビング、キッチンの改修設計。設計当時で築36年の建物だったため、耐震補強工事も同時に行った。既存柱で囲まれるダイニングコーナーは、床を上げてベンチやソファーを造付け、緩やかに仕切ることで人の居場所としての快適性を高めている。ここからは、窓の外に広がる美しい桜並木も眺めることができる。この場所に暮らしたことが桜並木とともに記憶に残るようにと、内装のみの設計であるが、新築を設計するのと同じように、場所性を強く意識した考えでつくっている。

改修前平面図 S=1/200

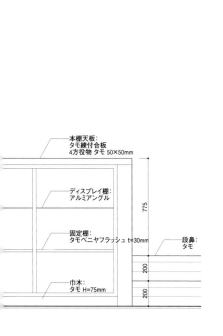
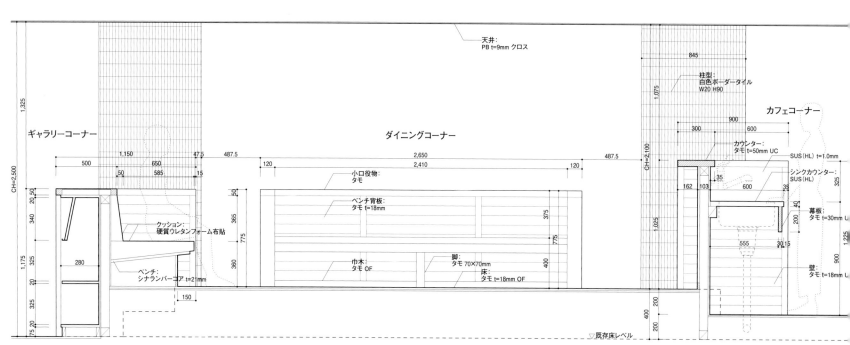

ダイニングコーナー展開図 S=1/30

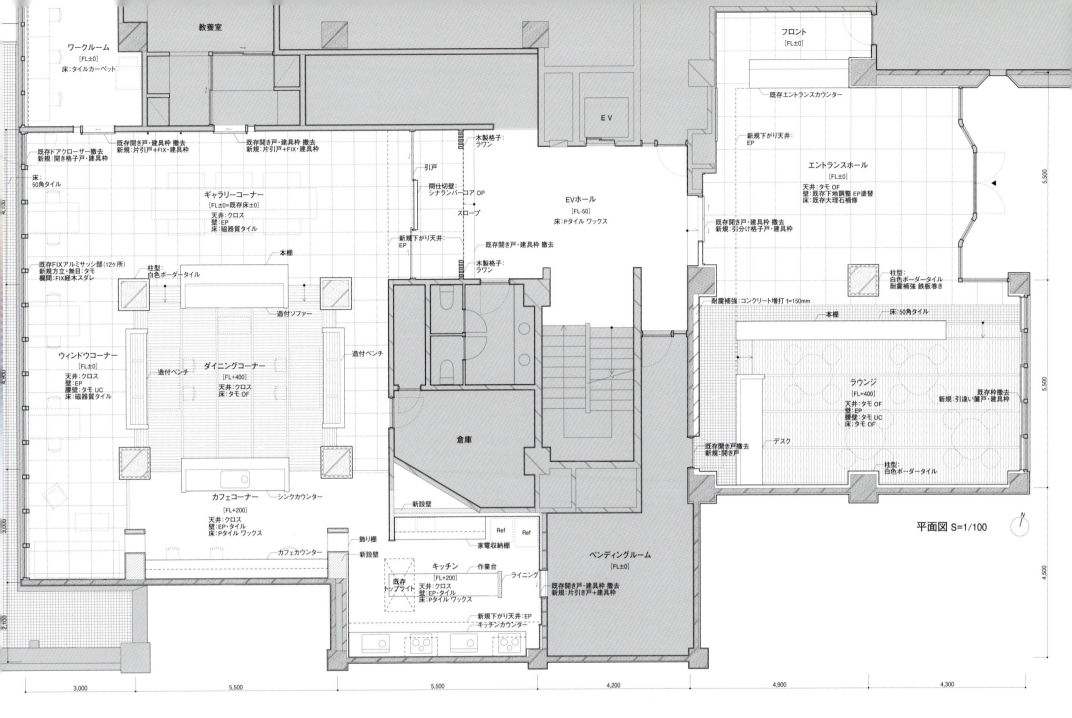

平面図 S=1/100

ギャラリーコーナーの窓際からダイニングコーナーを見る。既存柱は鉄板を巻いて構造補強してからタイルを貼っている。

ギャラリーコーナーの入り口からウィンドウコーナーを見る。窓からは桜並木を眺めることができる。

ラウンジ。床は400mm上げている。

鵠沼の家

House in Kugenuma
2006

所在地　神奈川県藤沢市
用途　　専用住宅
施工　　宮嶋工務店
造園　　小松造園
主体構造　木造
敷地面積　128.41㎡
建築面積　43.11㎡
延床面積　79.74㎡

この家は迷路のように入り組んだ住宅地の一画に建つ。変形の旗竿敷地に合わせて、正五角形と正方形を組み合わせたプラン。敷地境界と平行なのは正五角形の一辺だけで、ほかの辺は敷地境界に正対していない。これによって各辺と敷地境界との間にそれぞれ生まれた三角形の外部スペースを活かし、開口部からの視線を敷地の対角方向に長く確保。室内から外を眺めた時の視界が多様に展開するように計画している。構造は板倉のような方式をとり、柱と柱の間に厚い板を落とし込んで剛性をもたせている。家全体が"木の家具"であるかのような精度でつくられている。

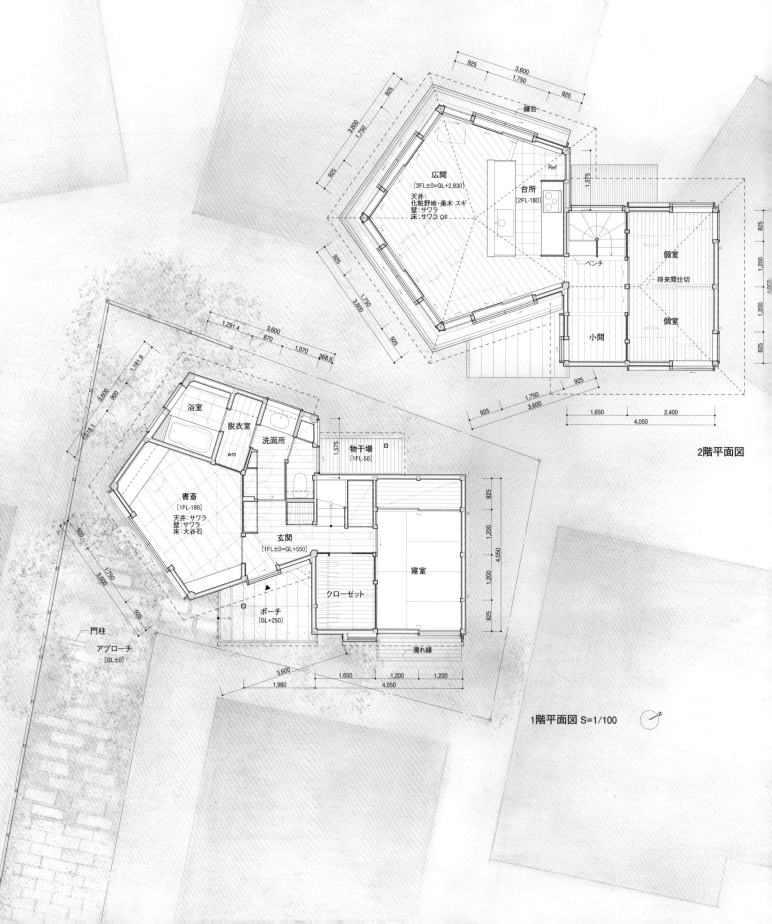

2階平面図

1階平面図 S=1/100

アプローチから見た外観。左側の木塀は新築時にデザインしたもので、右側の塀は隣家のもの。

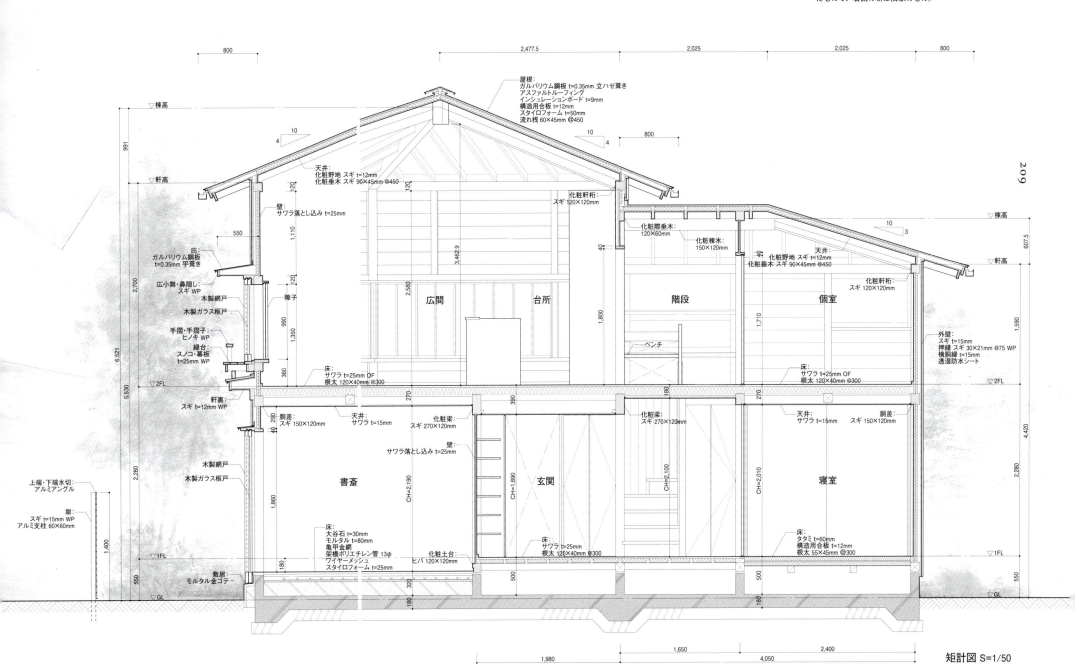

矩計図 S=1/50

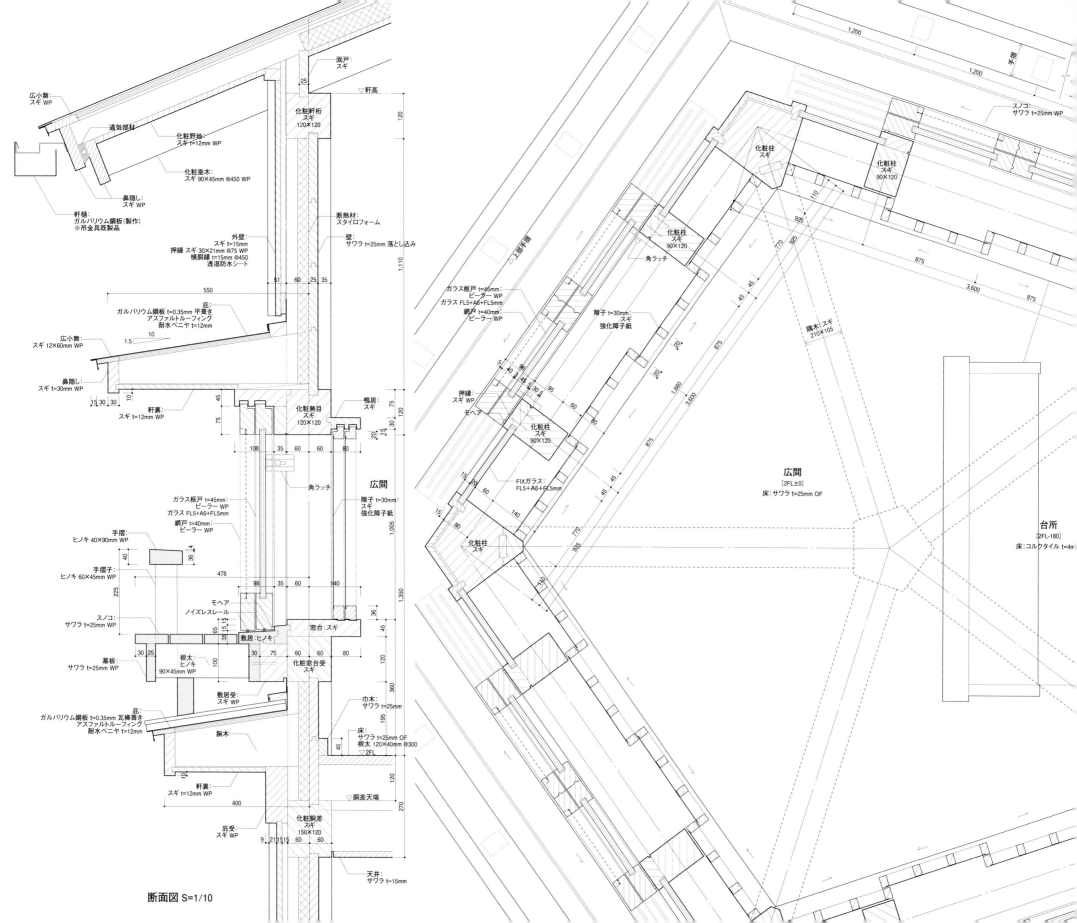

断面図 S=1/10

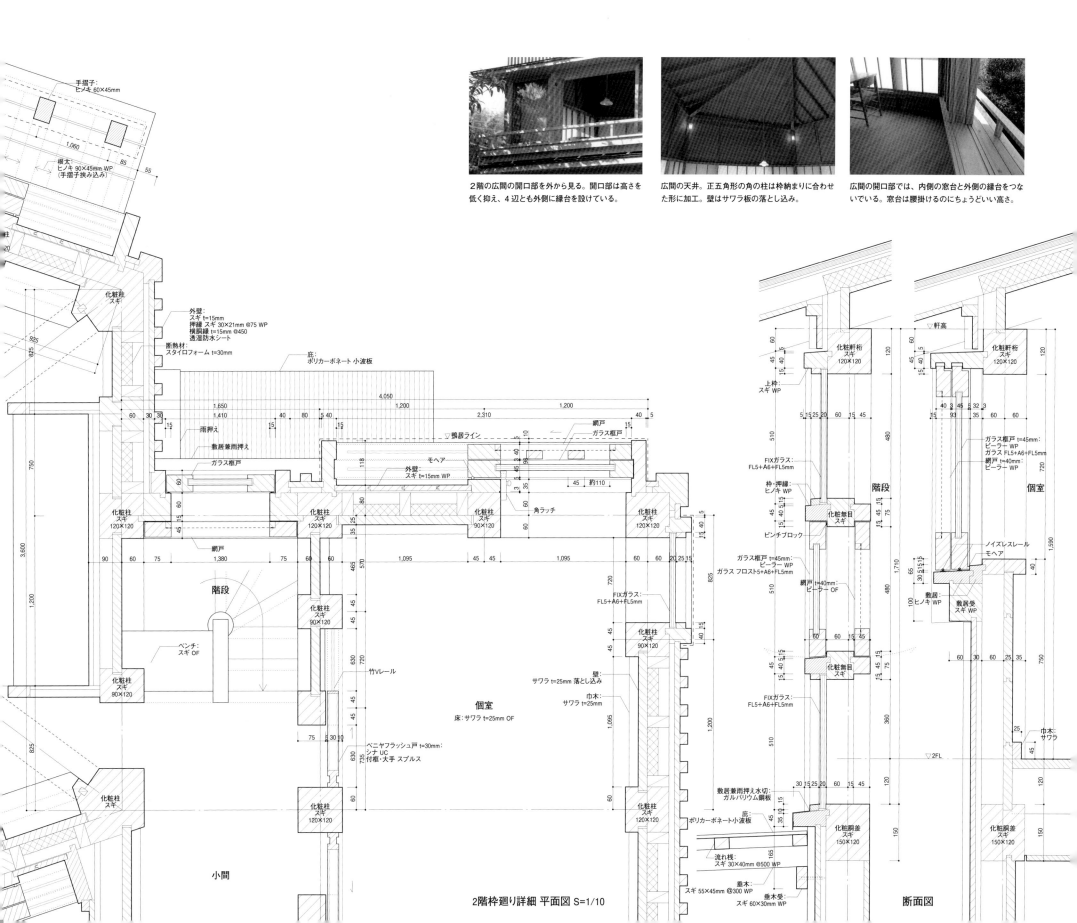

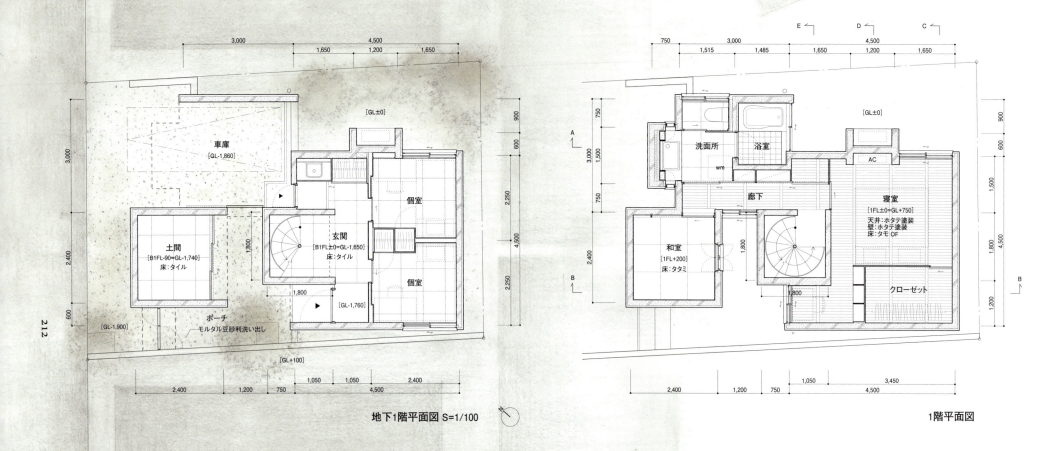

地下1階平面図 S=1/100

1階平面図

東山の家

House in Higashiyama
2006

所在地　東京都目黒区
用途　専用住宅
構造設計　山田憲明構造設計事務所
施工　山中工務店
造園　小松造園
主体構造　RC造
敷地面積　79.37㎡
建築面積　42.71㎡
延床面積　112.67㎡

三方に隣家が迫る敷地の中で、いかに「生きた窓」をつくれるか。この家の計画はそこから始まった。建物は大小6個の正方形平面のブロックで構成し、各ブロックは居室、水まわり、階段、設備・ダクト、空調・暖炉といった特定の役割を与えている。これらのブロックの高さは斜線制限の範囲に収まるように決まっていった。平面上では各ブロックをずらしながら配置し、その間に小さな外部空間をつくっている。古い集落の路地のような親密な場所だ。内部では、人は部屋を移動するたび方向転換を繰り返し、ところどころで意外な窓に出合う。その窓から外を覗くと、敷地の中に一つの街があるような、あるいは敷地の中に街路が入り込んできたような光景が目に入る。それぞれの窓によって、実際の面積以上の広がりと奥行きを感じさせている。

道路側の外観。設備や空調機器のダクト類は専用スペースに集約している。

2階の台所から居間を見る。コンクリート打放しの壁にはホタテの貝殻を粉末状にした塗料を塗っている。

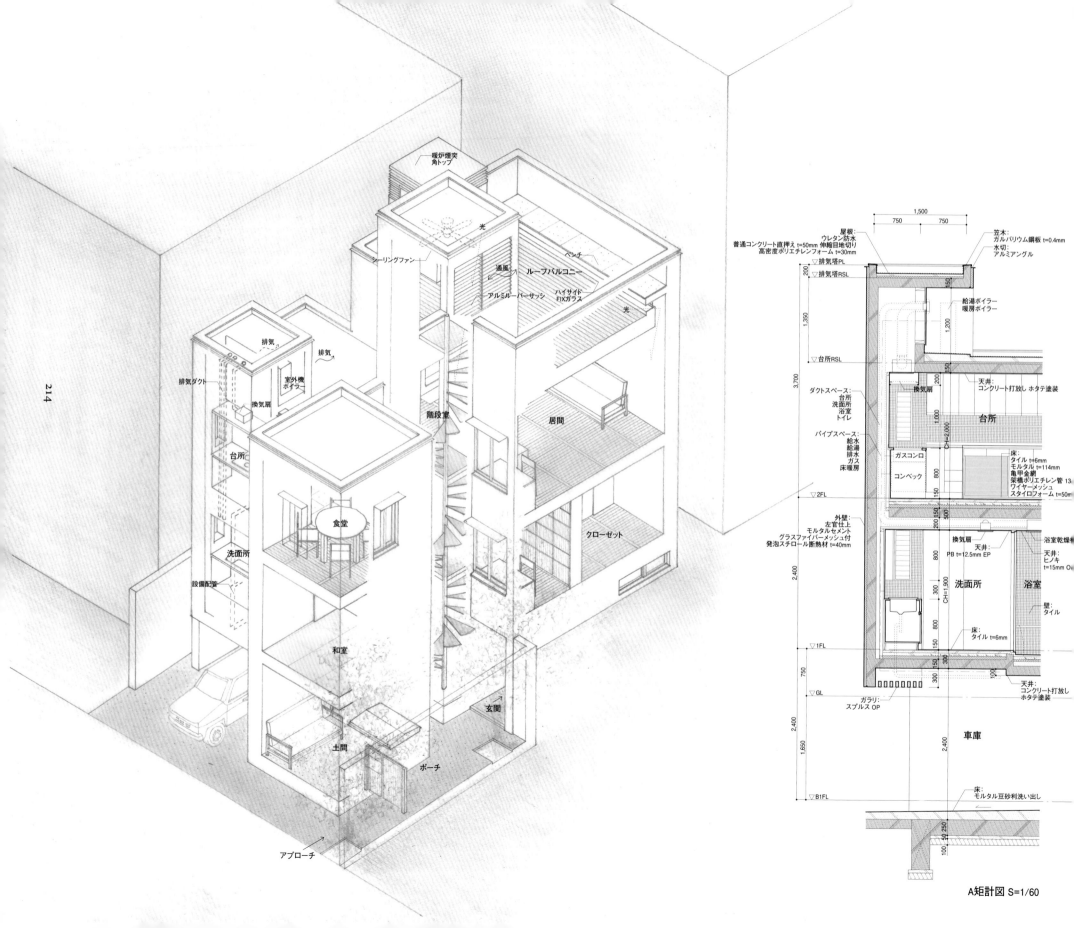

A矩計図 S=1/60

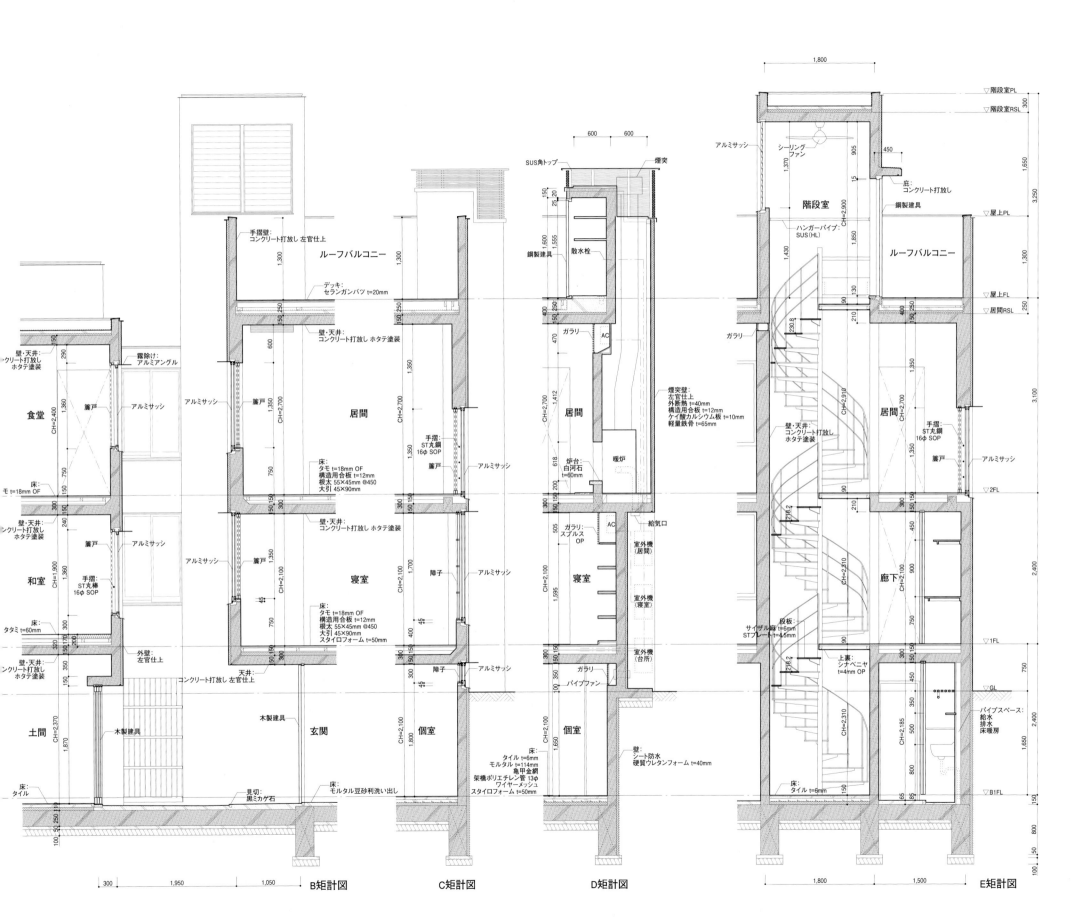

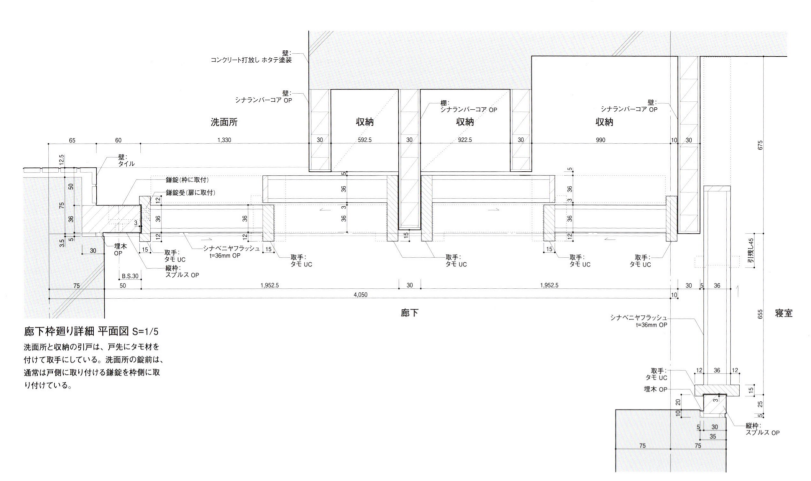

廊下枠廻り詳細 平面図 S=1/5
洗面所と収納の引戸は、戸先にタモ材を付けて取手にしている。洗面所の錠前は、通常は戸側に取り付ける鎌錠を枠側に取り付けている。

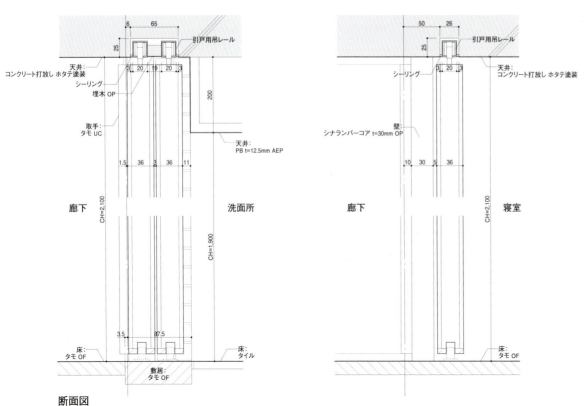

断面図

玄関前ポーチからの外観見上げ。開口部は木枠をなくし、コンクリート打放しの壁に建具を直に納めている。

2階の食堂。室内の建具の金物を取り付ける部分には、最小限の木枠を入れている。

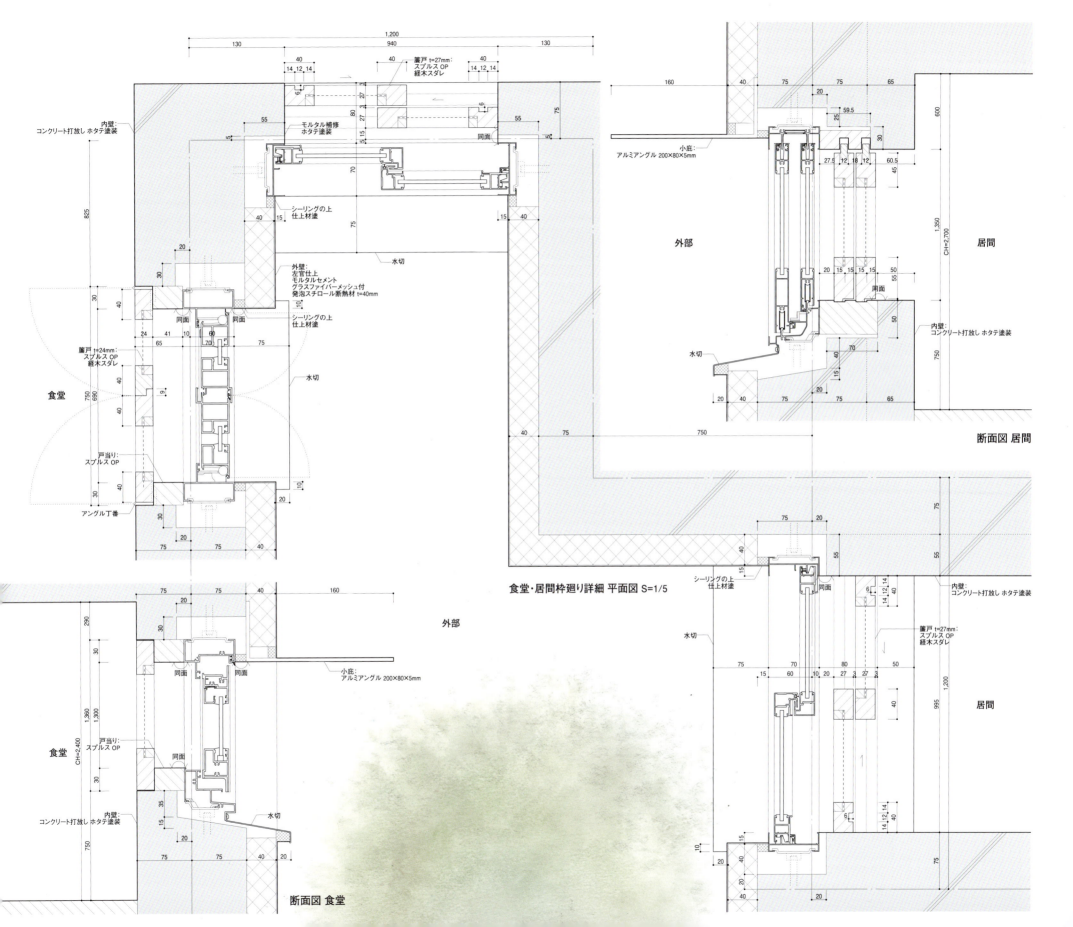

食堂・居間枠廻り詳細 平面図 S=1/5

断面図 居間

断面図 食堂

ひねもすのたり（改修）

Hinemosunotari (Renovation)

2006

所在地　東京都杉並区
用途　　店舗
施工　　桜友ハウジング
主体構造　木造
延床面積　37.26㎡

東京・阿佐ヶ谷にある、器の店舗兼カフェ。昭和30年代に建てられた貸家を改修している。厨房はセミオープンタイプで、吊り戸棚を設けず、カフェと天井を連続させて一体感を出した。その一方、カウンターのほぼ半分を占めるディスプレイ棚が目隠しとなり、カフェ側から厨房の煩雑な様子はほとんど見えないように配慮している。開口部の位置や大きさは変えていないが、アルミサッシを木製に替え、室内側には光をコントロールする白い簾戸を設置し、空間に表情をもたせている。

厨房からカフェの窓側を見る。天井はベニヤにシルバー色の塗装。

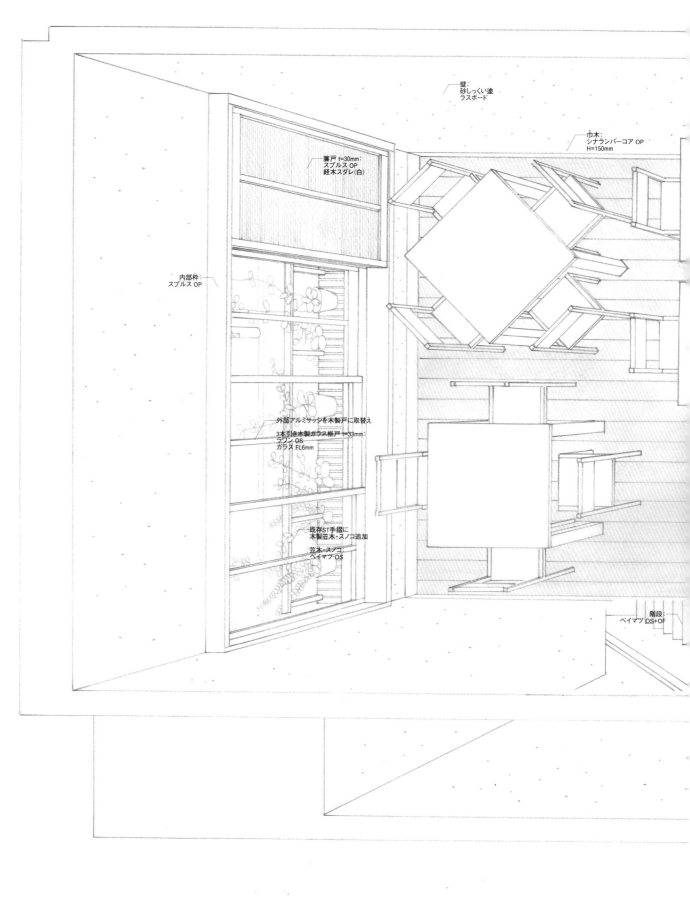

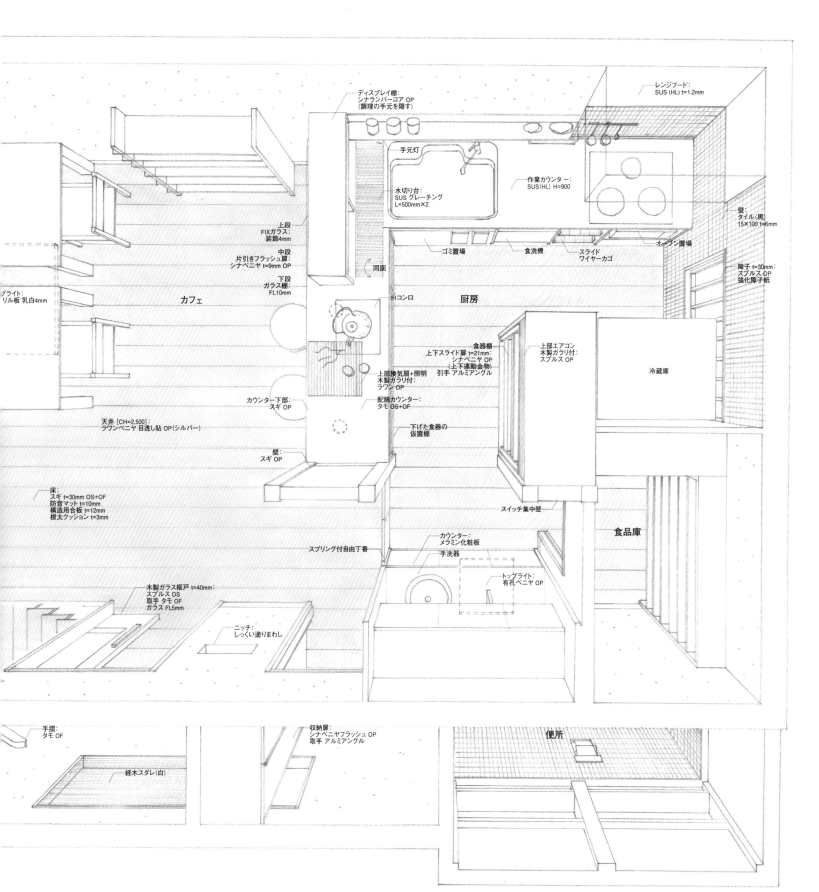

カフェから厨房を見る。カウンター背面に造り付けた天井までの高さの食器棚の裏に、冷蔵庫の置き場を設けている。

厨房。ディスプレイ棚とシンクの間にはステンレスグレーチングを用いた水切り台があり、器を洗った後、伏せて置いておける。

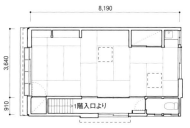

改修前平面図 S=1/200

浅草の家

House in Asakusa
2006

所在地　　東京都台東区
用途　　　専用住宅（二世帯）
構造設計　山田憲明構造設計事務所
施工　　　山中工務店
造園　　　小松造園
主体構造　RC造一部木造
敷地面積　68.32㎡
建築面積　39.73㎡
延床面積　118.80㎡

この家は正五角形の平面をもち、外壁は正五角形の輪郭をそのまま立ち上げている。中には7枚のRCスラブをスキップ状に配し、厚さ9mmの鉄板でつくった円筒形の階段シャフトが、それらを中央で構造的に支持している。そのシャフトの最下部に、アルミのフィンでつくった円弧状の放熱器を設置。ここに約60℃の温水を流すことで温度差による空気の対流を起こし、上昇気流として各フロアにやわらかな暖気を行き渡らせている。つまり、階段シャフトは一種の暖房装置としても機能していて、それは外断熱で包んだ軀体と一体になって初めて、最大の効果を発揮する。真冬に寒くない程度を目標にしていたが、ほかの暖房機はほとんど使う必要がないほど効果をあげている。

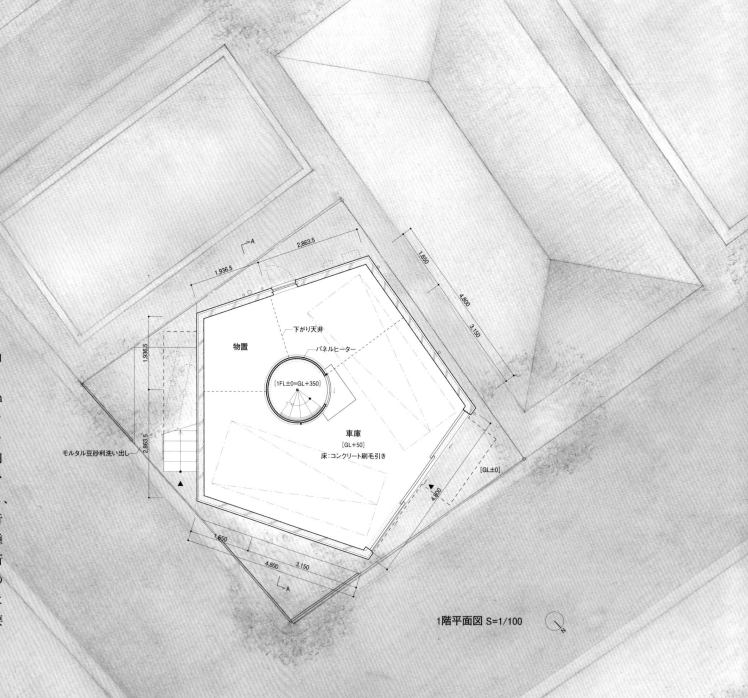

1階平面図 S=1/100

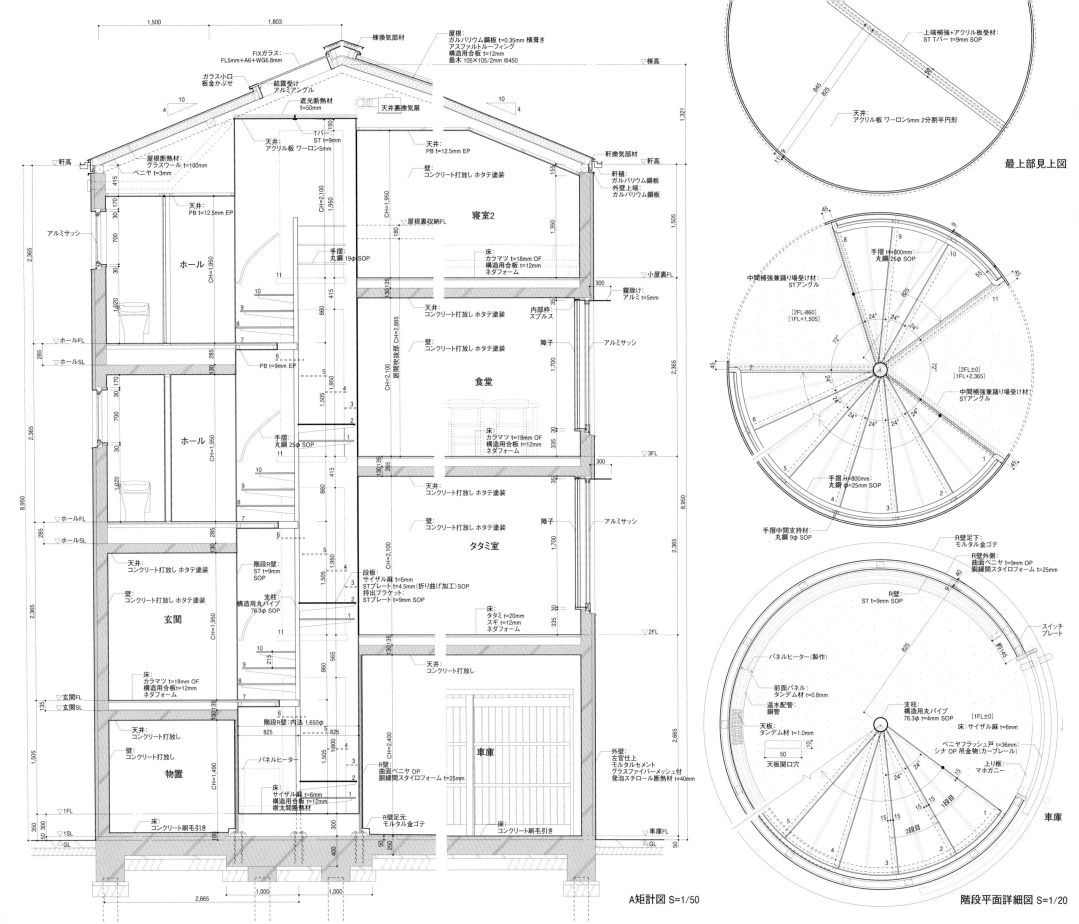

階段シャフトのスチール曲面壁の据え付け。各階の高さで工場製作し、クレーンで吊り上げて搬入後、現場で溶接した。

スチール曲面壁とコンクリートスラブの配筋の接合部。

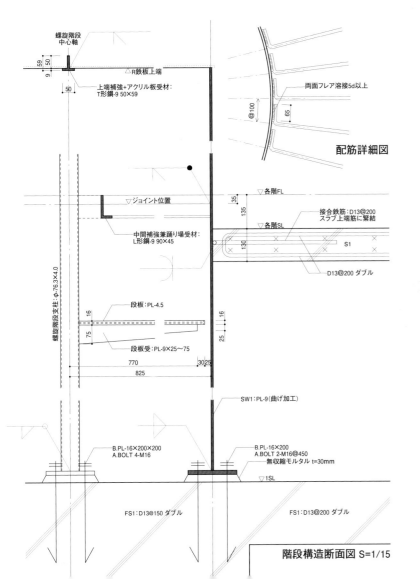

階段構造断面図 S=1/15

配筋詳細図

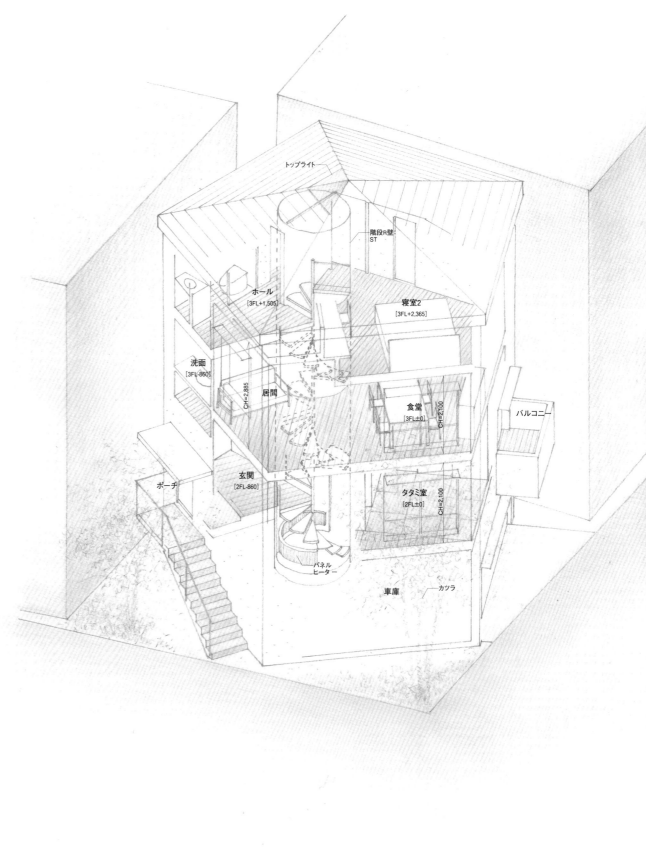

調布の家

House in Chofu
2006

所在地　　東京都調布市
用途　　　専用住宅
施工　　　幹建設
造園　　　小松造園
主体構造　木造
敷地面積　101.06㎡
建築面積　37.26㎡
延床面積　94.55㎡

北側道路から見た全景。

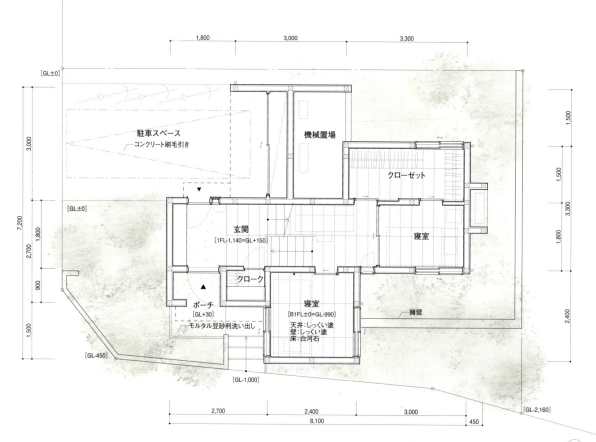

地下1階・中1階平面図 S=1/100

東立面図 S=1/100　　　　　　　　　　　北立面図

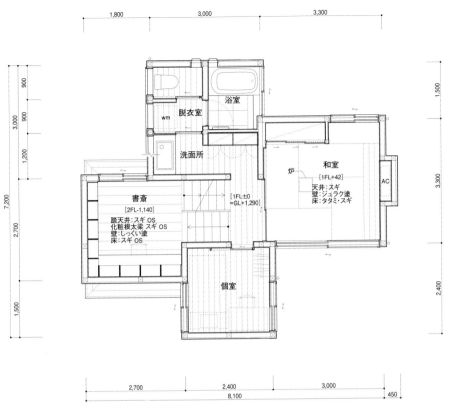

1階・中2階平面図

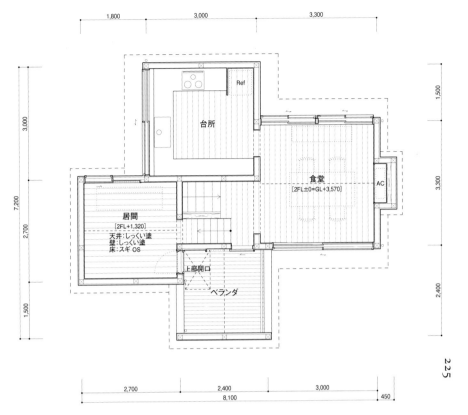

2階・小屋裏階平面図

大小四つの正方形平面を、階段室のまわりに十字形に配置し、各部屋をスキップフロアでつなげた家である。敷地の北から西にかけては運動場や周囲の住宅地を遠望する風景が広がるが、南側には隣家が近接して建つという状況から、日照と眺望を両立すること、さらに、建物に裏表をつくらず、どの場所にいても快適な光と風が感じられることを目指した結果、このプランが生まれた。十字形プランの長所は、敷地内に四つの庭をつくれることである。ここでも前庭、裏庭、浴室庭、駐車場というように、それぞれ性格の異なる外部スペースとして活用されている。それらはまた、各部屋に通風採光を確保するうえでも大切な役割を担う。五つの棟それぞれに切妻屋根を架けているため、スキッププランで空間が連続するにもかかわらず、各部屋は完結し、守られているように見える。

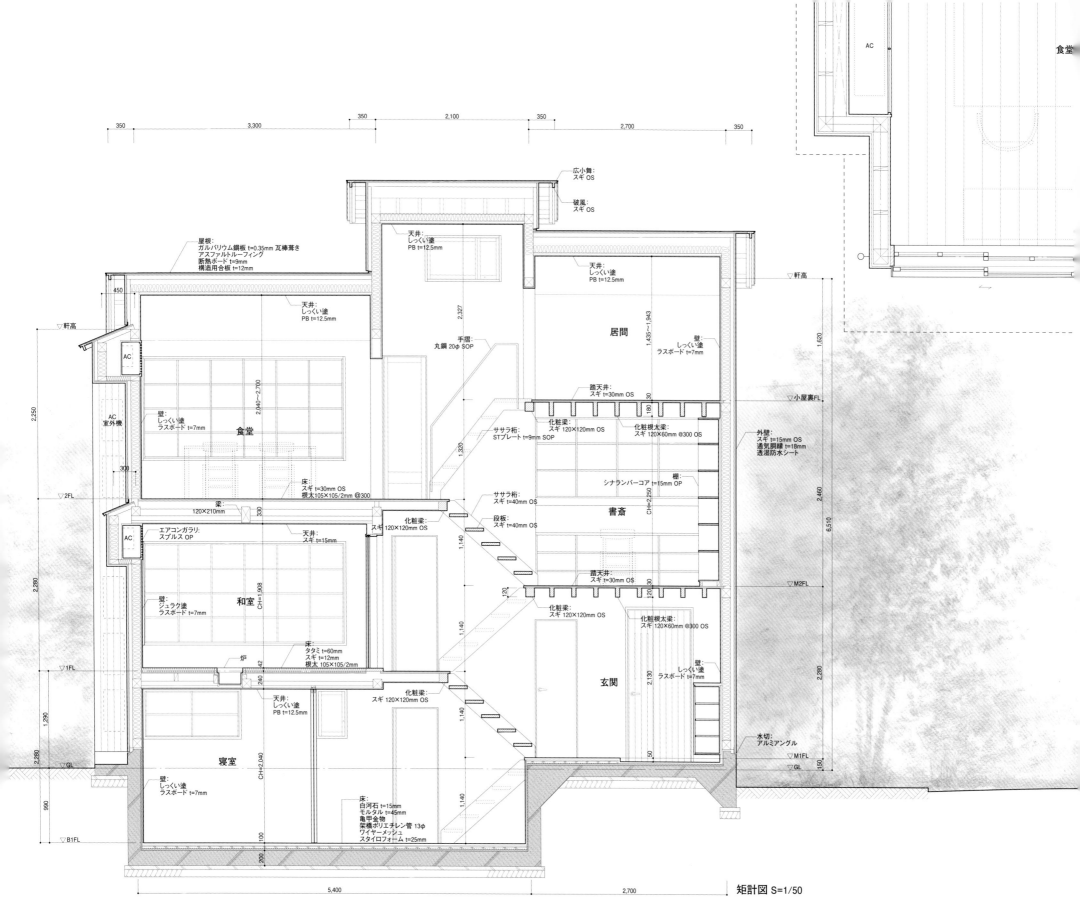

矩計図 S=1/50

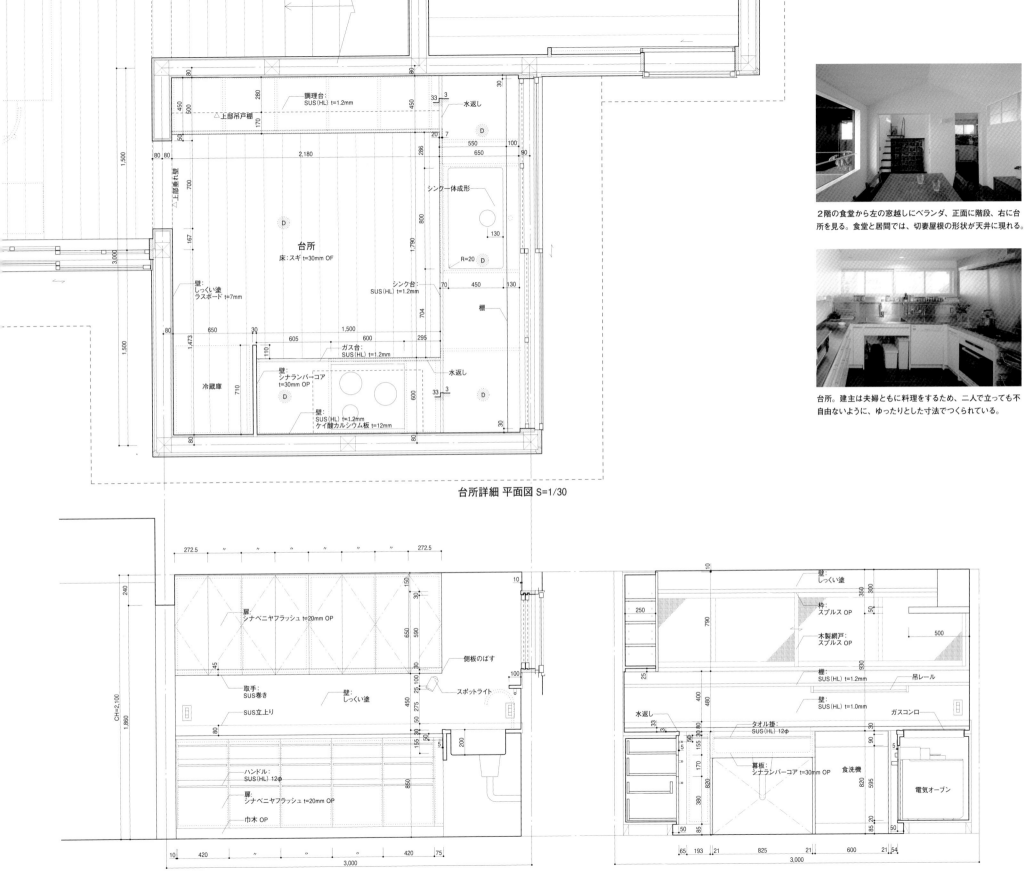

2階の食堂から左の窓越しにベランダ、正面に階段、右に台所を見る。食堂と居間では、切妻屋根の形状が天井に現れる。

台所。建主は夫婦ともに料理をするため、二人で立っても不自由ないように、ゆったりとした寸法でつくられている。

砧の家

House in Kinuta
2007

所在地　東京都世田谷区
用途　　専用住宅（二世帯）
施工　　宮嶋工務店
造園　　櫟屋
主体構造　木造
敷地面積　330.57㎡
建築面積　89.72㎡
延床面積　169.66㎡

この二世帯住宅は、玄関と洗面所、浴室を共有しつつ、それぞれの世帯がなるべく独立して暮らせるようにプランニングしている。特徴的なのは、軀体からはみ出して取り付けられた四つの設備シャフトの存在である。中にはエアコンの室外機、換気扇、ボイラー、電気やガスのメーター類が収まり、給排水管や排気ダクトも通している。これらは現代の生活に必要不可欠なものだが、建物の周囲に露出させると雑多な印象を与える。設備や構造など生活を背後で支える部分や、建物の耐久性、性能に関わる部分は原理的に、しっかりとした秩序のもとにつくることに留意し、けれども普段の生活ではそれを感じさせないように、プロポーションやディテールを慎重に検討している。

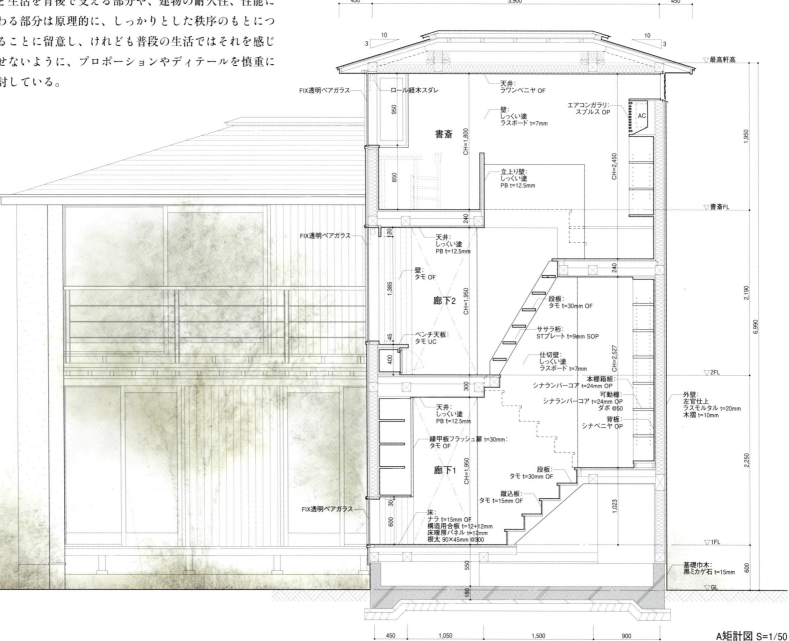

A矩計図 S=1/50

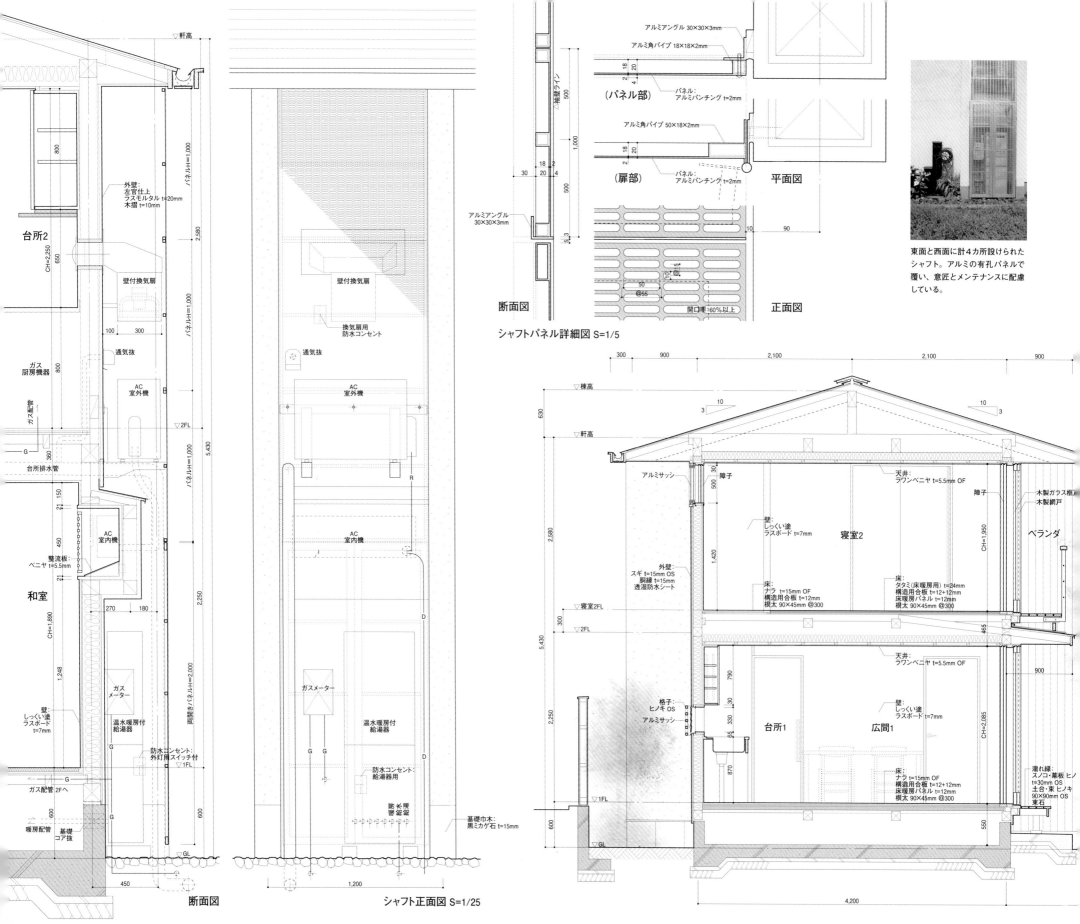

2階の広間に設けられたベランダ。

隣地から見た東側外観。左右対称の立面となっている。

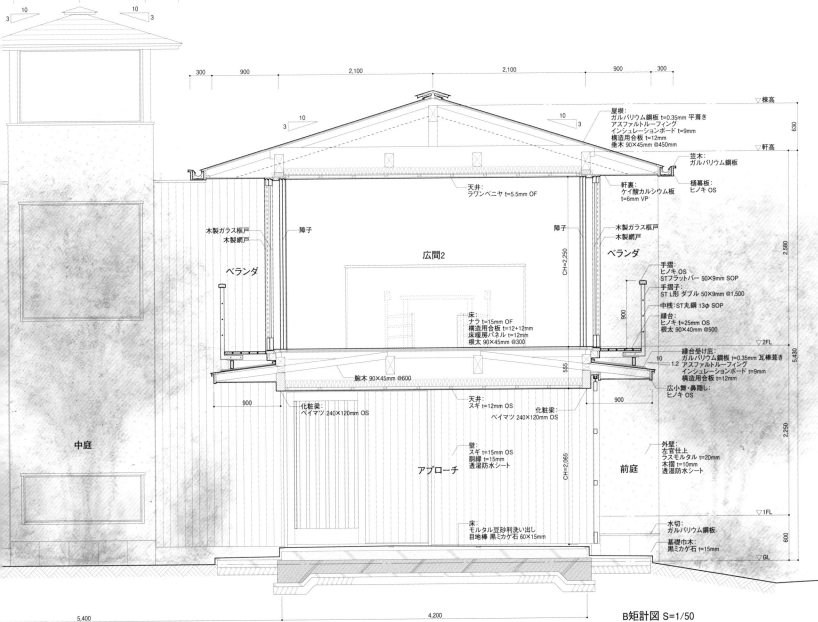

B矩計図 S=1/50

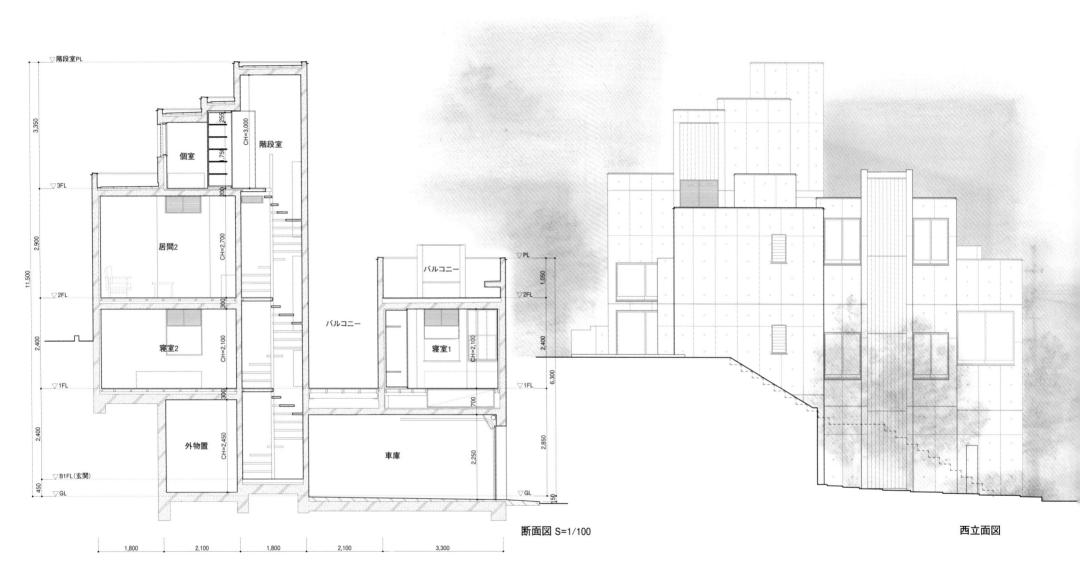

断面図 S=1/100　　　　　西立面図

馬込の家

House in Magome
2007

所在地　　東京都大田区
用途　　　専用住宅（二世帯）
構造設計　山田憲明構造設計事務所
施工　　　幹建設
造園　　　佐伯造園
主体構造　RC造
敷地面積　120.06㎡
建築面積　69.27㎡
延床面積　200.46㎡

幹線道路から少し入った、小高い丘陵の斜面に建つ家。ここでは、敷地の真ん中に二つの用途地域の境界線があり、敷地の南北でまるで別の性格をもつ建物にすることが法律的に求められた。幹線道路に近い南側では奥の住宅地を火災や騒音から守るため、必要以上に建物を高くしなければならない。反対側は住居専用地域で北側斜線がかかり、建物の高さを抑える必要がある。さらに、西側の狭い道路からはその傾斜なりに道路斜線がかかっている。この複雑な条件のもと、建物を正方形平面のブロックに分け、法規制の高さに呼応するようにそれぞれを配置。各ブロックに特定の役割を与える時は、水まわりが一つに収まるようにし、各ブロックに空調シャフトを組み込んで室内機や室外機、それらの配管を集約している。このように給排水や空調換気が集まるところと関係しないところを整理したことで、この建物はその成り立ちや仕組みが明快に表れている。

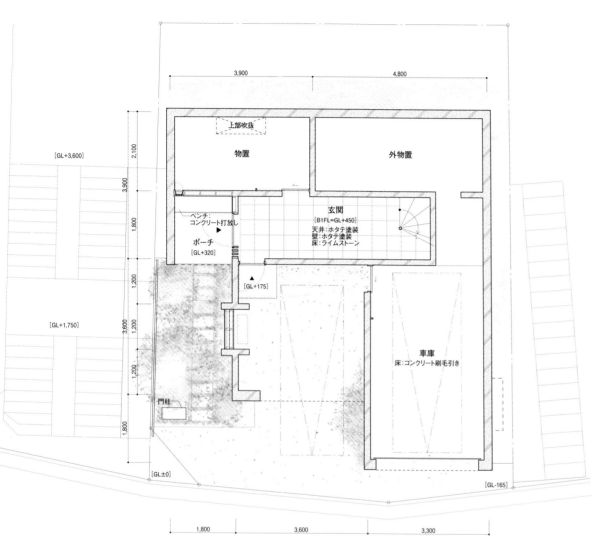

地下1階平面図 S=1/100

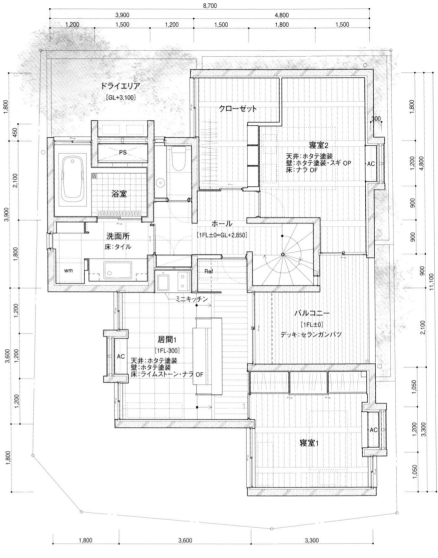

1階平面図

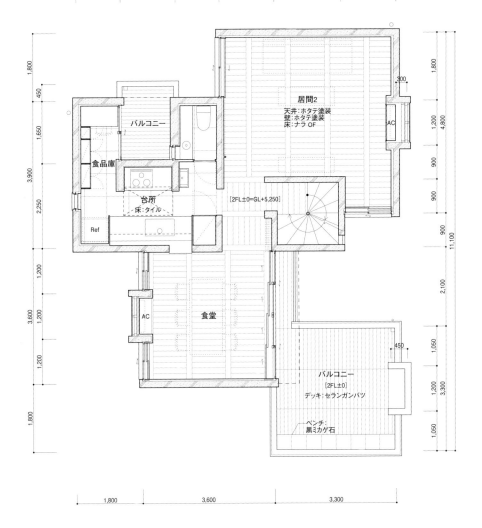

2階平面図

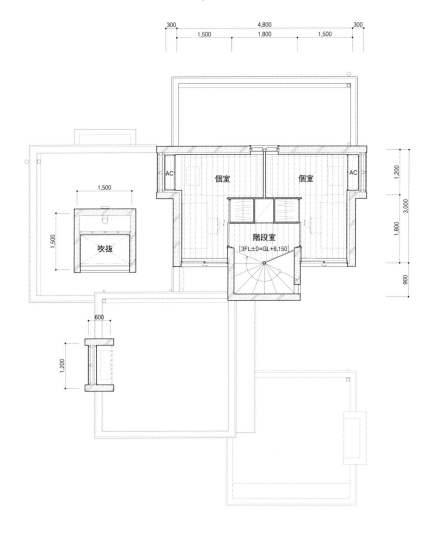

3階平面図

西側道路から見た外観。この家には3世代6人が暮らしている。

2階の居間2で西面を見る。左手奥は台所。

食堂の天井高は2,160mm。バルコニー側は掃出し窓。

片瀬海岸の家

House in Katasekaigan
2007

所在地　神奈川県藤沢市
用途　　専用住宅
施工　　マナアソシエイツ
造園　　久世安樹
主体構造　木造
敷地面積　134.41㎡
建築面積　58.44㎡
延床面積　104.61㎡

海から歩いて数分の静かな場所に建つ家。旗竿敷地の奥に隣家の松林があり、その先には海が広がる。アウトドアスポーツを愛する建主がこの土地を選んだ所以である。1階はそのアウトドア活動の基地として、車庫、収納、水まわり、物干しスペースが合理的な動線で連続している。1階にそれらを集約したことで、2階は「動」の世界から解放された、静かで落ち着いた空間となっている。この家が湘南の穏やかな風景の一部になることを願って、松の木など周辺に昔からある樹種を新たに植えた。

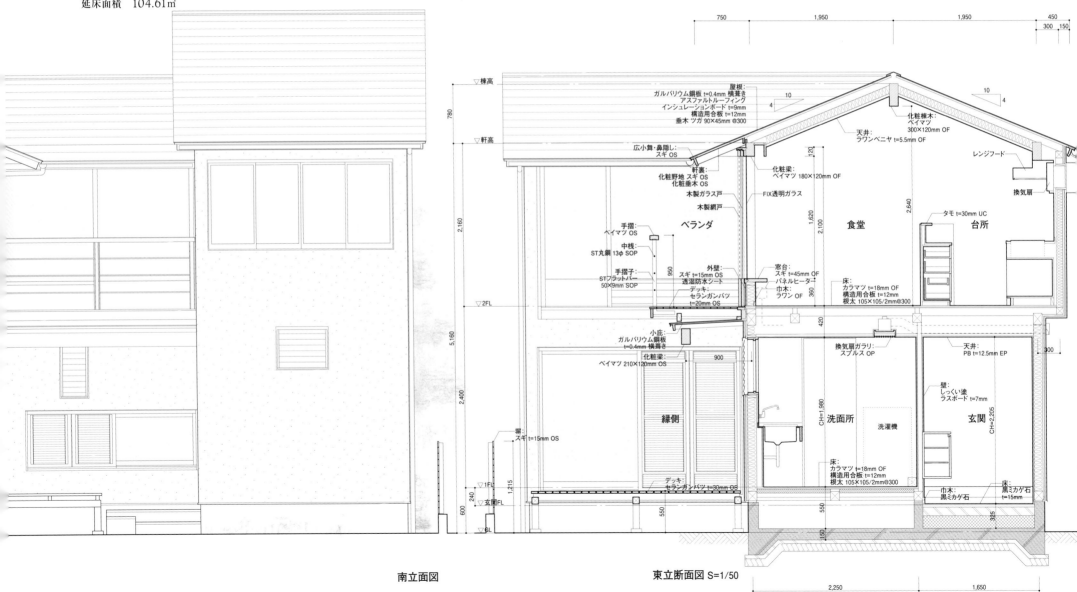

南立面図　　　　　　　東立断面図 S=1/50

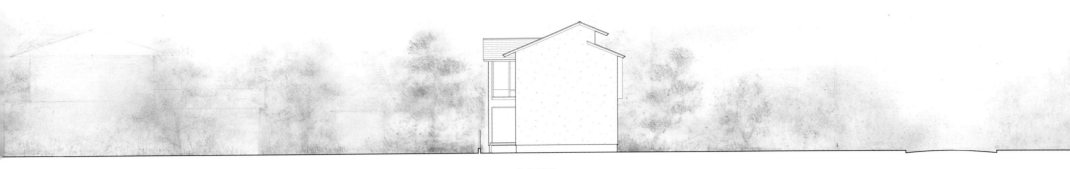

東立面図 S=1/200

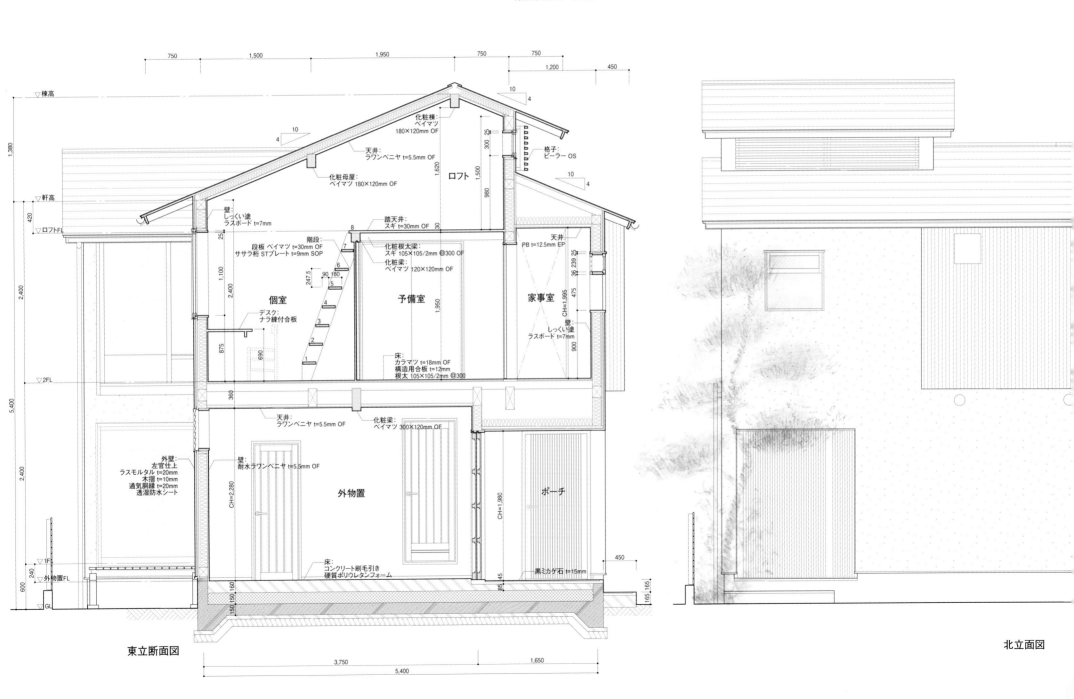

東立断面図

北立面図

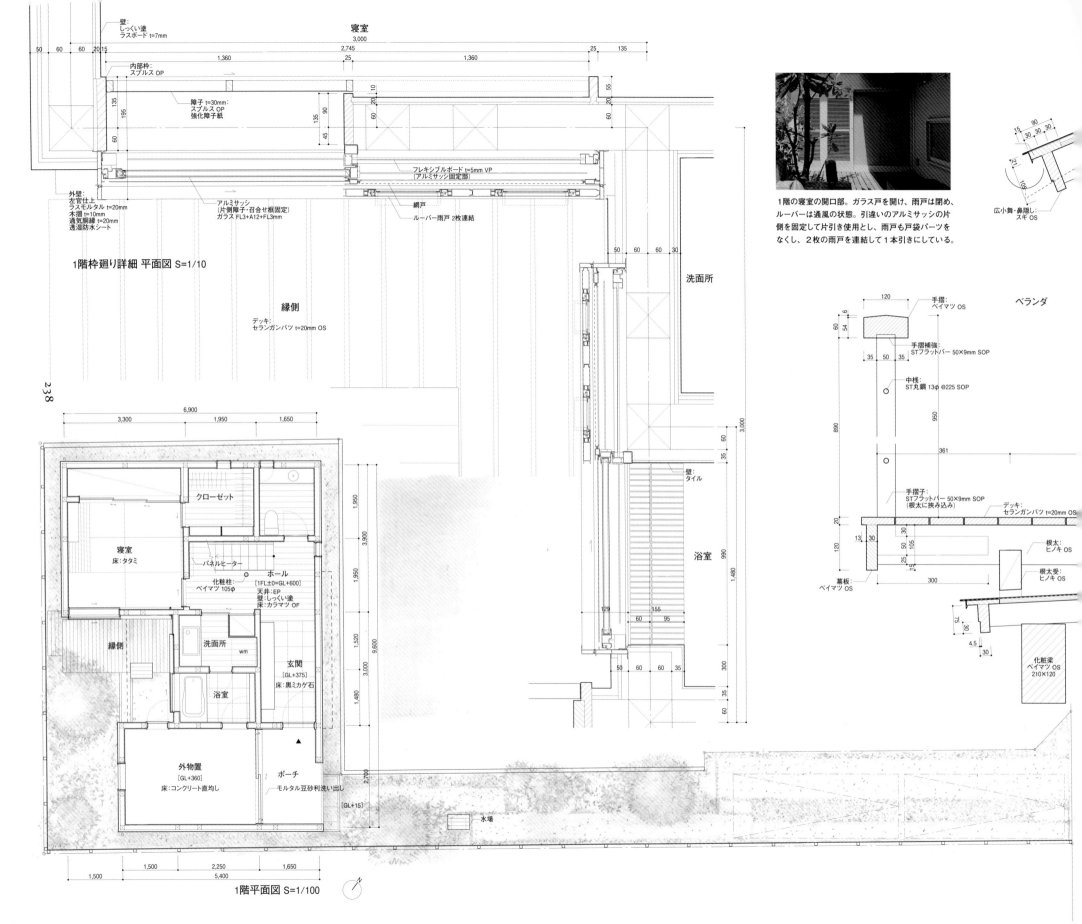

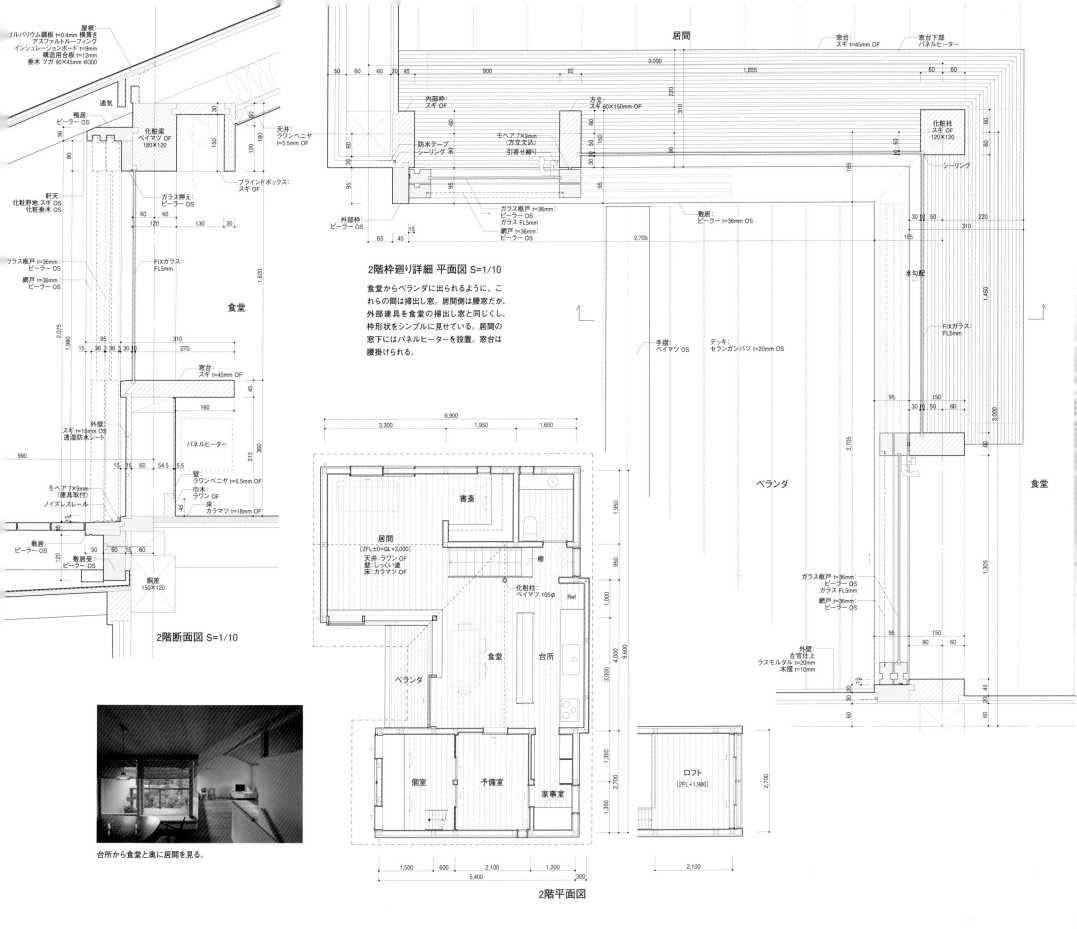

芦屋川の家

House in Ashiyagawa
2007

所在地　兵庫県芦屋市
用途　　専用住宅
構造設計　山田憲明構造設計事務所
施工　　羽根建築工房
造園　　花康・土屋作庭所
主体構造　RC造＋木造
敷地面積　330.56㎡
建築面積　155.94㎡
延床面積　234.49㎡

高台の傾斜地に建つ住宅。敷地の高低差に呼応するようなアプローチに、いくつものフロアレベルが重なり合う。同じ意匠の窓を部屋ごとにサイズや開き勝手を変えて多用し、外観に統一感を与えている。H形を基本とするプランは、左右に各スペースを振り分け、真ん中に大きな広間。その手前に設けた中庭からは、この土地ならではの眺望を存分に楽しめるようにしている。地下の車庫の上には洗面所と浴室を配置。充分な広さを活かし、脱衣室と物干し場のほかに浴室テラスを確保している。室内外にわたって様々な性格をもつ場所をちりばめ、それをつなぐようにつくった住宅である。

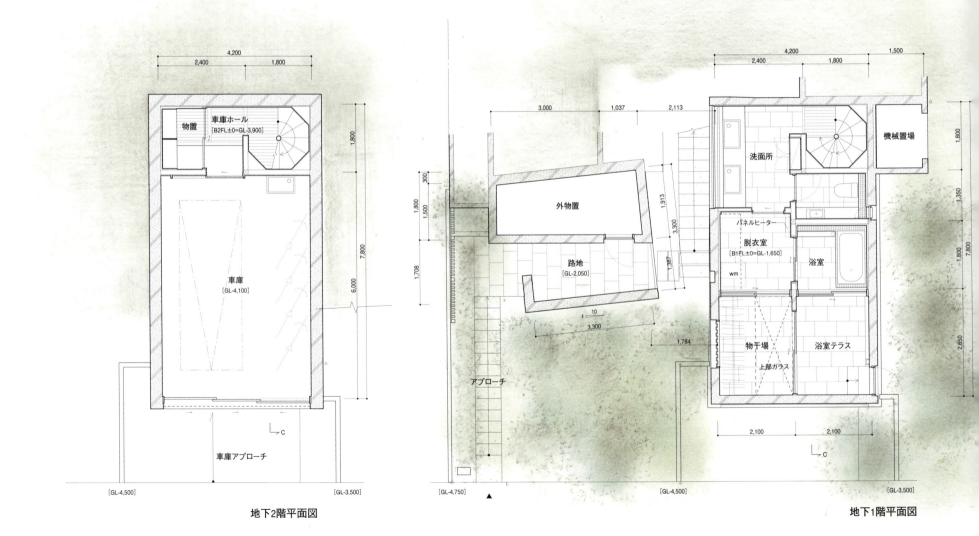

地下2階平面図　　　　　地下1階平面図

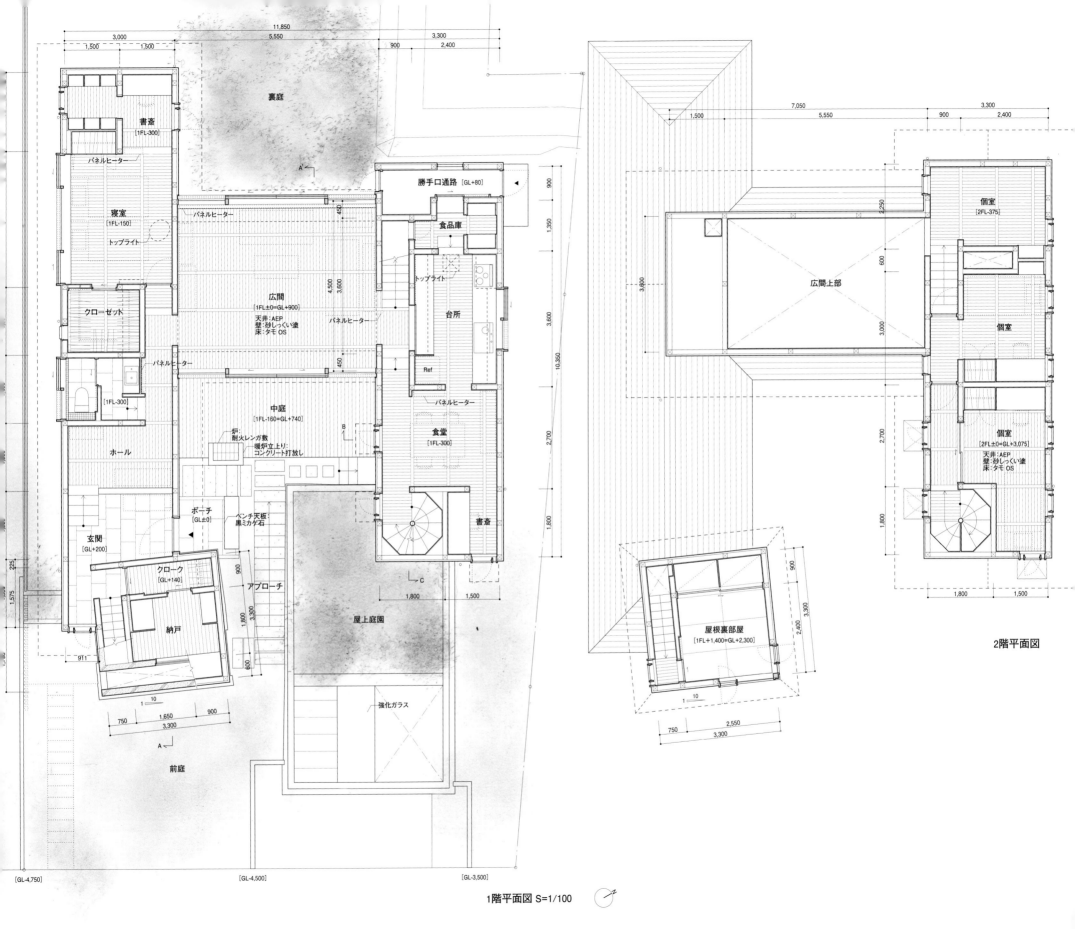

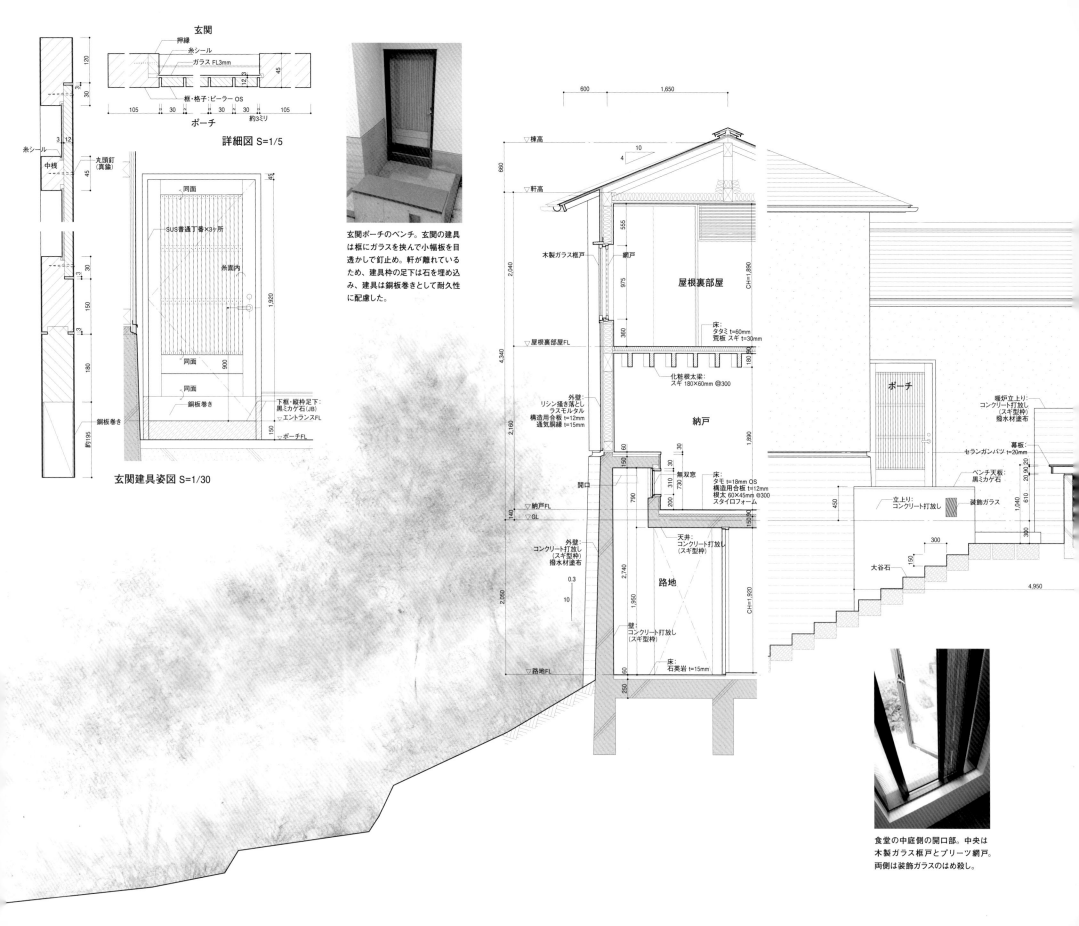

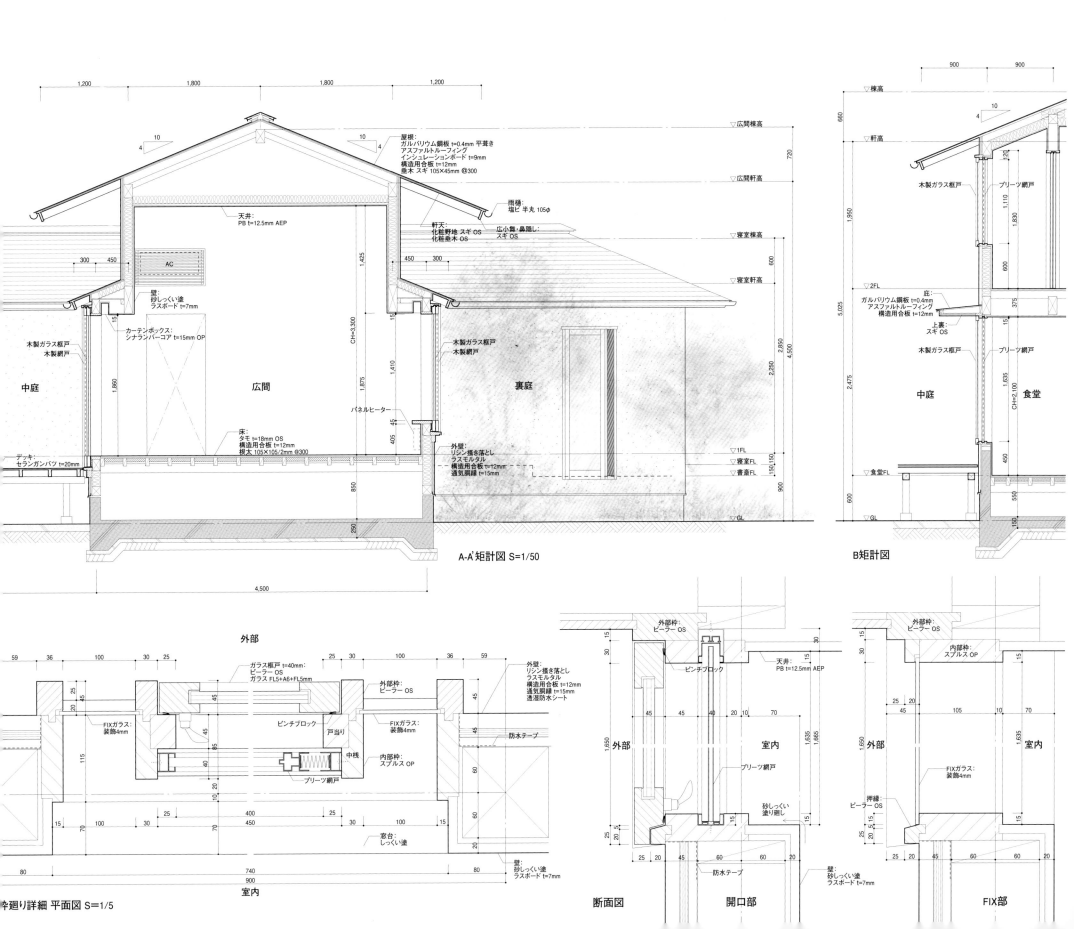

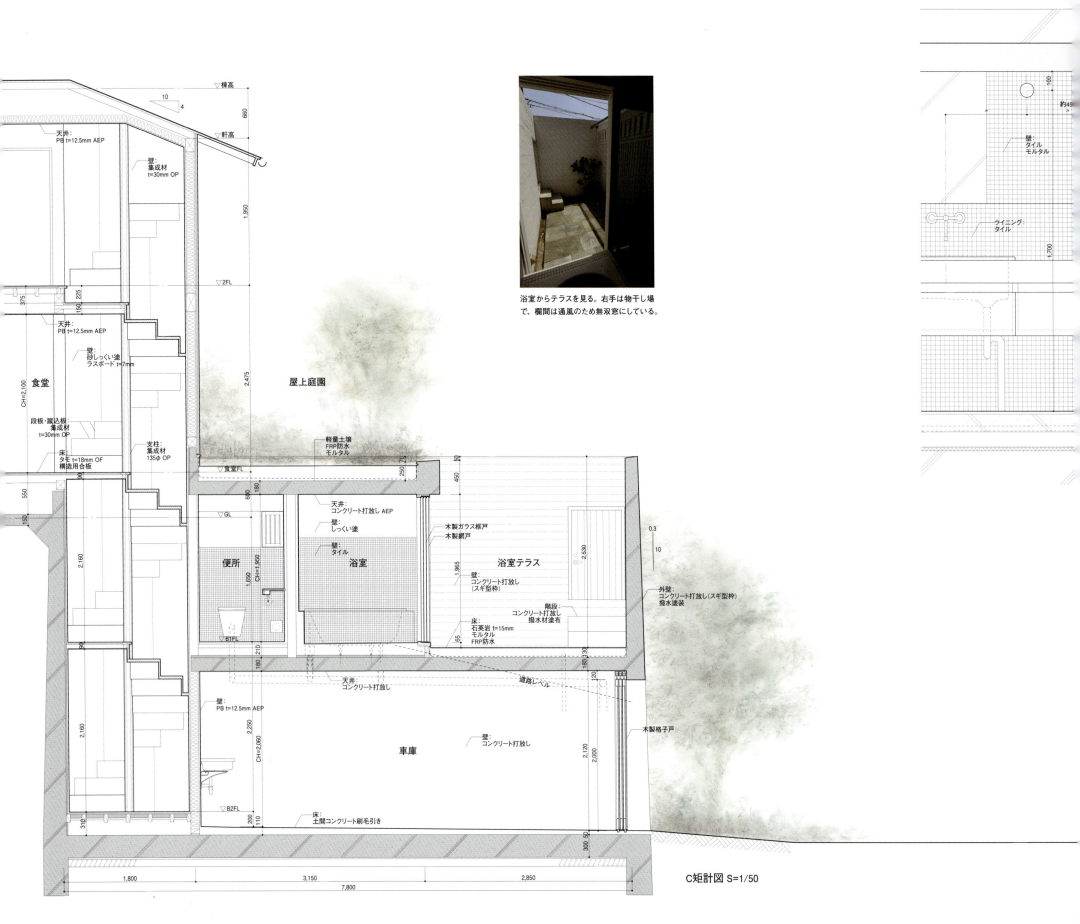

浴室からテラスを見る。右手は物干し場で、欄間は通風のため無双窓にしている。

C矩計図 S=1/50

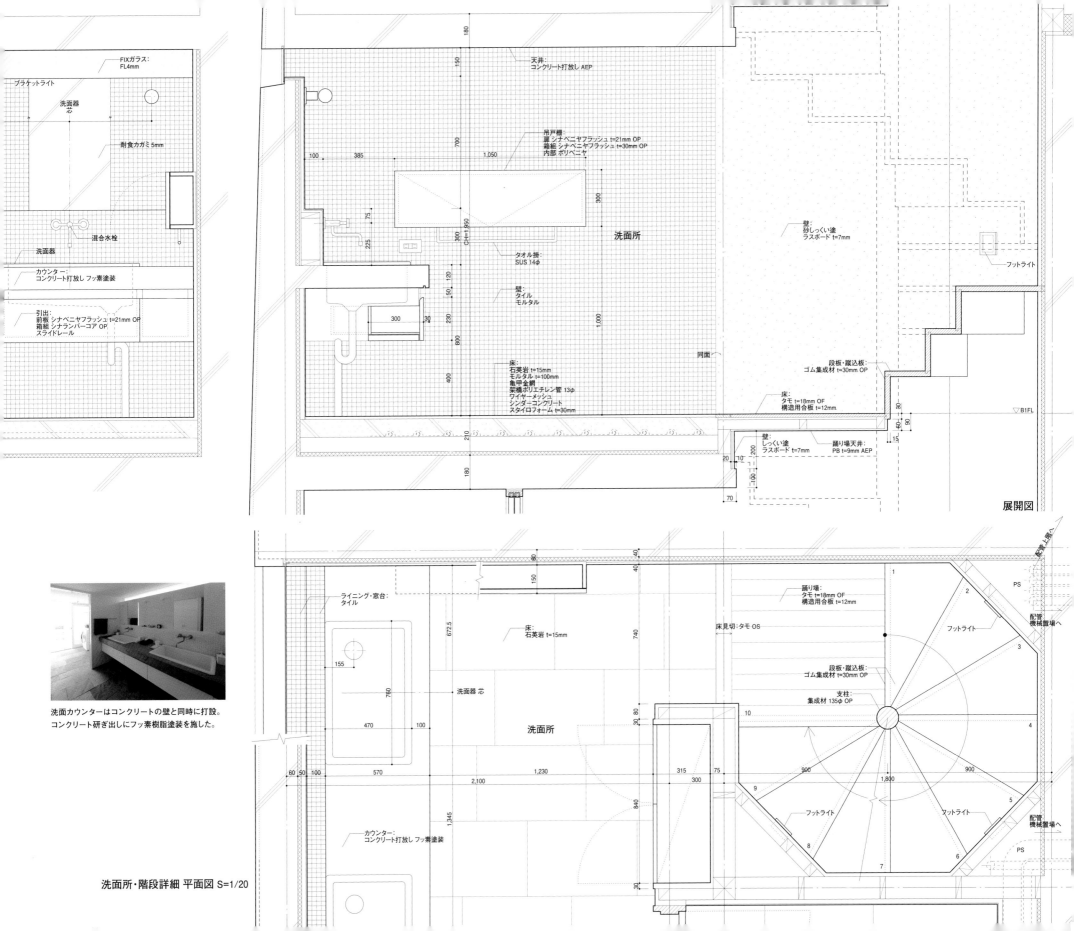

洗面カウンターはコンクリートの壁と同時に打設。
コンクリート研ぎ出しにフッ素樹脂塗装を施した。

洗面所・階段詳細 平面図 S=1/20

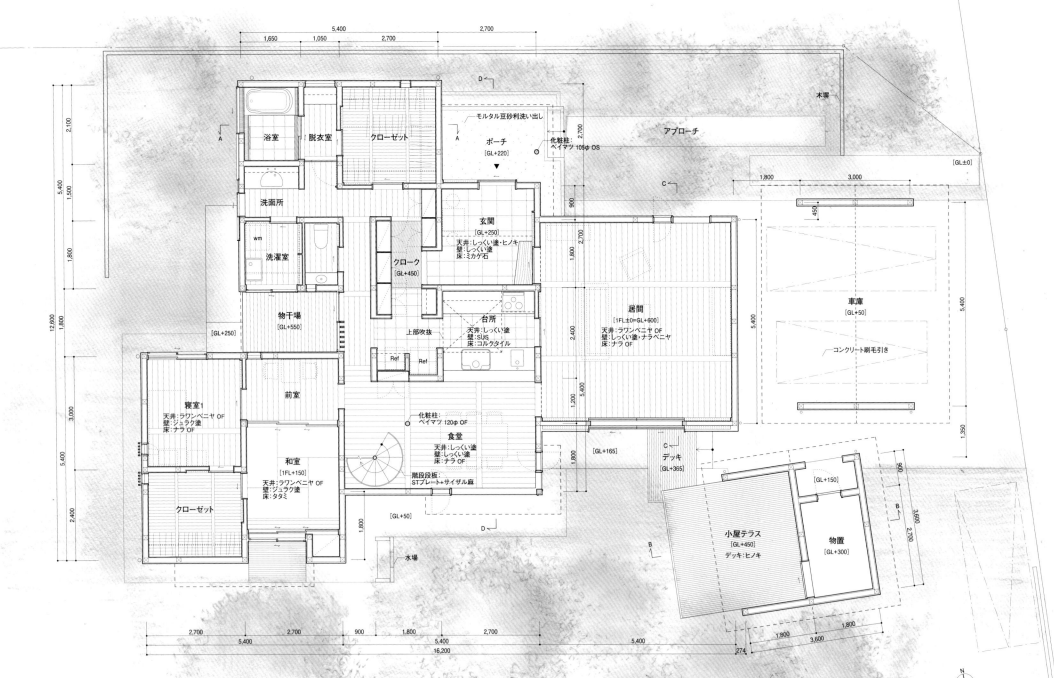

1階平面図 S=1/100

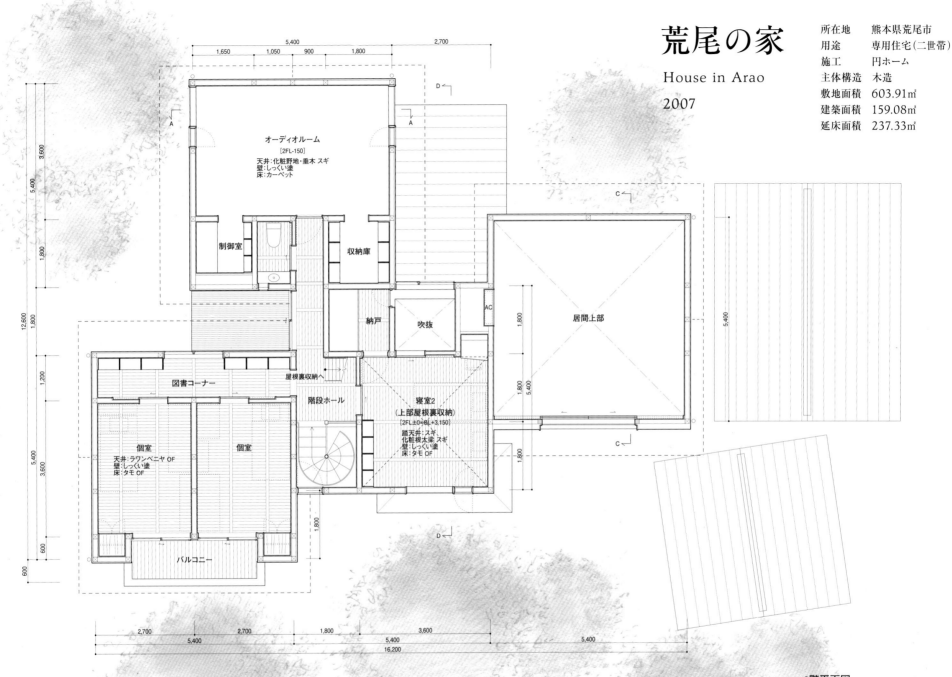

荒尾の家
House in Arao
2007

所在地　熊本県荒尾市
用途　　専用住宅（二世帯）
施工　　円ホーム
主体構造　木造
敷地面積　603.91㎡
建築面積　159.08㎡
延床面積　237.33㎡

2階平面図

3間角の正方形平面を四つ組み合わせたプランの二世帯住宅。それぞれに切妻屋根が架かる。家事動線と裏動線の快適性に特に注力し、台所や洗面・浴室は両世帯共有であることから、親世帯が使いやすい動線をまず考えて配置。洗濯室の隣に物干し場があり、その物干し場と台所も近接させている。玄関脇のクローゼットは子世帯の家族が共有で使うもので、浴室・脱衣室にも隣接させ、帰宅後や入浴時の着替えがスムーズに行えるように配慮している。離れのような雰囲気の小屋テラスは、建主が庭を楽しめるようにと設けたもの。外物置を一体化させている。2台分の車庫も併設し、地方の住宅に必要な機能を余すところなく満たしている。

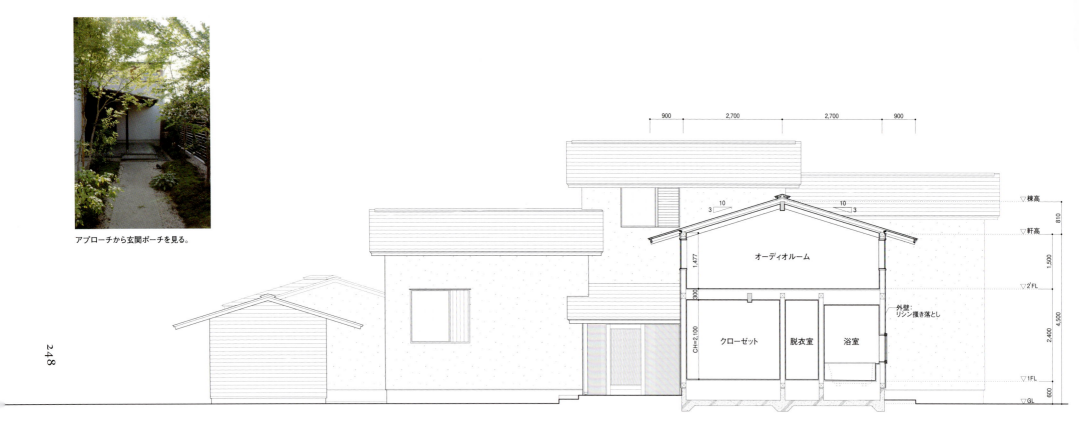

アプローチから玄関ポーチを見る。

A断面北立面図

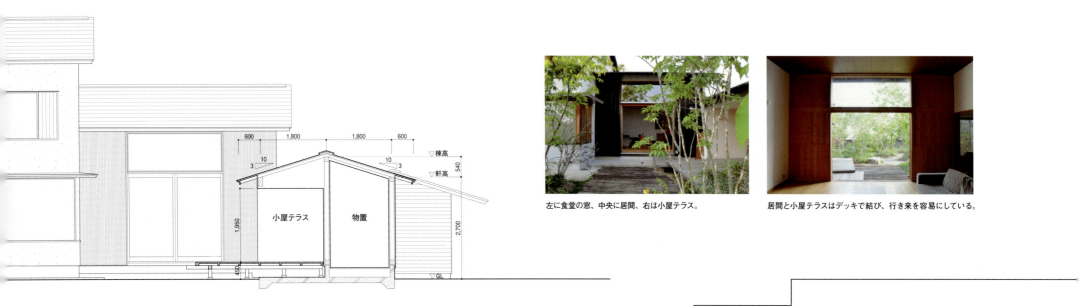

左に食堂の窓、中央に居間、右は小屋テラス。

居間と小屋テラスはデッキで結び、行き来を容易にしている。

B断面図 S=1/100

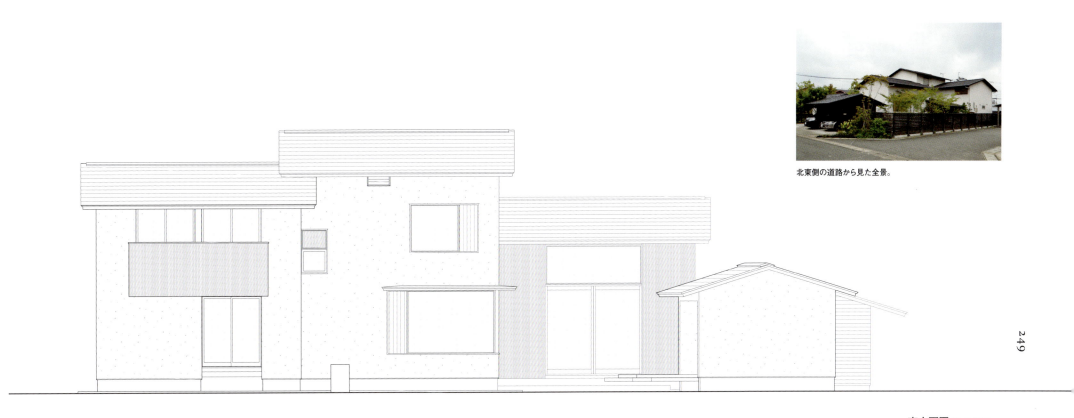

北東側の道路から見た全景。

南立面図 S=1/100

C断面図

D断面図

青葉台の家

House in Aobadai
2008

所在地　　神奈川県横浜市
用途　　　専用住宅（二世帯）
構造設計　山田憲明構造設計事務所
施工　　　深沢産業
造園　　　角田園
主体構造　RC造＋木造
敷地面積　517.74㎡
建築面積　161.76㎡
延床面積　406.82㎡

地下1階平面図

- オーディオルーム [B1FL±0=GL-2,800]
  天井：有孔ラワンベニヤOS
  壁：砂しっくい塗
  床：カーペット
- ドライエリア
- 物置
- クローク
- 地下玄関
- EVホール [B1FL±0]
- EV
- [B1FL+2,000]
- [B1FL+800]
- ドライエリア
- 車庫
- 地下アプローチ
- メーターBOX

1階平面図 S=1/100

- 居間1 [1FL±0=GL+400]
  天井：砂しっくい塗
  壁：砂しっくい塗
  床：ナラOS
- テラス [GL+50] 床：大谷石
- 水場
- 物干場
- クローゼット
- 寝室1 [1FL±0]
  天井：砂しっくい塗
  壁：砂しっくい塗
  床：ナラOS
- AC
- PS
- 台所1
- Ref
- EVホール [1FL±0]
- EV
- 浴室
- 洗面所
- wm
- パネルヒーター
- 玄関
- 納戸
- ポーチ
- 土間
- 和室 [1FL±0]
  天井：スギ
  壁：ジュラク塗
  床：タタミ
- [1FL+1,200]

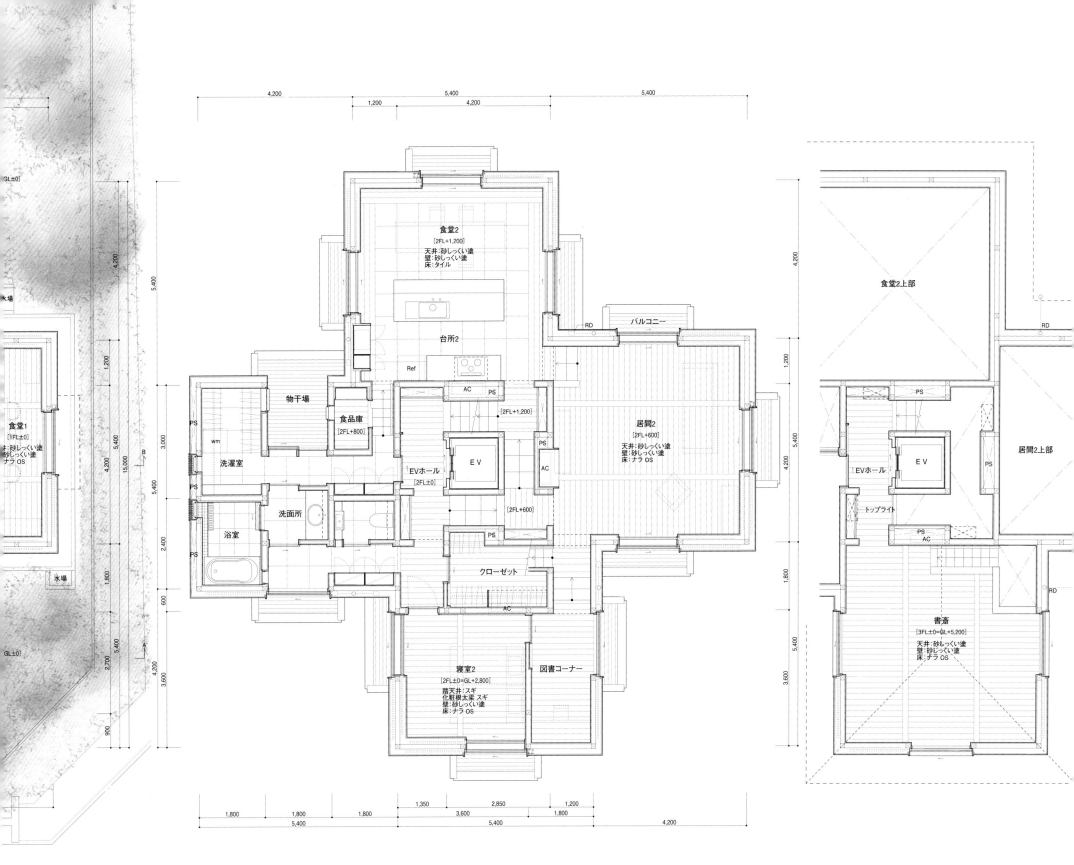

2階平面図　　　　　　　　　　　3階平面図

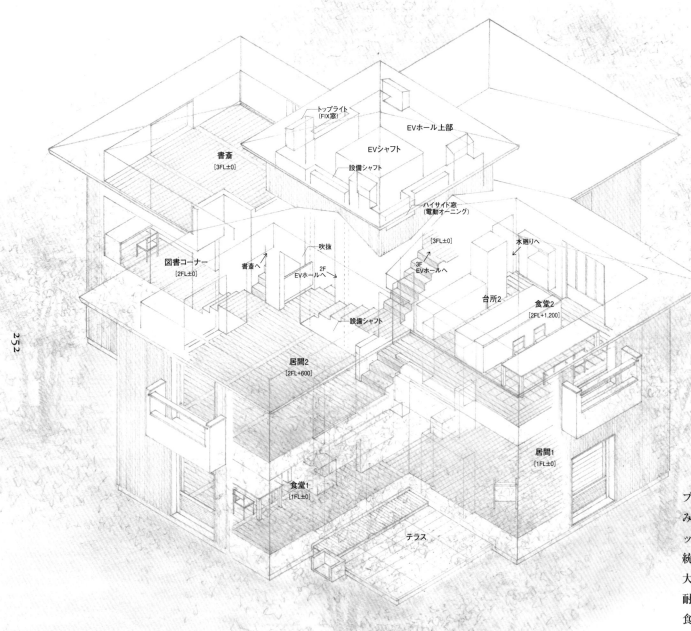

プランは3間角のブロックを、階段室を中心に卍形に組み合わせている。開口部と耐力壁の位置はすべてのブロックで揃え、内外の仕上げ材や開口部等のディテールも統一。そのことにより家全体に整然とした印象を与え、大きな家にありがちな"わかりにくさ"をなくし、かつ耐震性を向上させている。1階は親世帯の生活の場で、食堂、居間、寝室が段差なくフラットに続く。ただし、天井高はそれぞれ異なり、2階ではそれが床レベルの違いとなって現れる。2階の始まりは水まわりと寝室で、600mm上がって居間、さらに600mm上がって台所と食堂。これらをつなぐ階段室には、地下1階から地上3階まで貫く吹抜けを4カ所に設けている。この吹抜けはトップライトからの光を各層に落とすほか、空調や給排水などの設備シャフトとしての役割も担っている。

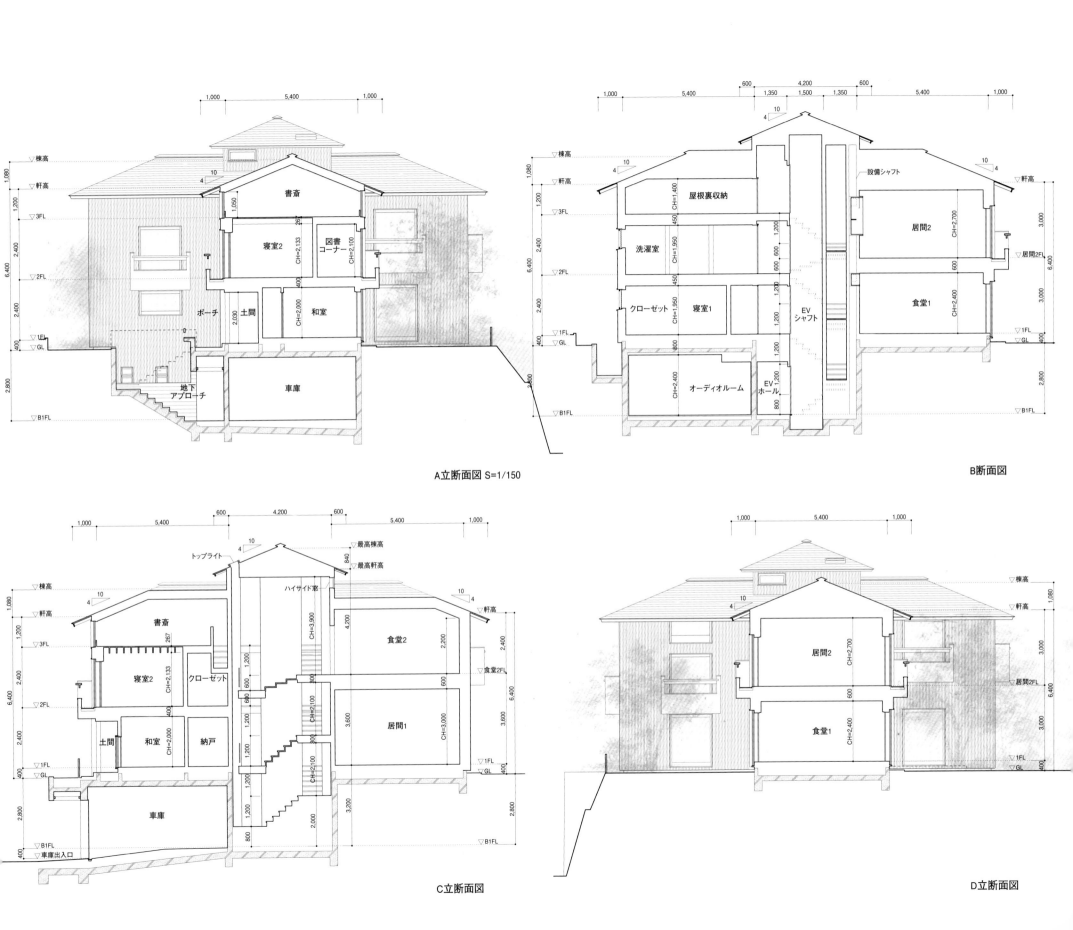

2階の食堂で簾戸を閉めた様子。

1階の居間で障子を閉めた様子。構造壁の内側と外側の壁をふかし、計3層の厚い壁によって建物を構成している。ふかした部分は引戸の戸袋や雨樋、給気口、電気設備配管等のスペースとして利用。壁の層が増えることで、壁の防水性能が高まる効果も期待している。

枠廻り詳細 平面図 S=1/10

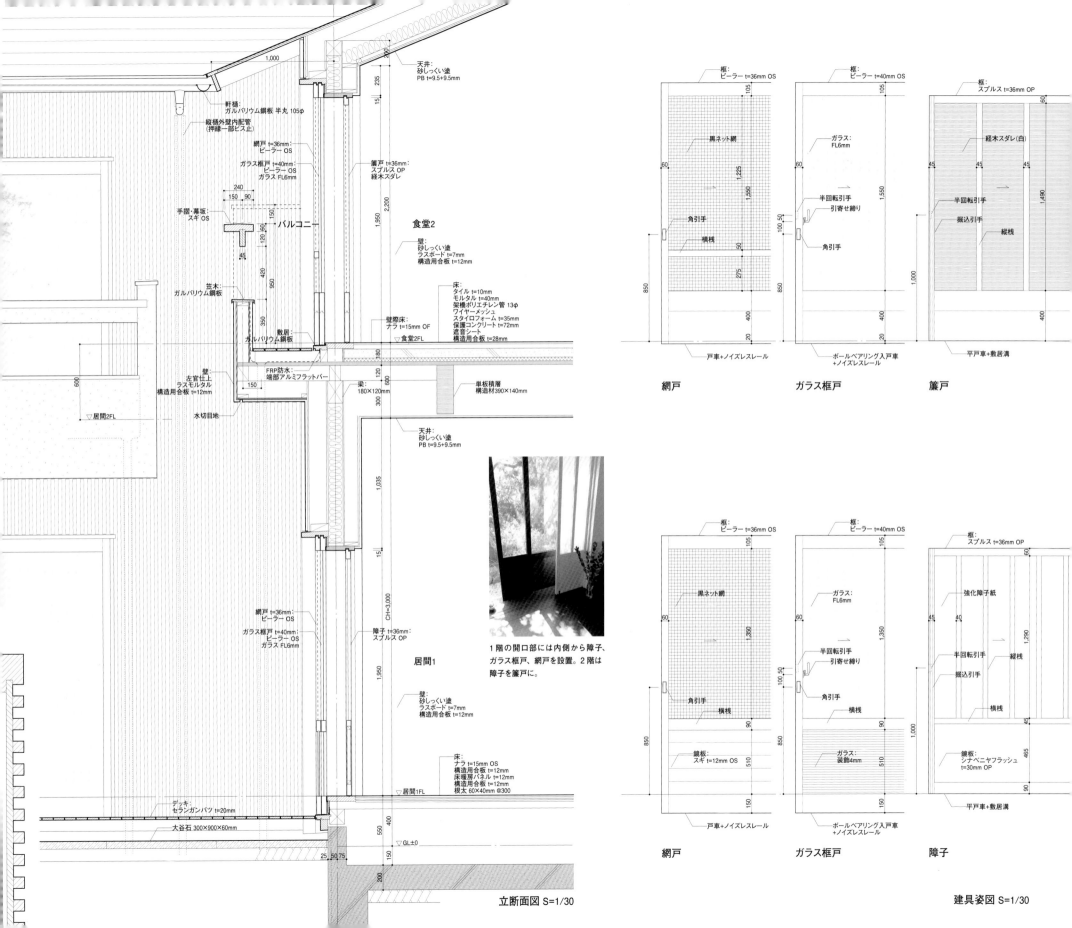

1階の開口部には内側から障子、ガラス框戸、網戸を設置。2階は障子を簾戸に。

立断面図 S=1/30

建具姿図 S=1/30

玉川学園の家
House in Tamagawagakuen
2008

所在地	東京都町田市
用途	専用住宅
施工	宮嶋工務店
造園	舘造園
主体構造	木造
敷地面積	161.91㎡
建築面積	61.19㎡
延床面積	112.60㎡

起伏のある緑豊かな住宅地、その丘陵の高いところに建つ家。南側は隣家の庭越しに遠くまでの眺望を得られる。明るく開放的な敷地環境から素直に設計を進め、北側に水まわりや物置、南側に食堂や寝室を配置している。北側の生活を支える裏方の床レベルを下げることで、道路側の圧迫感をやわらげ、レベル差によって出現した壁面に高窓を設けて2階の通風と採光を促している。一方の南側は、眺望のために食堂は地面より590mm持ち上げ、居間は食堂より290mm低くした。そして居間の床と同じレベルで屋外にテラスを張り出させ、食堂から庭までが高低差をもって連続するようにし、地面と一体となった生活が可能なように配慮している。

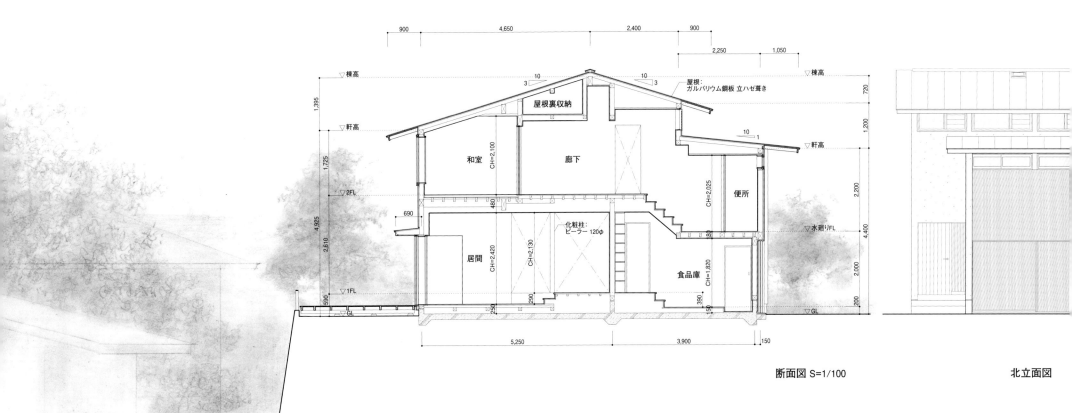

断面図 S=1/100　　　　　　　　　北立面図

北側外観。黒い木製引戸を開けたところが車庫・外物置で、バイクや自転車などが入っている。

1階の食堂は地面より590mm持ち上げて、南側に開ける景色を望めるようにした。

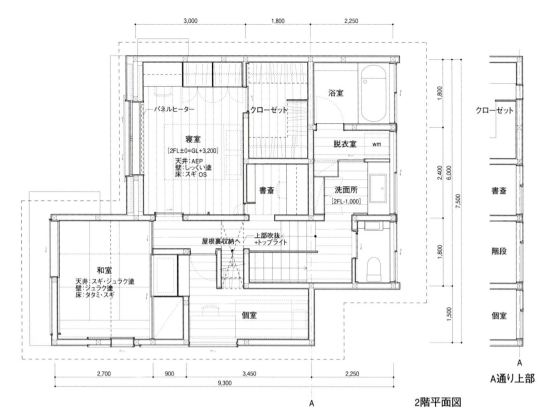

2階平面図

A通り上部

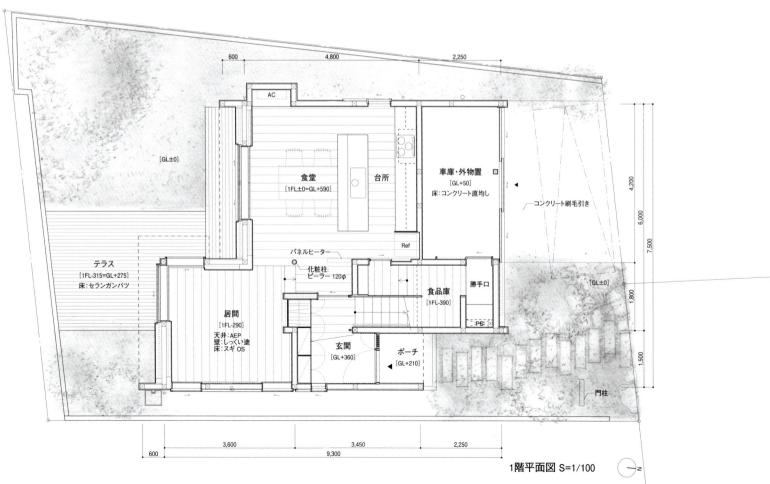

1階平面図 S=1/100

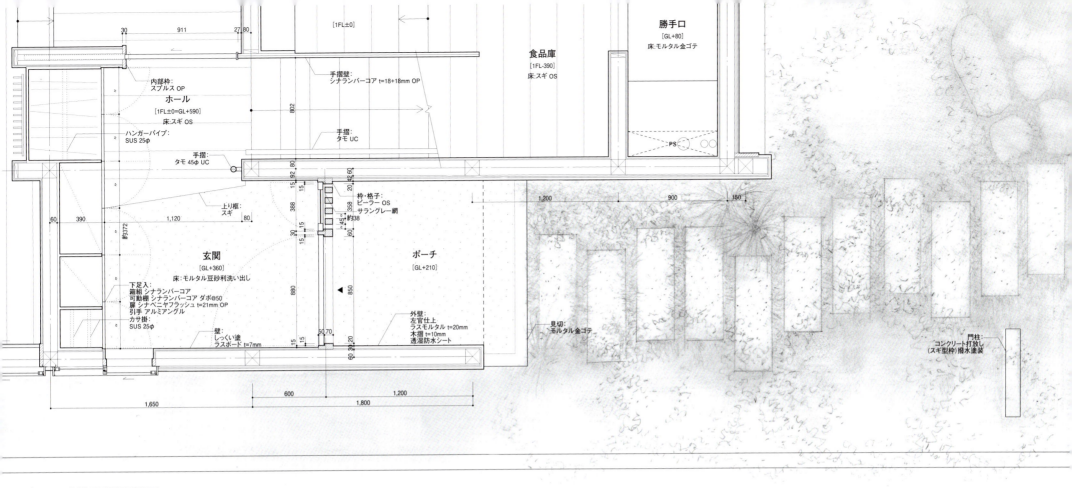

アプローチ・玄関廻り平面詳細図 S=1/30

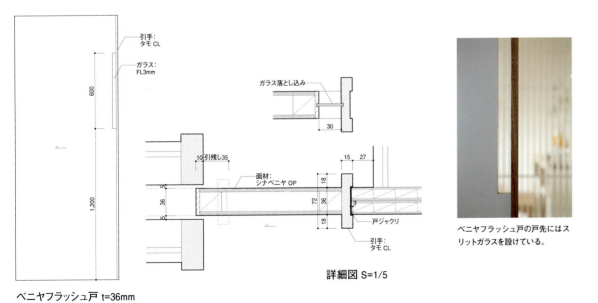

ベニヤフラッシュ戸 t=36mm

ホール引戸姿図 S=1/30

詳細図 S=1/5

ベニヤフラッシュ戸の戸先にはスリットガラスを設けている。

ガラス框戸　縁甲板フラッシュ戸

玄関扉姿図（玄関側より）S=1/30

北側の玄関。玄関扉の横のガラス框戸の外側には格子を設置。格子と格子の間には網を貼り、ガラス框戸を開けて通風できるようにしてある。

仰ぎ見ること

堀部安嗣

　知りたいと思っても、相手がはるか遠く高いところにいるので決してわかることができない。

　わかることはできないとわかっていても、魅力的に存在しているから知りたくなる。

　人は古来、この好奇心と探究心によって多くの思想や芸術をつくりあげてきた。ここが科学との違いである。わかってしまいたくないという気持ちが知りたい気持ちの裏側にいつも存在している。

　今、建築は不自由だ。芸術的な側面と科学的な側面を同じぐらい持ち合わせているけれど、多くの場合は"わかる"ことが求められる。芸術的な側面は置き去りになり、科学的な側面が重視されてゆく。"そんなことはない"と思いつつも、世の中が建築に期待することの大半が科学的になっているから、知らず知らずの間にその求められていることに忠実に応える癖がついてしまっている。"わからない"とは言えなくなっている。

　建築ははたして進歩しているのだろうか。その問いに関して私は、科学的には進歩しているかもしれないけれど、芸術的には後退している、と答える。

　富士山が世界遺産に登録された。"信仰の対象と芸術の源泉"という文化遺産としての登録だ。古くから聖なる山として崇められ、日本人独特の山岳信仰が生まれ、そして文化面においてもなくてはならない、日本の芸術や思想の源泉になっていることによる評価は、われわれ日本人にとってまったく合点のゆくものだ。

　富士山への信仰の心や富士山を描く時の気持ちは、"仰ぎ見る"という畏敬の思いである。はるか遠く高いところに存在し、手を伸ばしても絶対に届かない、崇高な美しいもの。

　その仰ぎ見る日本人の気持ちの純粋さや透明感のようなものが、数々の文化の源にあるように思う。かつては富士山に登った人がほとんどおらず、人々は遠くから正体のわからない富士山を眺めていたからこそ、その気持ちを抱いた。時代は変わり、富士山に簡単に近づくことや登頂することができるようになった。そして実際に近づいてみると、眺めていた時とはまったく様相の違う殺風景さにびっくりした人が大勢いたのではないだろうか。

　ここが、私が富士山をとても哲学的で、人に対して深い示唆を与える奥深い山だと思う理由だ。遠くで人が仰ぎ見ている時には美しい姿を見せ、しかし、その正体をわかろうとして物理的に近づいたり征服したりしようとすると姿を変え、人に警告を与えているように思える。麓には一度入ったら抜け出せない樹海も存在する、恐ろしい山だ。

　様々なことが科学的に解明されてきた現代にあっても、依然としてわかろうと思ってもわからないのが"自然"なのではないだろうか。わかろうとすることは大切だと思うけれど、どんなに科学的な技術を駆使しても決してわかるものではないという認識をもち、自然の前に屈する覚悟と準備が必要なのではないだろうか。

　わかることを目的にして急ぐのではなく、わからないことをずっとわかろうとして、でもわからないまま。そんな人の気持ちの状態を肯定したい。人々がみなそのことを肯定できるのであれば、建築はもっと自由で穏やかでいられるような気がする。

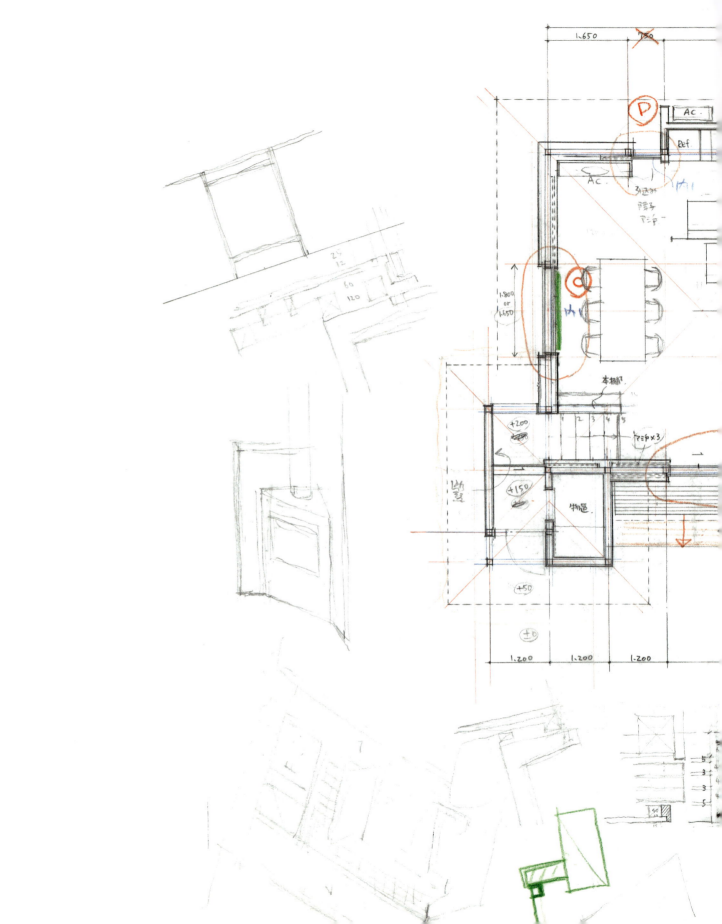

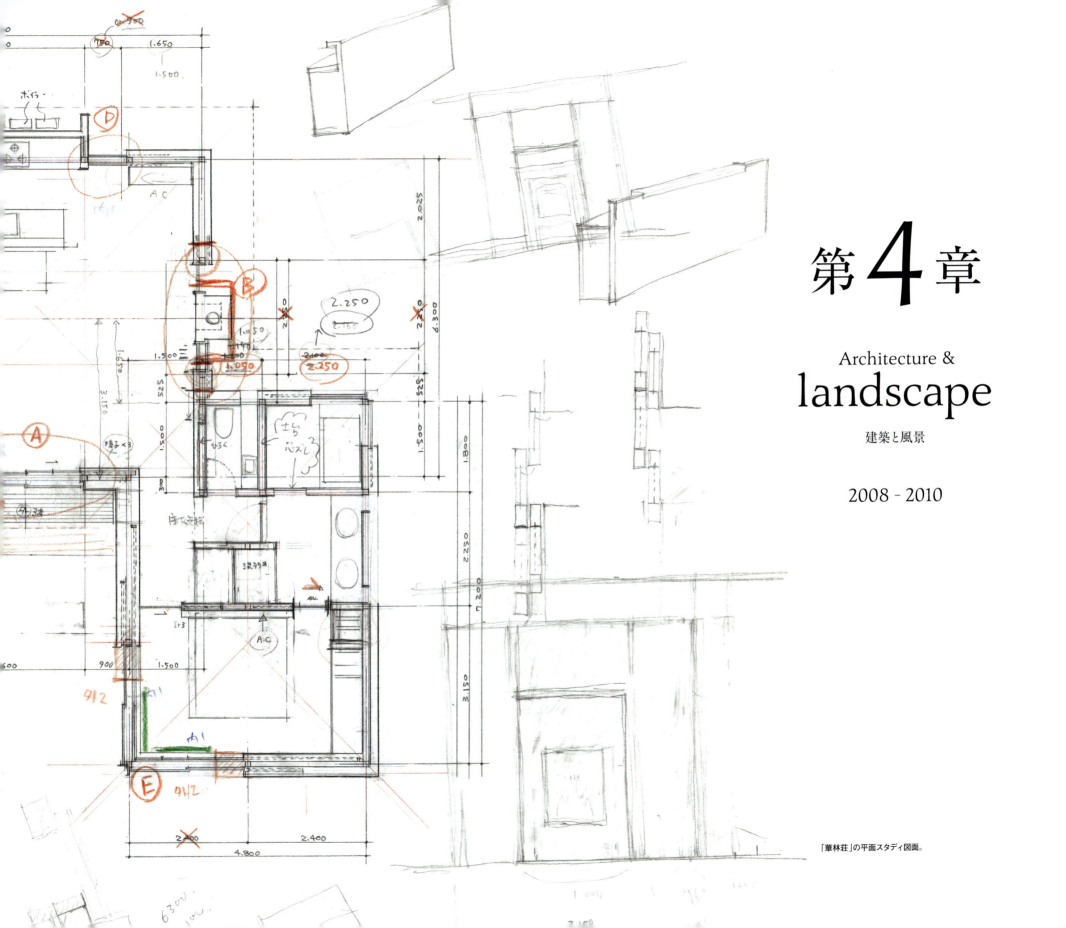

第4章

Architecture &
landscape

建築と風景

2008 - 2010

「華林荘」の平面スタディ図面。

KEYAKI GARDEN

2008

今から12年ほど前に「玉川田園調布共同住宅」が竣工し、7年ほど前に「KEYAKI GARDEN」が竣工した。2軒は同じ通り沿いにある。同じ賃貸の集合住宅だが、前者はギャラリー（現在は育児施設）とオフィスが併設され、後者は貸店舗が併設されており、"食"に関わる店舗が営業している。かつてここに立っていた大きなケヤキの木を移植し、その根元に庭をつくった。今では街の人々や通りを行き交う人の憩いの場としてすっかり定着しているようだ。

外観夜景。 道路からは木立の向こうに店舗や住居の灯りが見える。

左上：3階のホールより、この建物のシンボルであるケヤキの大木を見下ろす。右上：敷地内の塀に造り付けたベンチは、バスを待つ人に利用されている。左下：3階のホールはハイサイドライトやトップライトからの光が落ちる。右下：住居Cの内観。右ページ左上：3階のホール。正面には枝を大きく広げたケヤキ。左下：ケヤキと建物がほどよい関係で共存している。右：2階のホールから共用廊下を見る。壁や床に映し出される木の葉の影が、自然を増幅して感じさせる。

左ページ:「KEYAKI GARDEN」の東側外観。右:「玉川田園調布共同住宅」(p.134 参照)は同じ通り沿いに建っている。

左ページ:「玉川田園調布共同住宅」の中庭。左上:「玉川田園調布共同住宅」の地下1階のゲストルーム。現在はオフィスとして使われている。右上:地下1階のギャラリー。現在は育児施設として使われている。左下:設計中のスケッチ。右下:外壁のせっき質タイルはハンドメイドで、1枚ずつ色とテクスチャーが違う。

玉川上水の家

House in Tamagawajosui 2008

この家のメインの木製窓は、敷地から最も玉川上水のケヤキ並木を見通せる場所に、印象的に風景を切り取る角度と大きさを考慮して設けている。その窓のあり方からこの建物の骨格とプランが成り立っている。街から見ると、その窓はこの建物の"目"のように見える。親世帯が3階に、子世帯が2階に住んでいる。プランはほぼ同じだが、使い方の違いによってそれぞれの個性が表れているのが楽しい。

緑道から見た北東側の外観。2階と3階の開口部の位置と大きさは揃えている。

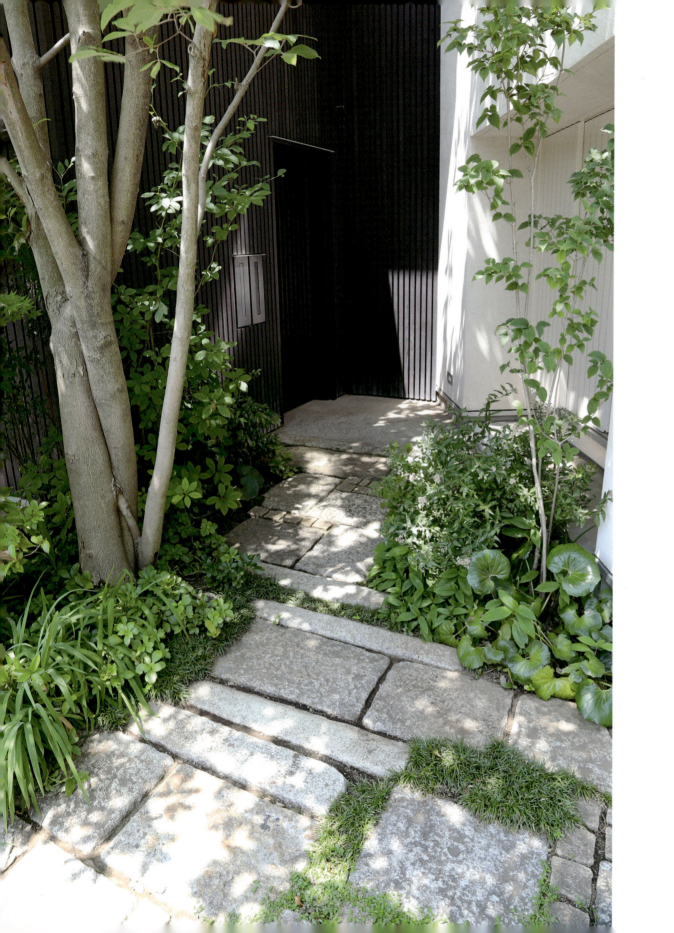

左ページ：玄関は道路からやや奥に位置する。
左：アプローチ側に設けた2階の広間の窓。
中：3階の台所。右：2階のホール。外には
ベランダが続く。

左：3階の広間全景。屋根の勾配が天井に表れる。緑道を望む大開口部は、中央はガラスはめ殺し、左右に通風のための開き窓を設けている。右：2階の広間。2階と3階のプランはほぼ共通だが、こちらは天井がフラット。また、鉄製の独立柱がある。

ひたち野うしくの家

House in Hitachino-ushiku 2008

郊外の規則正しく家が建ち並ぶ街の一角にある。その整然とした街の印象が建物の中にそのまま入ってきたように、ものも少なく静かな状態で住んでいる。窓は景色を取り込むというより、光と風を取り込む役割に徹し、その窓の仕組みがこの建物の骨格をつくっている。この骨格の効果なのか、この家はどこまでも行き止まりがなく、無限に続いてゆく感じがする。

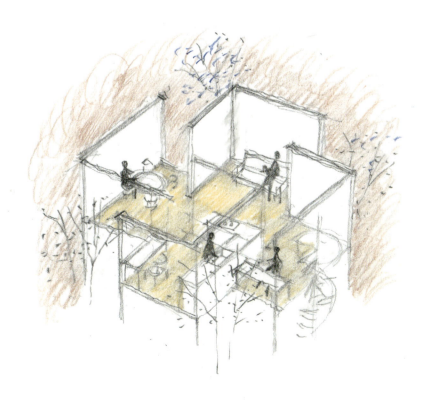

左：2階の居間から食堂を見る。右：設計段階でのイメージスケッチ。

左ページ：前面道路から見た北東側の外観。
右：食堂から居間を見る。窓は壁と壁の間に単純な木製フレームを設け、はめ殺しガラスと開き窓を入れている。建物の成り立ちからシンプルに導いた光が主役となる、静かな世界が広がる。

大美野の家

House in Omino 2009

自分だけの家ではなく、家のあり方を外部に開いてゆきたいと建主から希望があった。その期待に応えようと設計した家の表情は、おおらかで包容力が生まれてきているように感じた。かつてこの場所には建主の祖母の家があった。家は取り壊したが、庭にあった古い梅の木や松の木を残し、それらは世代を超えてこの場所と生活を見守り続けている。

左：スケッチ。母屋と離れは敷地の高低差に沿って建っている。右：食堂から中庭を介して離れを見る。左手に見えるのが古い梅の木。

食堂から居間を見る。左手の白い壁の裏に台所がある。台所の上は勉強室。

左上：食堂の隣のテラス。離れとの行き来の際はここが出入り口となる。右上：西側から見た全景。左下：離れは軒高を抑えた、身体に親密なスケール。来客を迎え入れる門屋のような機能をもたせている。右下：離れは母屋や中庭のプライバシーを適度に守る塀としての役割も担う。

信州中野の家

House in Shinshunakano 2009

もともとあった古い蔵との関係をどう考えてゆくか、というところから計画が始まった。その蔵も竣工後、改装により生まれ変わり、今は木工作家である建主のギャラリーとして活用されている。のどかな田園風景の中、住まいと仕事場が併設された小さな集落のような建物に二世帯が暮らしている。この地の冬は積雪が多く寒い。しかし、長い下屋や蓄熱暖房機が有効に機能し、厳しい冬期も快適だと聞いている。

中庭の南側から見た全景。左から木加工場、
住居、既存蔵。

左：住居の2階から中庭を介してアトリエを見下ろす。右ページ：左手に木加工場、右手にアトリエの出入り口。正面奥に見えるのは蔵。

左上：南側道路から見た外観。左手にアトリエ、右手に蔵、奥に住居。右上：アトリエの内観。左下：住居2階の図書室。右手に広間。右下：木加工場の内観。

左：アトリエの作業机に置かれた木工作品の型。右：アトリエからは中庭で遊ぶ子供たちの姿や住居での家族の様子が自然と目に入る。

軽井沢の家 II

House in Karuizawa II 2010

この建物の成り立ちは、この独特の地形が決めたといってもいい。鯨の背中のような地形に逆らわないように、尾根に合わせて三つの棟をつないでいる。建主のほぼ唯一の希望は囲炉裏だった。囲炉裏と暖炉を合体させた"火の場所"を建物の中心に据えた建築は、本能的な人の居場所を喚起させるように思う。広い別荘であるが、その広さを感じさせないぐらいに隅々まで使いこなして住んでいる。

南側からの外観見上げ。三つの正方形平面を鎖がつながるように配置している。中央の棟は45度の角度に振り、その上階に広間を設けている。

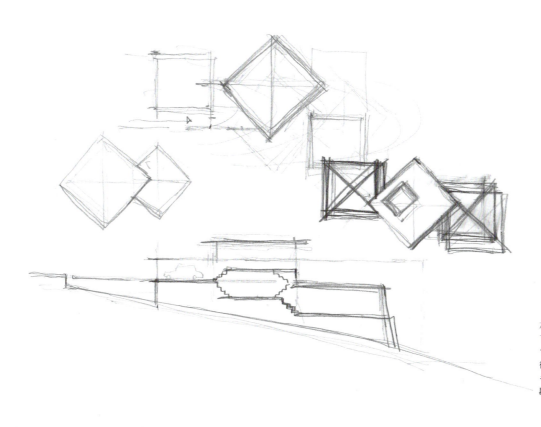

左ページ：暖炉コーナーでは、床に腰を直に下ろして火を楽しむ。上左：広間は建物の中で一番高いレベルにあり、開放感と浮揚感が得られる。上右：敷地の高低差に合わせてスキップ状に展開する各フロアをつなぐ廻り階段。下：設計中のイメージスケッチ。

左ページ：中テラスから北テラスを見る。
左上：図書コーナー。右上：アトリエの流し
台に飾られた小物。左下：アトリエの開口部
は光の穏やかな北側に設けている。右下：ゲ
ストルーム。

左ページ：広間のコーナー窓では周囲の緑との一体感を味わえる。窓台の下にはパネルヒーターを設置している。右：西側外観。

蓼科の家

House in Tateshina 2010

彫りの深い窓。囲まれた安心感。ソリッドな構造。どこか太古の動物の"巣"を連想させる。この家の中心から眺める風景はトンネルの先の風景のように印象深く、様々な光の変化を楽しむことができるように思う。改めて単一の素材でできた建築の魅力を感じるとともに、原初的な建築を考える上でのヒントを今、与えてくれる家になっている。

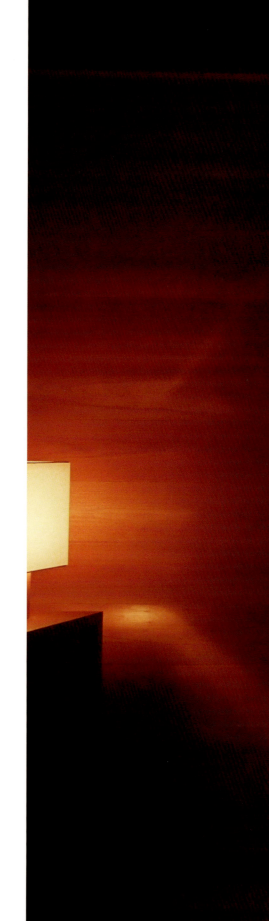

広間から西の間を介して外を見る。開口部で切り取られた風景が強く印象に残る。

左上：西側の外観。右上：東の間。左下：軒の出を見上げる。右下：控えめな玄関ポーチ。右：南テラス越しに南面を見る。手前の石塀は鉄平石を積んだもの。外壁はスギ板の上にスギの押縁を打ち付けている。

302

左:広間から南テラスを見る。外から入る光を、室内の壁や床に用いたサワラがやわらかく受けとめている。右上:敷地周辺の風景。右下:家事室から個室を見る。開く場所と閉じる場所が明確に分かれている。

左ページ：台所に隣接する東の間は食堂として利用されている。左上：季節や天候によって、室内に取り込まれる光は毎日変わる。右上：2階の階段ホール。奥に図書コーナー。左下：2階東側の個室から西側の個室を見る。右下：個室から西ベランダ越しに浴室方向を見る。小さな廻り階段を設けている。

屋久島メッセンジャー

Yakushima Messenger 2010

屋久島の雄大な自然に抱かれるように建っている。アウトドア用品や土産物の販売、観光ツアーの基地としてつくられた。空港に近い便利なところにあるので、多くの観光客やツアー客が訪れているようだ。竣工後、地元の人から「島にあるどんな建物よりも、ずっと前から建っていたみたいだ」との言葉を聞いた時は、自分の意図したことが伝わったようで嬉しかった。なるべく島で採れる材料を使い、島の素朴な技術でつくっている。

左：この建物の構成を活かし、発展させた宿泊施設のアイデアスケッチ。右：母屋から中庭を挟んで離れを見る。

左上：母屋は店舗として使われている。右上：中庭。左下：左が母屋、右が離れ。塀と中庭の床石は島で産出される頁石(けつせき)を採用。右下：道路より南西面を見る。右ページ：全景。石塀の上に木造の屋根がのる。

建主の随想「玉川田園調布共同住宅」「KEYAKI GARDEN」

時の試練に耐え、美しく年月を重ねる建築

木下壽子（有限会社コミュニティー・ハウジング代表取締役）

堀部安嗣さんとはじめてお会いしたのは、今から15年ほど前だったと記憶しています。それはちょうど私がイギリス留学から帰国し、20世紀のモダンハウスを特集する雑誌の監修の仕事をしていた頃で、「よい住宅とは何か？」ということを、20世紀の名住宅の取材を通して考えていた時期でした。

当時、雑誌やオープンハウスなどで拝見する若い建築家たちの住宅に違和感を覚えていた中で目にとまったのが、堀部さんが設計した住宅でした。一見、簡素で普通でありながら、詩的で、静寂を感じさせる空間。私が大好きなルイス・カーンやルイス・バラガンの住宅、あるいはデンマークのモダンハウスに共通する「何か」を感じました。

それは、一過性のスタイルとは違う、普遍的な「何か」。

偶然、友人を通して堀部さんを紹介していただく機会があり、夕食をご一緒しました。その頃、堀部さんはまだマンションの一室で、ひとり手描きで図面を引いておられました。

その後、私は会社を立ち上げ、世田谷区玉川田園調布に小さな集合住宅（「玉川田園調布共同住宅」。現「アビターレ玉川田園調布」）を企画する機会を得た時、設計者として真っ先に頭に浮かんだのが堀部さんでした。

堀部さんにお願いしたのは、「時の試練に耐え、美しく年月を重ねる建築」を設計してほしいということ。それまで建築史の研究をしていて不動産の事業計画なるものをよく理解していなかった私と、はじめて集合住宅を設計する堀部さん。純粋に、普遍的で美しく長く愛される集合住宅をつくるという目的に向かっての共同作業は、実に楽しいものでした。

5年後、同じ通り沿いにもう1軒、集合住宅を企画することになりました。完成後に「KEYAKI GARDEN」と名づけた、4戸の店舗と6戸の賃貸住宅から構成される集合住宅です。

この時も迷わず設計は堀部さんに依頼しました。しかし、ほぼ最初の提案でゴーサインを出した「アビターレ玉川田園調布」の時とは異なり、2作目は堀部さんにとって「産みの苦しみ」を味わったプロジェクトだったかもしれません。

堀部さんから最初にいただいた案は、事業計画の条件を満たしていませんでした。2番目の案は確かに事業計画の条件をほぼ満たし、堀部さんのよさが随所に見られる設計でした。しかし、堀部さんの建築に見られる「何も足さない、何も引かない」完成度が、そこには感じられませんでした。正直に、全体として納得のいく案ではないと堀部さんに伝えた時、「事業計画の条件は満たしている。これ以上はできない」という、意外な言葉が返ってきました。内心、「堀部さんなら、もっと完成度の高いものが絶対できる！」と確信していましたが、堀部さんを信じ、提案を受け入れることにしました。

ところが、実施設計に入って間もなくだったと思います。堀部さんから「もう一度、最初から設計をやり直したい」という申し出がありました。「納得のいく案にたどり着くまでにどれくらい時間がかかるかわからない」ともおっしゃいました。通常、こうした不動産事業は時間との闘いでもありますが、私は、堀部さんと私が納得のいく案にたどり着くまで待つことが、このプロジェクトの長い未来を考えた時、正しい選択であると確信していました。

数カ月後、堀部さんが新たな案を携えてやってきました。お互いに「これだ！」と思える、素晴らしい案でした。それが現在の「KEYAKI GARDEN」です。

この約10年の間、私の会社は日々、同じ通り沿いに建てられた堀部さん設計の二つの集合住宅を管理しています。詩的で、静寂を感じさせる美しい空間で日常を過ごせることを幸せに思います。ここに暮らし、商売を営む方々のみならず、近隣の人々からも愛されていると感じる時、この二つの集合住宅は私の当初の願い通り、時の試練に耐え、美しく年月を重ねていってくれるに違いないという思いを強くします。建築は、普遍的で優れたデザインと、その空間をこよなく愛する使い手、そして日々の手入れが一体となって、はじめて時の試練に耐えることができます。堀部さんが設計してくださった二つの建築を愛情をこめて維持・管理し、継承していくことが私の役目だと思っています。

建主の随想「蓼科の家」

私を仰天させた設計の「答え」に至るプロセス

中村勇吾（インターフェースデザイナー）

　蓼科にある義父の別荘が老朽化し、新たに建てなおそうということになり、インターネットで漠然と建築家を検索していた最中、「堀部安嗣」に辿り着きました。「名前がかっこいいわね」といった家族の賛同が得られたこともあり、当時ちょうど発売されたばかりの作品集『堀部安嗣の建築』を取り寄せて拝見したところ、この作品集に一気に引き込まれ、心奪われました。

　それぞれの作品が素晴らしかったことはもちろんですが、なにより堀部さんご自身の文章に強く惹かれました。建築に対してどこまでも真摯に向き合う堀部さんの姿勢に、同じくデザインを生業としている私自身のなまぬるい仕事観が静かに叱咤されているような気持ちになりました。「この方にお願いするしかない」と早々に心に決め、文京区の事務所を訪問しました。

　穴ぐらのような事務所ではじめてお会いした堀部さんは、建築や文章における印象と違わず、静かで内省的な雰囲気を湛えた方でした。少し緊張しながらも作品集の感想などを伝え、「もう、すぐにでもお願いしたいんです」と意気込む私に対し、堀部さんは静かに話しはじめました。

　「いえ、住宅をつくるということは、これから非常に長いお付き合いをさせていただくということですから、すぐにお仕事をお請けすることはできません。その前段階として、お互いを理解するための、いわゆる『お見合い』の期間を設けさせていただいています。まずは私の実作などを見学していただきながら、ゆっくりと話を深めていければ……」

　なるほど、そうですか……と頷きながらも、実はかくかくしかじかの事情で完成を急いでいることを強く訴えました。さらに「で、その『お見合い』を経て、実際に堀部さんにお願いできたとしたら、設計から竣工までどれぐらいの期間かかりそうですかね?」と伺ったところ、堀部さんはじっとこちらを見つめながら、こう答えました。

　「それもお約束はできないんですね。すぐに『答え』が見つかれば、比較的短期間でつくれることもありますが、その『答え』が見つからなければ、私はずっと探し続けますから。場合によっては2年以上かかってしまうかもしれません。それでもよろしければ……」

　これには正直、面食らいました。これ、なかなか言えることではありませんよね。「こんなにフワフワなスケジュール感があろうか!」という呆れと、「こんなに自分のプロセスに忠実な人が本当にいるのか!」という感動が、ほぼ同時に湧き起こりました。うーん、と2、3秒ほど激しく逡巡しましたが、結局、感動のほうが勝ってしまいました。スケジュールの不安感を押しのけて、「この人の仕事のやり方をもっと見てみたい」という気持ちのほうが盛り上がってしまったんですね。

　その後はもう必死に「堀部さん、僕、わかってますよ、もう大丈夫ですよ」とアピール作戦を決行し、大急ぎで「お見合い」期間を完了させていただきました。こちらの要望をお伝えし、基本設計に入っていただいたその後、ぷつりと連絡が途絶えてから数カ月後のある日、突然に「答え、見つかりました」とのご連絡が。事務所に伺うと、超精巧な木組みの模型がドン、といきなり提示されました。「なんかこう、できた！ って感じがしてるんですよね」と笑う堀部さん。その木組みの模型がほぼ完璧に「答え」っぽいオーラを放っていたのと、実はけっこう笑う堀部さんに驚いたのとで、ほとんどそのままの案で詳細設計に入り、複雑な施工も迅速に進行し、結果1年半強ほどの期間で無事竣工に至りました。おそらくこれは、こちらのわがままに相当無理をしていただいたケースなのではないかと思います。

　毎年、蓼科の別荘を訪れるたびに、ああ、あのとき堀部さんがおっしゃっていた「答え」の中に、今、過ごしているのだな、という感慨に陥ります。建築の中に住む、ということは、ひとりの建築家の思考やプロセスにずっと包囲され続けるということなのだな、とつくづく実感しています。空間に時間が染み込んでいく、とはよく聞きますが、全く同様に、設計から竣工に至るまで堀部さんとやりとりした様々な記憶が空間の中に染み込んでいるように感じます。はじめての出会いで私を仰天させた、堀部さんの「答え」に至るプロセスへの執念は、その後の住まい手に図らずも与えてしまう「記憶」に対する、なんらかの事前応答でもあったのかもしれません。

KEYAKI GARDEN

2008

所在地	東京都世田谷区
用途	共同住宅・店舗
構造設計	山田憲明構造設計事務所
設備設計	yamada machinery office
施工	奥村組
造園	小松造園
主体構造	RC造
敷地面積	495.96㎡
建築面積	290.79㎡
延床面積	738.25㎡

店舗併用の集合住宅で、1階に店舗スペースが4戸、2階と3階に賃貸住宅が6戸入る。敷地は「玉川田園調布共同住宅」(p.134参照)の2軒隣にある。前面道路が都市計画道路に指定されているので、建物は5mセットバックさせた。それによって道路側に生まれたスペースを前庭として植栽で彩るだけでなく、長年この地にあった大きなケヤキの木を移植してシンボルにしている。住戸プランは3タイプ。建物の耐震コアとして機能する壁に囲まれ、南面の開口部をもつフラットなプラン(住戸A、F)、東西に開口部をもつメゾネット型のプラン(住戸B、C、D)、必要な要素をコンパクトにまとめた北側のフラットなプラン(住戸E)となっている。南側の住戸以外はメインスペースの床を土間とし、共用廊下と一体感をもたせている。

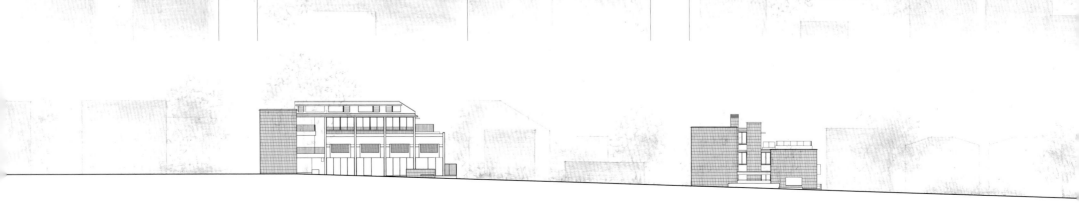

配置図 S=1/500

立面図 S=1/500

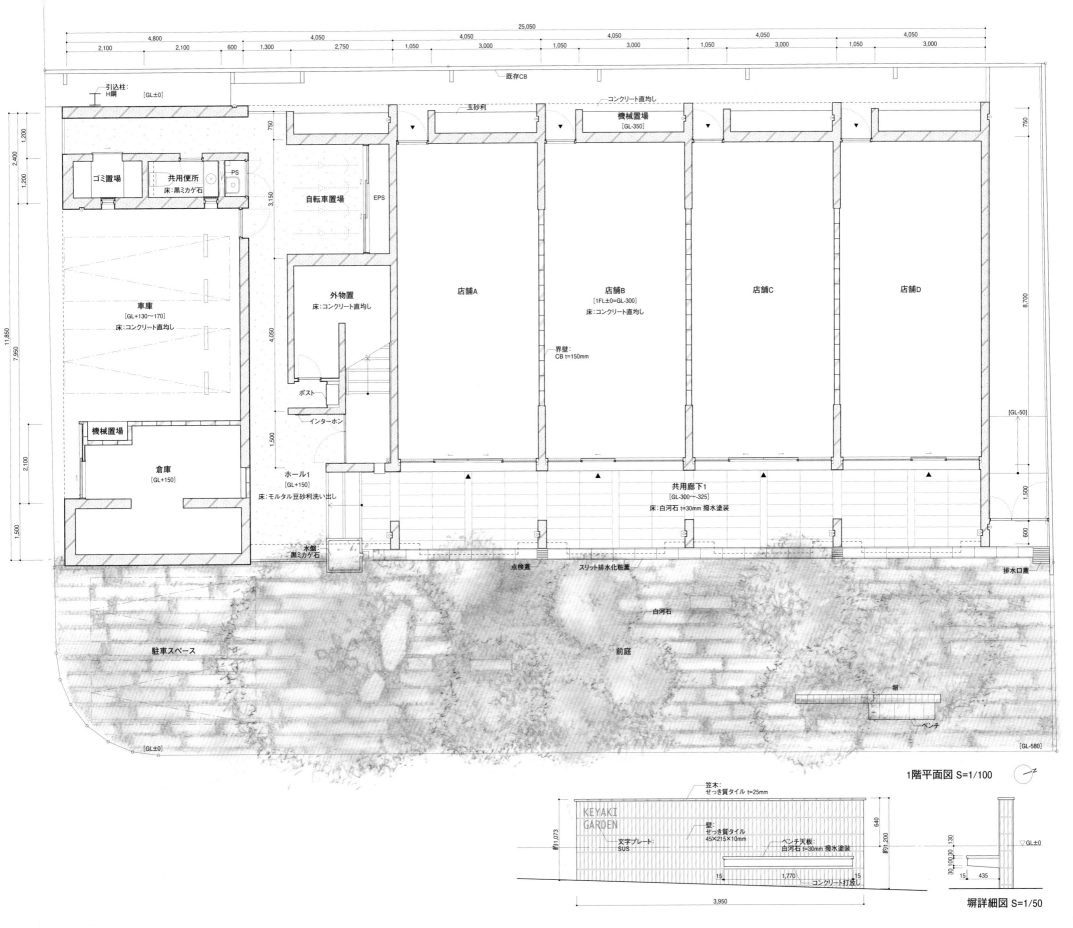

1階平面図 S=1/100

塀詳細図 S=1/50

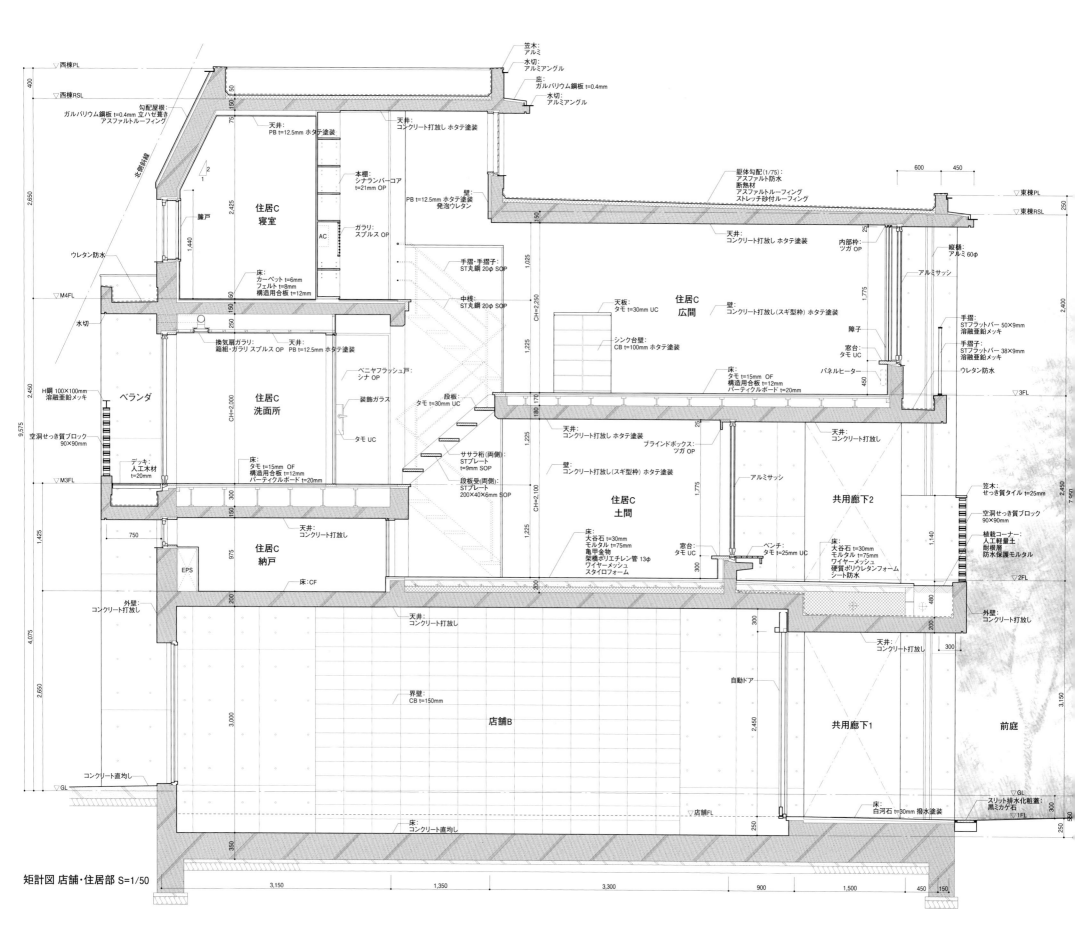

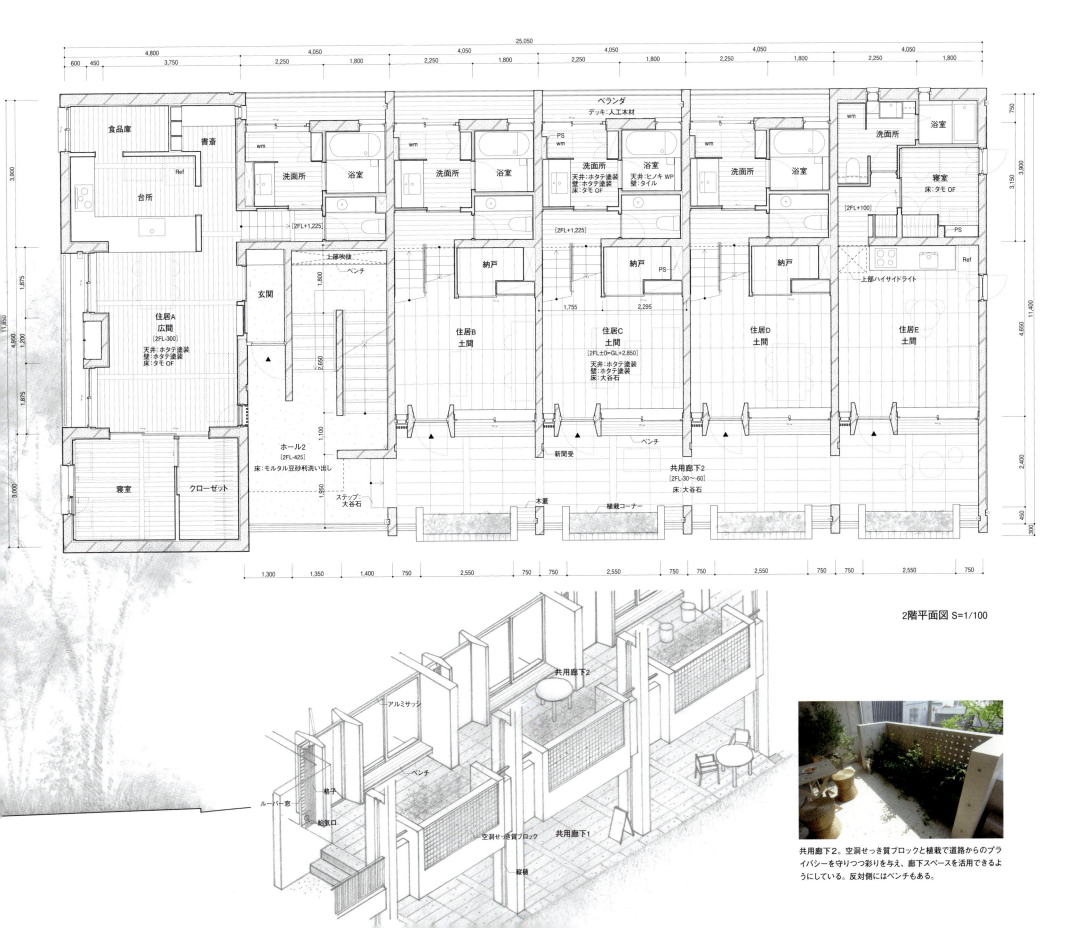

2階平面図 S=1/100

共用廊下2。空洞せっき質ブロックと植栽で道路からのプライバシーを守りつつ彩りを与え、廊下スペースを活用できるようにしている。反対側にはベンチもある。

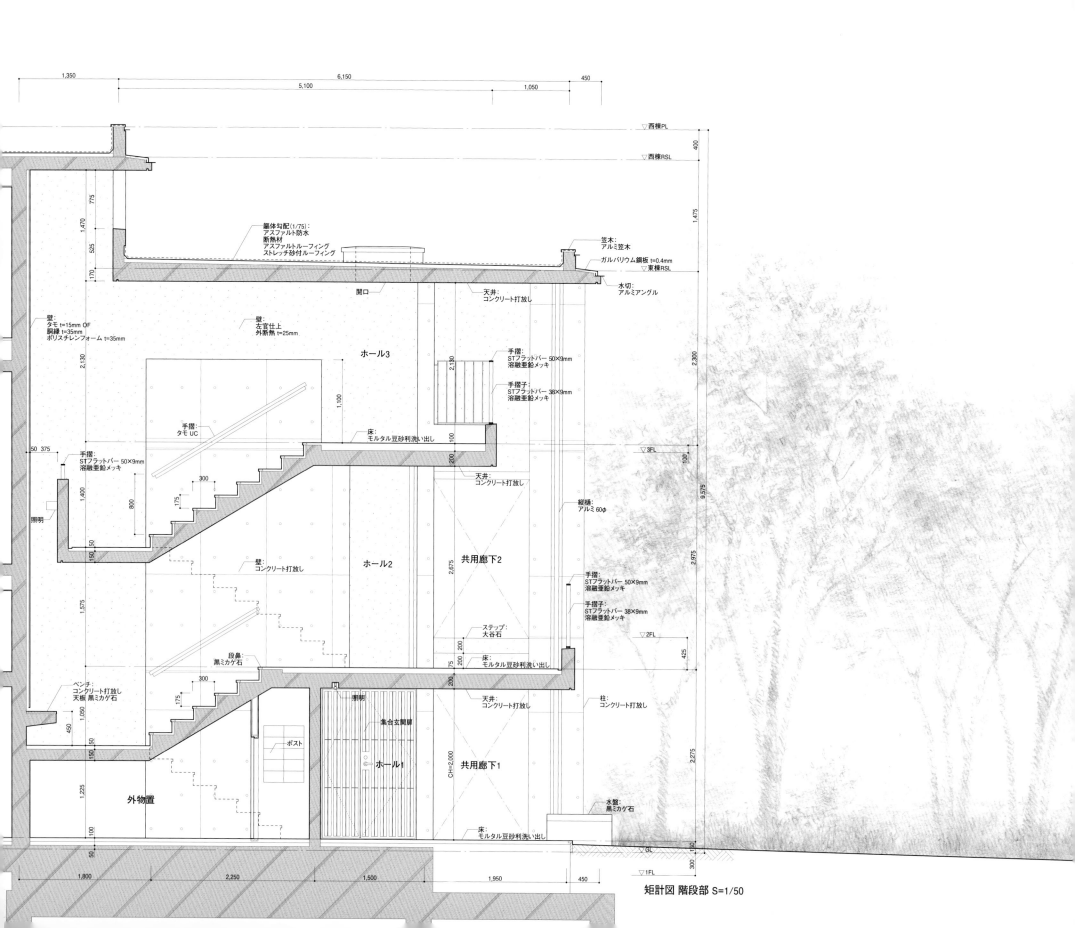

矩計図 階段部 S=1/50

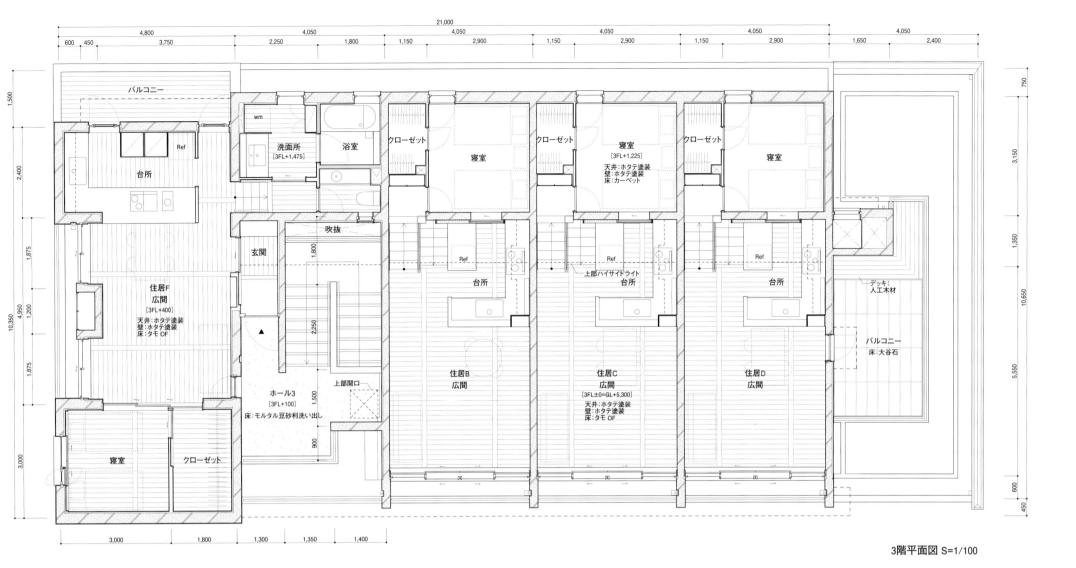

3階平面図 S=1/100

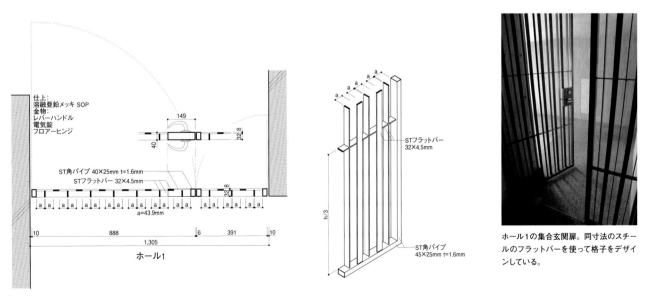

ホール1集合玄関扉詳細図 S=1/20

ホール1の集合玄関扉。同寸法のスチールのフラットバーを使って格子をデザインしている。

玉川上水の家

House in Tamagawajosui
2008

所在地　東京都三鷹市
用途　　専用住宅（二世帯）
構造設計　山田憲明構造設計事務所
施工　　宮嶋工務店
造園　　植忠
主体構造　木造
敷地面積　144.90㎡
建築面積　78.52㎡
延床面積　199.96㎡

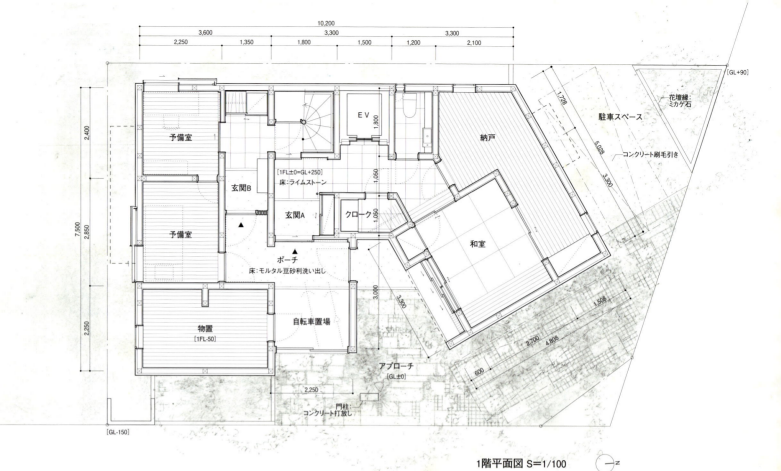

1階平面図 S=1/100

東立面図 S=1/150

玉川上水の豊かな緑道に面して建つ二世帯住宅。法律の緩和により、緑道沿いは3階建て以上の建物が建ち並ぶことが予想されたため、3階建てで計画した。ただし、ボリュームを二つに分け、角地における建物の圧迫感を抑えている。北側のボリュームは、緑道の木々が最も美しく眺められる角度と、南からの陽射しを得られる角度に合わせて配置。その角度は二つの駐車スペースで車を出し入れしやすい角度とも呼応している。南側のボリュームは街並みや道路に正対させて周囲に馴染ませ、同時に、寝室や水まわりなどの静かなスペースを通行量の多い緑道から遠ざけた。そして、これら二つのボリュームの間に、玄関やテラスといった外との緩衝スペースを立体的に配置。屋根はボリュームごとに小さく分けて架け、軽快でやわらかな印象を与えつつ、風景に溶け込ませている。

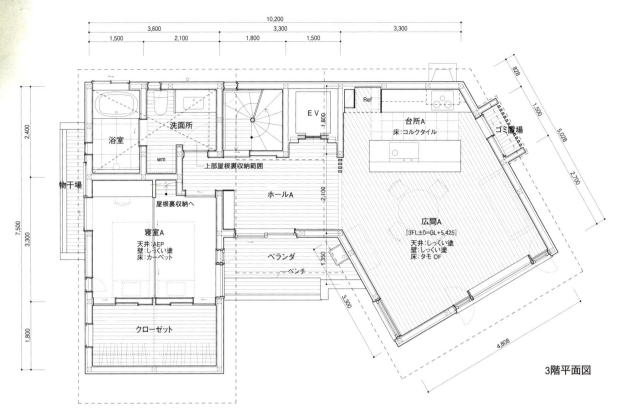

3階平面図

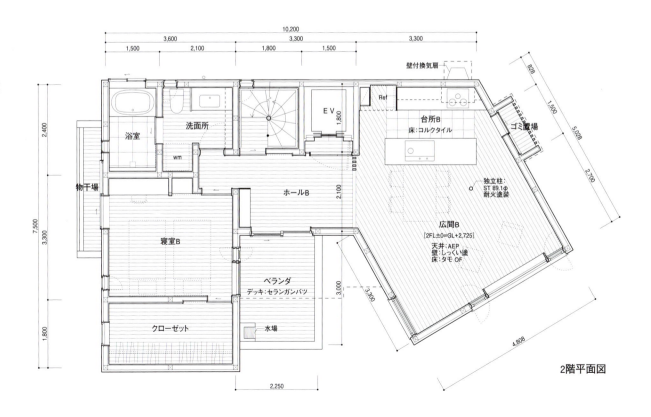

2階平面図

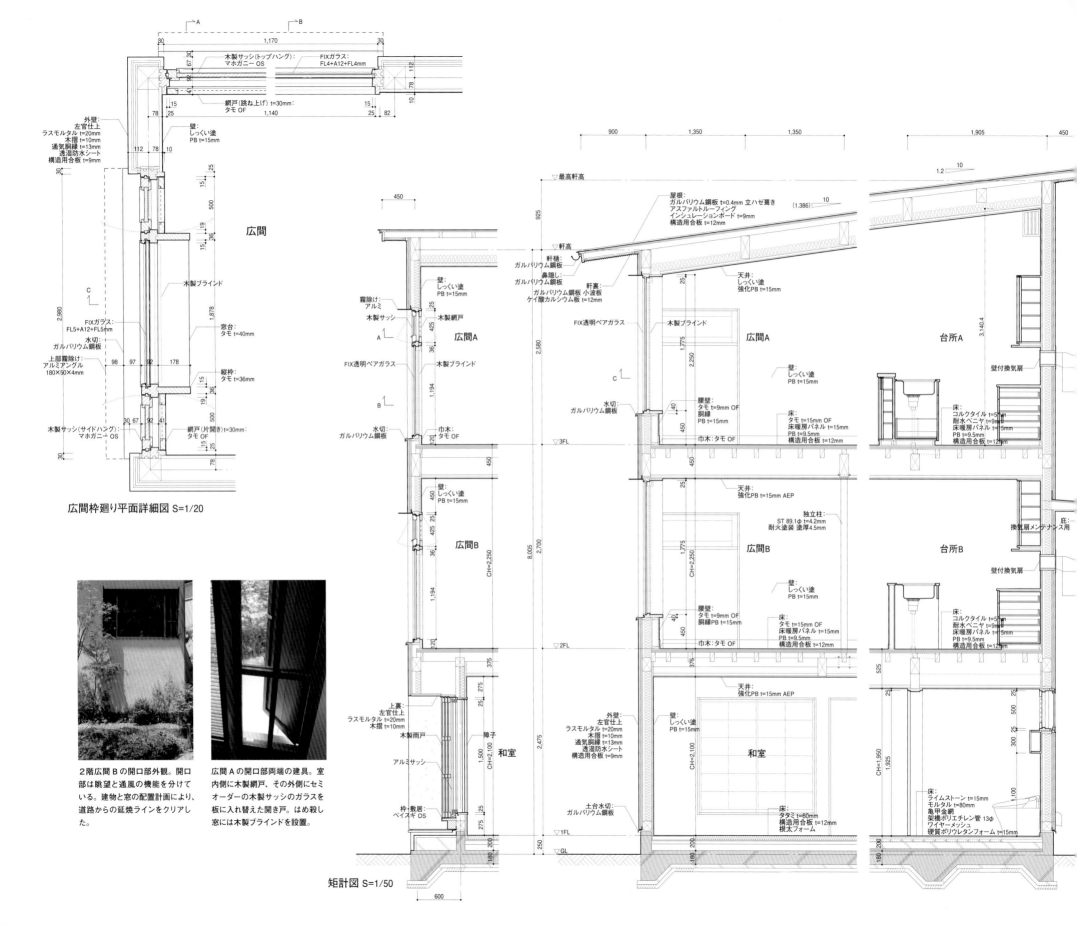

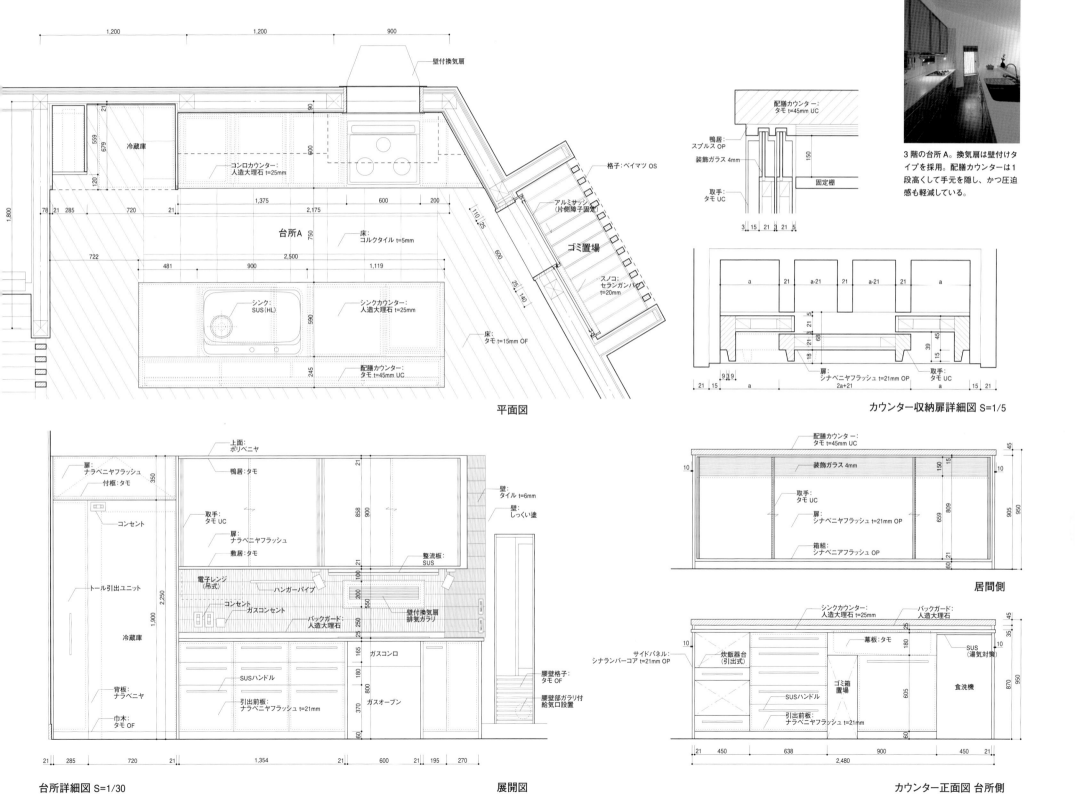

3階の台所A。換気扇は壁付けタイプを採用。配膳カウンターは1段高くして手元を隠し、かつ圧迫感も軽減している。

ひたち野うしくの家

House in Hitachino-ushiku
2008

所在地　茨城県牛久市
用途　　専用住宅
施工　　郡司建設
造園　　小久保造園土木
主体構造　木造
敷地面積　192.13㎡
建築面積　55.34㎡
延床面積　91.26㎡

この家は郊外の新興住宅地に建つ。人工的に開発された敷地はつかみどころがなく、設計の手がかりが見当たらなければ、借景も望めない。敷地の広さや予算を考えると、まとまった庭を確保し、その庭から展開するようなプランも難しいと思われた。そこで、風景や背景に頼らず、光を主役とする静かな世界をつくることを目指した。ただし、その光を取り入れる窓を恣意的には設置せず、壁と壁の間に単純な木製フレームをはめ込み、そこにはめ殺しのガラスと開き窓を入れるだけとし、建物の仕組みや成り立ちからシンプルに光を導いている。

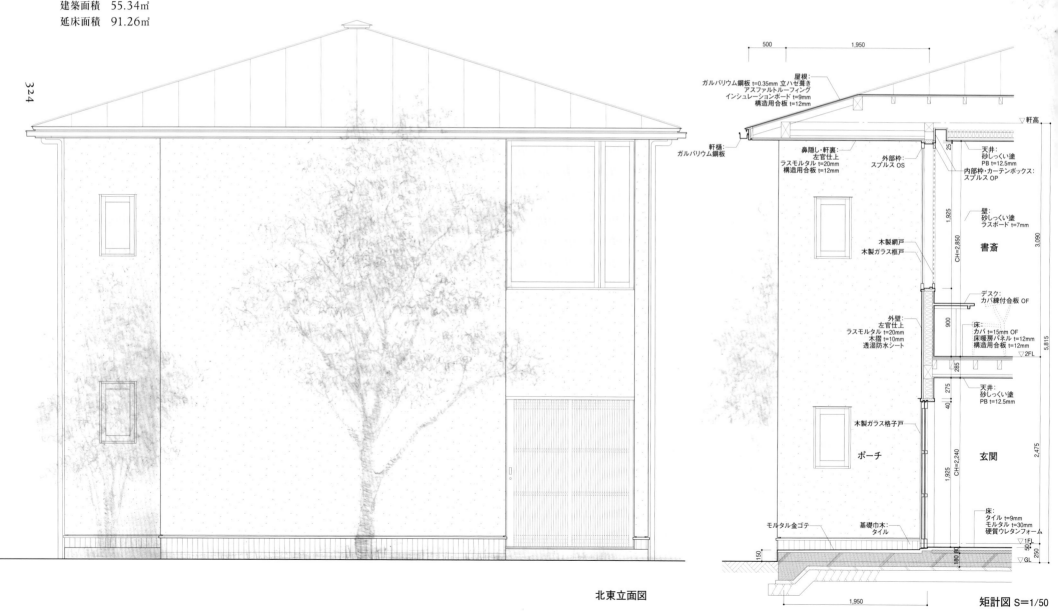

北東立面図　　　　　　矩計図 S=1/50

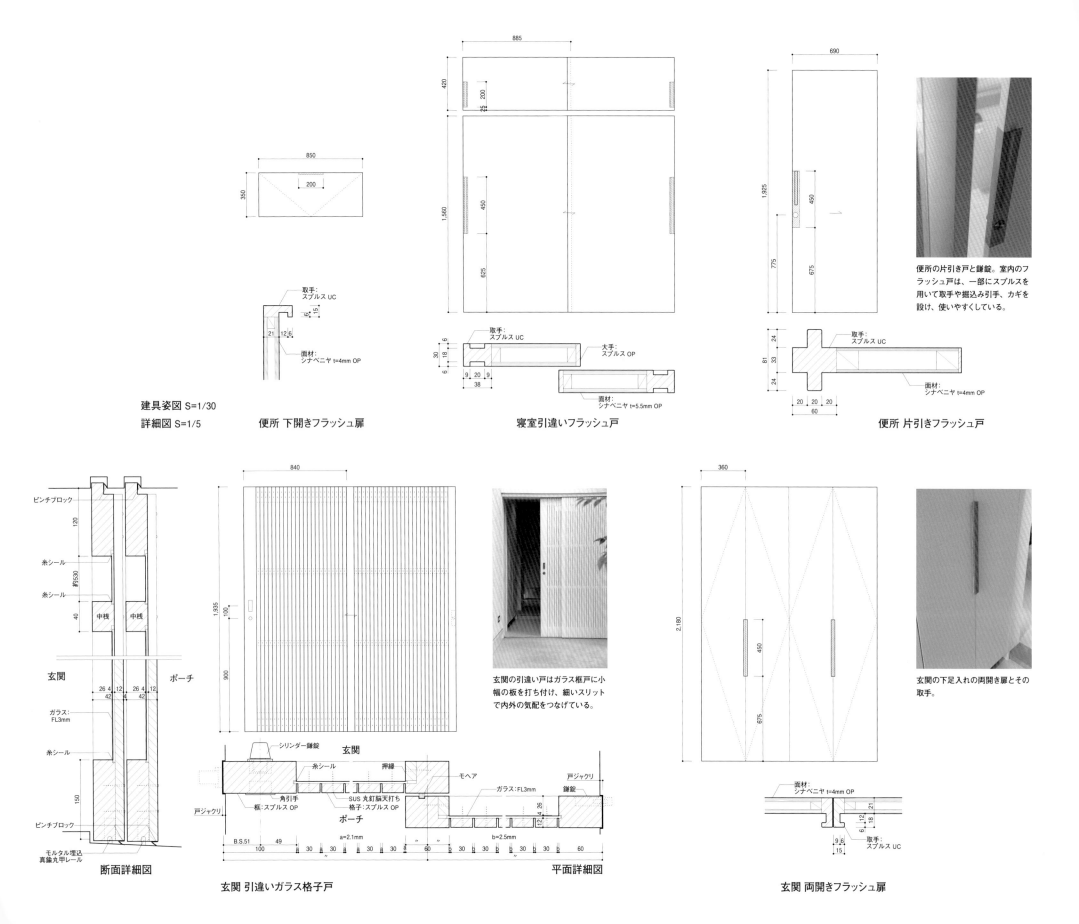

便所の片引き戸と鎌錠。室内のフラッシュ戸は、一部にスプルスを用いて取手や掘込み引手、カギを設け、使いやすくしている。

建具姿図 S=1/30
詳細図 S=1/5

便所 下開きフラッシュ扉

寝室引違いフラッシュ戸

便所 片引きフラッシュ戸

玄関の引違い戸はガラス框戸に小幅の板を打ち付け、細いスリットで内外の気配をつなげている。

玄関の下足入れの両開き扉とその取手。

断面詳細図

玄関 引違いガラス格子戸

平面詳細図

玄関 両開きフラッシュ扉

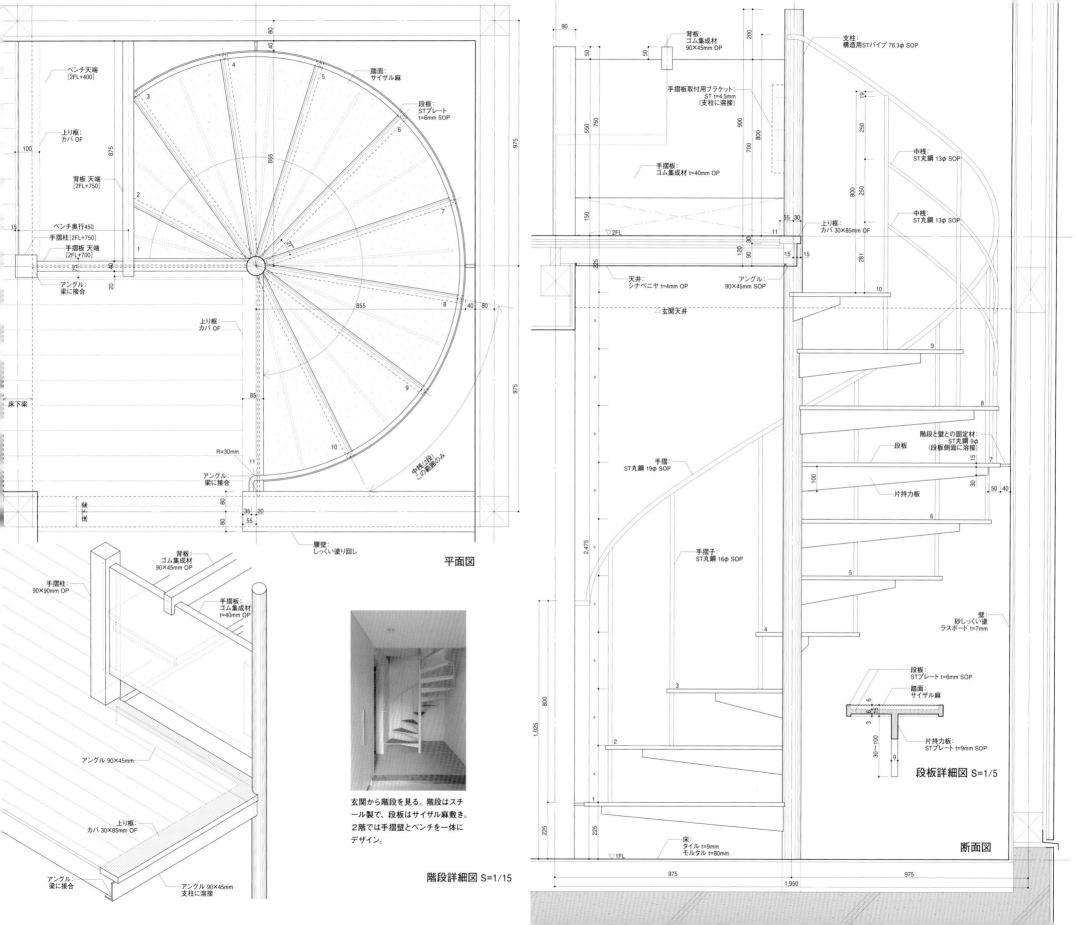

玄関から階段を見る。階段はスチール製で、段板はサイザル麻敷き。2階では手摺壁とベンチを一体にデザイン。

階段詳細図 S=1/15

武蔵関の家

House in Musashiseki
2009

所在地　東京都練馬区
用途　　専用住宅
施工　　幹建設
造園　　佐伯造園
主体構造　木造
敷地面積　116.27㎡
建築面積　60.57㎡
延床面積　106.20㎡

階段室を中心に、大小四つの正方形平面を四つ葉のクローバーのように配置したプランの家。各フロアはスキップしながら連続する。階段室の下層には、この場所を取り囲むように本棚を造り付けている。上層にいくと本棚はなくなり、トップライトからの光が白い壁によってやわらかく広がる、余白のようなスペースに変化する。暗いところで本を探し、明るいところで読む。その行為をそのまま形に表すことで、出版社に勤める建主が望んだ「本とともにある生活」を叶えている。

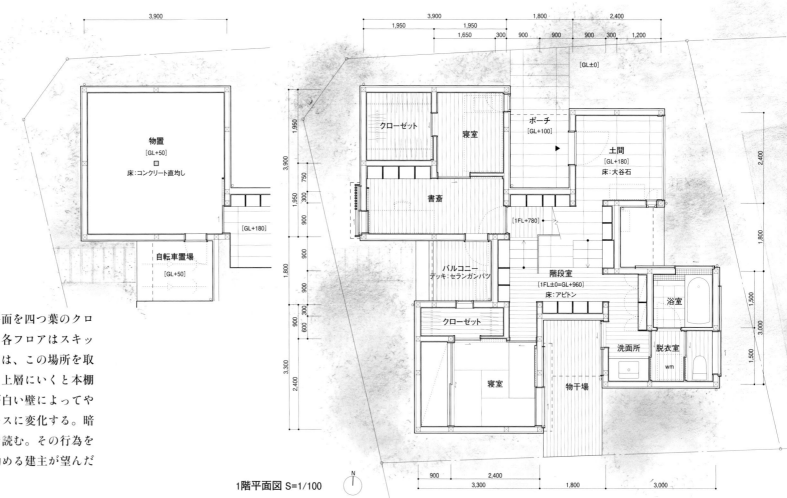

1階平面図 S=1/100

西立面図 S=1/100　　　　　南立面図

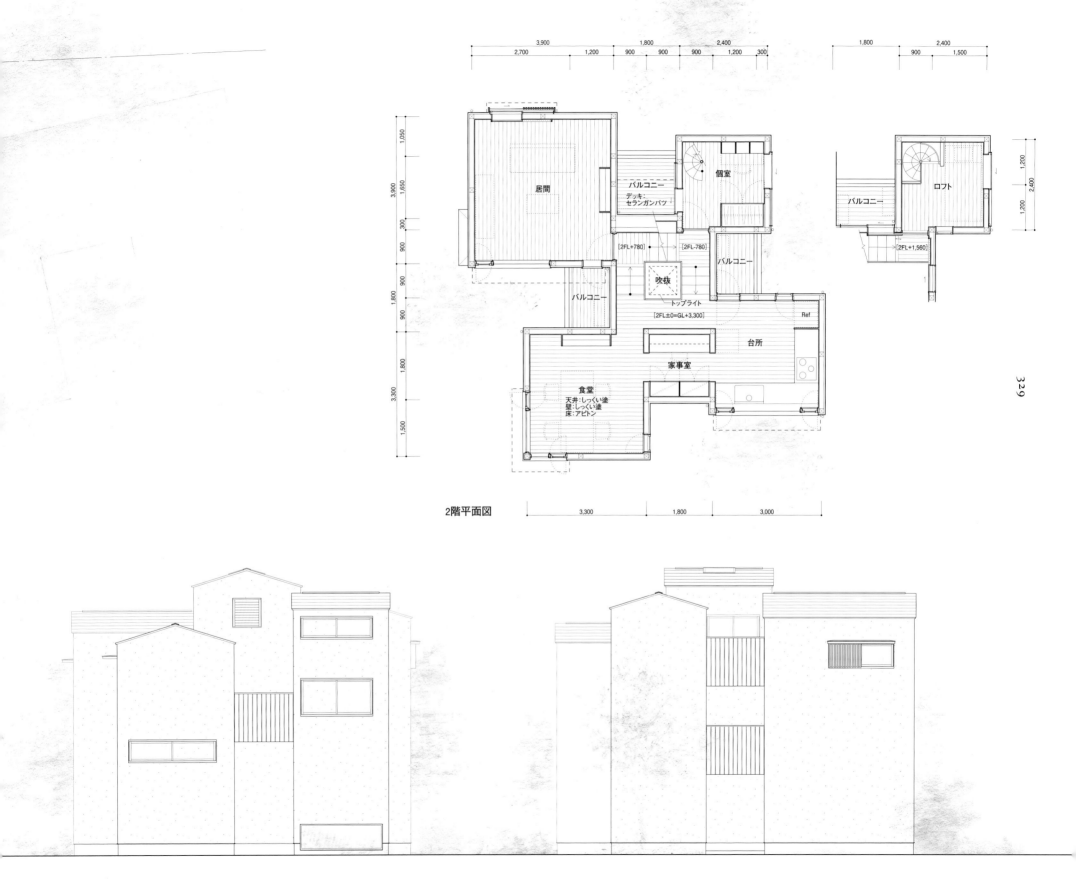

個室前から階段室を見下ろす。設計の際は本棚に収納される本の種類や量、大きさを把握し、過不足のない棚割りを追求した。本棚に用いたラワンベニヤは床と同じ赤茶色に塗装し、建物との一体感を強調。同時に、白く塗装された階段の軽快さを浮き上がらせている。

階段室の最下層にあたる土間に床暖房を施し、冬は階段室全体が均質な温熱環境になるようにした。

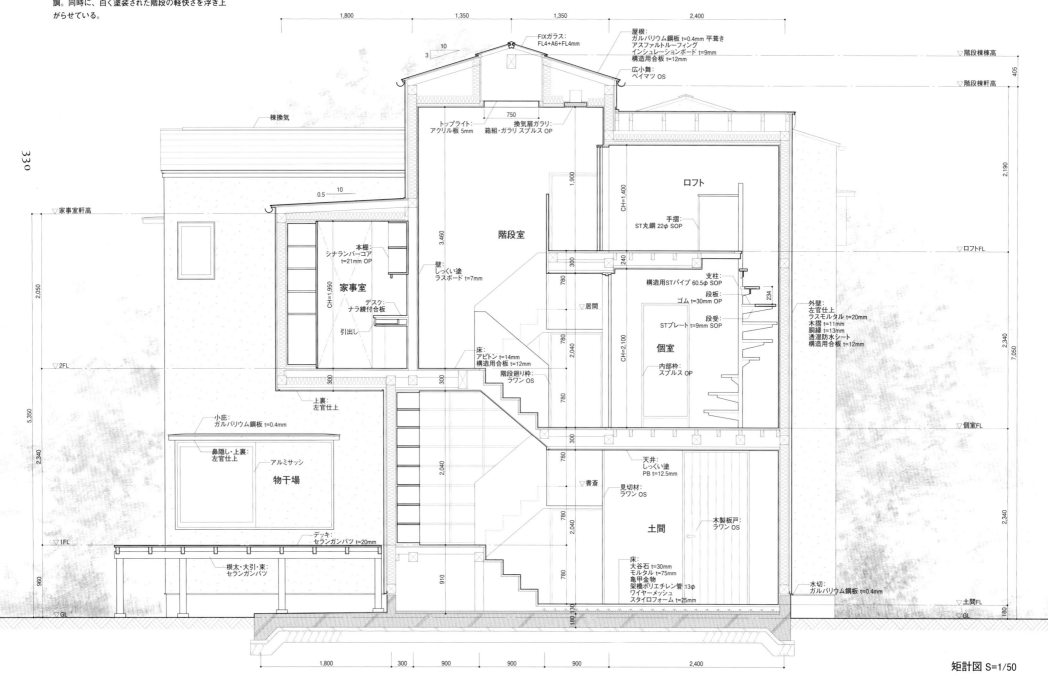

矩計図 S=1/50

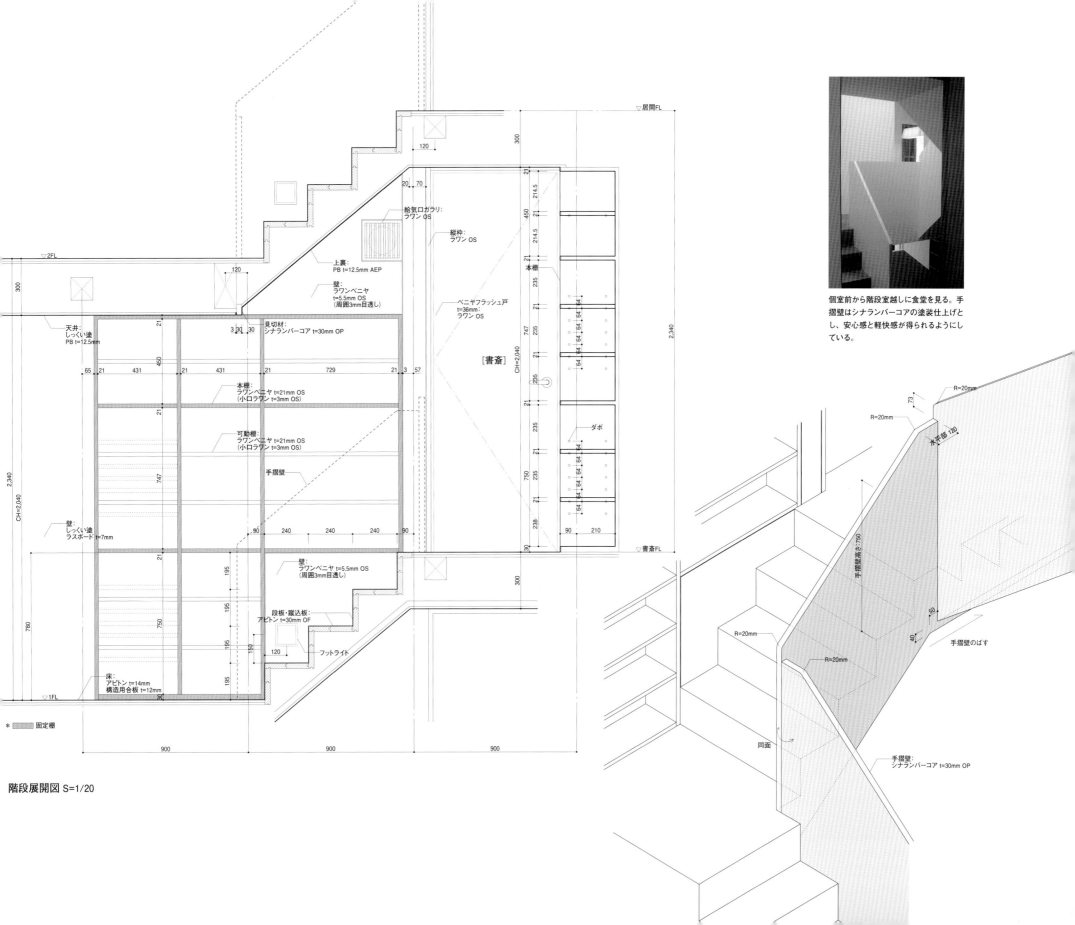

個室前から階段室越しに食堂を見る。手摺壁はシナランバーコアの塗装仕上げとし、安心感と軽快感が得られるようにしている。

階段展開図 S=1/20

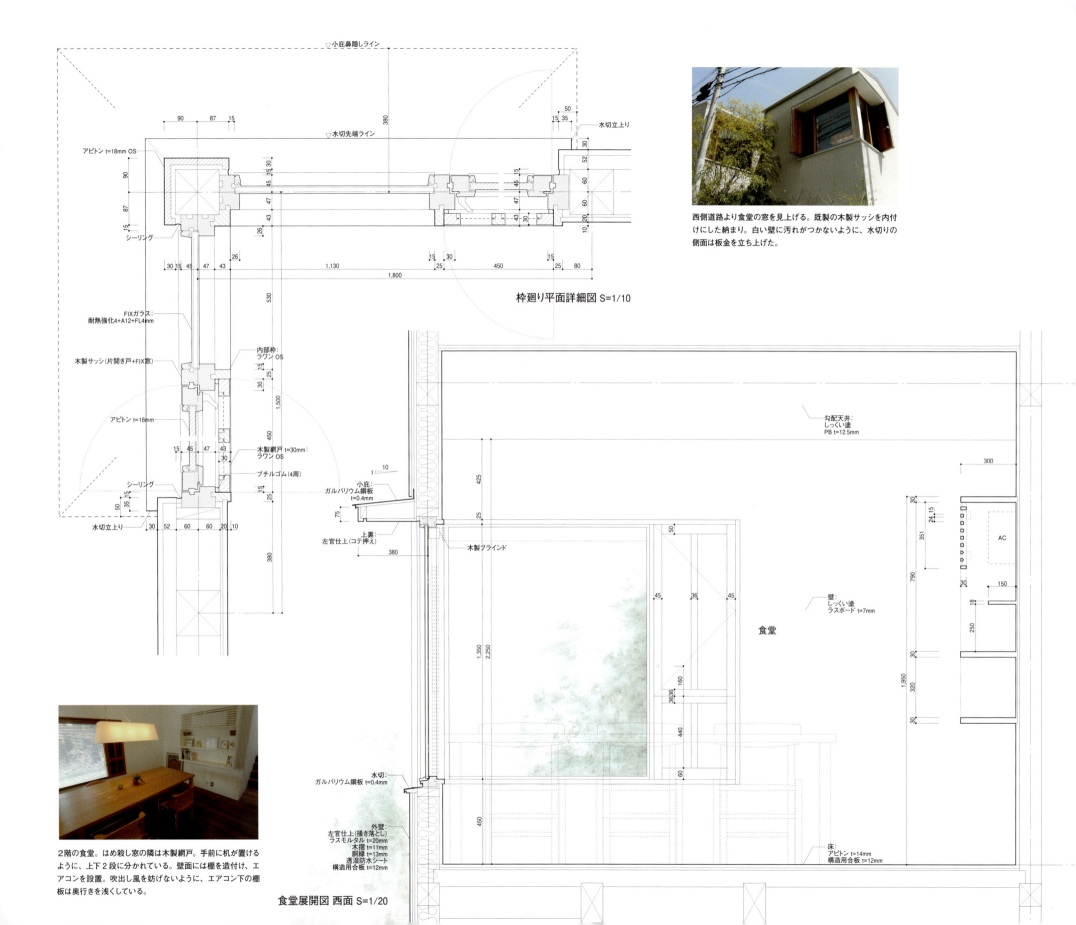

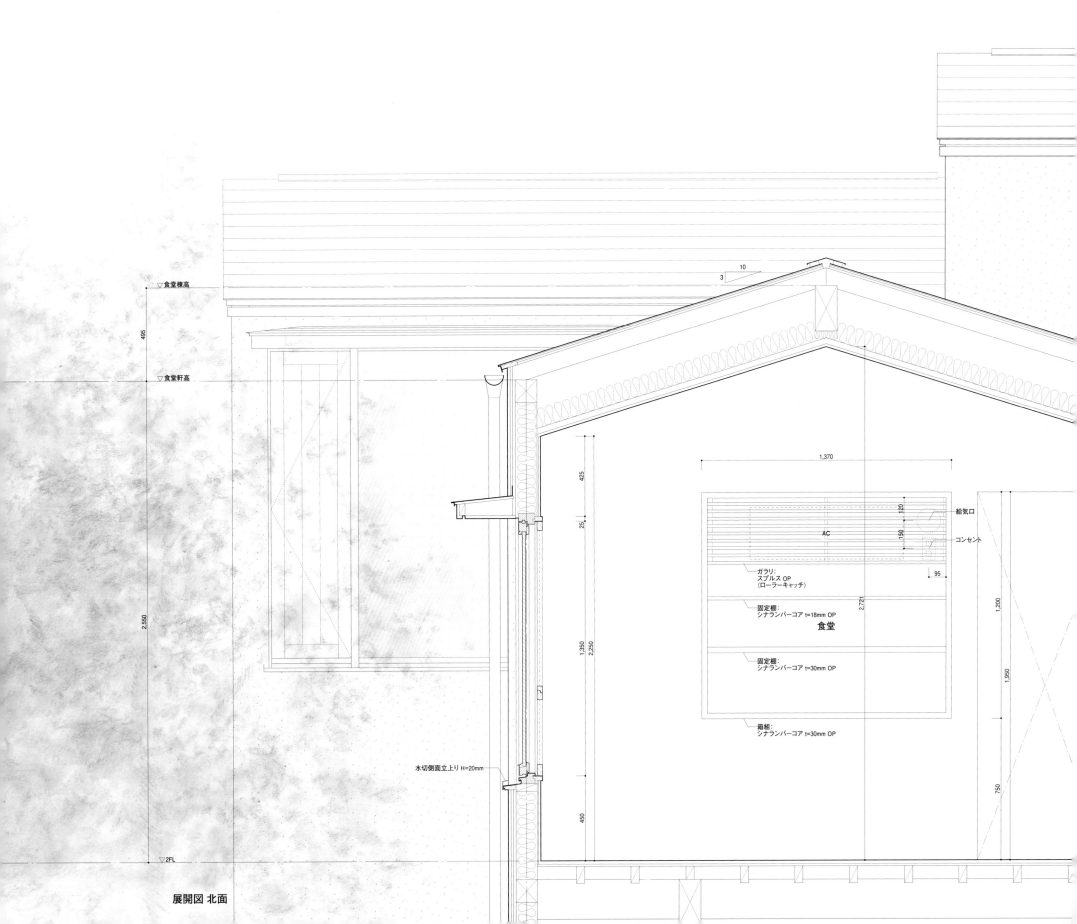

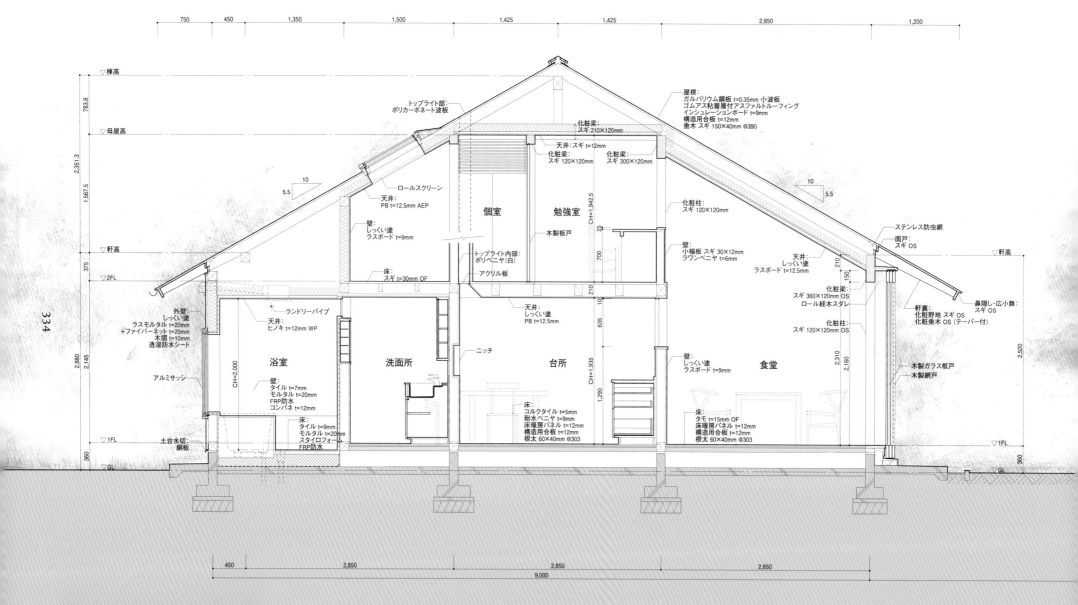

食堂からは中庭越しに離れが見える。ペンダント照明は長いダイニングテーブルに合わせてデザイン。

照明・家具図 S=1/30

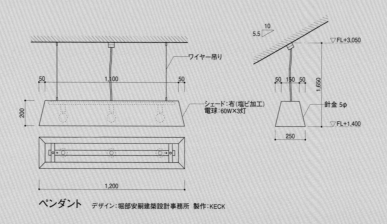

ペンダント　デザイン：堀部安嗣建築設計事務所　製作：KECK

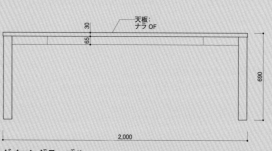

ダイニングテーブル　共同デザイン：堀部安嗣建築設計事務所・傍島浩美　製作：hao & mei

大美野の家

House in Omino
2009

所在地　大阪府堺市
用途　　専用住宅
施工　　羽根建築工房
造園　　花康
主体構造　木造
敷地面積　367.03㎡
建築面積　130.21㎡
延床面積　160.63㎡

大美野は昭和初期に田園都市として開発された大規模な郊外住宅地。今でも当時のままの広い敷地に大きな屋敷が残っている。ここでは以前建っていた邸宅の庭の主な樹木を残しながら、この場所特有のゆったりした雰囲気と情緒を継承できる佇まいの家を考えている。建物は、既存の梅の木を挟むように母屋と離れを平行に置き、その間を芝生の庭にしている。母屋は敷地の1mの高低差を取り入れながら、家事動線の合理性を重視してコンパクトかつ機能的にまとめている。

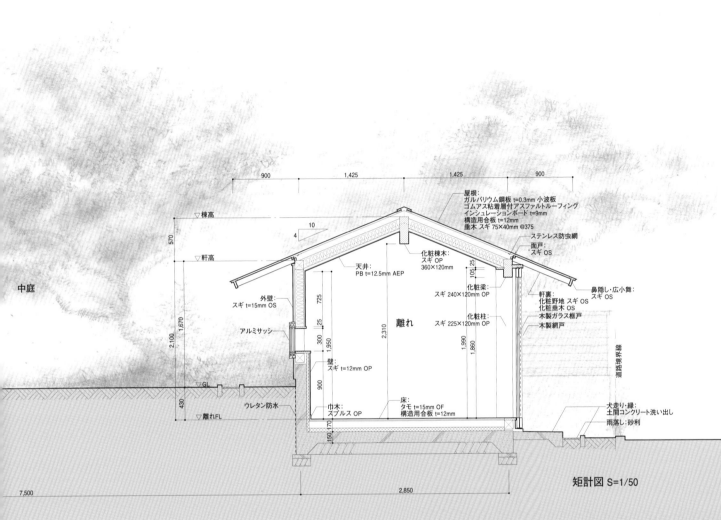

矩計図 S=1/50

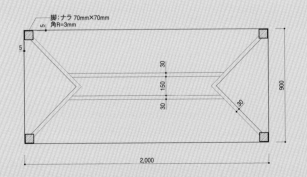

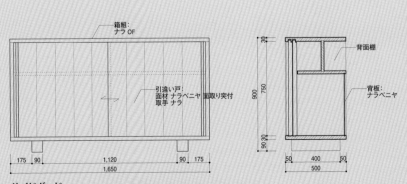

サイドボード　共同デザイン：堀部安嗣建築設計事務所・傍島浩美　製作：hao & mei

食堂と居間の仕切りを兼ねるサイドボード。食堂側では引違い戸、居間側では浅いオープン棚になっている。面材はナラベニヤ。

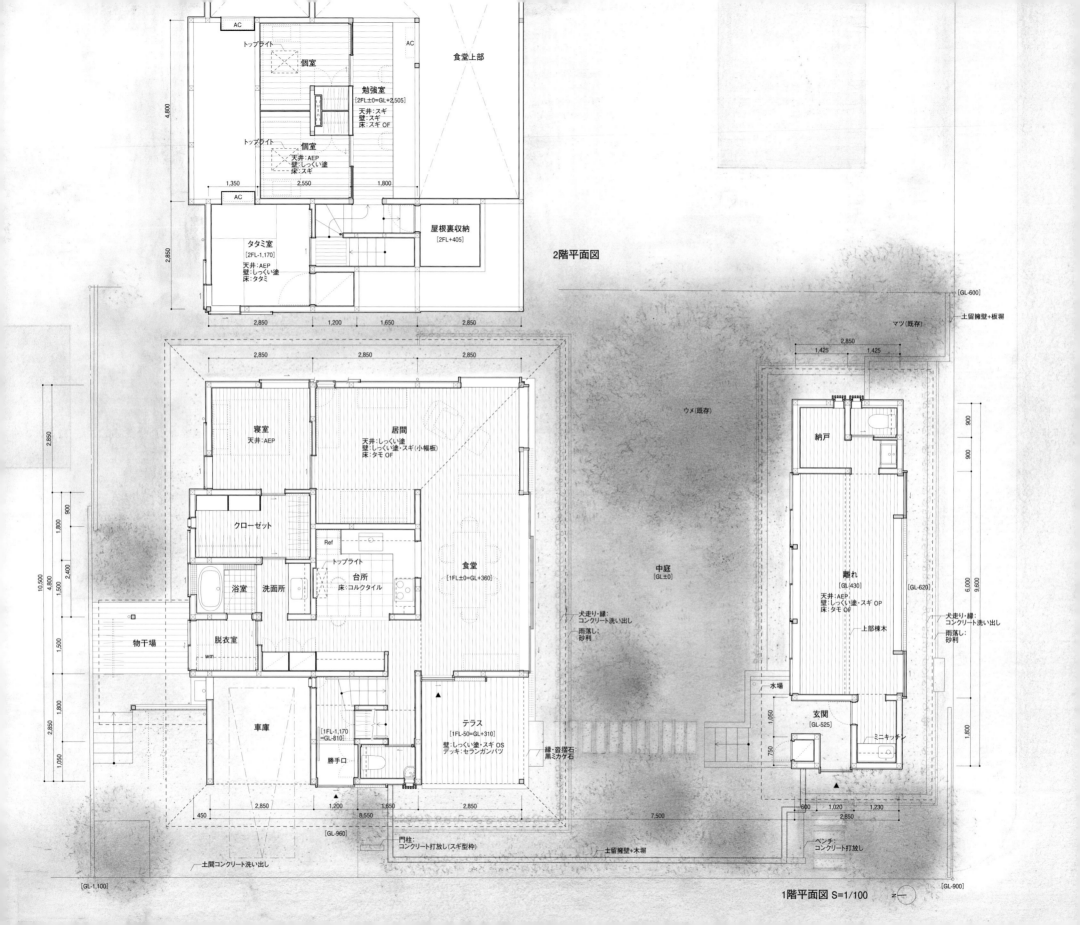

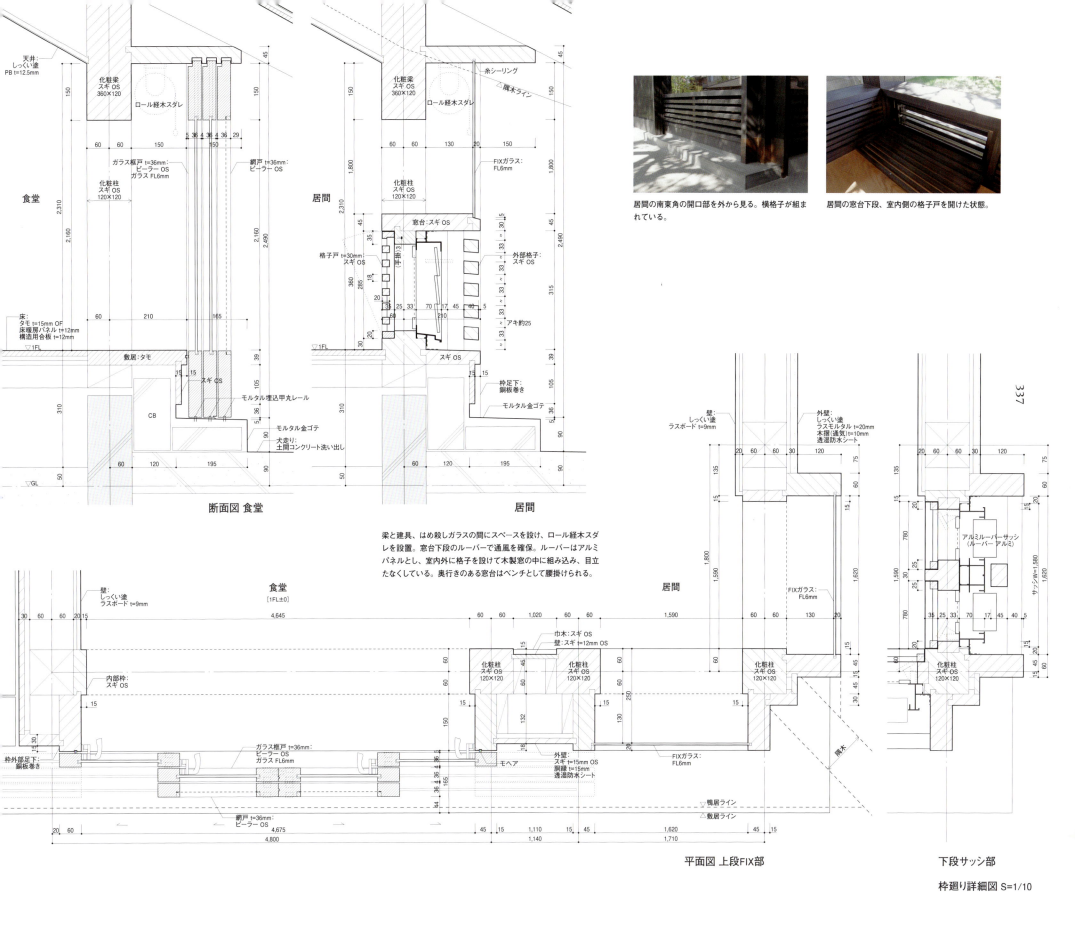

北沢の家

House in Kitazawa
2009

所在地	東京都世田谷区
用途	専用住宅
構造設計	山田憲明構造設計事務所
施工	幹建設
造園	berry
主体構造	RC造
敷地面積	90.92㎡
建築面積	44.82㎡
延床面積	116.10㎡

2階・屋上平面図

1階・中2階平面図

地下1階・中1階平面図 S=1/100

東立面図 S=1/40

北側の隣地から見た外観。

塔屋レベルから居間を見下ろす。

都心の住宅地に建つこの家は、東西に細長い敷地に合わせ、半階ごとにフロアを東西に振り分け、それらを中央の階段で結んでいる。敷地の形状を利用して玄関までの長いアプローチをつくったり、西側の公園の借景が取り込めるテラスをつくったり、屋上庭園をつくったりしながら、都市の狭小住宅にあっても緑がつながり連続してゆく住まいを考えている。

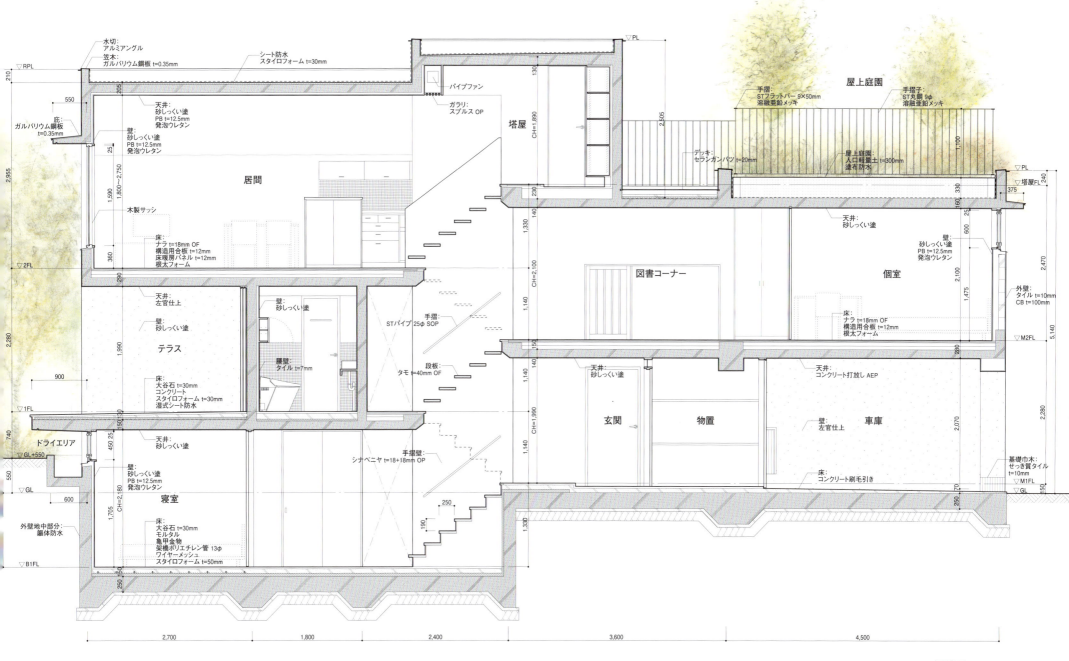

矩計図 S=1/60

自由が丘の家

House in Jiyugaoka
2009

所在地　東京都目黒区
用途　　専用住宅
施工　　幹建設
造園　　草庭
主体構造　木造
敷地面積　95.04㎡
建築面積　51.30㎡
延床面積　97.47㎡

東西に細長い敷地は、道路から奥にいくに従ってやや先細り、ほぼ半分のところで南側の敷地境界線が大きく北側にずれる。その形状に着眼して玄関を建物の中央に配置。境界線が切り替わる部分にぴったりその位置を合わせた。そして、アプローチを豊かな植栽で満たし、路地のように親密な雰囲気に仕立てている。この玄関の上はベランダで、半分だけ屋根が架かり、日射をコントロールする。建主はここにゴーヤなどを植え、それがアプローチの緑に連続する。前面道路に面する2階の食堂の窓は防火仕様の木製建具とし、室内にも街並みにもやわらかい印象を与えている。建物全体の高さも抑え、家々に挟まれながらひっそりと建つ中に緑が浮き出る住宅となっている。

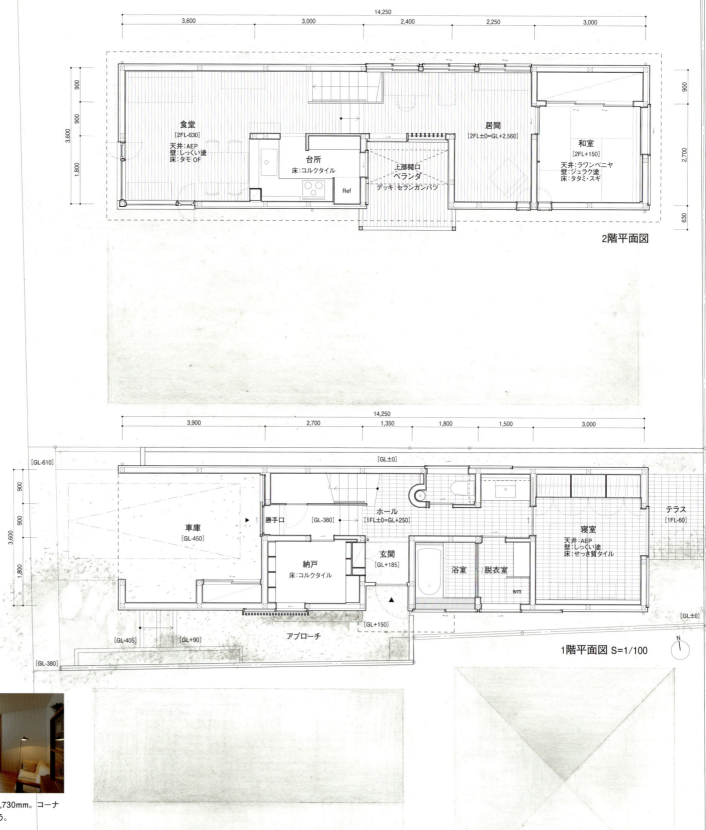

西側の前面道路から見た外観。

2階の食堂は天井高が2,730mm。コーナー窓は腰高がそれぞれ違う。

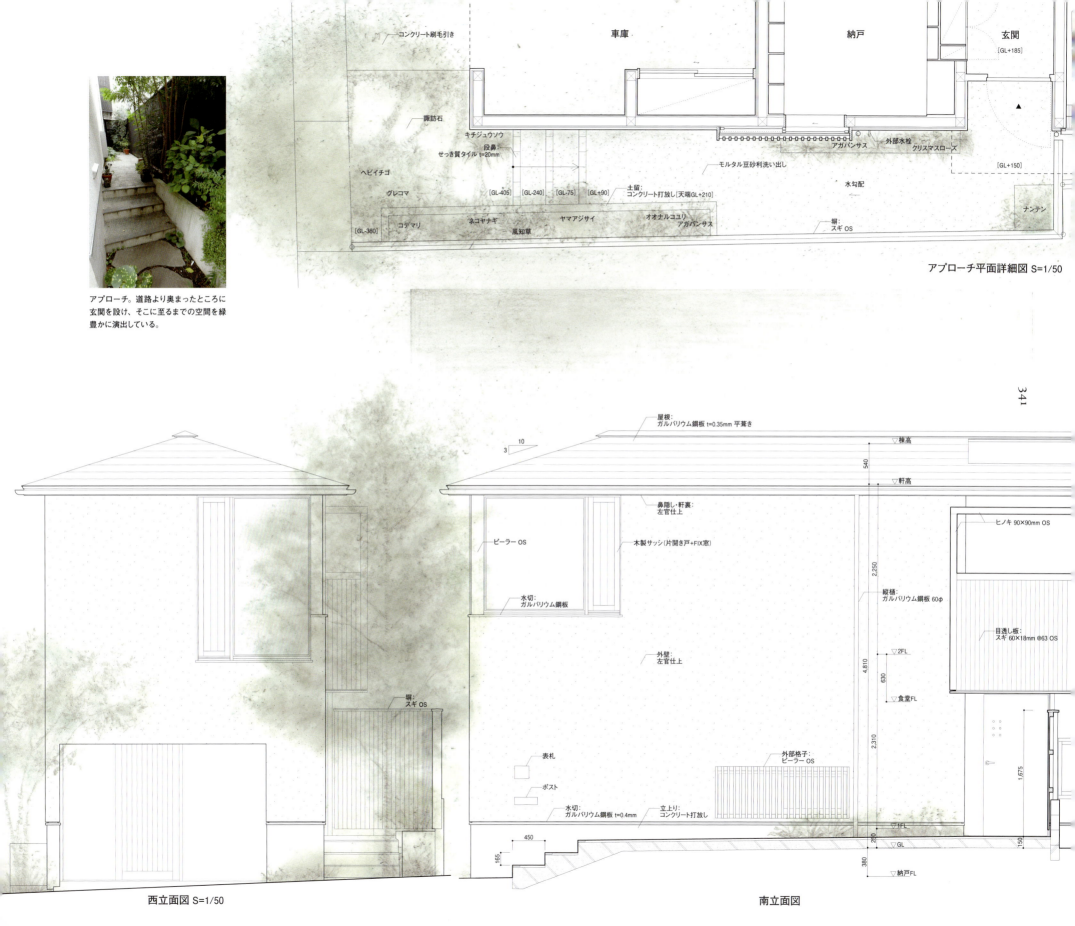

アプローチ。道路より奥まったところに玄関を設け、そこに至るまでの空間を緑豊かに演出している。

アプローチ平面詳細図 S=1/50

西立面図 S=1/50

南立面図

信州中野の家

House in Shinshunakano
2009

所在地　長野県中野市
用途　　木工アトリエ・住宅（二世帯）
施工　　美登利屋工務店
主体構造　木造
敷地面積　330.56㎡
建築面積　155.94㎡
延床面積　234.49㎡

木工作家が家族と暮らす二世帯住宅。母屋と木加工場の建て替え、アトリエの新設にあたり、既存の蔵が活きるように三つの建物を敷地内に配置している。母屋からアトリエまでは長い下屋をつくり、雪掻きをしなくても生活動線が確保されるようにしている。また、洗濯物を室内で快適に干せるように、あるいは生活スペースはなるべくコンパクトにまとめ、蓄熱暖房機だけで家中が暖かくなるようになど、積雪の多い寒冷地においての配慮をしている。

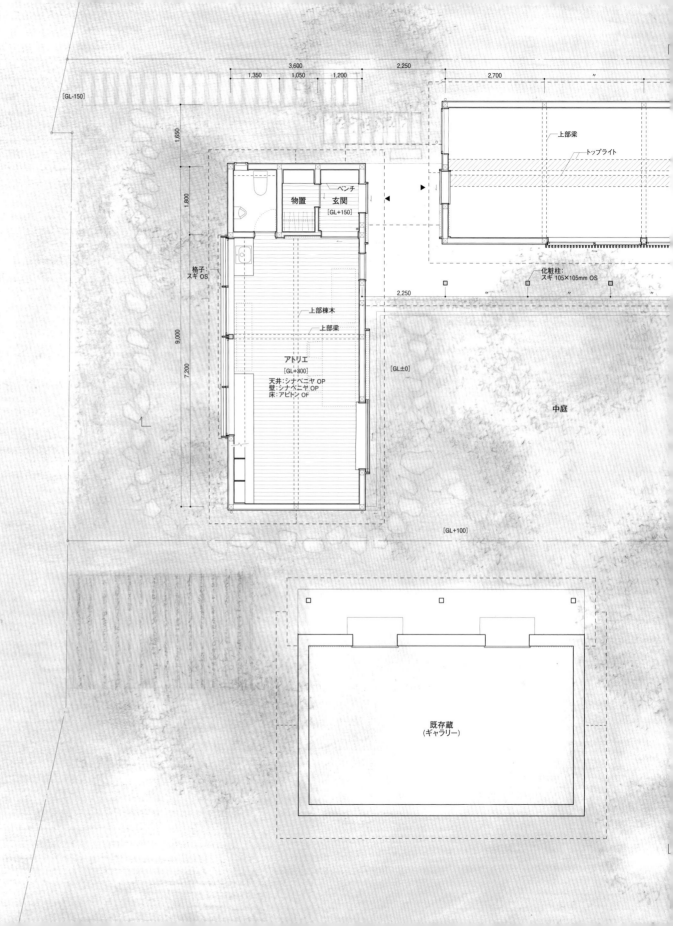

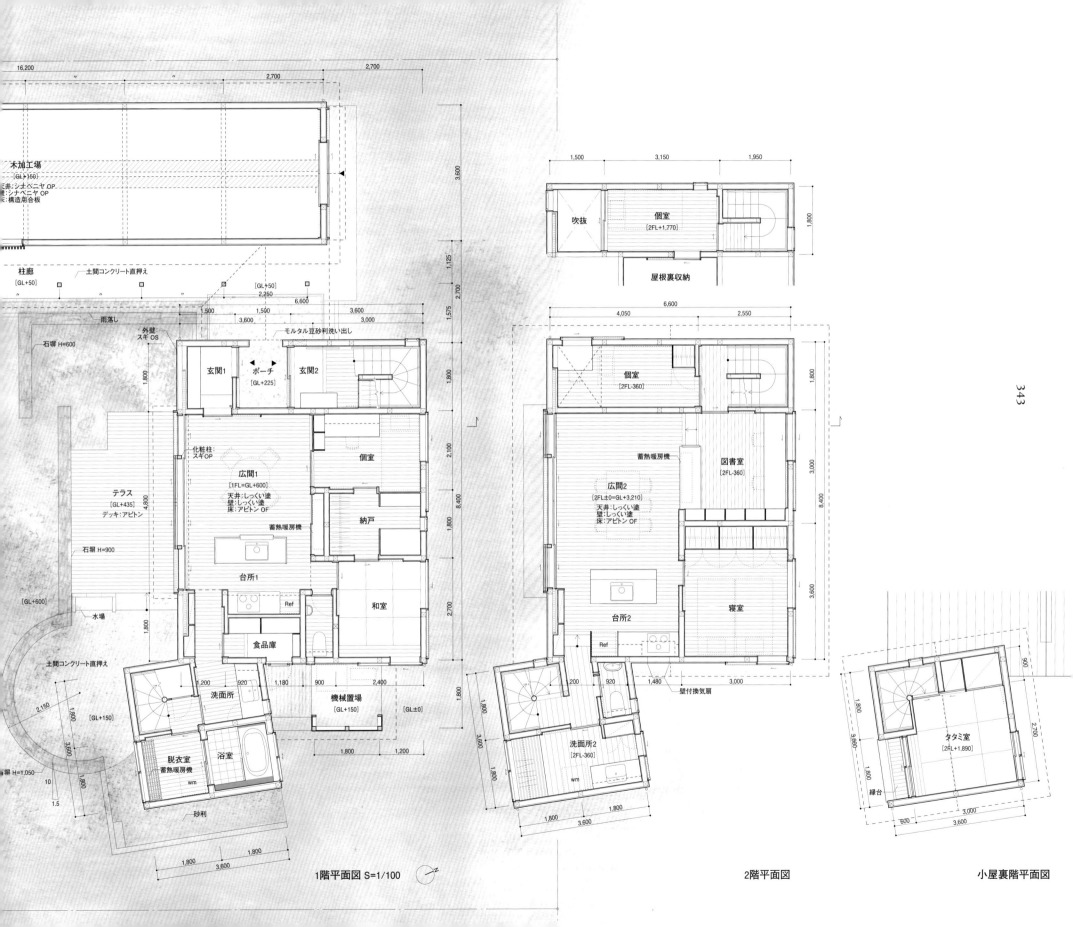

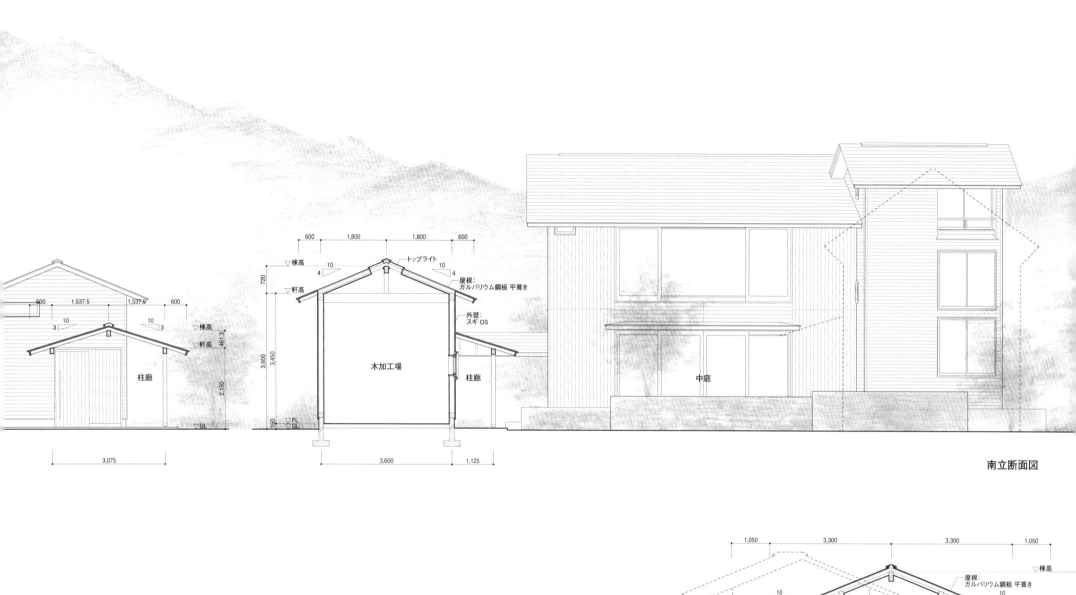

南立断面図

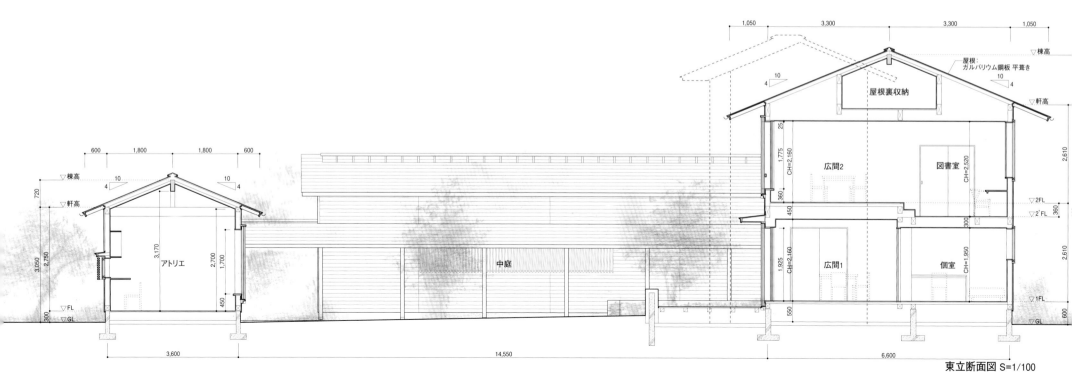

東立断面図 S=1/100

2階の洗面所2。室内干しできるように、南側に大きな窓を設けて日当たりをよくした。1階の脱衣室の蓄熱暖房機からの暖気は、スノコを通して上昇し、洗面所2も暖める。

矩計図 S=1/30

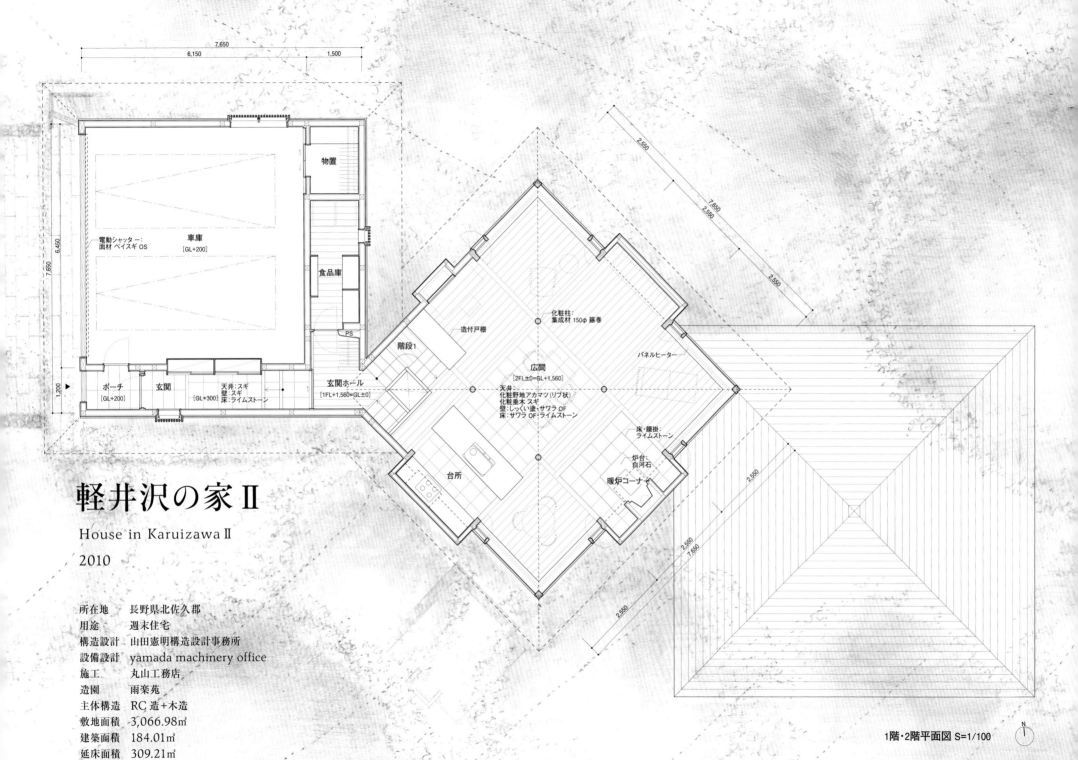

軽井沢の家 II

House in Karuizawa II

2010

所在地　長野県北佐久郡
用途　週末住宅
構造設計　山田憲明構造設計事務所
設備設計　yamada machinery office
施工　丸山工務店
造園　雨楽苑
主体構造　RC造＋木造
敷地面積　3,066.98㎡
建築面積　184.01㎡
延床面積　309.21㎡

1階・2階平面図 S=1/100

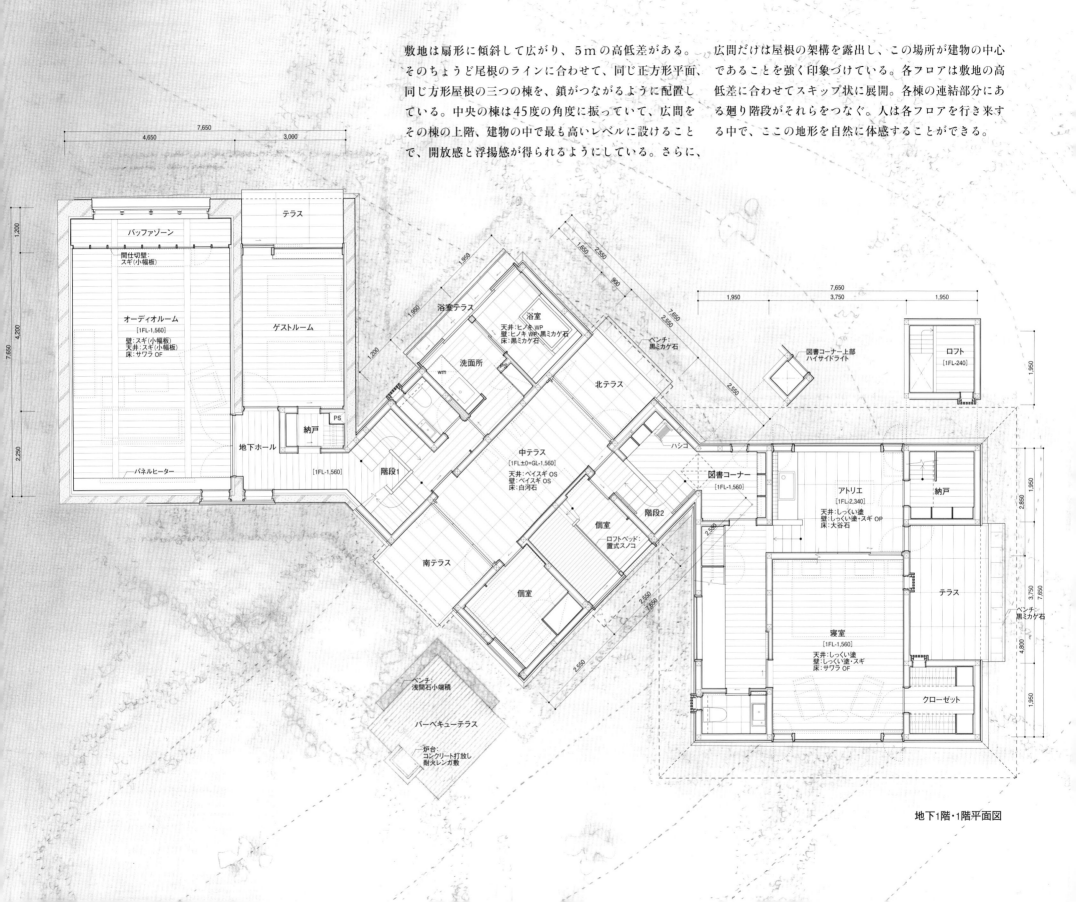

敷地は扇形に傾斜して広がり、5mの高低差がある。そのちょうど尾根のラインに合わせて、同じ正方形平面、同じ方形屋根の三つの棟を、鎖がつながるように配置している。中央の棟は45度の角度に振っていて、広間をその棟の上階、建物の中で最も高いレベルに設けることで、開放感と浮揚感が得られるようにしている。さらに、広間だけは屋根の架構を露出し、この場所が建物の中心であることを強く印象づけている。各フロアは敷地の高低差に合わせてスキップ状に展開。各棟の連結部分にある廻り階段がそれらをつなぐ。人は各フロアを行き来する中で、ここの地形を自然に体感することができる。

地下1階・1階平面図

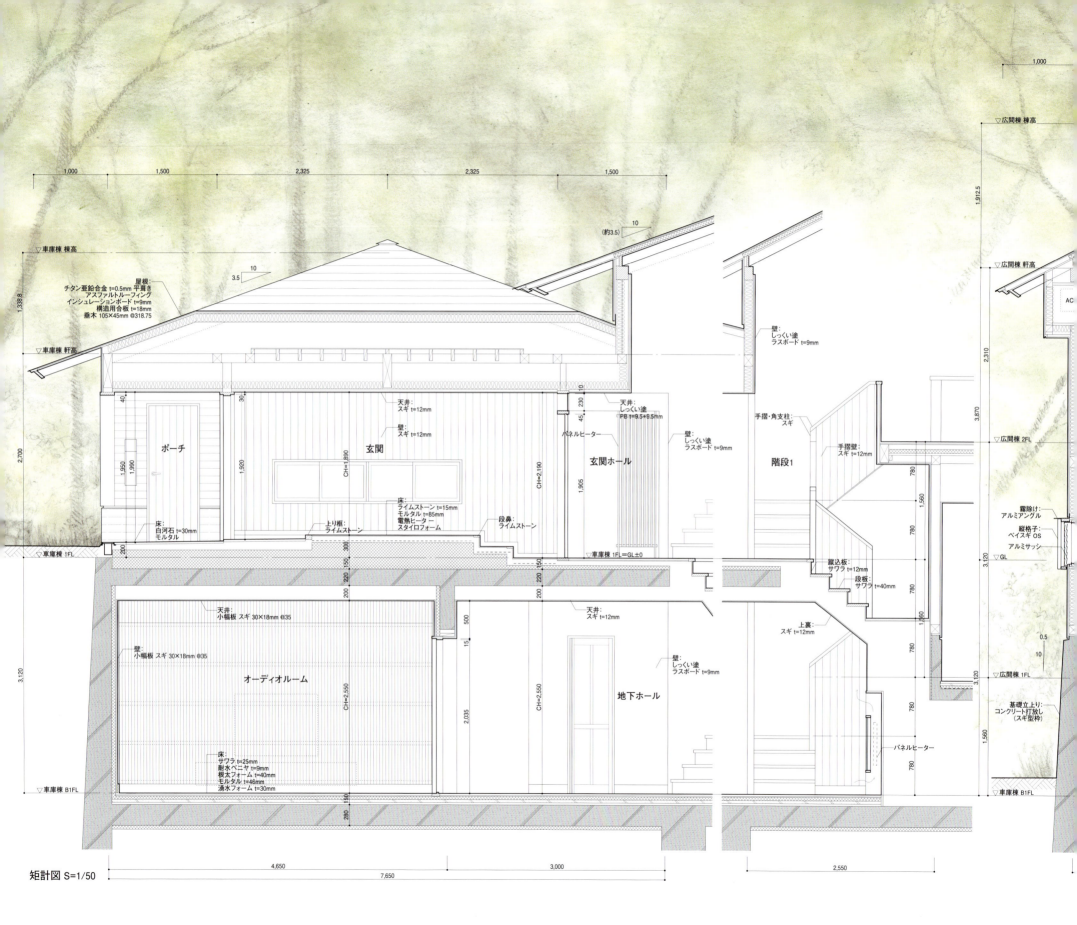

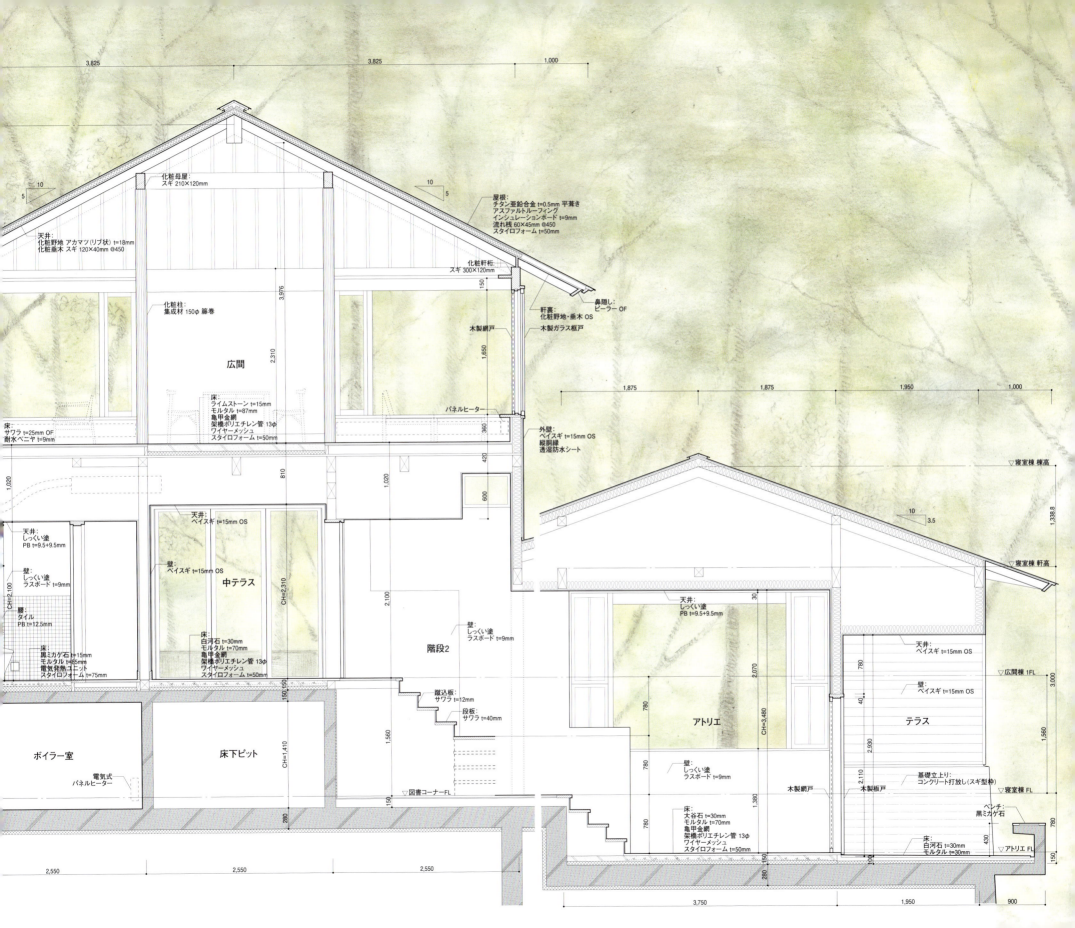

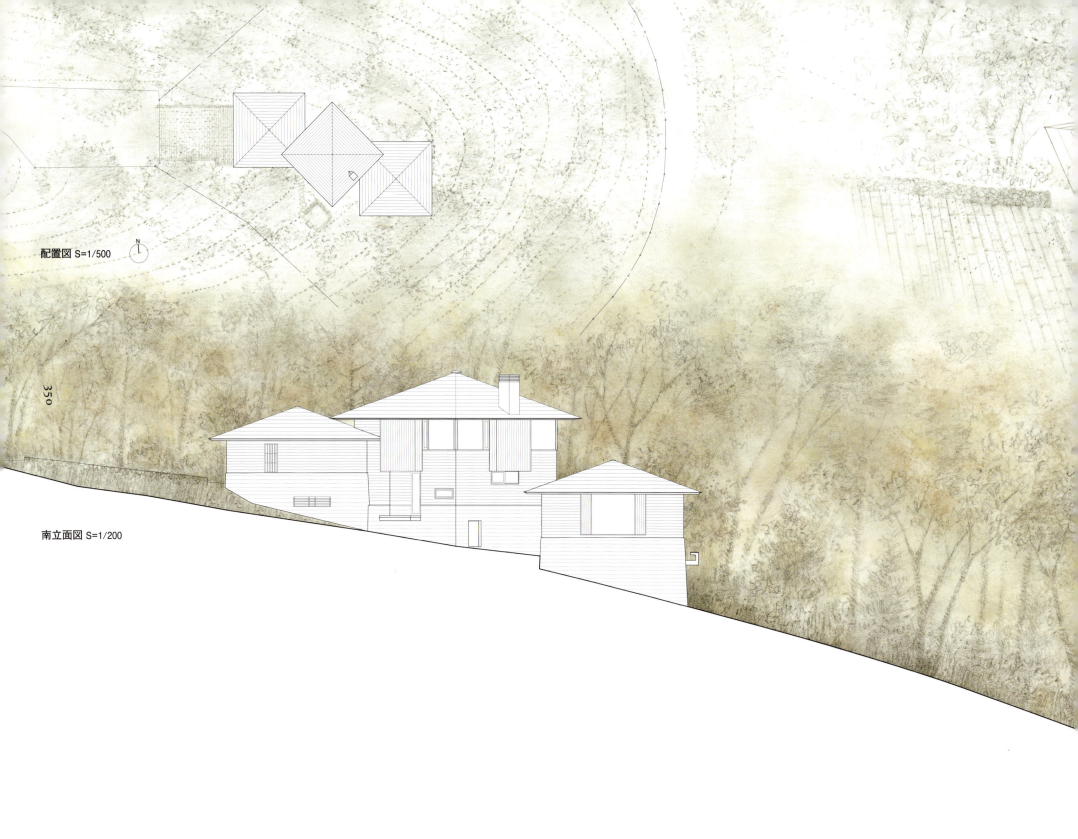

配置図 S=1/500

南立面図 S=1/200

2階の広間の一角にしつらえた囲炉裏暖炉。白河石の炉台に囲炉裏、奥に暖炉。煙突内には強制排気ファンを取り付け、炉で調理する時の煙を排気できるようにしてある。このスペースは床レベルを広間より2段下げ、石貼り部は床面、腰掛け面とも床暖房を入れている。

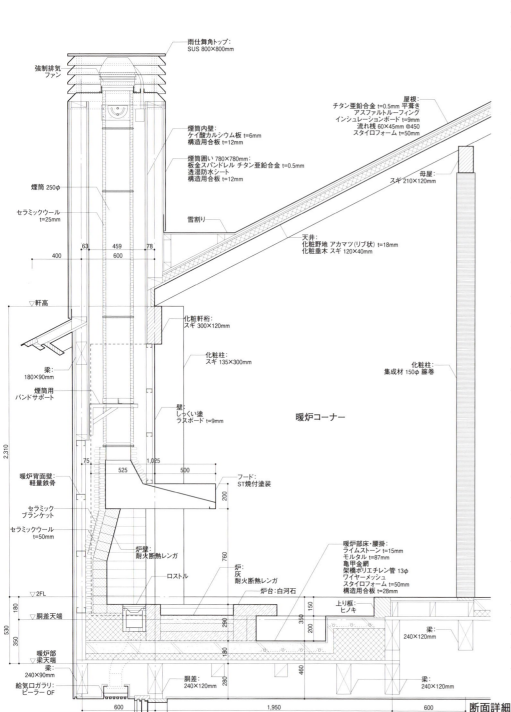

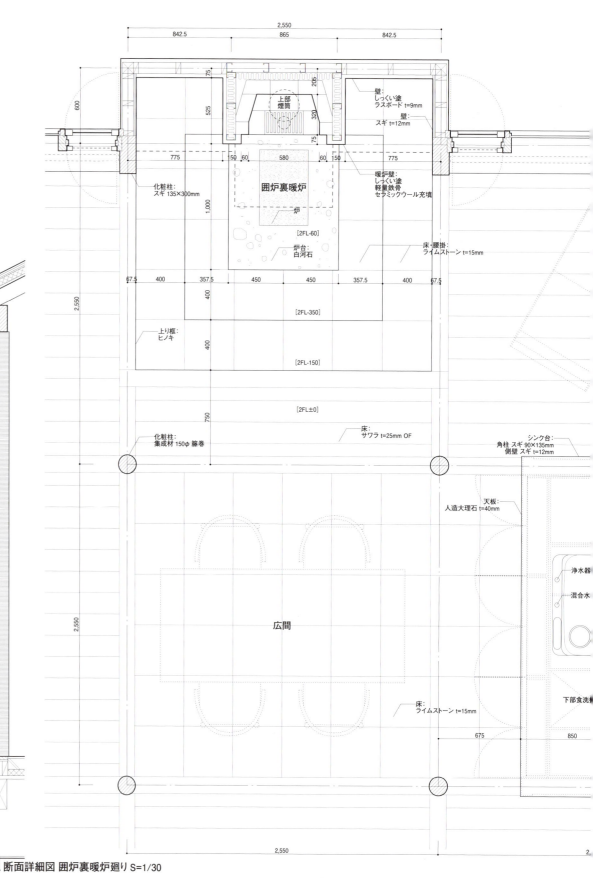

断面詳細図 囲炉裏暖炉廻り S=1/30

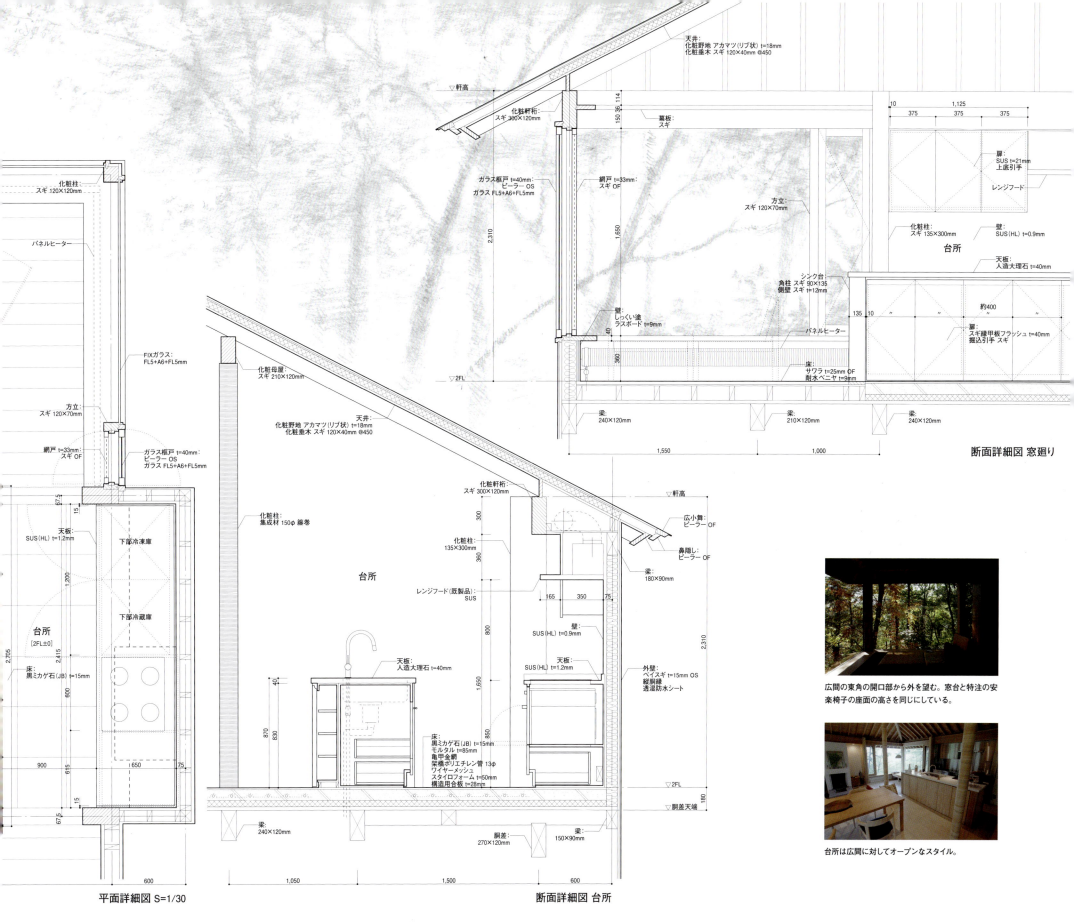

広間の東角の開口部から外を望む。窓台と特注の安楽椅子の座面の高さを同じにしている。

台所は広間に対してオープンなスタイル。

浴室。開口部は4枚のガラス引戸を洗面所側に寄せると全開になる。

水廻り詳細 平面図 S=1/30

洗面所から浴室テラスの開口部を見る。浴室の出入りロは吊戸とし、下部はグレーチングを設けて段差をなくした。上部は枠を幕板状に大きくし、湯気止めとしている。

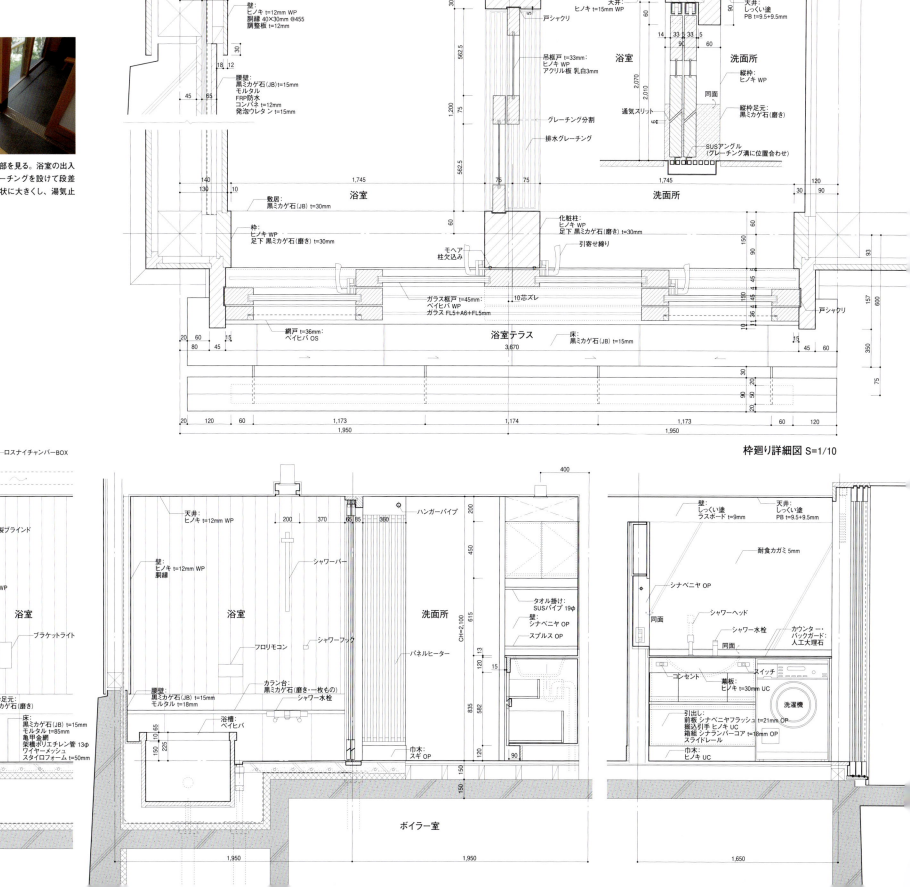

枠廻り詳細図 S=1/10

展開図

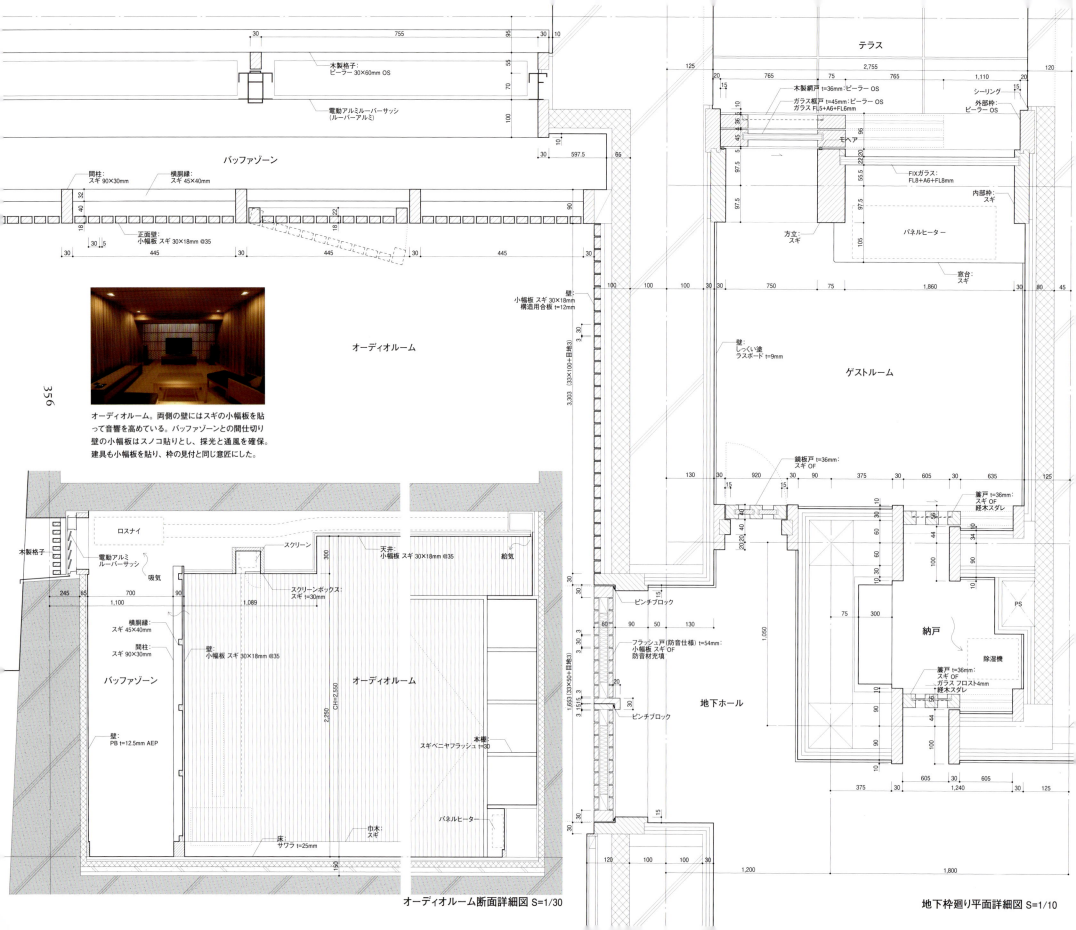

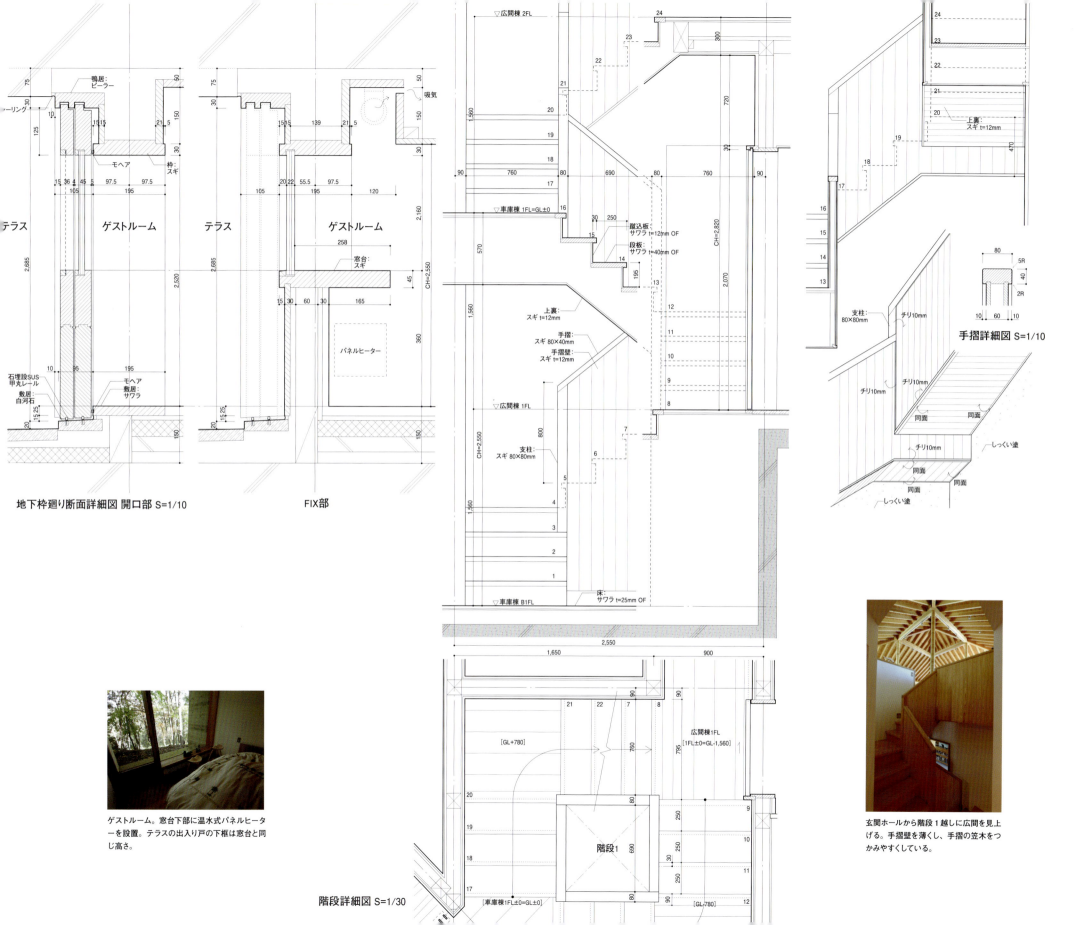

地下枠廻り断面詳細図 開口部 S=1/10　　FIX部

階段詳細図 S=1/30

手摺詳細図 S=1/10

ゲストルーム。窓台下部に温水式パネルヒーターを設置。テラスの出入り戸の下框は窓台と同じ高さ。

玄関ホールから階段1越しに広間を見上げる。手摺壁を薄くし、手摺の笠木をつかみやすくしている。

蓼科の家

House in Tateshina

2010

所在地　長野県茅野市
用途　　週末住宅
施工　　小澤建築工房
造園　　かわぐち
主体構造　木造
敷地面積　1,757.70㎡
建築面積　77.44㎡
延床面積　136.08㎡

正方形平面に方形屋根を架けた外観。そのシンプルな輪郭の中に様々な場所が内包されている。8,400mm角の中に4,200mm角の空間を内包し、台所や水まわりや階段といった生活を支える部屋を、外周のリング状の部分に高低差をもって配置している。周囲の自然を印象的に捉えることと、隣家の存在がなるべく気にならないように、あるいは冬期の利用を考えて、開口部を可能な限り絞っている。また、屋根の架かったテラスをいくつか設け、室内にリズムと彩りを与えている。真壁でつくった柱、梁の間にサワラの厚板を落とし込み、構造と内装が同時につくられている。

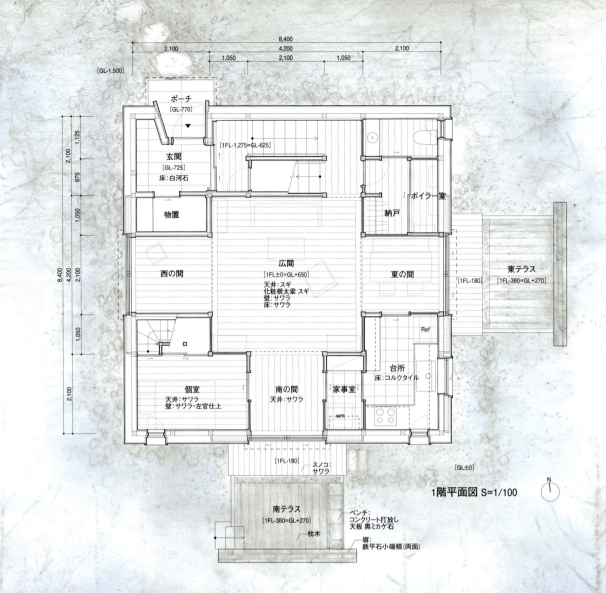

1階平面図 S=1/100

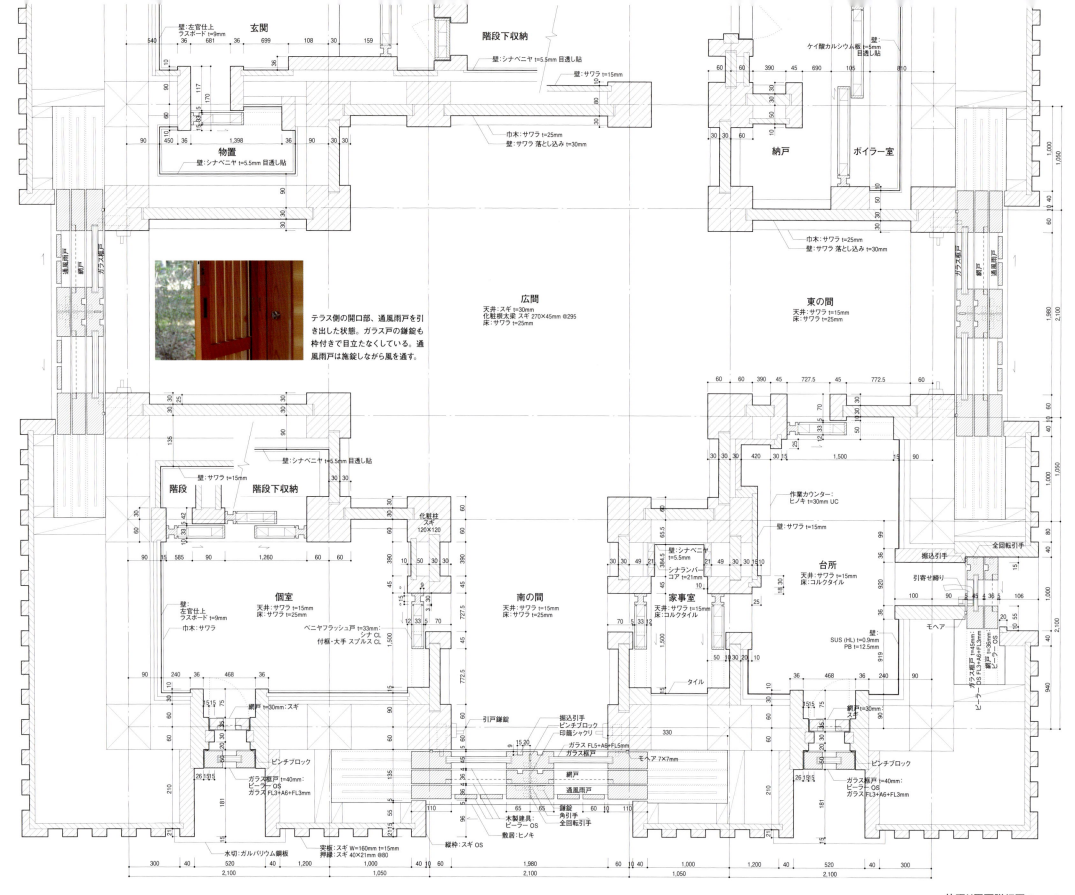

枠廻り平面詳細図 S=1/10

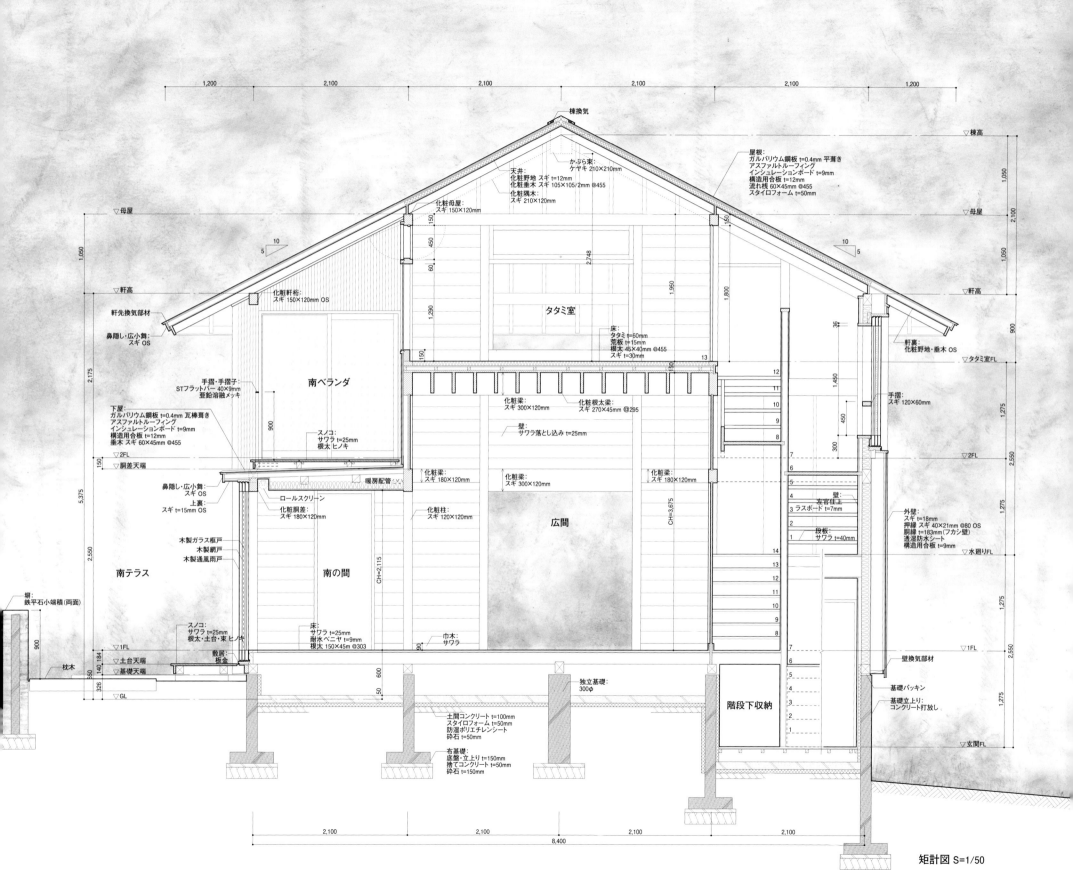

家具図 S=1/30　共同デザイン：堀部安嗣建築設計事務所・傍島浩美　製作：hao & mei

ダイニングテーブル：クリ OF

ベンチ椅子：クリ OF S=1/10

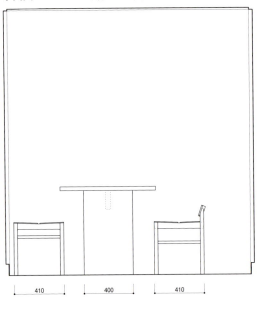
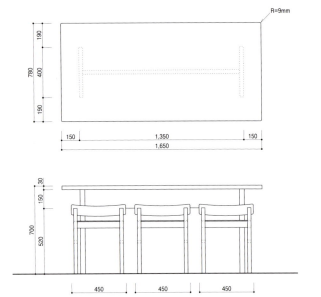
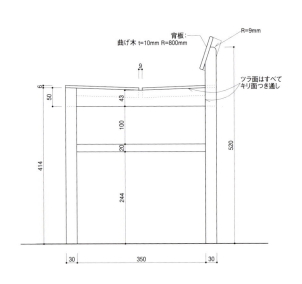

床と壁に用いたサワラのやわらかい表情に合わせて、家具は端正な表情をもつクリ材で特注。

食堂の椅子は、スペースが小さいことから背板を低くし、ベンチと揃えてデザイン。

木でつくられた空間に合うように、スタンド照明もデザイン。

スタンド照明のベースはケヤキの無垢材で製作。チェストの扉の面材には籐シートを貼っている。

ソファー：クリ OF　座クッション：本革

スタンド S=1/10　デザイン：堀部安嗣建築設計事務所　製作：KECK

チェスト：クリ OF

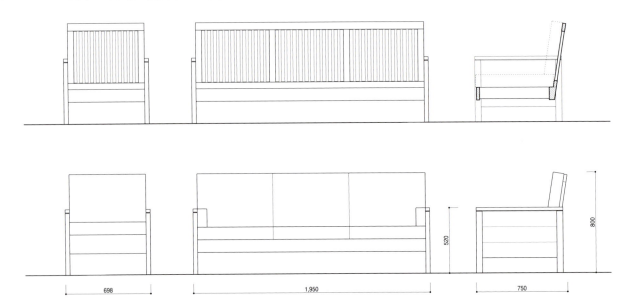
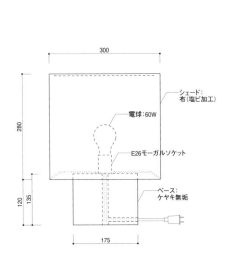
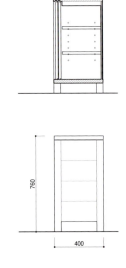

DVD棚+ソファー：クリ OF　座クッション：ファブリック

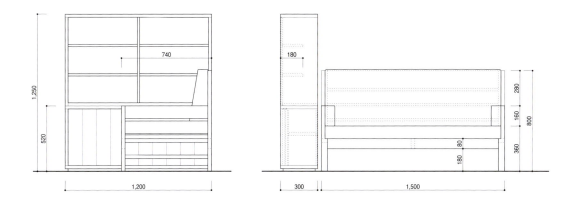

南テラス。スノコは雨が直接かからない軒下までとし、その先は素材を適宜変えながら段差を設け、周囲の自然につなげている。

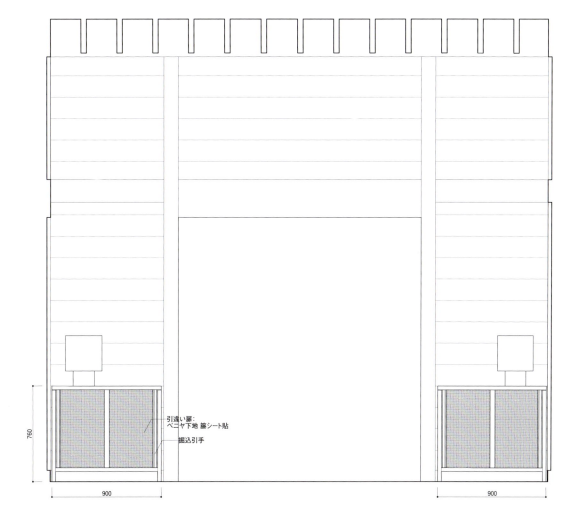

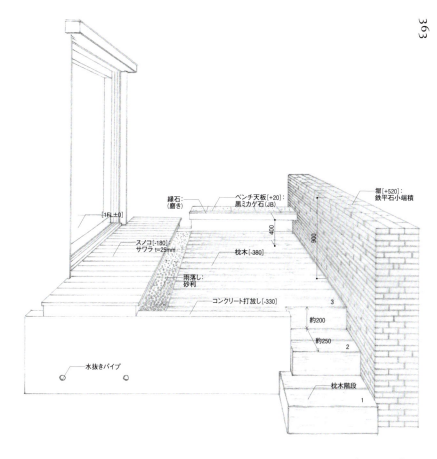

南テラス パース

華林荘

Karinso
2010

所在地　　長野県
用途　　　週末住宅
構造設計　山田憲明構造設計事務所
施工　　　丸山工務店
造園　　　岩城
主体構造　木造
敷地面積　505.20㎡
建築面積　93.67㎡
延床面積　93.67㎡

厳しい法規制によって建物の建てられる場所とボリュームが自ずと導かれる中で、リビングの広さをなるべく確保しながらも全体をコンパクトに構成している。屋根は寄棟を連続させ、広間からも寝室の屋根、天井がつながってゆくように見せている。開口部の形式やディテールはほぼすべて統一し、建物に秩序を与えると同時に窓の開け閉ての簡便性を得ている。床レベルは防湿のために地面より1,000mmほど持ち上げ、スラブをキャンティレバーにすることで軽快な印象を与えている。

南側外観。三つの寄棟棟の屋根をつなげている。

屋根架構を表した天井に包まれた空間。各開口部には障子が設えてある。

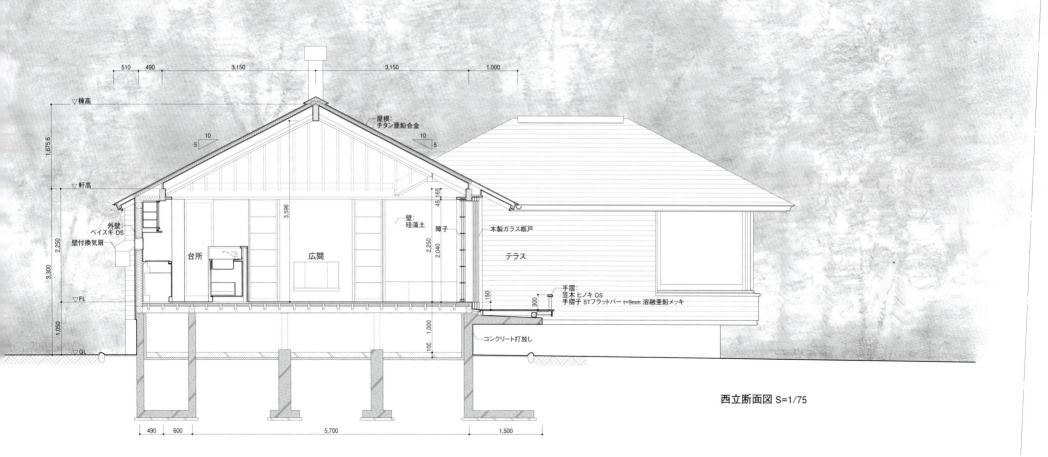

西立断面図 S=1/75

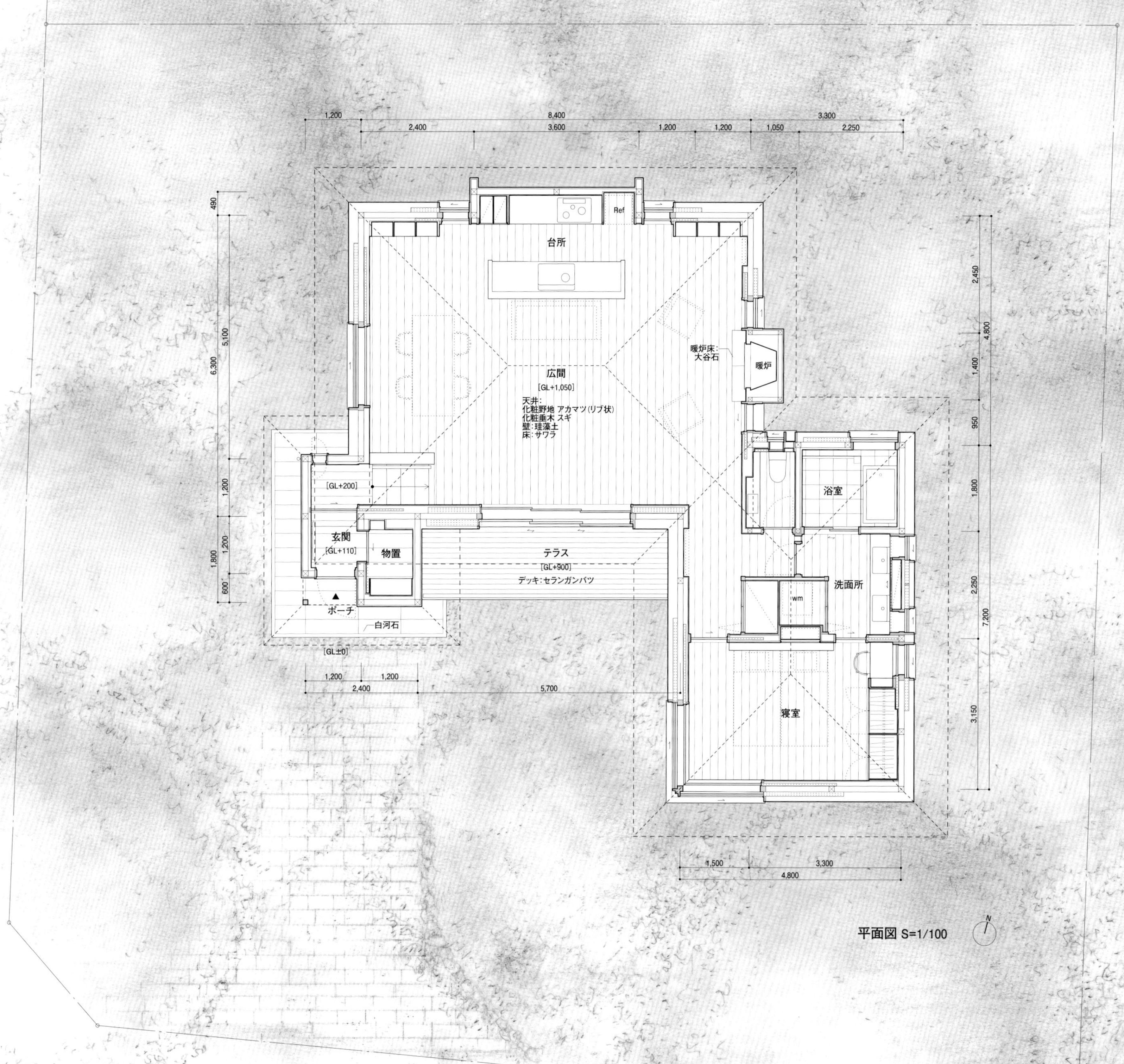
台所
Ref
広間
[GL+1,050]
天井:
化粧野地 アカマツ(リブ状)
化粧垂木 スギ
壁:珪藻土
床:サワラ
暖炉床:
大谷石
暖炉
浴室
洗面所
wm
寝室
テラス
[GL+900]
デッキ:セランガンバツ
玄関
[GL+110]
物置
[GL+200]
ポーチ
白河石
[GL±0]
1,200
8,400
3,300
2,400
3,600
1,200
1,200
1,050
2,250
490
5,100
6,300
1,200
1,200
1,800
600
2,450
4,800
1,400
950
1,800
2,250
7,200
3,150
1,200
1,200
2,400
5,700
1,500
3,300
4,800
N

平面図 S=1/100

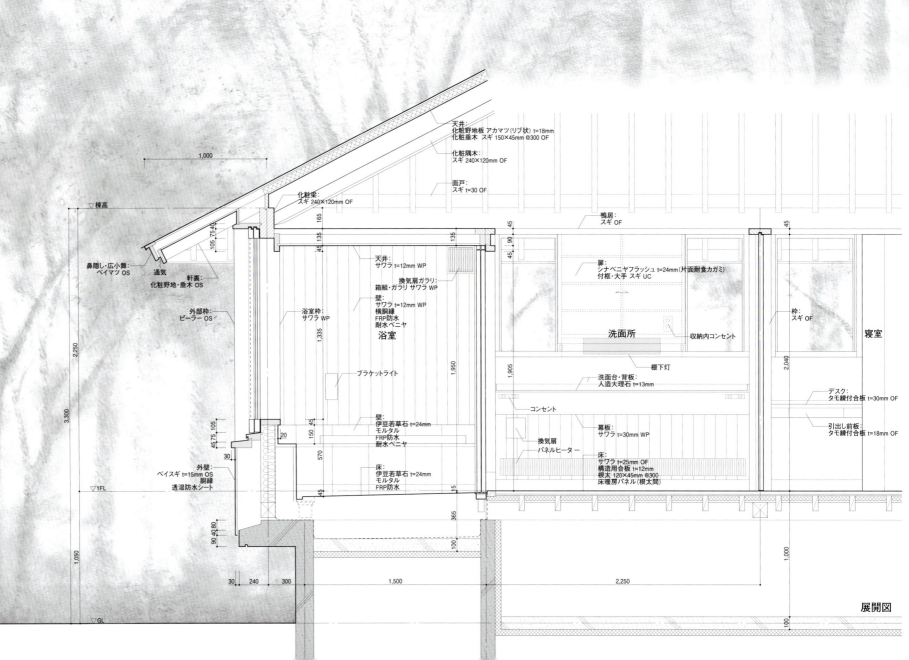

洗面所。シンク前からは、窓の外の景色と鏡の両方を見られる。正面の鏡は左右にスライドし、小物を収納できる。

展開図

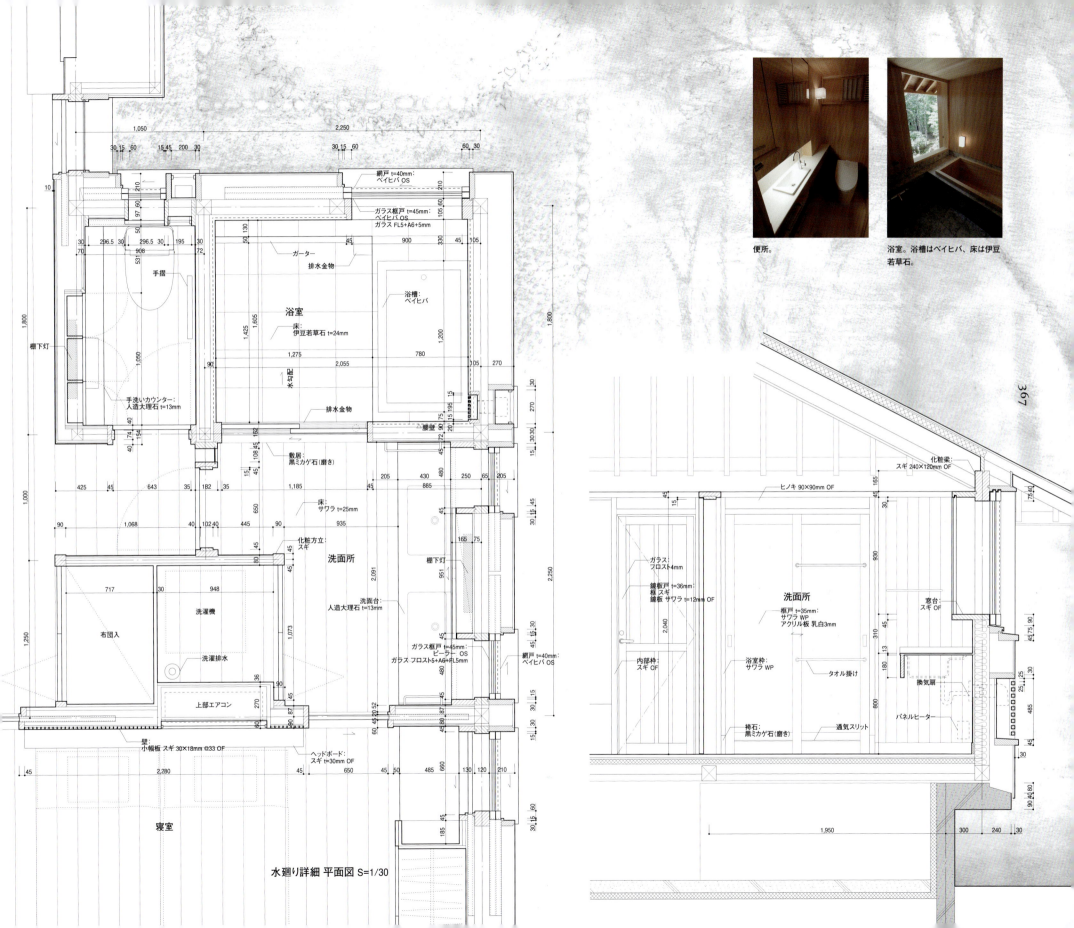

便所。

浴室。浴槽はベイヒバ、床は伊豆若草石。

368

塀:
貫石

化粧柱:
スギ 105×105mm OS

RD(銅)

化粧柱:
スギ 120×120mm OF

化粧柱:
スギ 105×105mm OS

塀:
コンクリート打放し(スギ型枠)

犬走り
モルタル金ゴテ
雨落し

裏庭

母屋棟 店舗
[GL+300]
天井:
化粧野地・垂木 スギ
壁:スギ OF
床:スギ OF

中庭
水上[GL+150]
床:貫石

離れ棟
天井:スギ OS

床:
モルタル豆砂利洗い出し
[GL±0]

サービスカウンター:
ヒノキ UC

外物置
[GL+200]

納戸

外壁:
スギ
押縁 スギ OS

[GL-300]

勝手口
[GL+30]

床・腰壁:
スギ
黒ミカゲ石

外壁:
スギ
押縁 スギ OS

水下[GL+70]   排水溝

2,700 | 975 | 975 | 975 | 975 | 1,200 | 5,400 | 2,250 | 1,800
3,900
15,450

平面図 S=1/100

北立面図

屋久島メッセンジャー

Yakushima Messenger
2010

所在地	鹿児島県熊毛郡
用途	店舗
構造設計	山田憲明構造設計事務所
施工	平川住建
造園	寿哲男
主体構造	RC造＋木造
敷地面積	331.00㎡
建築面積	99.23㎡
延床面積	59.74㎡

屋久島の情報発信を目的とする会社の直営店で、アウトドア用品などの販売やツアーの基地として機能する。敷地は島内でも交通量の多い県道沿いにあり、周辺は商業地として開発が進む可能性もあった。そのような中で台風時の強風や豪雨、猛烈な湿気から建物をまず守るため、あるいは喧噪な道路に対して静かな場所を確保するため、敷地を石塀で囲い、その塀を壁として利用する木造の母屋と離れを配置している。木造部分を地面から浮かせることで、シロアリ対策としても有効に機能する。離れは片側の長手方向も石塀を壁とし、その上に切妻屋根を架けた形である。開放的ながら石塀に囲まれることで安心感が生まれ、自ずと人の居場所になる。中庭ではイベントなどが催される。

断面図 S=1/100

建築の居場所

堀部安嗣

　人を取り巻く世界には二つの世界がある。その世界をあえて言葉に置き換えるなら「世間」と「自然」である。世間は人の感情や営みから成り立つ人間関係の世界で、自然は言うまでもなく人の存在以前にすでに在った世界、世間とは比較にならないほど歴史のある広大で深遠な世界である。この二つの世界では時間の進み方もその性質もまったく異なる。世間は人のコントロールが及ぶ世界であり、だからこそ、その世界はめまぐるしいスピードで変わってゆく。

　一方、自然は人のコントロールが及ばない世界である。コントロールできない世界ということは、人はこの自然の仕組みや出来事に対して納得せざるを得ないことになる。逆説的に言えば人が納得する、納得せざるを得ない状態であることを人は「自然だ」というのだろう。自然は、仕組みや形をあまり変えずにゆっくり動いているから、「自然だ」と感じる人の感覚自体、古今東西ほとんど変わることがない。

　この二つの世界が、人を取り巻く世界にはどこにでも、どんな時代にも、必ず存在していることを意識していなければならないのだが、現代に、そして特に都市の中に生きていると、世間のみが際立って浮き上がり、自然の世界が見えなくなってしまう。すると、人が何でもコントロールできるような錯覚を抱いてしまう。都市に降った大雪で電車が動かなくなったことを駅員に怒っている人を思い浮かべればわかりやすい。世間しか見えなくなった世界では、いつでも人はわがままな主人公であり、無意味なストレスを抱えてゆくことになる。

　さて、ここで建築のことをよく考えてみたい。この二つの世界を見つめた時、建築の居場所はどこにあるのだろう。私は本来建築とは、この二つの世界のちょうど境界あたりに存在するのではないかと思う。

　雨が降る、風が吹く、陽が差す、地震がくる、１Ｇという重力がかかっている。そんな自然の世界を受け入れ、ある時は委ね、そしてある時は利用しながら、人の営みを守り、豊かな感情を育み、世間をやわらかく包み込む。建築とはどちらの世界にも存在しているようで、実は存在していない、不思議でユニークな立場にある。また、相反する二つの世界を仲立ちし、それらをつなぐ役割を担っているようにも思う。だから建築は世間の時間の流れと自然の時間の流れと、両方の時間軸をもっていなければならない。人のコントロールを受け入れる寛容さと器用さ、そして自然の世界の特徴である人のコントロールがきかないがゆえに人を納得させてしまうような、無愛想な力強さをも同時に持ち合わせていなければならないと思う。

　今、ひとつの試みがある。それは美しい屋根を架けるということだ。単に機能や形としての屋根ではなく、屋根を美しく架けたいという思いやプロセスを通して、多くの発見と心地よさがあることに私は気付いた。日本の風土の中で美しい屋根を架けるという行為は、何百年も何千年もの間、間違いなく自然に「よい」とされてきた。あるいは「よい」と感じざるを得ない。一人の人間の価値観などといったものより遥かに大きく、おおらかで普遍なものに自分を委ね、そこから得られるものに素直に従ってみた

　い。また、建築とは本来、世間と自然の二つの世界を行き来してつなぐものであるとすれば、そのインターフェースとして屋根が大きな役割を担っているとも思う。実際に設計していてよく感じることだが、勾配のある、均整のとれた合理的な屋根を架けなくていいなら、建築の平面はとめどなく自由で奔放になる。スタディの段階においては、その自由な平面は一見、新しい建築の表現、可能性があるような気がして魅力を感じる時もあるけれど、どうもそこから先には進んでいけない。いや、進むべきではないという警告を自ら発してしまう。そして気候に対して、風景に対して、あるいは経済に対しても合理的な屋根を架けようという意志をもって平面を練り直してゆくと、不思議と人の動きや営み、あるいは人の希望といった本質的な問題の解決につながって平面が昇華してゆくことが多いのだ。つまり屋根を考え、屋根を解くことで、ようやくプロジェクトの着地点が見えてきて、納得できる。納得せざるを得ない、「自然だ」と思える状況になるのである。

　「世間」と「自然」を見つめ、その二つの世界を丁寧につなぐことができるのならば、人にとっても建築にとっても、本来の確かな居場所に戻ってゆけるような気がする。

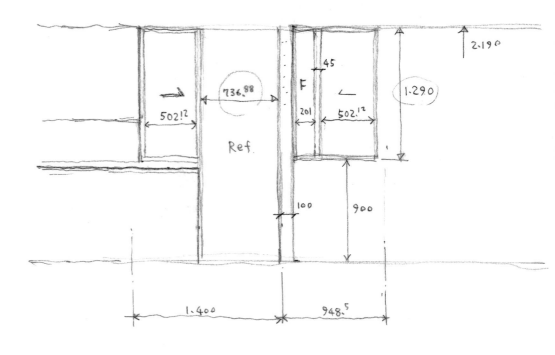

2.190.

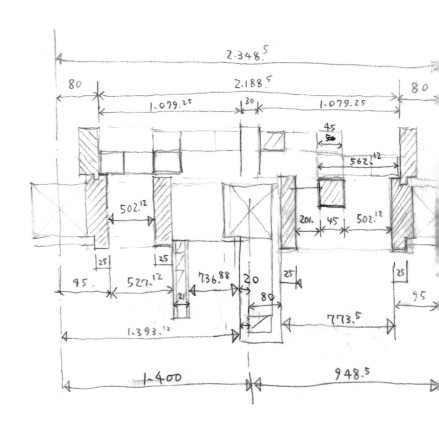

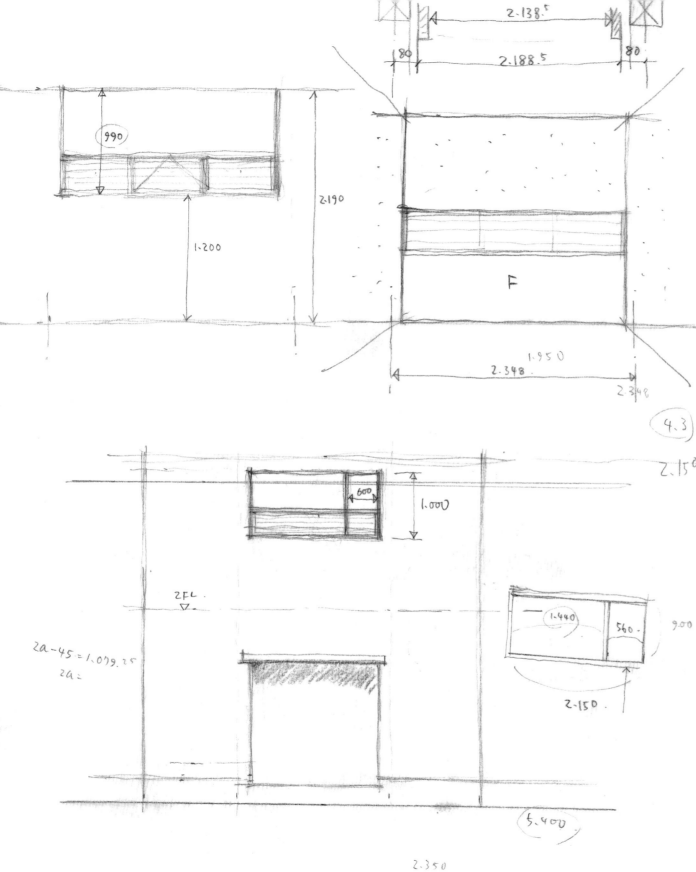

第5章

Architecture &
time

建築と時間

2010 - 2012

「流山の家」の窓のスタディ図面。

鹿嶋の研修所
Seminar House in Kashima 2010

見渡す限りの平坦な田園地帯の中に小さな森がポツンとある。その森に埋もれるように建つ平屋の棟と、その棟からわずかに角度を振って配置した2階建ての本棟によって建物を構成している。その2棟に挟まれた先は青い海を切り取る。東京に本社を置く企業の研修所であり保養所で、自然を感じる場所で英気を養い、日常の仕事がより生き生きするように、との考えでつくられた。

西側から見た全景。左が本棟、右が離れ。
本棟は北風を防ぐために2階建てにした。

左上：本棟の広間から離れを見る。右上：アプローチより離れの屋根越しに森を望む。
左下：中庭と土間に用いたのは大谷石。広間の一角には囲炉裏を設けている。右下：東側から見た外観。

左：離れのテラス。中：中庭の本棟寄りに設けた水盤。右：平屋の離れは森の懐に埋もれるように建っている。

左：敷地の西側から東方向を見ると、木々の
向こうに鹿島灘が目に入る。素材は瓦や木、
石、塗り壁など昔からあるものを使っている。
右：森との関係を描いたスケッチ。

市原の家

House in Ichihara 2010

かつての沖縄の民家に見られた、低くひれ伏した建物の佇まいに憧れる。台風時の強い風雨から生活を守るためにそのような形になっているのだが、どこか自然に屈して頭を垂れているようにも見えるし、謙虚な姿には気品と気高さを感じる。そんな沖縄の民家にも影響を受けながら、同じ敷地に建っている母屋と大木、豊かな緑の間を縫うようにつくった家である。

南東から見た外観。手入れの行き届いた広い庭と一体になる住まい。奥に建主が営む病院がある。

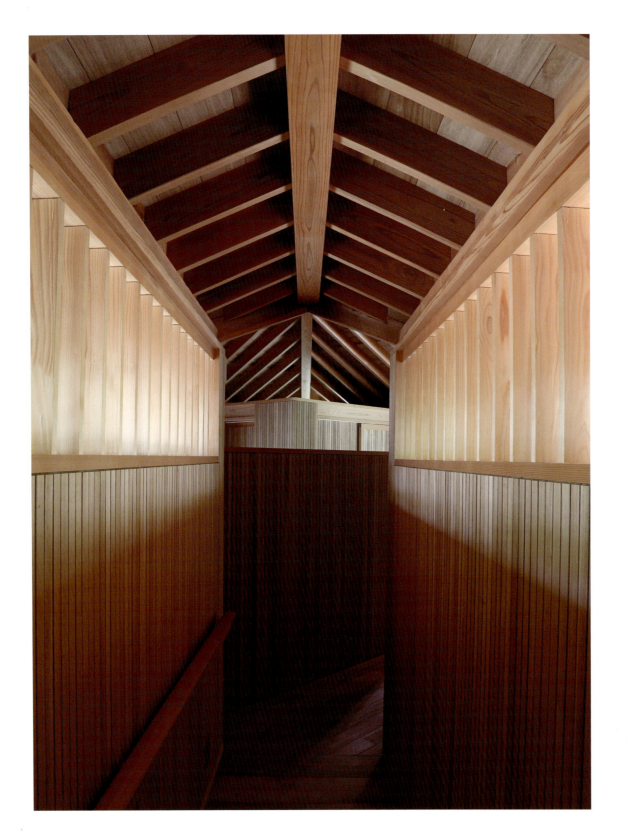

左：母屋との行き来の際に使われる渡り廊下。室内の天井には屋根架構がそのまま現れる。右ページ：開口部を低めに設けることで落ち着いた雰囲気を醸し出す広縁。床壁天井にはキリを採用している。左手は寝室で、この床はライムストーン。

左ページ：来客を迎えるほか、家族が集まる時のダイニングスペースにもなる土間。ライムストーンの床から掃出し窓を介して庭につながる。暖炉はコンクリート打放しで製作。右上：寝室から広縁を見る。右下：北東から見た外観。左手に見えるのが母屋。

正光寺客殿・庫裏

Reception Hall and Priests' Living Quarters of Shokoji 2010

住宅を設計しても、「お寺のようですね」とよく言われる。古今東西、優れた寺院建築に漂う悠久の時間の流れや静けさ、あるいは清々しさのようなものに感銘を受け続けており、その影響が滲み出ているとしたら光栄なことだ。初めての寺院の設計だったが、気負いも違和感もなく、いつもと変わらず自然に設計に取り組むことができた。

客殿から北側を見る。天井にルーバーを設け、照明やエアコンの吹出し口を見えにくくしている。

上左：縁側。左手のコア壁は大谷石を積んでいる。上右：犬走り、雨落とし、縁石のディテール。下：客殿と庫裏の外観スケッチ。
右ページ：南側から客殿を見る。右手に本堂が続く。

善福寺の家

House in Zenpukuji 2011

設計当初は周囲になにもない敷地だったが、あっという間に家が建て込み、今はまるで別の敷地になったように思える。しかし、建物の中はその環境の変化にほとんど左右されず、ものの少ないシンプルな暮らしぶりとあいまって、竣工時と変わらない静けさを維持している。引き渡しの日と引っ越しの間に東日本大震災の大きな揺れがあったことを思い出す。

2階の食堂。左手は台所、右手奥は居間。

左：アプローチから南庭を見る。中：寝室か
ら北庭を見る。右：南庭から東を見た外観。
右ページ：道路から見た東側外観。

左上：1階の廊下。奥は寝室。左手の地窓から見えるのは南庭。右上：居間から書斎方向を見る。左下：2階の書斎。右下：1階の寝室。北庭を望める。

左：食堂から居間を見る。中：寄せ棟の屋根が集まるところは、2階の天井にその形状が立体的に現れる。右：書斎。本棚を挟んで勉強室がある。

我孫子の家

House in Abiko 2011

子供の秘密基地がありそうな、ひっそりと取り残された感じの場所に、およそ住宅には見えない、納屋のような佇まいで建っている。建主は造園・景観設計家で、この家に住みながら時間をかけて庭をつくった。いや、まだ終わっておらず、いつ訪ねても庭には変化があり、成長し続けている。家を大きな家具のような感覚で使いこなしているようだ。

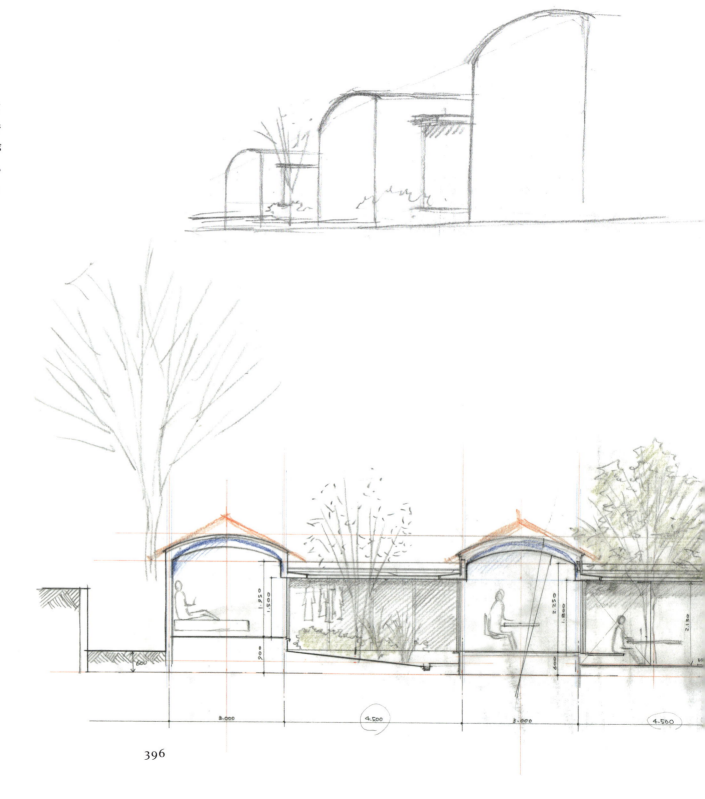

左：屋根や天井の形状を検討していた時のスケッチ。当初はボールト屋根も考えていた。
右ページ：東側から見た外観。切妻屋根の建物が等間隔に3棟並ぶ。

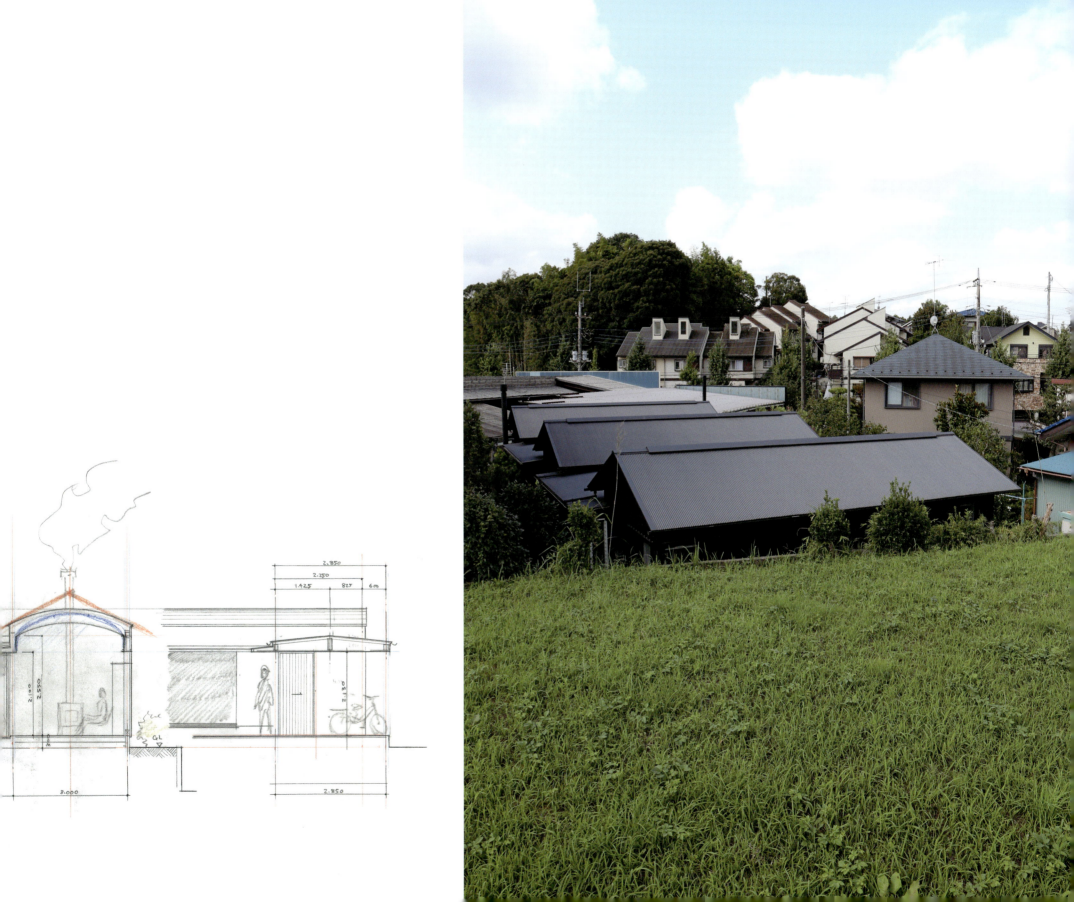

左ページ：食堂から図書室を見る。中庭は大谷石。左：食堂から寝室を見る。中：中庭から食堂を見る。右：アプローチの階段。

左ページ：図書室は建主の仕事部屋であり、子供の勉強部屋でもある。右：食堂と台所は真ん中の棟にあり、両側の庭を楽しめる。ボールト天井がやわらかく包まれる雰囲気を生んでいる。

富士見の家

House in Fujimi 2011

なるべく少ない手数で、無理なく生活しやすいプランをつくりたいとの思いが、この家の設計に色濃く反映されている。閉じる部屋と開放された場所を単純な仕組みでつくり、また、表と裏の動線も簡潔にできている。隣に住む建主の両親や子供の友人の親たちが集まり、母屋と離れを行き来しながら敷地全体を有効に活用して暮らしている。

母屋の食堂から居間、テラス、中庭を介して、
離れの土間を見る。

左：母屋に落ち着きを与えるために、離れは母屋よりも地盤面を下げている。上：離れの土間。左手は柱廊。下左：中庭の古水鉢。下右：大谷石の石畳。

建主の随想「市原の家」
この家に護られ、勇気づけられて

長谷川美智子

　もうかれこれ7年も前のことです。小さな駅前にある書店でふと手にした雑誌で、堀部さんのお名前を初めて知りました。大屋根が架かった小ぶりの家の中に灯がひとつ。夜の帳が腕を差しのべたカエデの木をシルエットにして包んでいました。なぜか故郷への想いが込みあげ、心に焼き付いた1頁でした。生家は半世紀も前、当時の不況の荒波に呑まれて、家も家族の心も散り散りに消えました。四国山地の持ち山から木を伐り出して製品にし、瀬戸内の小さな港から関西へ出荷する家業です。出来上がったばかりの板の束やおが屑の匂いが大好きでした。

　主人が突然亡くなって数年経ち、身辺の整理もついたので、残りの半生は熟慮して望んだ道を歩もうと思いました。主人はよく「迷った時はゴー（GO）だよ」とためらう私の背を押してくれたものです。「私の家をつくろう」。勇気を出して堀部さんの事務所を訪ねました。その後、「お見合い」と称して作品を何カ所も拝見しました。

　堀部さんはとても多忙で、その後はなかなか市原の現地にお越しいただけず、連絡も途絶えて毎日胸が痛みました。ようやく設計の相談まで辿り着き、「私の希望は広々とした小さな家」とだけ申し上げました。すると堀部さんは「私はこれから『夕鶴』の"つう"になります」とおっしゃるのです。最初その意味がわからずポカンとしていましたが、あっ、なるほどと納得できました。

　それからまた音信不通。

　「白い模型の家が出来上がりました」とお報せがあって拝見した時、一瞬、その大屋根の広がりが翼を広げた鶴に見えてしまいました。きっと、私は一心に機を織る"つう"の姿ばかりをずっと想っていたからでしょう。

　完成し移り住み3年。愛犬ランも8歳を越え、今では堀部さんの思い通りに暖炉の土間を自分の居場所と決めています。私の最も身近に居てくれる大切なパートナーです。

　過去に私は、主人の母を含む5人家族が住む、大きな2階建てをつくりました。ノート1冊に希望を書き連ね、細々とスクラップした写真を添えて設計士に依頼しました。全て希望通りに出来上がりました。ここで20数年間、3人の子供たちが巣立ち、義母と夫が他界し、世間の人々と同じように忙しい毎日でした。

　ふたつの家に住んでみて、その用途は異なりましたが、これらは根本から違った別のものと思います。機能やデザインとは別に、線の引き始めから何かが違うのです。

　若い頃から私は絵画や焼き物、音楽に親しんできました。自分が美しいと感動するものの周囲にはいつも澄んだ涼しい風の流れを感じます。初めて拝見した「那珂の家」の頁もそうでした。「市原の家」のどこが気に入っていますかと問われても、個々に満足のゆくお答えが出てきません。堀部さんは鳥になったり風になったり、冬の陽射し、夏の太陽、また最後には大きな掌で包んでみたり……そうやってつくってくださったのかな、と想像します。3年余り住居して、堀部さんのおっしゃる「イエ」という言葉をほんの少しわかったように思います。他の建主の方々と同じように住まう日々、設計の綿密さ、心配りを随所に発見します。

　堀部さんとスタッフの方々、大工さんたちが心をこめてつくってくださったこの家にふさわしく、品性を保って、和やかに集い、周囲を慈しみながら時に居ずまいを正して生きるようにと励ましてくれる住居です。

　70歳になっても家業に多忙な日々ですが、この家に護られ、勇気づけられて、家族や仕事上のスタッフの人たち、近隣の方々に恵まれて幸せな毎日です。

建主の随想「我孫子の家」

物語の始まりを喜ぶ

荒井清児（造園・景観設計家）

　読者の皆さんの興味が建主に向くのは、どのような理由や経緯から設計と監理を依頼するとよいか、そしてその判断や結果に満足したか、あるいは依頼されるひとかどの人物に求められる資質や素養とは何か、という問いがあるからかもしれない。しかし、確かな答え探しとは別に、建主になることの意味を私たちなりに思い巡らす時があったことも思い出される。

　私たちは逡巡や特別な心の準備もほどほどに、堀部さんに会おうとしていた。2008年6月、TOTO出版からの作品集が記録的に売れていた頃である。失礼にも私たちはその作品集を開くことなく、当時は小日向にあった事務所に招かれる運びとなった。建主としての高貴さや寛容さを知らない。簡素でスローな暮らしもしていない。美や豊かさを紡ぐ仕事でもない。まして裕福でもなく、老成もしていない。家族3人で書いた、ただ住宅を必要とする旨を伝える一通の手紙が全ての始まりだった。まずは会ってみようと思った。狩りに出かけるように。

　建主にとって誰をどう選ぶかも大事だが、出会いの場面はどうだったか、その後それはどんな意味を帯び始めたかも同じく大事だったと、今にして思う。運命は信じないが、業には期待したい。セレンディピティだ。

　出会いの当初から理解のある建主であろうにも、建主になるのは初めてだから意識のしようもない。だから会ってのちは、イメージするのは建築家の仕事であること、私たちの住まい方、判断に無自覚な部分もあるだろうこと、この2点を胸にのんびりお任せしますと大船に乗った気分になっていた。後になって「なっていた」と懐かしく思い返されるのは、堀部さんの率直でしっかりした応対、御し方に違和感がなかったからだろう。

　その気分は内覧会を重ねるたびに強くなった。内覧会には建主が、建主予備軍が、事務所の皆さんが、時に出版社や建築を学ぶ学生、工務店の人が、そして堀部さん本人がその住宅に居合わせる。居合わせた人々のつくる、ひとつの社会的な場所、公器に身を投じたようで、そこが住宅に感じられないことがしばしばあった。空間の静謐さや居心地の良さ、熟慮された使い勝手、安定したディテール、理知的な構成への関心は退き、肌身に迫るのは、ジョルジョ・モランディの絵画にも通じる、時間の堆積する気配だった。ある時は新しく発掘された遺跡のごとく（KEYAKI GARDEN）、またある時は何かに改修されたお堂や修道院のごとく（那珂の家、由比ガ浜の家）、堀部作品は私たちの前に現れ続けた。庭や隣地には何かが覆土保存されていて、これを避けつつ見守るように住宅らしきものが建っている風に感じることもあった（市原の家、武蔵関の家、片瀬海岸の家、北沢の家、小平の家）。私は風景の歴史に思いを馳せるように、人々とともにある土地の物語を住宅に探すようになっていた。そして個人的な要求から遠ざかりながら、これが住宅を普請するということなのかと思うようになっていた。建主であることが他人事のように（しかし空しさはなく、充足して）思える時すらあった。

　「献身的な設計行為とその後の見守り」と「私たち家族の日常」の関係は健やかだろうか？　おはようという時。小鳥の巣箱を掃除する時。切れた電球を交換する時。迷い込んだ虫を逃がす時。本に居場所を与える時。月明かりに寝ころび設計変更の名残を見つめる時。絵をかけ替える時。泣く子の頬から床にこぼれた滴を拭う時。庭に生えてきた草木を慈しむ時。夕日を見送り明かりを灯す時。家族と抱擁する時。事務所から内覧の申し出を受ける時。外出先で我が家を思う時。些細でありふれたことばかり、いつか忘れてしまうことなのに、そこに幸福な偶然の後ろ姿を見ようとしている自分がいる。

　2011年4月、大きな揺れの後、住宅は竣工した。堀部さんが触れた建築と敷地は、たたずまいをまとい、時の動きと移り変わりを、つまり物語を求め始める。建主とは、それを住宅と庭にすくいあげ、ささやかな物語の始まりを喜ぶ者をいうのではないだろうか。住宅は竣工したけれど、個別な完成への欲求は霞のように晴れて久しい。僕は、太古からつづく深い住宅の森に繰り返される、大きな大きな循環の一部に黙して加わるのだ。

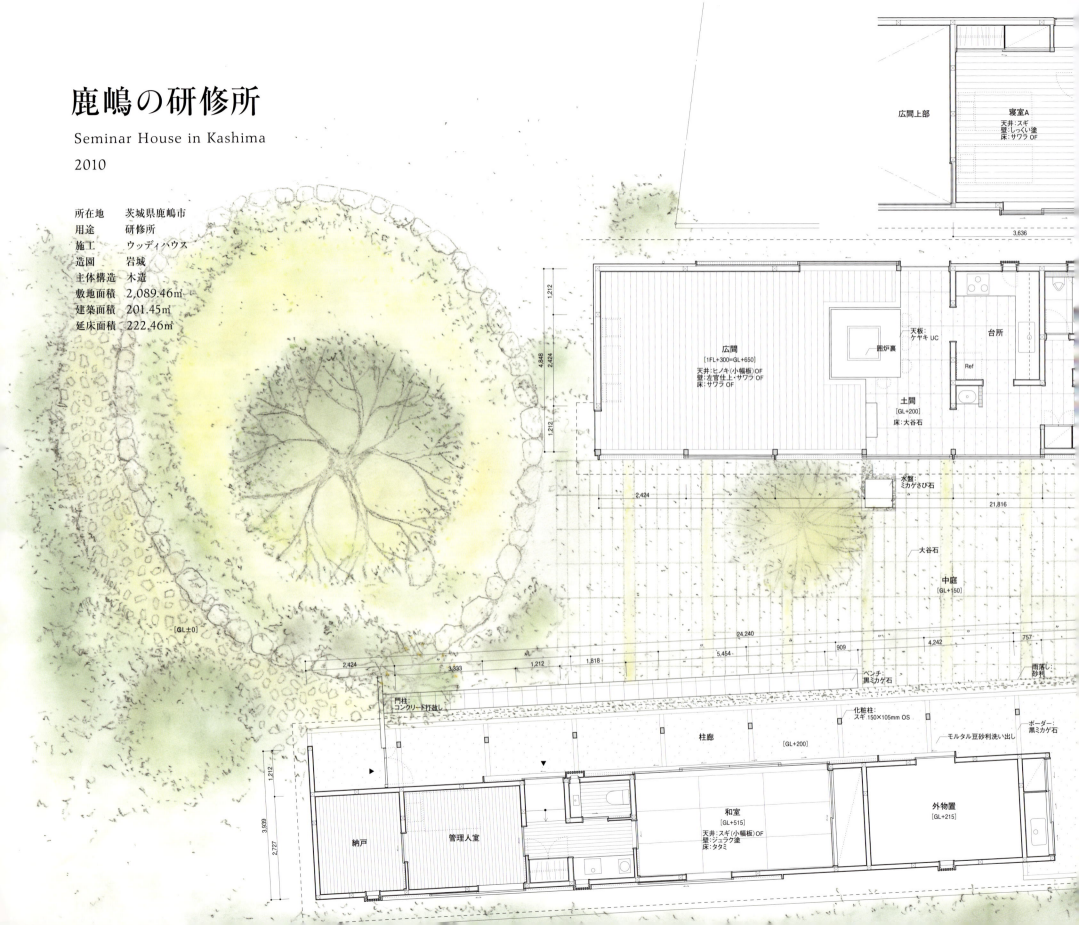

敷地は霞ヶ浦の北浦と鹿島灘に挟まれ、周りは平坦な田園地帯で見通しがいい。その一方、遮るものがないために風当たりや陽射しが強い。そんな風景と環境の中に単純な切妻屋根を架けた2棟を、平屋の離れは既存の常緑樹林の懐に埋まるように、2階建ての本棟はその向かいに配置している。本棟を2階建てにしたのは北風を防ぐためと、離れの屋根越しに林を望めるようにするためである。身体感覚や風景への馴染みのよさ、耐久性の高さ、経年変化への信頼性などから、素材は瓦や木、石、塗り壁といった昔からあるものを採用。それらの素材を使い、新鮮な寸法で構成することを意図している。

本棟2階平面図

本棟1階平面図 S=1/100

離れ平面図

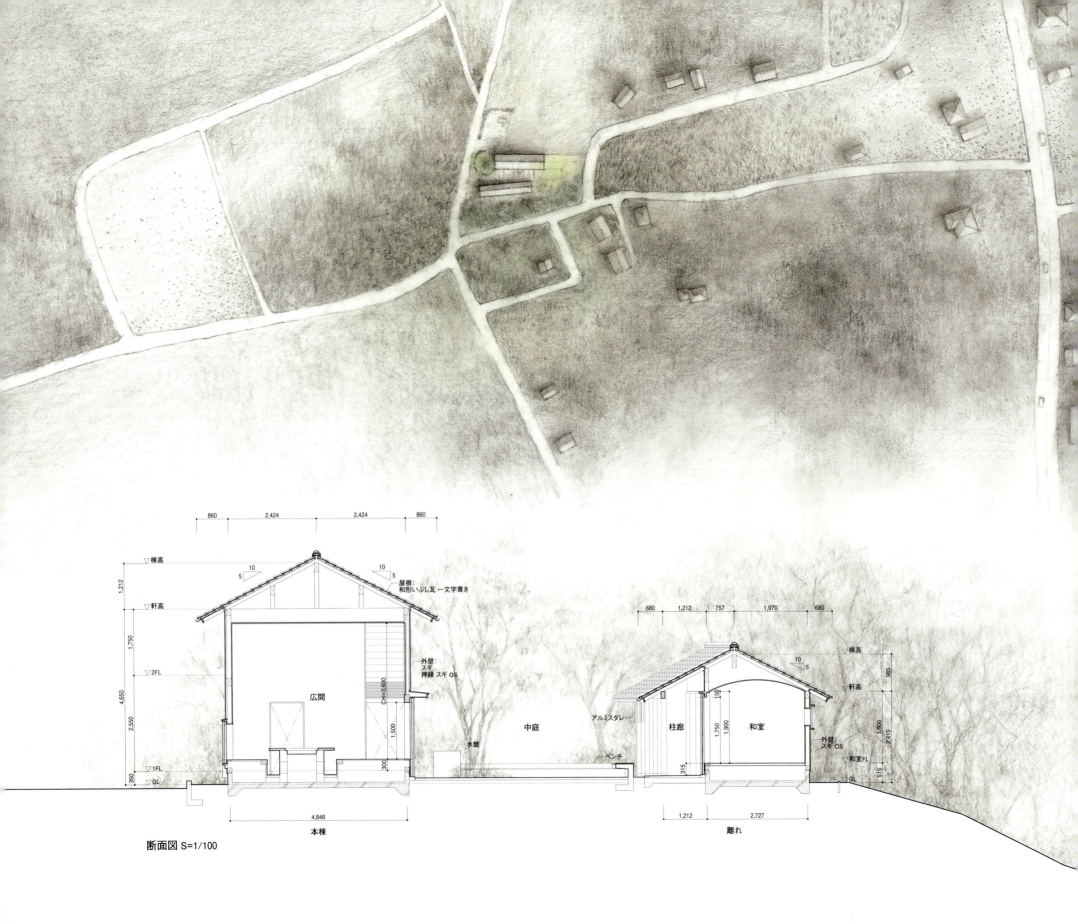

断面図 S=1/100

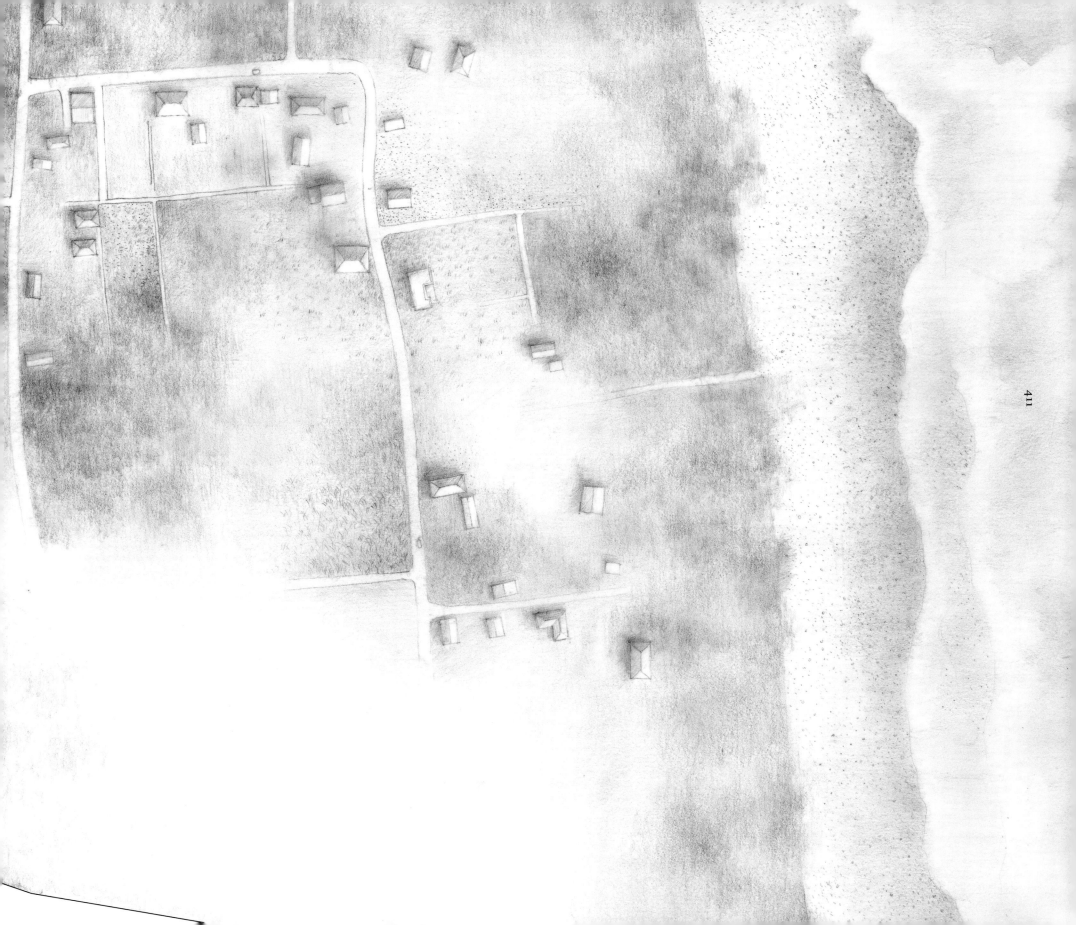
411

京都洛北の家

House in Rakuhoku Kyoto
2010

所在地　京都府京都市
用途　　専用住宅
施工　　羽根建築工房
主体構造　木造
敷地面積　139.81㎡
建築面積　56.96㎡
延床面積　104.14㎡

変形した形状の敷地に合わせて、道路側に家、奥に庭を配置したプラン。家の中から奥行きのある庭が眺められるように考えている。家事動線は庭の反対側に集約。台所と洗面・浴室は上下に分かれるが、階段を近接させることでスムーズな動線を可能にしている。屋根は下り棟をもつ切妻をV字形に連結している。この複雑な平面形状がそのまま外に現れないように検討した結果で、道路側からはごく普通の切妻屋根の家にしか見えず、静けさを街に与えている。玄関ポーチの道路側にはコンクリート打放しの塀を設け、アプローチに奥行きをもたせるとともに、道路との緩衝材としている。

南立面図

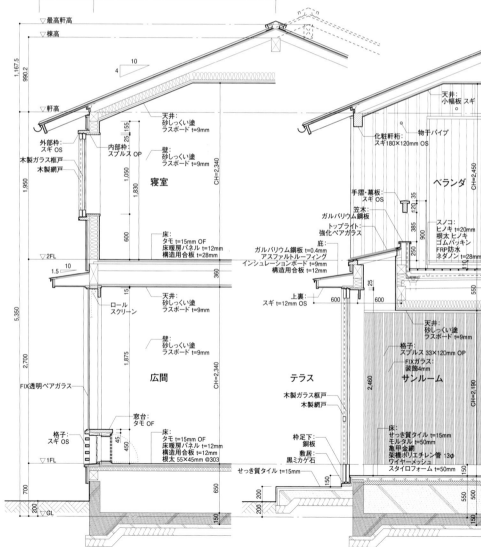

西側道路から見た外観。外壁はスギ。玄関ポーチの一角にしつらえたコンクリート打放しの塀はスギ型枠。

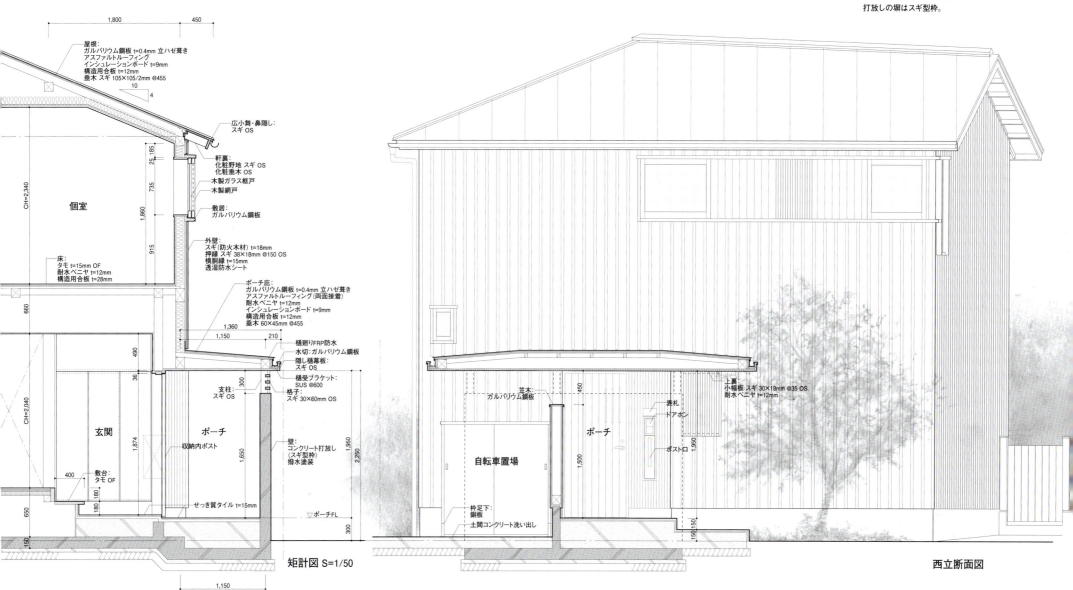

矩計図 S=1/50

西立断面図

1階の広間。平面の特徴が最も表れているこの部屋では、場所によって多様な距離感が生まれる。

コーナーを利用して台所の隣に設けた家事室では収納を充分に確保した。

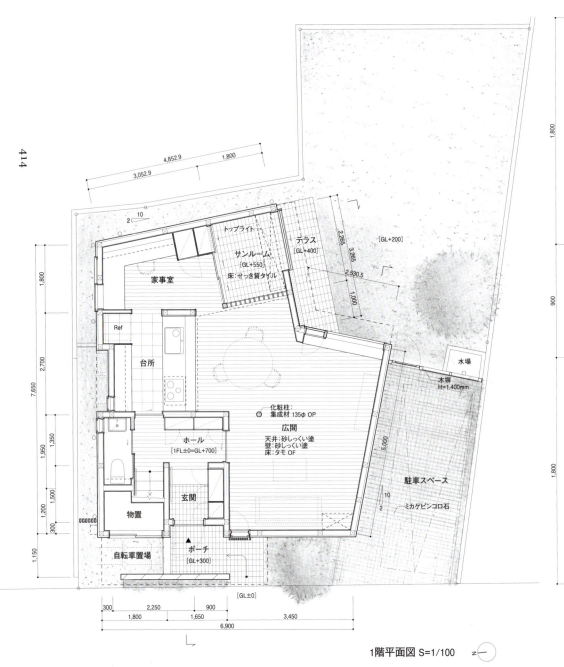
1階平面図 S=1/100

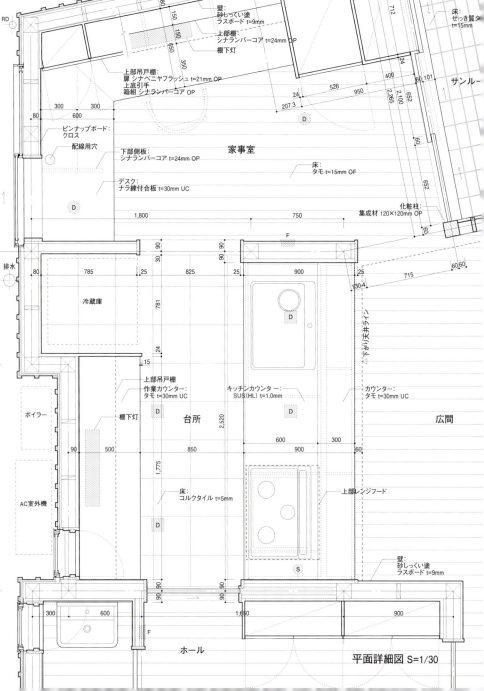
平面詳細図 S=1/30

浴室からベランダを見る。右手に洗面所の洗濯機が見える。

洗面所。洗濯物は洗面所から浴室を通ってベランダに干し、乾いたら寝室に取り込む。回遊動線によって一連の行為がスムーズになるよう計画している。

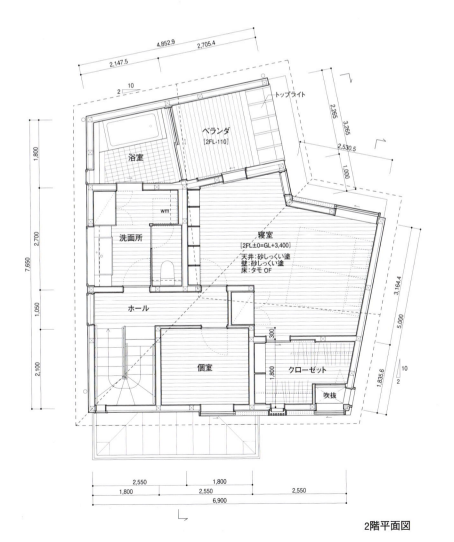

2階平面図

平面詳細図

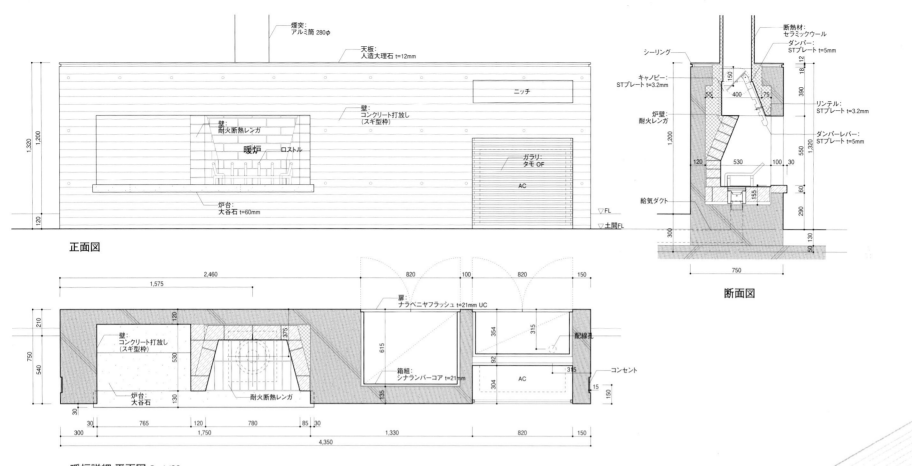

正面図

断面図

暖炉詳細 平面図 S=1/30

市原の家

House in Ichihara
2010

所在地　千葉県市原市
用途　　専用住宅
構造設計　山田憲明構造設計事務所
施工　　かしの木建設
造園　　舘造園
主体構造　木造
敷地面積　1,633.60㎡
建築面積　142.65㎡
延床面積　142.65㎡

30年以上住み続けた家を子世帯に譲り、自身は独立して暮らすことを決めた建主のために設計した家。広い敷地には母屋のほか、自身が営む病院も建つ。計画にあたっては、病院や母屋からのプライバシーの確保、既存の庭の眺めの活かし方、母屋や病院との動線の整理を重視。平屋の建物は四つの棟から成り立っている。手前から、車2台を停められる車庫棟、母屋や病院との行き来をはじめ敷地全体の動線の要となる玄関棟、庭と一体化し、かつパブリックな場としての役割を担う土間棟、そして一番奥に、生活に必要な機能と動線をコンパクトに集約したプライベート棟である。雁行しながら連結する4棟には、方形か寄せ棟の屋根を架け、室内の天井では屋根架構がそのまま現れる。母屋や病院への圧迫感を軽減するために、軒高や床高は極力抑えている。

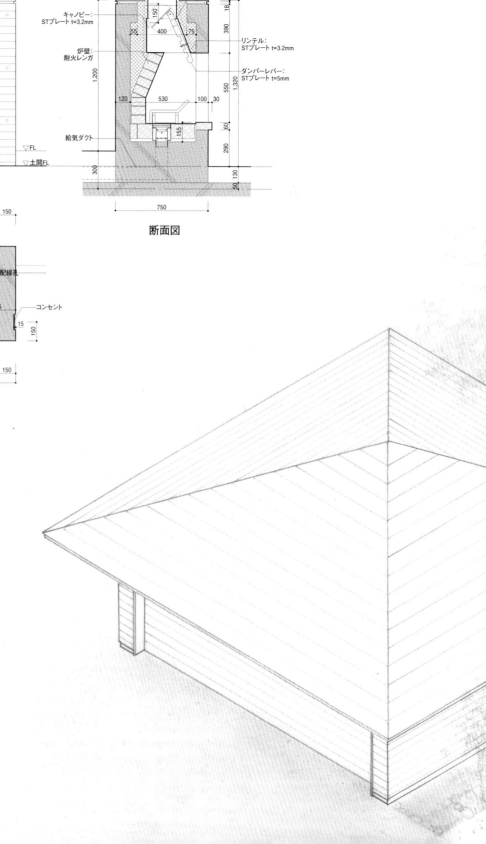

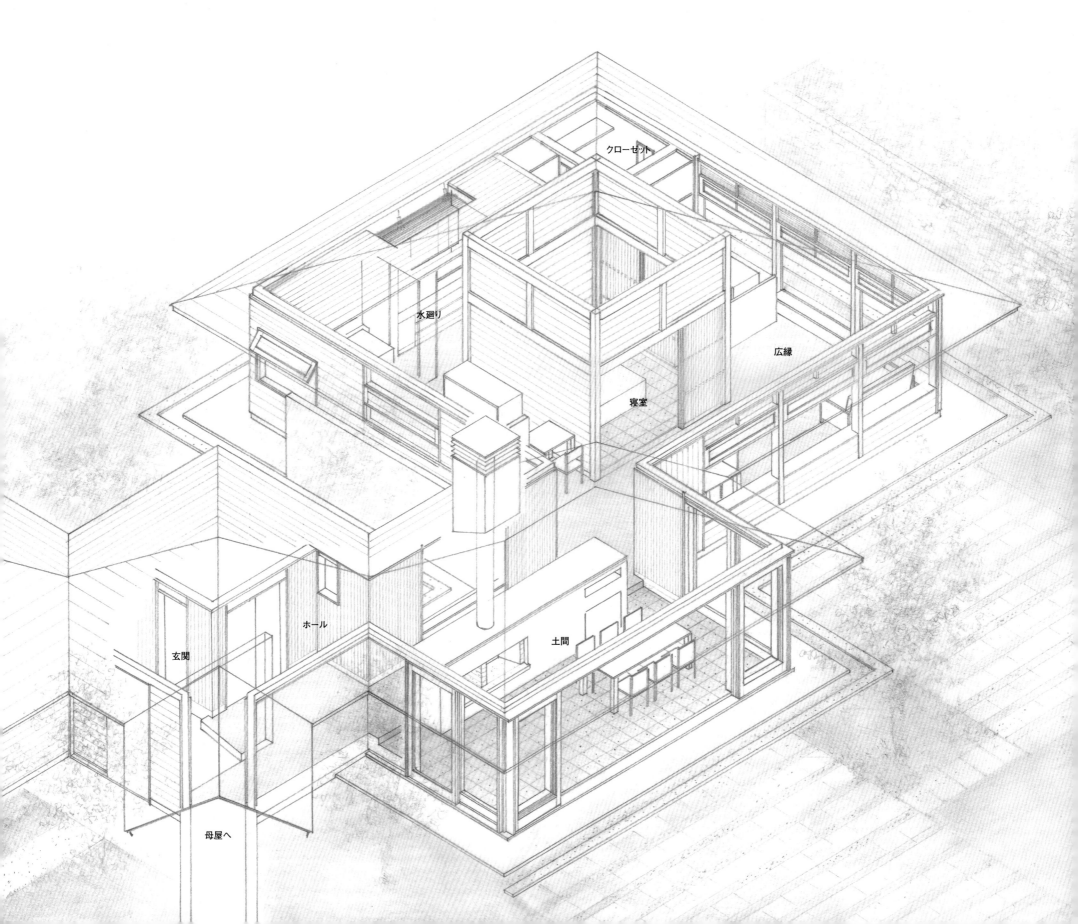

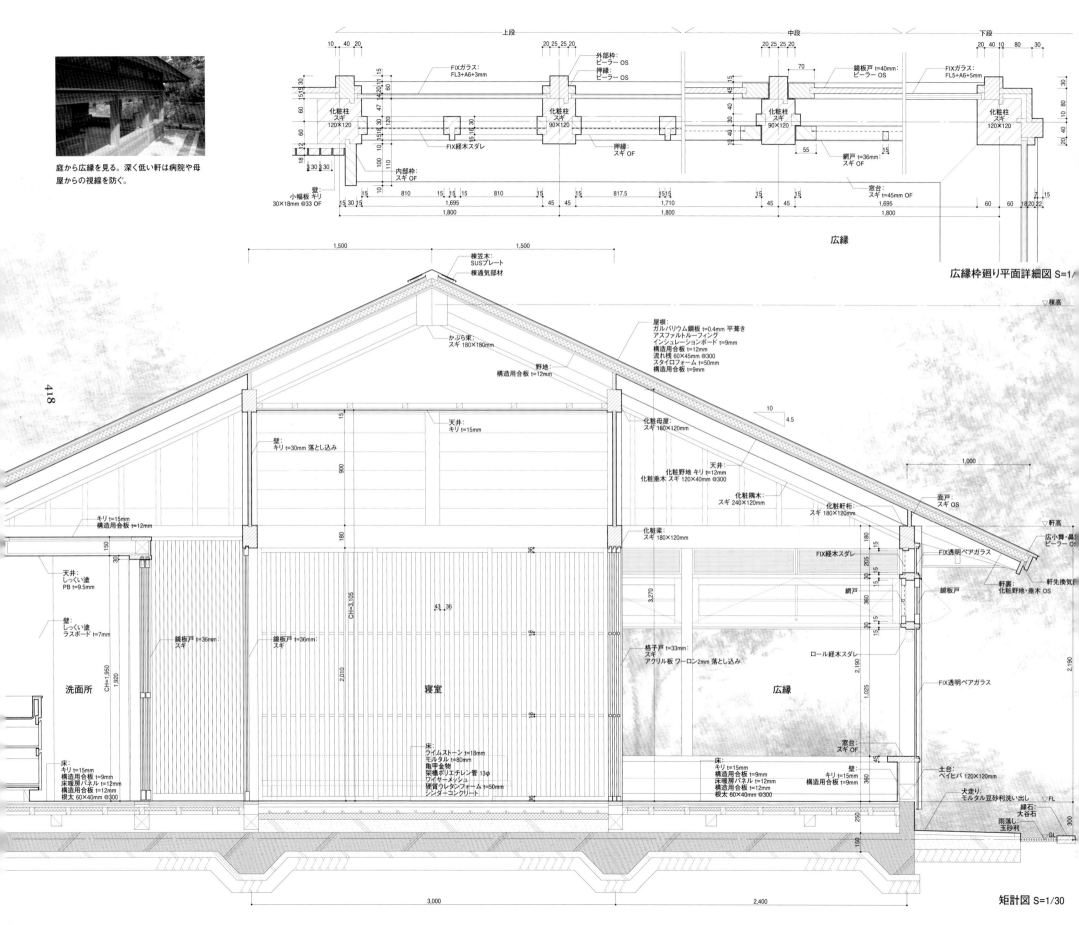

庭から広縁を見る。深く低い軒は病院や母屋からの視線を防ぐ。

広縁枠廻り平面詳細図 S=1/

矩計図 S=1/30

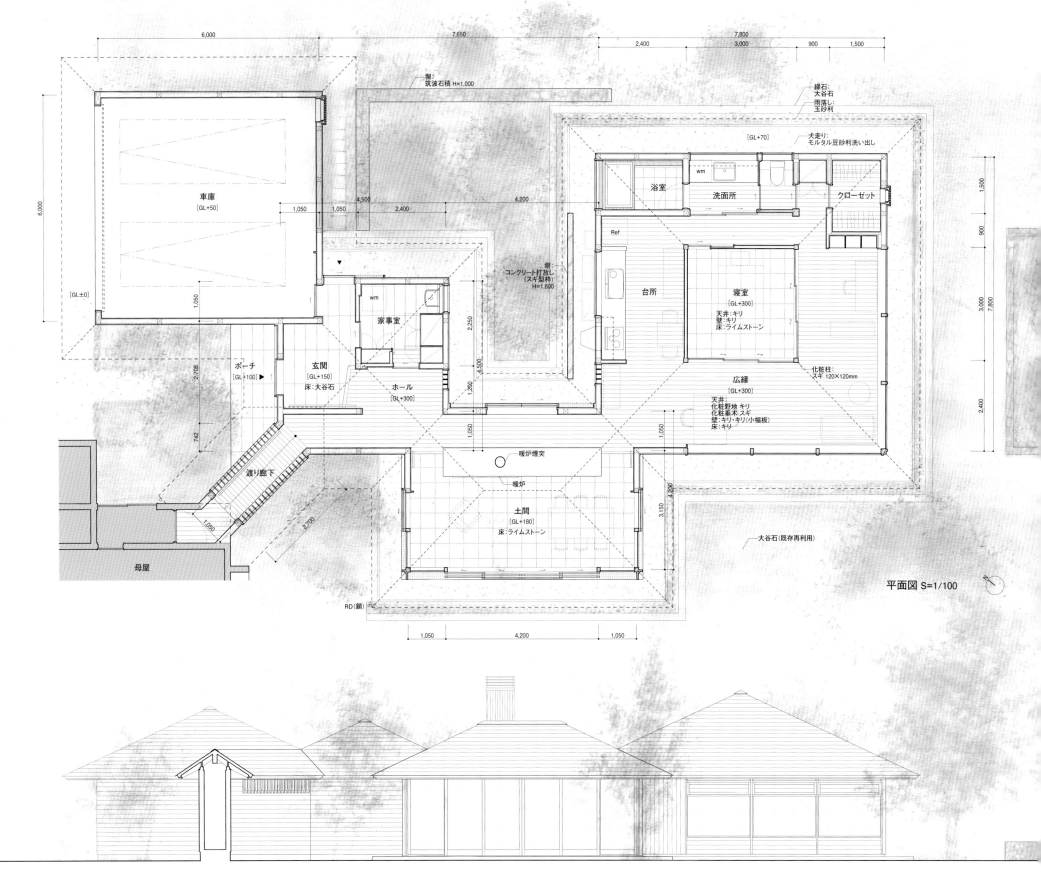

正光寺
客殿・庫裏

Reception Hall and
Priests' Living
Quarters of Shokoji
2010

所在地	栃木県宇都宮市
用途	客殿・庫裏
構造設計	山田憲明構造設計事務所
施工	アルボックス時田
主体構造	木造
敷地面積	1,753.72㎡
建築面積	326.61㎡
延床面積	302.34㎡

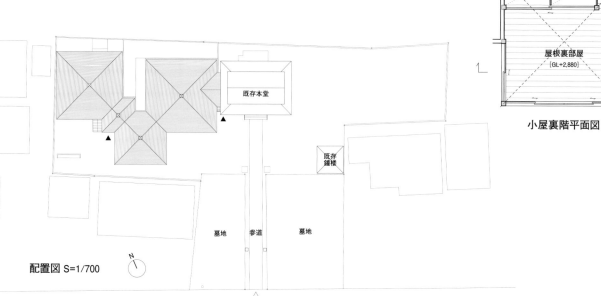
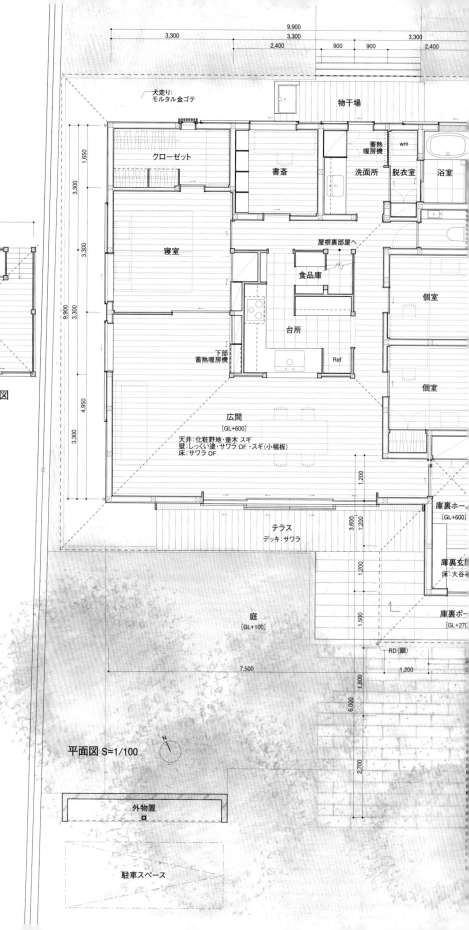

宇都宮市郊外の寺院の客殿と庫裏の建て替え。同一の敷地内で、客殿というパブリックなスペースと庫裏というプライベートなスペースをどうつくり、どうつなぐかを考えた結果、四つの方形が雁行しながら連結するこのプランが導かれた。構成の似ている「市原の家」と同様、建物の周りには様々な性格を有する外部スペースも同時に生まれている。地元で採掘される大谷石を積んで構造コアとした客殿は、32畳の座敷と1間幅の広縁で構成されている。一方、庫裏は台所を中央に据えて周囲に諸室を配したコンパクトなプランとなっている。

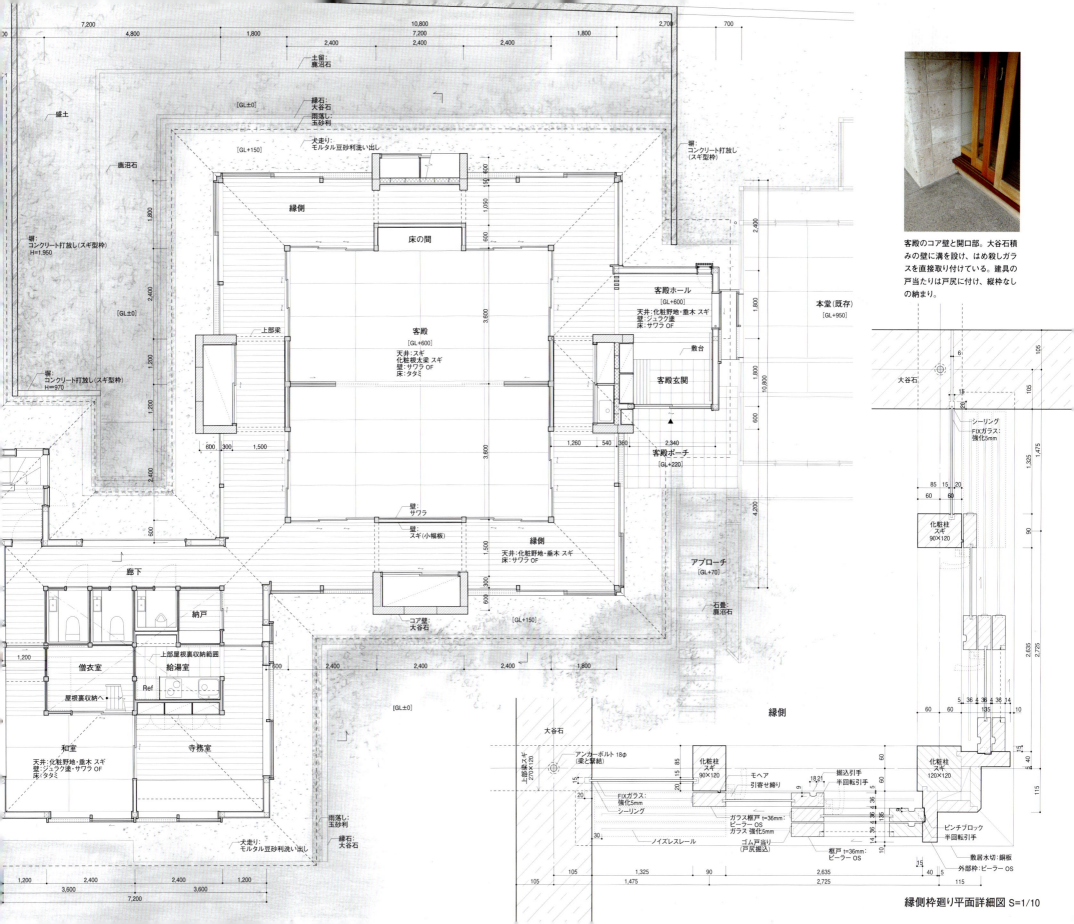

客殿のコア壁と開口部。大谷石積みの壁に溝を設け、はめ殺しガラスを直接取り付けている。建具の戸当たりは戸尻に付け、縦枠なしの納まり。

縁側枠廻り平面詳細図 S=1/10

上棟時。手前から庫裏、庫裏玄関、寺務室、客殿。構造材は吉野スギ。

接合部A。軒桁を開き留めプレートで固め、隅木を通してボルトで柱と緊結。

接合部D。隅木からの集中する応力をスリットプレートで固めた谷木で受け、軒桁、柱へと伝達。

大谷石のコア壁とサワラ落とし込み壁。落とし込み壁は裏面に構造用合板を貼り、耐力壁としている。

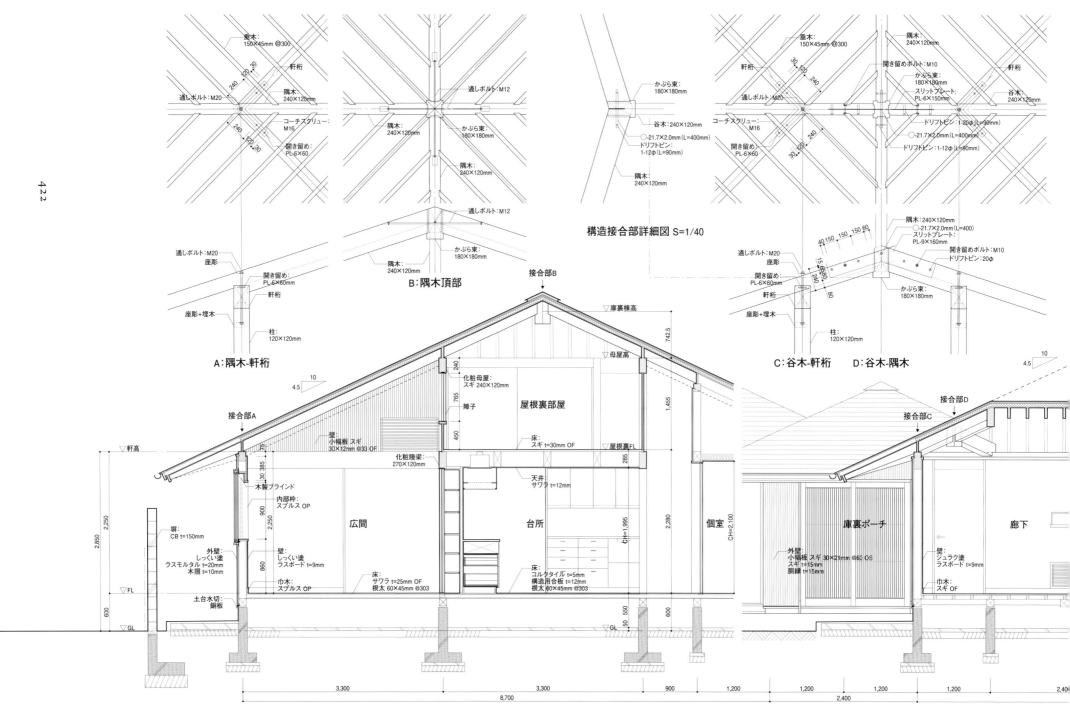

構造接合部詳細図 S=1/40

A：隅木-軒桁　　B：隅木頂部　　C：谷木-軒桁　　D：谷木-隅木

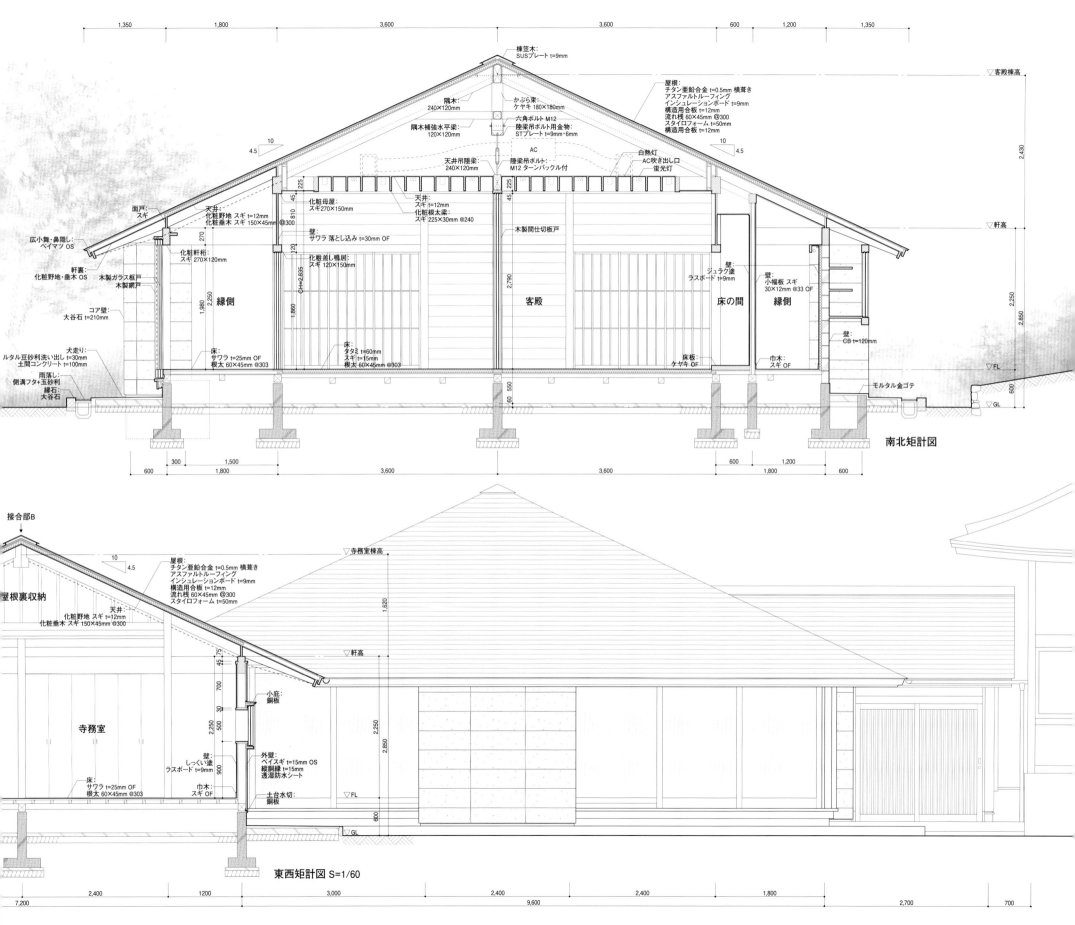

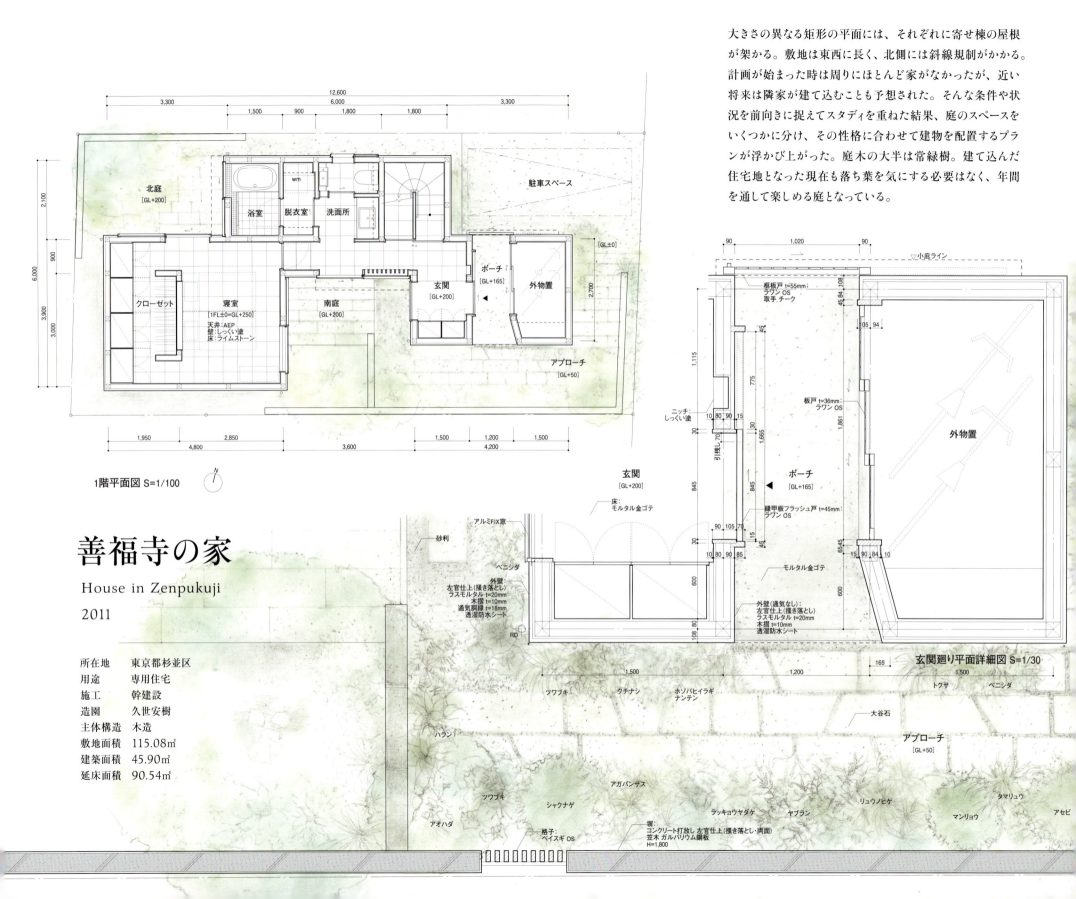

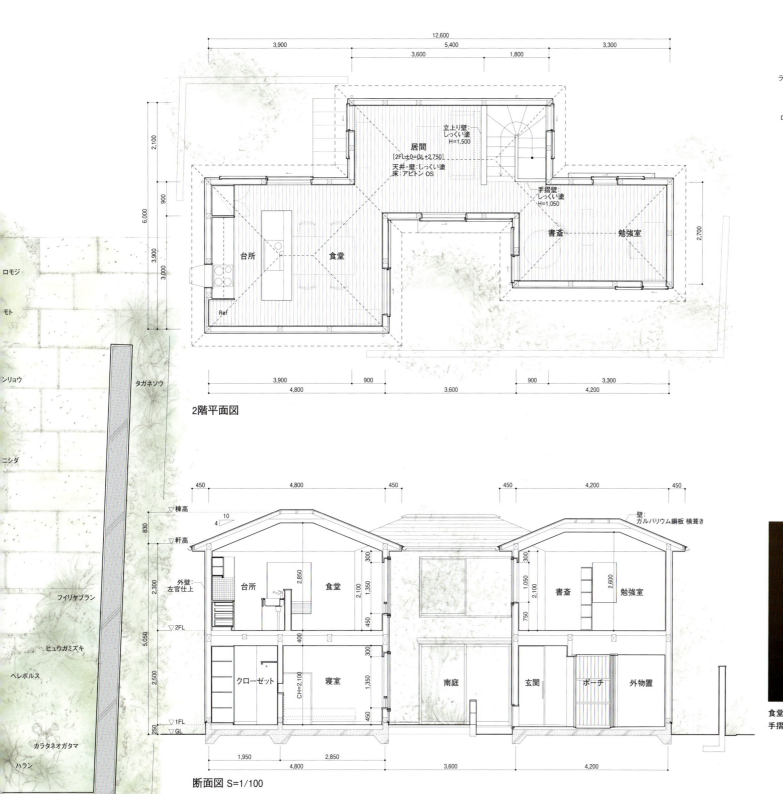

2階平面図

断面図 S=1/100

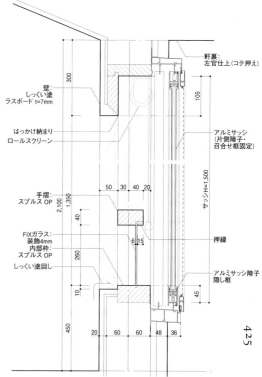

2階枠廻り断面詳細図 S=1/10

アルミサッシの片側障子を固定し、片引きとして使用。サッシ障子は隠し框になるように枠をずらして取り付けた。安価で性能も高い既製の引違いアルミサッシを利用しながら、手摺や格子などとデザインを揃えている。

食堂の窓。アルミサッシの内側に手摺と装飾ガラス。

食堂の窓上部、ロールスクリーンの納まり。

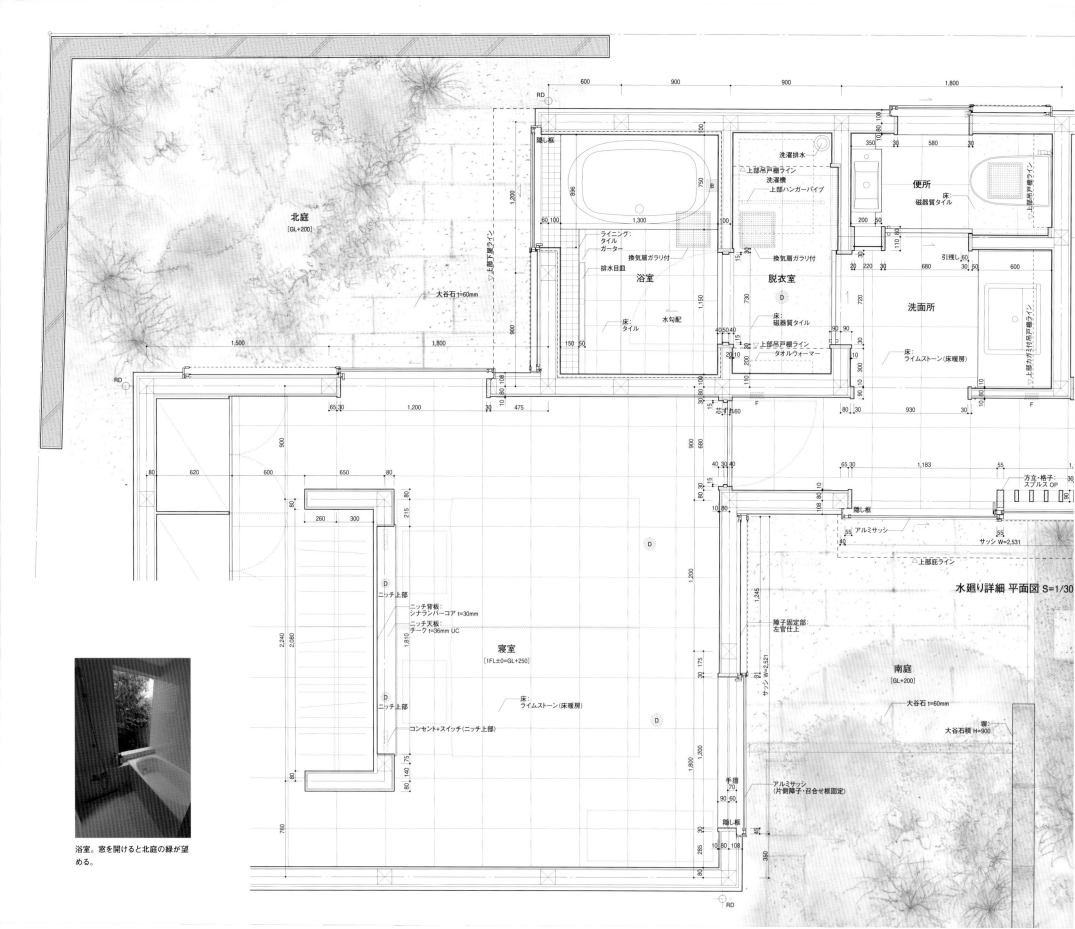

水廻り詳細 平面図 S=1/30

浴室。窓を開けると北庭の緑が望める。

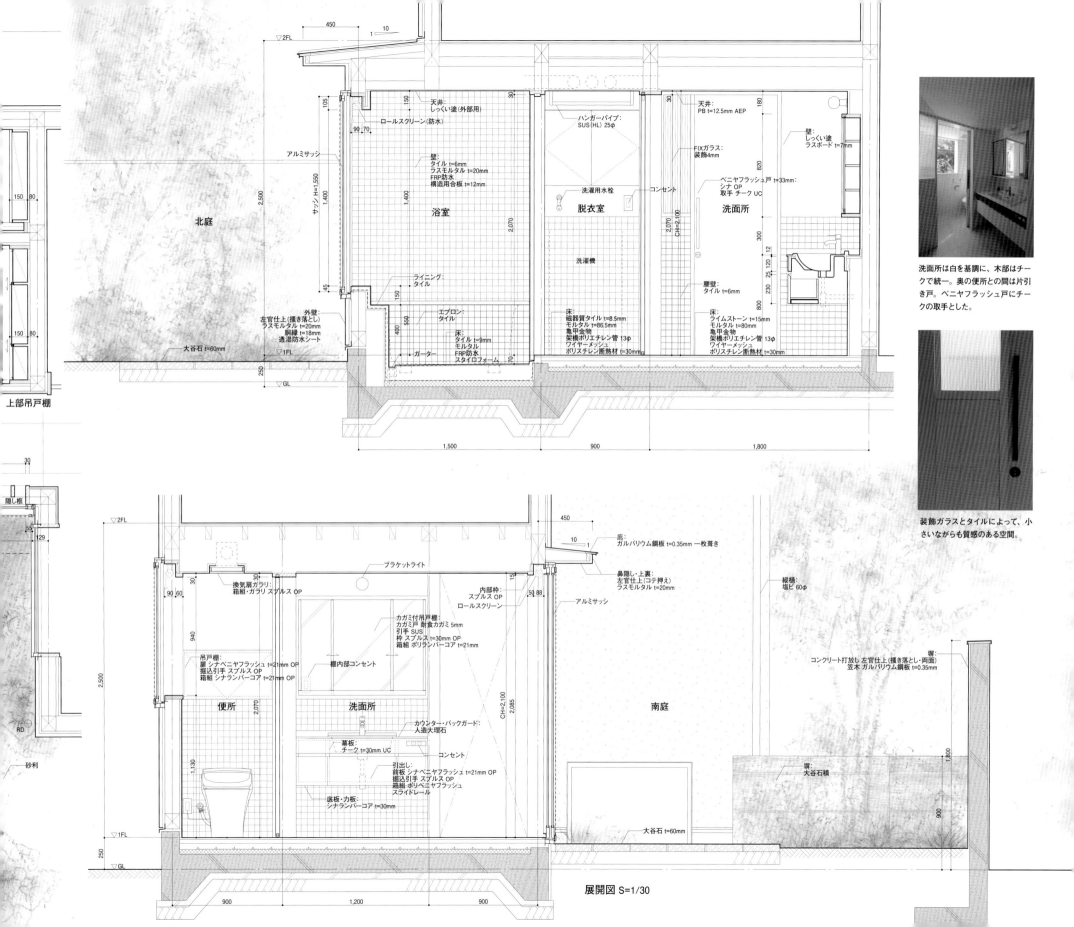

洗面所は白を基調に、木部はチークで統一。奥の便所との間は片引き戸。ベニヤフラッシュ戸にチークの取手とした。

装飾ガラスとタイルによって、小さいながらも質感のある空間。

展開図 S=1/30

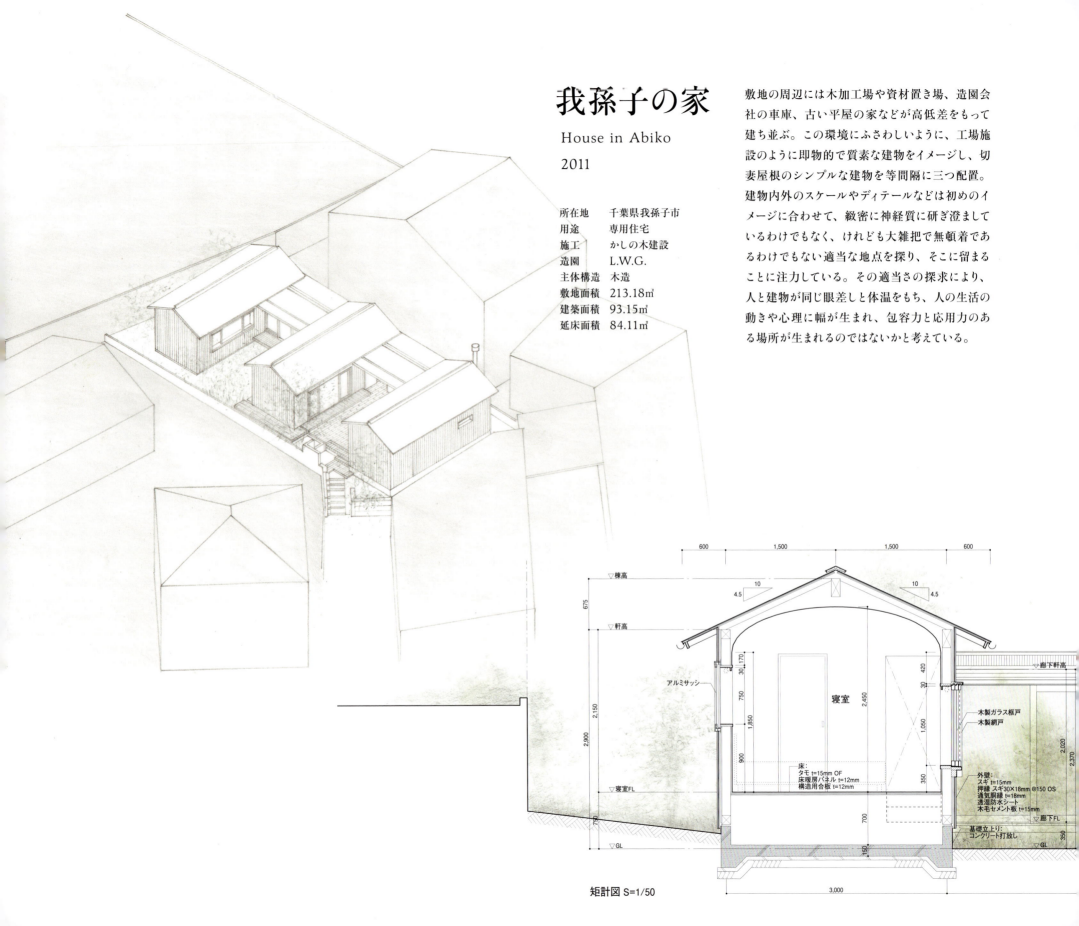

我孫子の家

House in Abiko
2011

所在地	千葉県我孫子市
用途	専用住宅
施工	かしの木建設
造園	L.W.G.
主体構造	木造
敷地面積	213.18㎡
建築面積	93.15㎡
延床面積	84.11㎡

敷地の周辺には木加工場や資材置き場、造園会社の車庫、古い平屋の家などが高低差をもって建ち並ぶ。この環境にふさわしいように、工場施設のように即物的で質素な建物をイメージし、切妻屋根のシンプルな建物を等間隔に三つ配置。建物内外のスケールやディテールなどは初めのイメージに合わせて、緻密に神経質に研ぎ澄ましているわけでもなく、けれども大雑把で無頓着であるわけでもない適当な地点を探り、そこに留まることに注力している。その適当さの探求により、人と建物が同じ眼差しと体温をもち、人の生活の動きや心理に幅が生まれ、包容力と応用力のある場所が生まれるのではないかと考えている。

矩計図 S=1/50

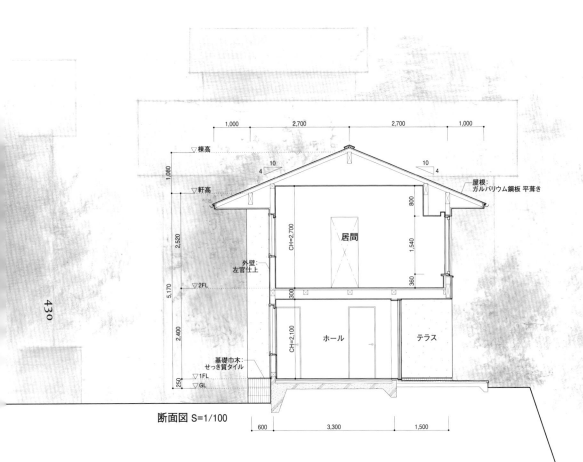

断面図 S=1/100

屏風浦の家

House in Byobugaura

2011

所在地	神奈川県横浜市
用途	専用住宅
施工	幹建設
造園	久世安樹
主体構造	木造
敷地面積	104.98㎡
建築面積	52.38㎡
延床面積	100.14㎡

高台に位置し、海を望むことのできる住宅。南北両側のブロックを耐力壁で囲んで構造のコアとし、二つのコアに挟まれた場所は眺望のために大きく開放され、幅の広い風景を取り入れている。一方、コアの内部には小さな窓を設け、あたかも掛け軸のように印象的な風景を切り取っている。構造的な合理性から導き出された対照的な二つのスペースの行き来により、この住宅のリズムがつくられる。室内外の素材や窓の形式、大きさも統一し、きわめて種類の少ない要素でつくったシンプルな住宅である。

西側の前面道路より見る。ポーチ横の壁は人を迎え入れるように角度をつけている。

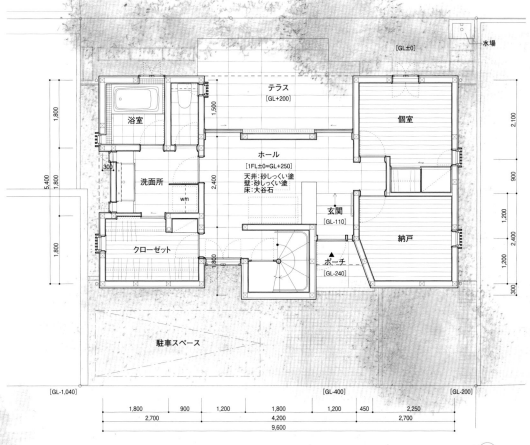
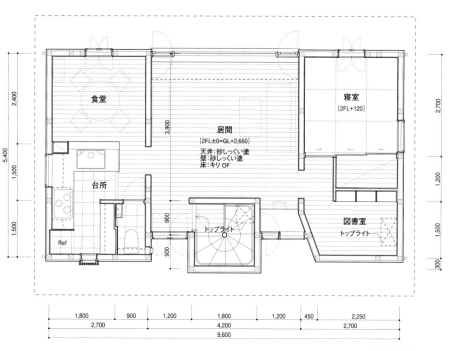

1階平面図 S=1/100

2階平面図

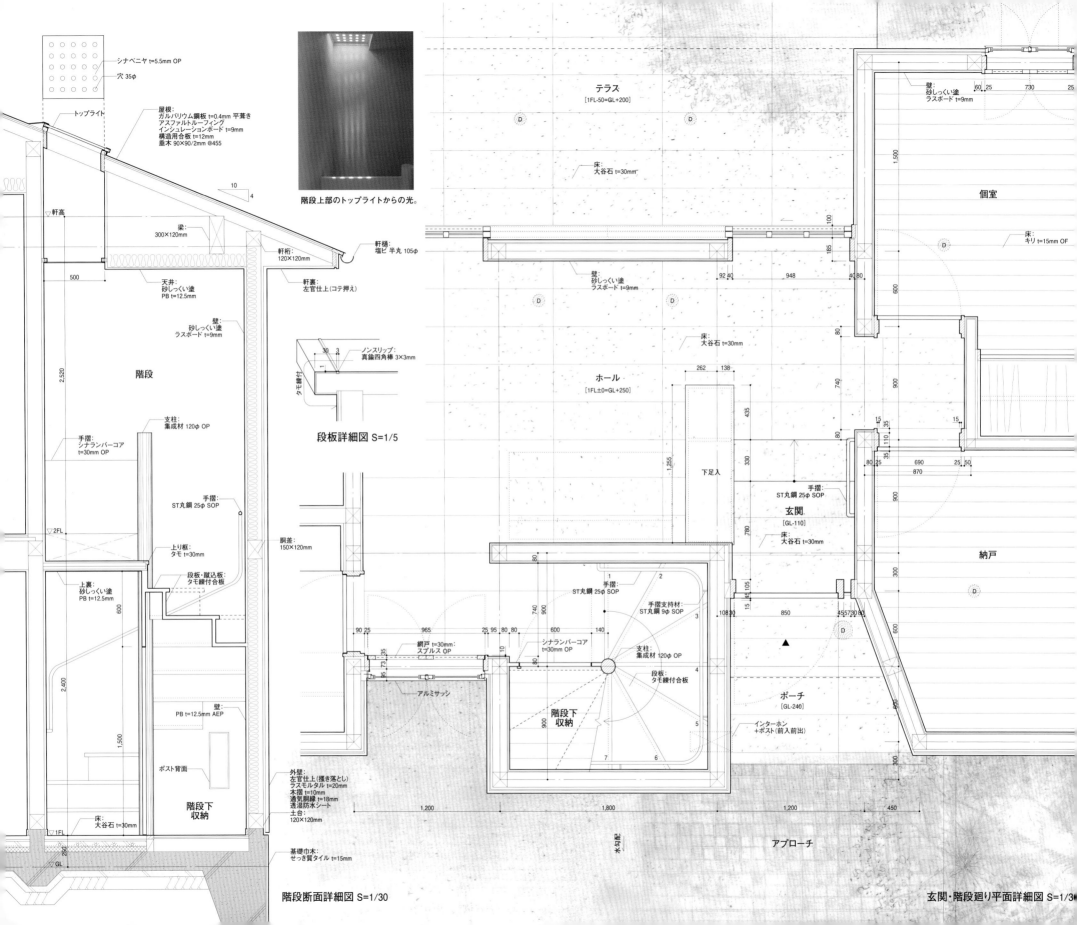

階段上部のトップライトからの光。

段板詳細図 S=1/5

階段断面詳細図 S=1/30

玄関・階段廻り平面詳細図 S=1/30

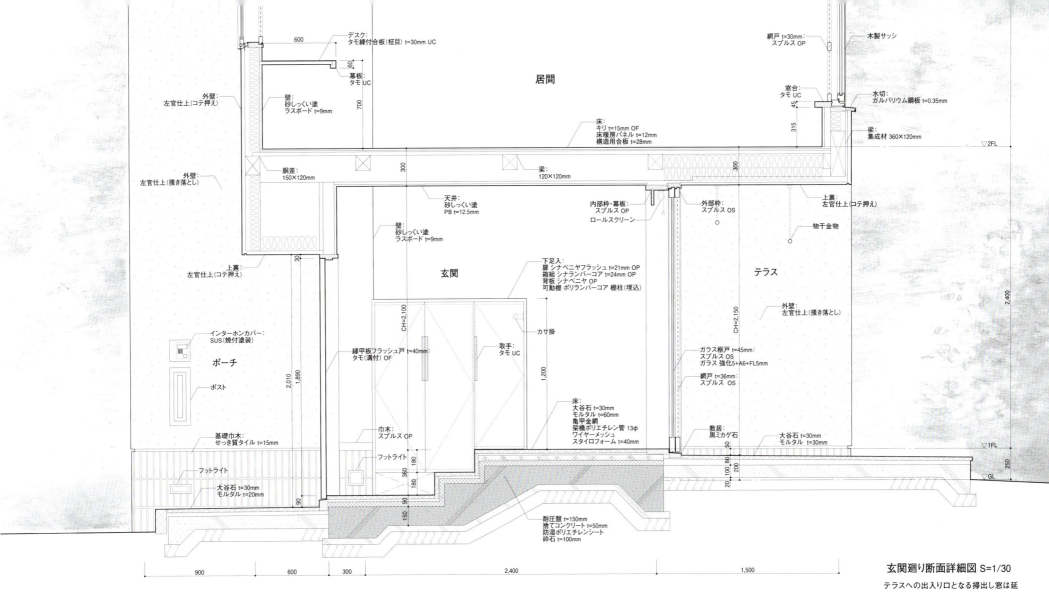

玄関廻り断面詳細図 S=1/30

テラスへの出入り口となる掃出し窓は延焼ラインをクリアし、木製建具の使用を可能にした。軒の深いテラスは物干しスペースでもある。

左がホール、右に階段。大谷石貼りのホールは水まわりに隣接し、家事スペースとしても活用されている。

玄関からホールを見る。玄関とホールには360mmのレベル差があり、視線が届きにくくなっている。

富士見の家

House in Fujimi

2011

所在地　埼玉県富士見市
用途　　専用住宅
施工　　幹建設
造園　　久世安樹
主体構造　木造
敷地面積　496.80㎡
建築面積　194.75㎡
延床面積　165.67㎡

母屋と離れで構成される平屋の住宅。母屋は四隅をコアとして、その余った十字形部分を開放的なスペースとしている。居間は棟の南側、離れの向かい、かつ敷地の中央に配置しているので、外に開かれながらも安心感を抱ける。玄関から食品庫、台所までの動線、あるいは脱衣室から台所、物干し場までの動線は、機能的で無駄なく、生活の一連の行為が自然と楽に行われる。また、離れは母屋よりも地盤面を下げ、圧迫感を緩和すると同時に向かいのアパートからの視線を遮る役割も担っており、母屋に落ち着きを与える存在になっている。

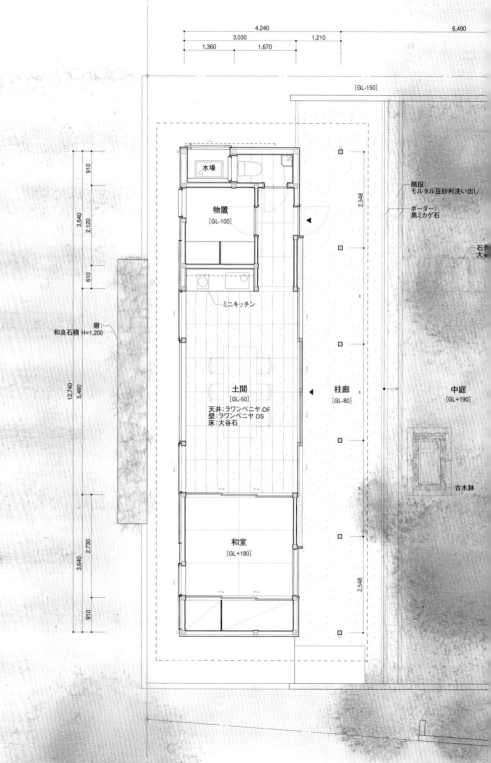

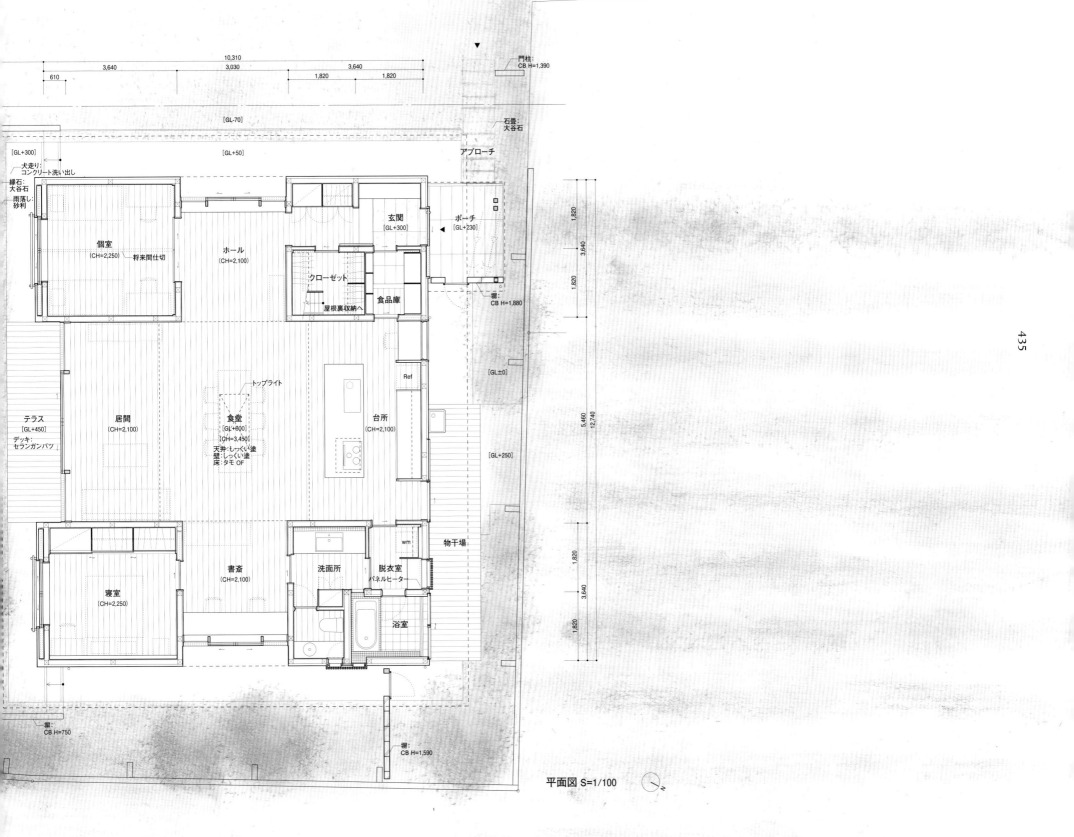

平面図 S=1/100

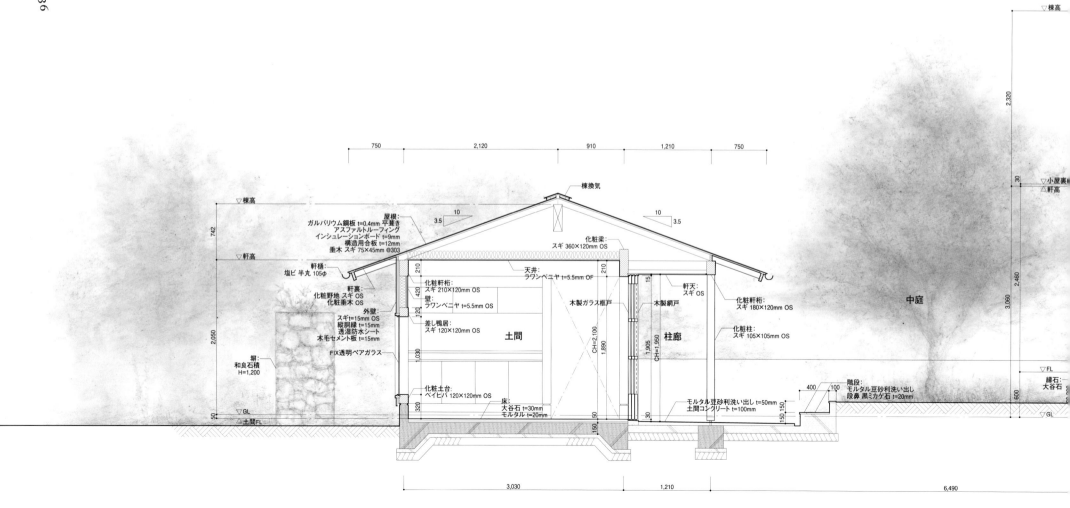

玄関ポーチ。大屋根の下に納まるように、庇は勾配を緩くし、高さを抑えた。軒先の雨樋や波板の屋根は木製の幕板で囲い、意匠を整えている。

玄関ポーチを見上げる。軒天には小幅板を目透かしで貼り、ポリカーボネートからの光を透過させている。

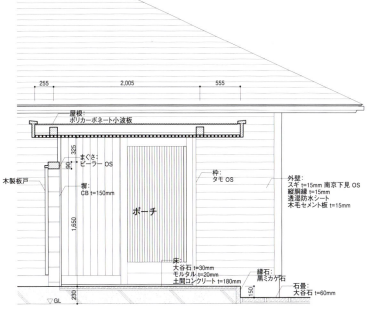
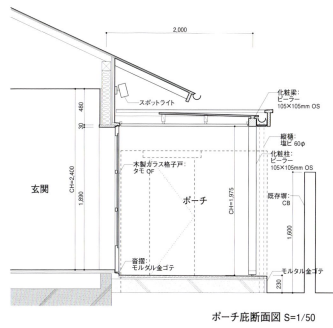

ポーチ庇断面図 S=1/50

庇断面詳細図 S=1/10

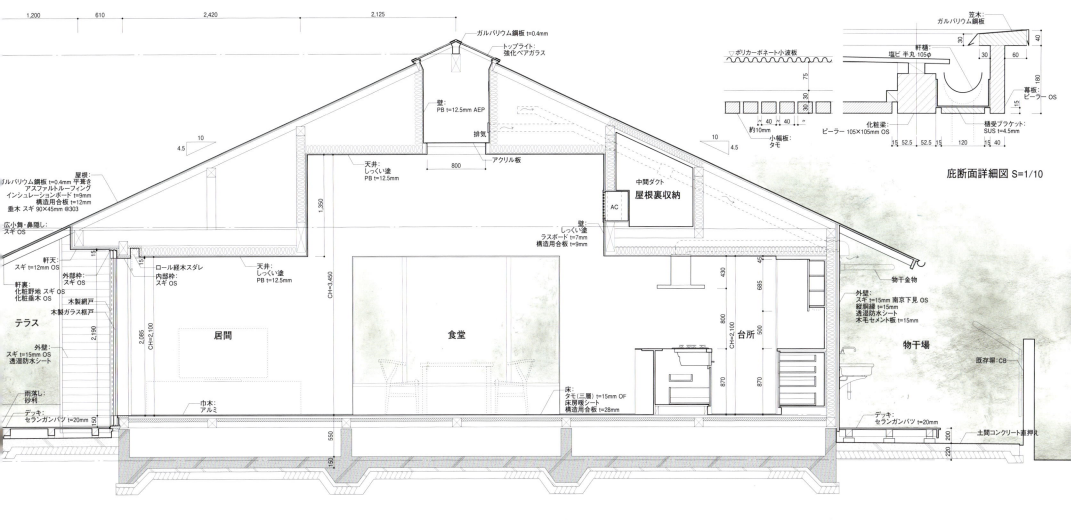

矩計図 S=1/50

那須の家
House in Nasu
2012

所在地　栃木県那須郡
用途　　週末住宅
構造設計　山田憲明構造設計事務所
施工　　福田建設
造園　　舘造園
主体構造　木造一部RC造
敷地面積　667.28㎡
建築面積　96.67㎡
延床面積　90.23㎡

東側から見た外観。

中央と外周の入れ子型平面をソリッドに形にした家。典型的な別荘地にある敷地はほぼ長方形で、前面道路から奥に向かって緩く傾斜している。この道路側に、寄せ棟の屋根を架けた建物を配置。中央に居間、その外周に生活に必要な機能を動線に従って二つに分けて並べている。居間は壁で囲いつつ庭側を開放していて、包まれるような空間で心穏やかに庭の景色を楽しめる。人は自然に対して無防備な状態だと心細く思うものであり、開放感と安心感、その両方への欲求がある。それらを両立する「人の居場所」を、できる限り単純な屋根の下につくることを目指している。

西立面図 S=1/100

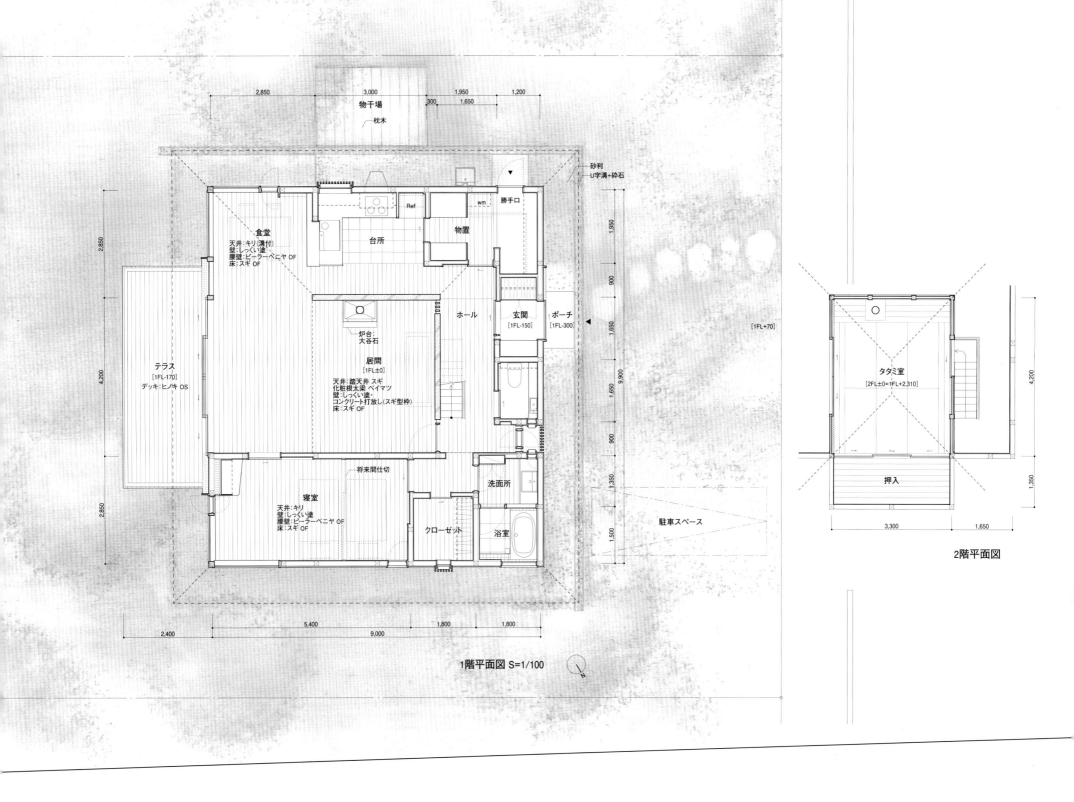

1階平面図 S=1/100

2階平面図

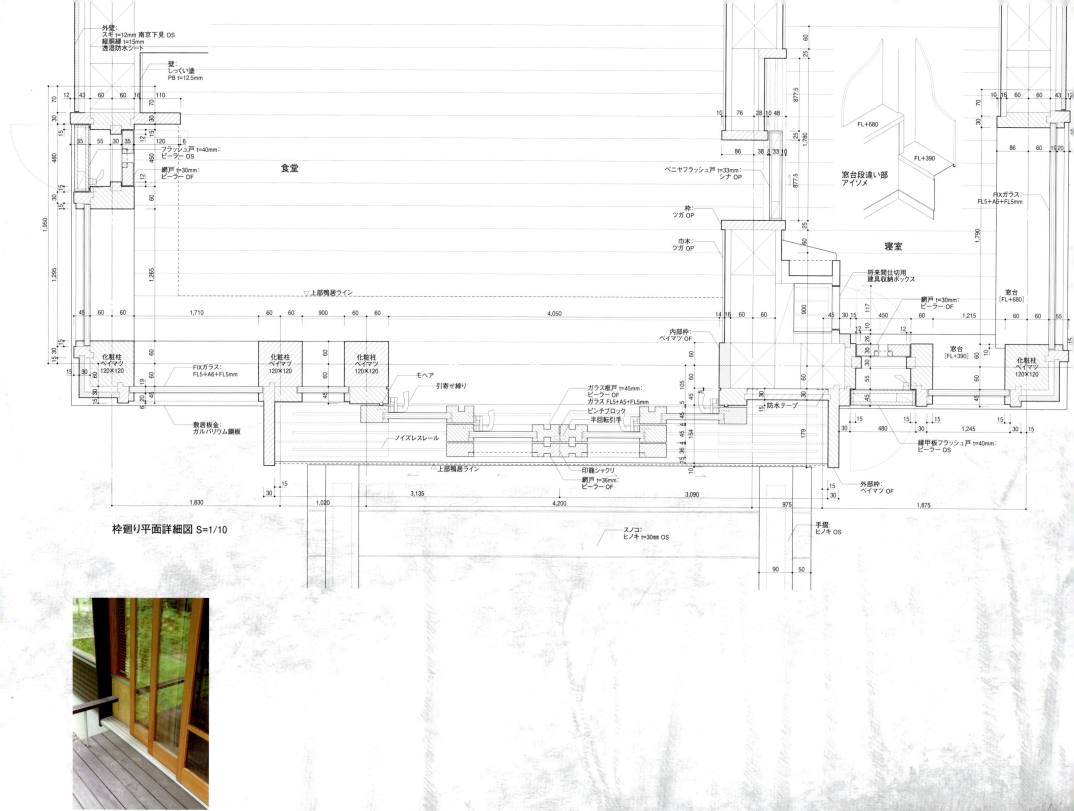

枠廻り平面詳細図 S=1/10

居間とテラスの間の掃出し窓。

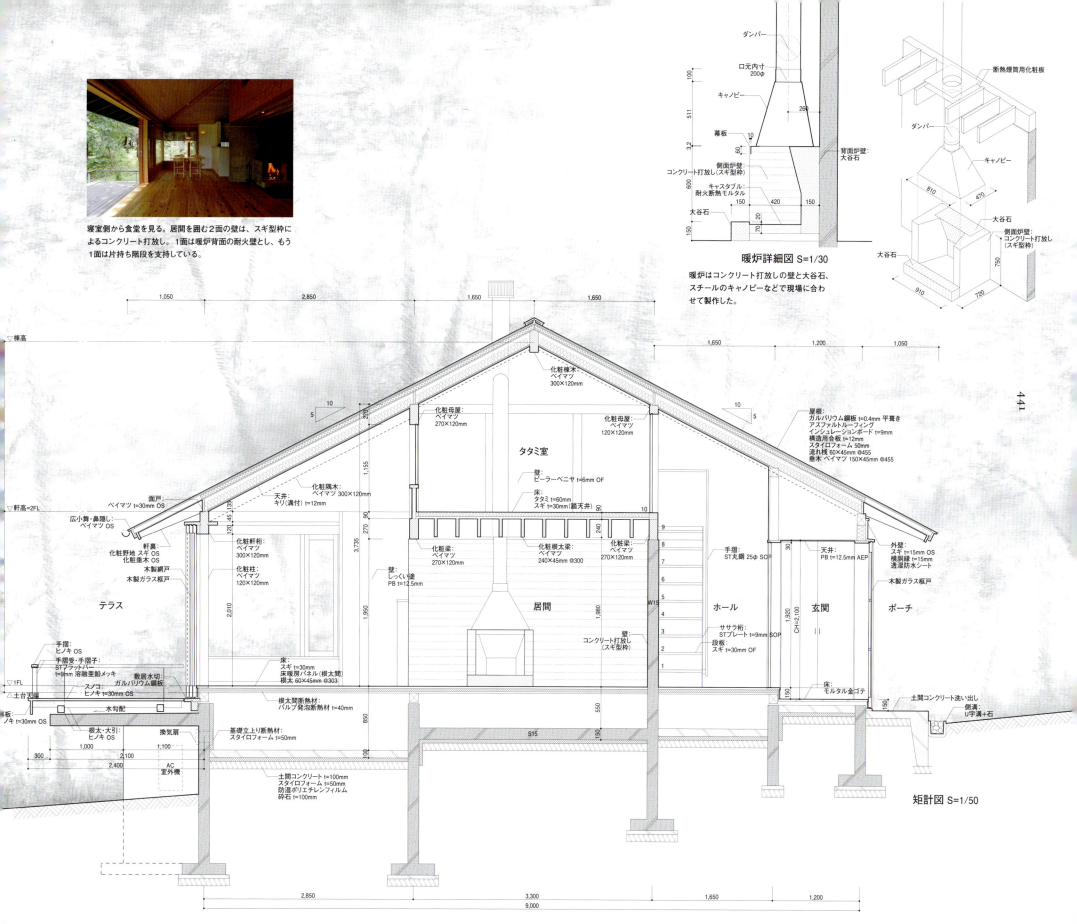

流山の家

House in Nagareyama

2012

所在地　千葉県流山市
用途　　専用住宅
施工　　秀建
造園　　舘造園
主体構造　木造
敷地面積　176.99㎡
建築面積　50.17㎡
延床面積　99.28㎡

北側から見た外観。角を壁で固めているので安定した構造。

都市郊外に建つ正五角形の平面をもつ小さな住宅。すべての建物角に耐力壁を設け、その壁に挟まれた部分を開口部としている。つまり5面とも同じ壁、開口の仕組みから成り立っている。内部にはひと回り小さな正五角形の部屋が内包され、その外部環境に影響されにくい静かなスペースは、1階は寝室、2階は居間となっている。1階、2階とも外周部は回遊できる。2階の外周部には、いくつかのラインで引戸を据え付けられるように敷居と鴨居を設けている。その位置によって子供部屋や納戸、あるいは書斎や家事室などを自由につくれ、将来の変化にも柔軟に対応する計画となっている。

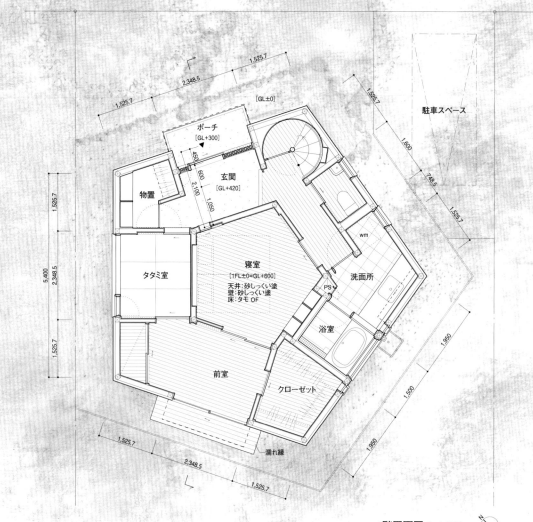

1階平面図 S=1/100

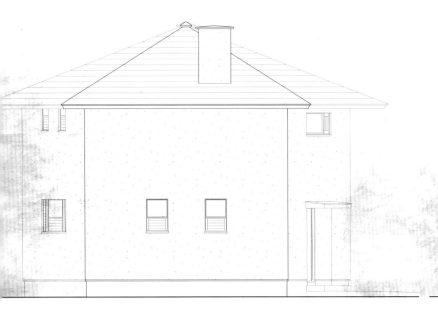

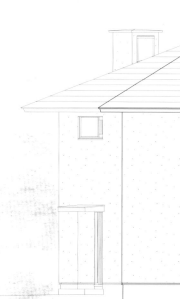

2階平面図

立面図 S=1/100

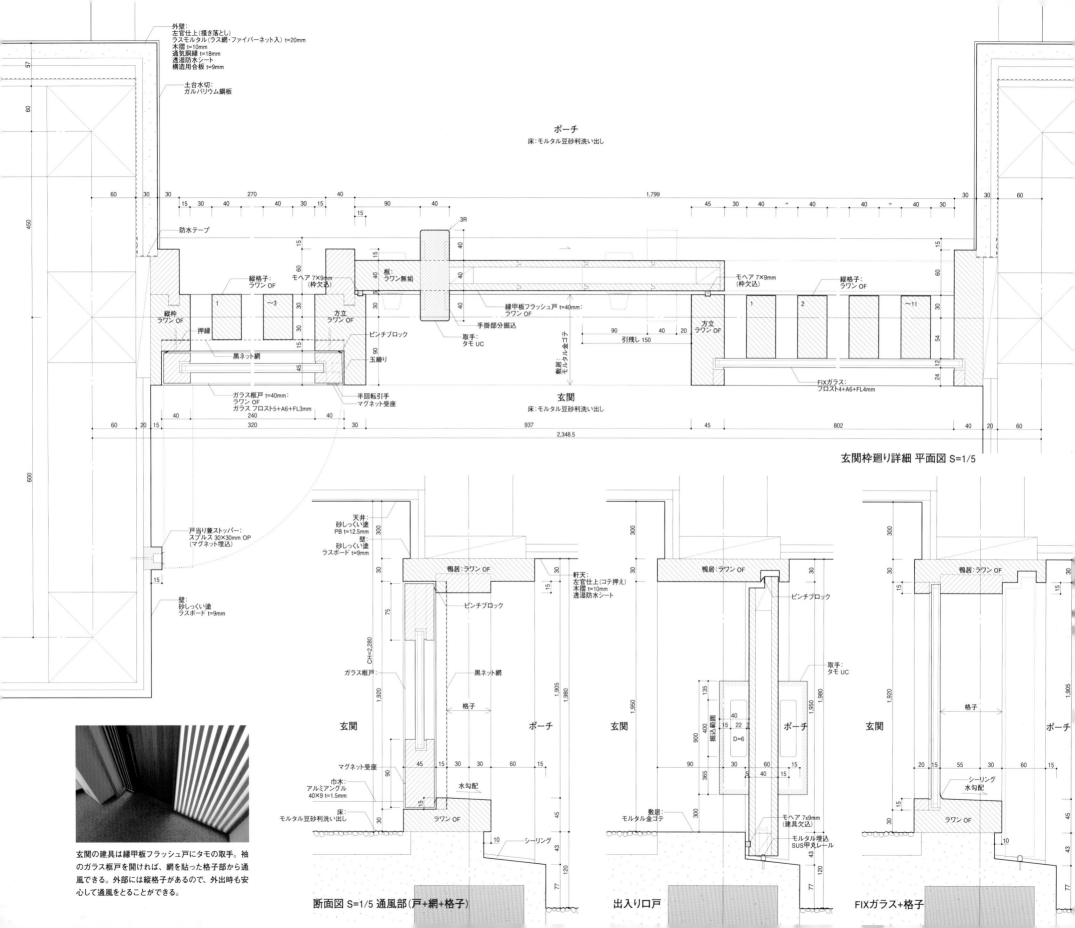

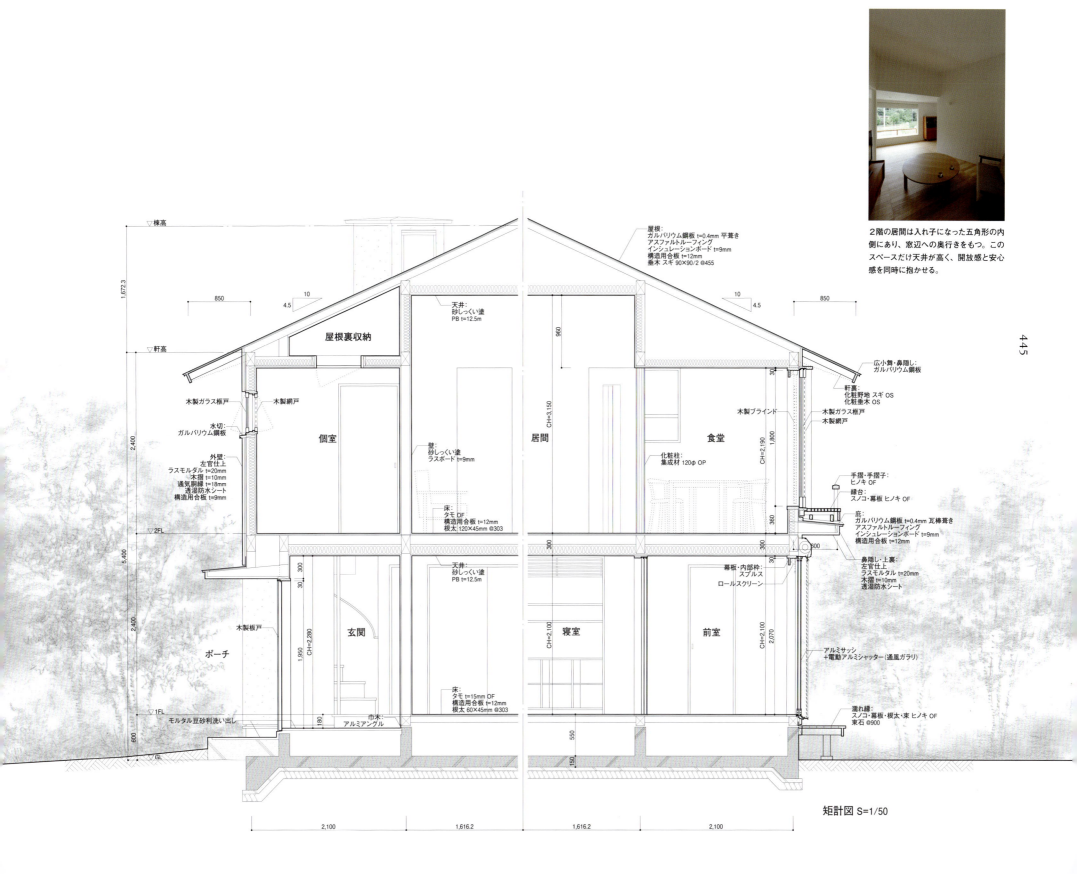

2階の居間は入れ子になった五角形の内側にあり、窓辺への奥行きをもつ。このスペースだけ天井が高く、開放感と安心感を同時に抱かせる。

矩計図 S=1/50

桜と石垣

堀部安嗣

　独立してからの20年間は文京区の小日向に事務所を構えていた。小日向の町内で計3回の引っ越しをしたけれども、いずれの事務所も播磨坂という桜並木の近くだった。桜並木の両側には高層のマンションが建ち並んでいるが、道幅が広く、中央分離帯はちょっとした公園のように開放感があり、近隣住民の憩いの場になっている。毎年3月の終わりになると桜並木に提灯がぶら下がり、恒例の桜祭りが始まる。私も事務所のスタッフもその頃になると少しソワソワ、ワクワクし出して、満開の時期を睨（にら）みながら花見の計画を当たり前のように立てる。ちょうどいい日を見計らって、その日は朝から場所をとり、いくらかの料理をつくり、お酒を買い出しに行き、夜はいよいよ宴会だ。

　なるほど、中央分離帯に植えられた計4列の桜がおよそ500mも連続して並ぶ様子は迫力がある。宴会も最初のうちはそんな見事な桜をチラチラ眺めながら楽しむのだが、次第に見飽きて夜の冷たい風にも震え始め、意外にあっけなくお開きになることが多かった。結局、花見の計画を立てて準備している時が一番楽しく充実していたのである。まあ、これはこれでいいだろう、と思うのが毎年春の恒例だった。

　昨年、桜がつぼみの頃に、長年慣れ親しんだ小日向から新宿区の神楽坂に事務所を移した。およそ20年にわたってこの季節は花見が恒例になっていたので、今年の花見はどこでやろうか、という話題がすぐに新しい事務所でもちあがった。

　事務所からは坂を10分ほど下れば外濠に出ることができる。そこも土手に見事な桜並木が続く、桜の名所である。しかし、引っ越しで全員がずいぶんくたびれたこともあって、昨年の花見は見送った。

　引っ越し後の整理もある程度落ち着き、穏やかに晴れたある日、散歩に出かけた。私の好きな散歩コースのひとつは、神楽坂を下り、外濠を越えて九段下に出て、武道館や皇居に至るルートである。外濠の土手から中央線が行き交う風景を眺めるのも楽しいし、小日向にいた頃もよく歩いていて馴染みがある。なにも考えず、ふらっとそのルートを歩き進んだら、外濠には満開の桜が咲いていた。「そうか、桜は今が満開なんだ」。例年とは違う、偶然の出会い方だった。それから九段下に出て武道館を横目に千鳥ヶ淵に向かうと、人混みの向こうにハッとする美しい光景があった。お堀からそびえ立つ古く高い石垣の上に、崇高なまでに美しい立ち姿の桜の木があり、それが満開に花を咲かせている。それまでに何度も見ているのに、なぜか気付かなかった美しさ。構図、色彩、そして時間の感覚までもが一寸の隙もなく調和した見事な光景だった。播

磨坂や外濠に並ぶ桜に比べれば本数は少なく、密度が薄いが、だからこそこの桜の美しさは比類なき孤高のもののように目に映った。そして、この美しさを支えているのは古い石垣なのだと気付いた。

　播磨坂は確かに桜の密度はあったけれど、その桜の背景にあるものは現代につくられた高層マンションである。外濠の桜も現代につくられた背の高いビル群を背景にしている。桜の花の命は短く儚い。絶え間なく移ろう経済資本から生まれた現代の建物は、その儚い桜を見下ろすようにして建つが、石垣は桜を力強く支える土台と背景としての役割を何百年も果たしている。桜そのものの美しさは変わらないのに、それを支える背景の違いでこうも見え方が違うのか、と改めて考えさせられた。

　今、世の中は慌ただしく動いている。人の気持ちや営みもめまぐるしく移り変わってゆく。私は移ろう、儚い存在のものを見守りながら支え続ける不変の石垣のような、そんな建築をつくりたい。

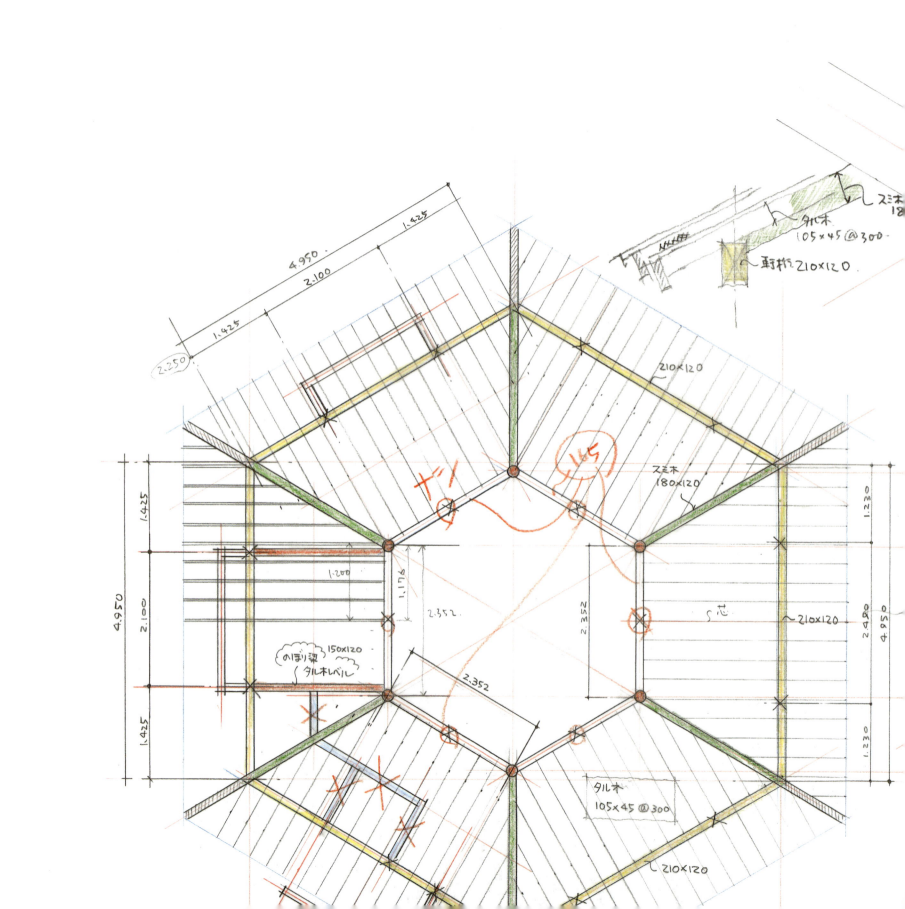

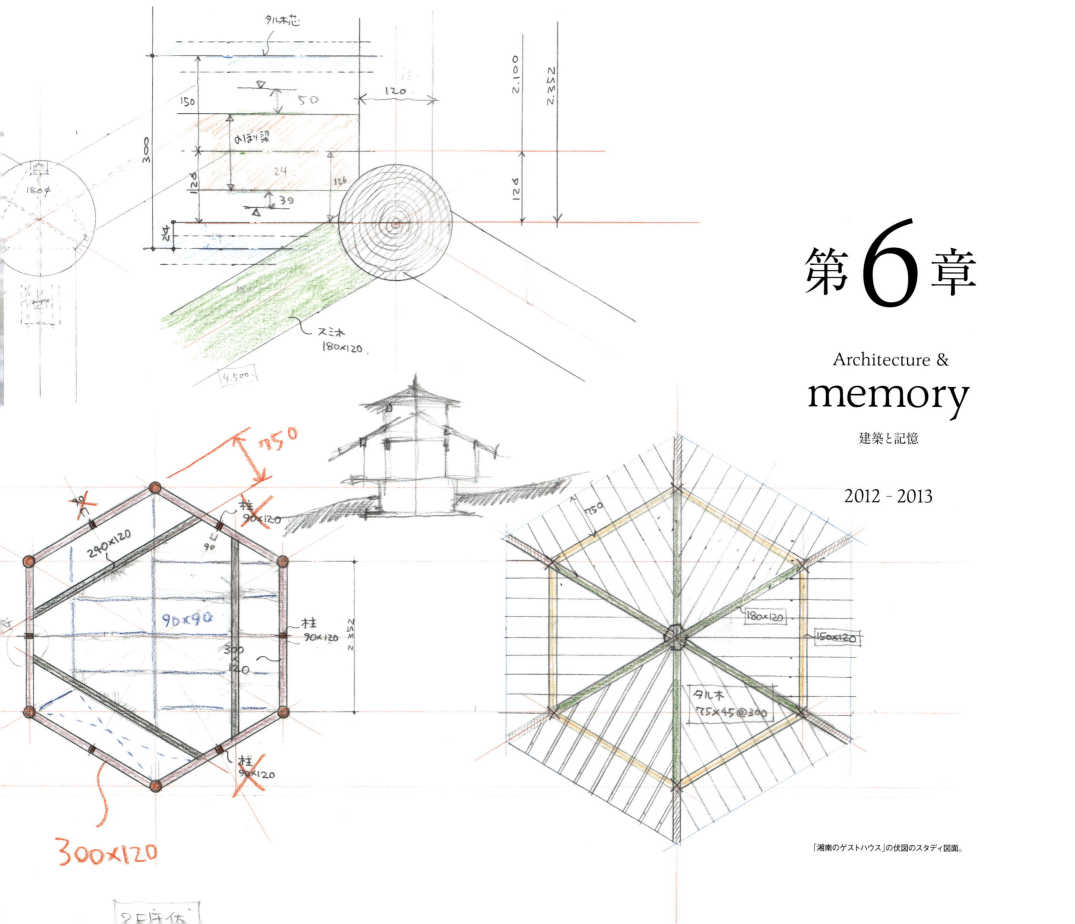

第6章

Architecture &
memory

建築と記憶

2012 - 2013

「湘南のゲストハウス」の伏図のスタディ図面。

森の中のゲストハウス

Guesthouse in a Forest 2012

もともと多くの樹木が植わっていた敷地だが、さらに1000本を超える木々を新たに植え、大きな建物が大きく感じないほどになった。プランは至ってシンプルで剛胆だ。どの場所にいても建物の隅々まで様子がわかるようにしている。また、建具の形式や操作などはすべての場所で統一し、ディテールや素材の種類も限定してつくっている。

左：木立の中に佇む建物。右：北側外観。外壁に用いたレンガタイルは、敷地周辺に多い唐松の幹の表情に合わせて貼っている。

2階の広間で北から南面を見る。太柱の奥は暖炉コーナー、窓の外はベランダ、右手の引戸を開けると階段室。

左：窓を開け放つと外の景色を存分に楽しめる。右：寝室。右ページ：暖炉コーナー。

湘南のゲストハウス

Guesthouse in Shonan 2012

「この土地の風情を壊すことなく、木々に埋もれるようにひっそりと建てたい」と希望した建主の期待に応えられる平面形は、この敷地形質から読み解くと正六角形しかあり得ないと思うほど、設計は建主の考え方と土地の形から自然に導かれていった。この建物からは、おそらく何百年も前から変わっていない、手付かずの悠久の自然の風景を眺めることができる。

左：周辺環境との関わりを描いたスケッチ。
右：南側外観。

左ページ：居間全景。三面の窓を開け放ったところ。左手は食堂。右手の階段は2階の寝室に続く。左上：2階の寝室。屋根架構をそのまま見せている。下部は居間とつながる無双窓。右上：食堂。左下：南側の窓から湘南の山と海を眺める。右下：玄関アプローチ。

イヴェール ボスケ

Hiver bosque 2012

電気も水道もない場所。「遠く白山が望めるこの土地を気に入った。ここに新しい洋菓子店をつくり、人々にゆったりとした時間を味わってもらいたい」。そんな建主の言葉から設計が始まった。ここには素朴で力強い、原初的な建物が似合うと思った。シンプルな輪郭の中に、表と裏の様々な動線が織り込まれている。

雪の日の北側外観。既存のイチョウの大木の
傍に建てられた、方形屋根の建物。

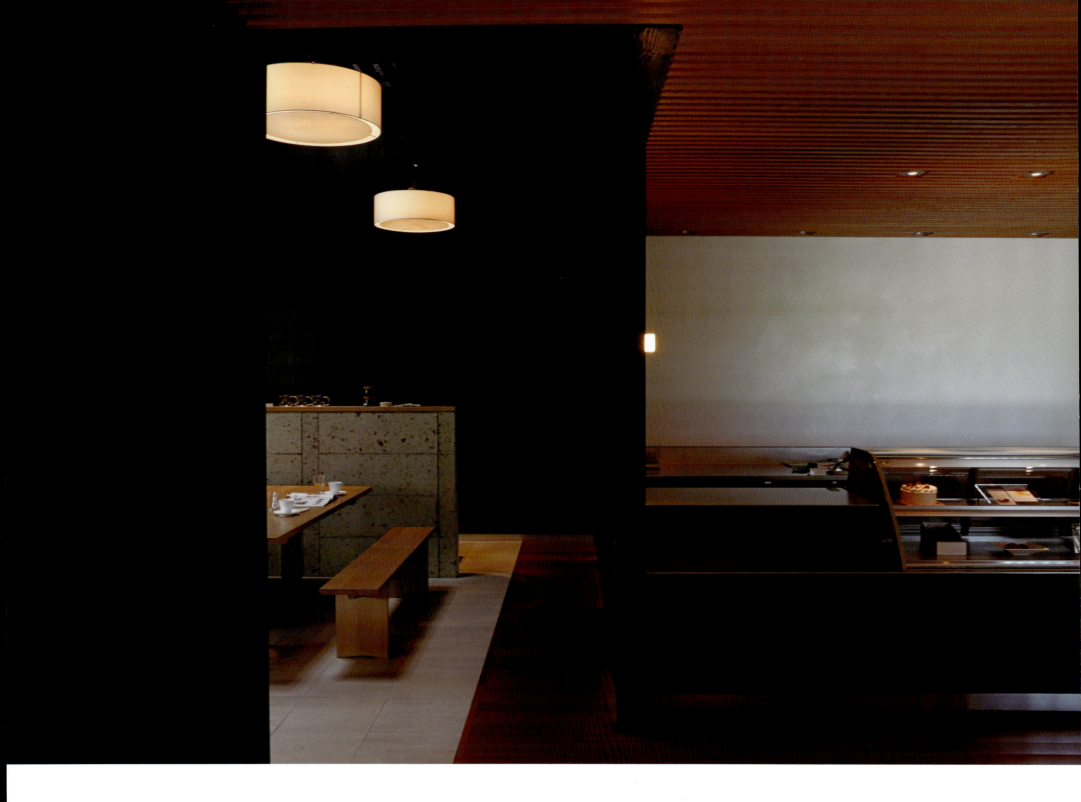

左：左にホール、右に店舗。店舗の天井はラワンベニヤにピーラーの小幅板。中：大谷石の腰壁の奥はホールキッチン。右：ホールからカフェを見る。300mmのレベル差がある。

左ページ：カフェのコーナー窓から外の雪景色を見る。左：夏の日のカフェ全景。窓台は低く、外との一体感を楽しめる。もともとあった胡桃の大樹を活かすように開口部を考えている。右上：ホールキッチンのカウンターから左に店舗、右にカフェを見る。右下：店内の灯りが浮かび上がってくる夕暮れ時。

阿佐ヶ谷の書庫

Library in Asagaya 2013

約1万冊の本と、建主の祖父の仏壇を収め、そして執筆のためのスペースをつくることがこの建物の目的だった。竣工し、本を収めるのと同時に仏壇を収めた瞬間、空間が"聖なる"雰囲気に包まれた。本は人の記憶の集積であり、仏壇は故人との記憶の象徴と捉えれば、奇しくも両者は同じような性格を持ち合わせていたのだ。

吹抜け上部のトップライトを見上げる。この円形の書庫には約1万冊の蔵書と仏壇を収めている。

左：階段最上段の踊り場から書庫を見下ろす。本棚の割り付けと階段の寸法が密接に連動している。右：2階の書斎から書庫を見る。書斎の天井は円錐形。

左：書斎から書庫を見る。書庫の天井はドーム形。中：地下1階にはトップライトからの光が届く。右：玄関ポーチ。扉を開けるとすぐに書庫。右ページ：大通り側の外観。

竹林寺納骨堂

Charnel House in Chikurinji 2013

高知五台山の山頂に広がる竹林寺。その広い境内の奥にひっそりと建っている。すでにあった墓地への獣道のような参道に石を敷き、建物へのアプローチとしている。既存の大きなシイの木の根元に低く深い庇を架けて、そこに潜り込むように建物に入ってゆく。暗い通路に目が慣れるころ、奥にある水庭の水の音が静かに響いてくる。

アプローチから見た東側外観。建物は低く、目立たないように配置されている。

左:南側からポーチを見る。右ページ:エントランス。ポーチの天井は高知県産のスギの角材を積層させた垂木をそのまま見せている。両側に置かれたベンチもデザインしている。

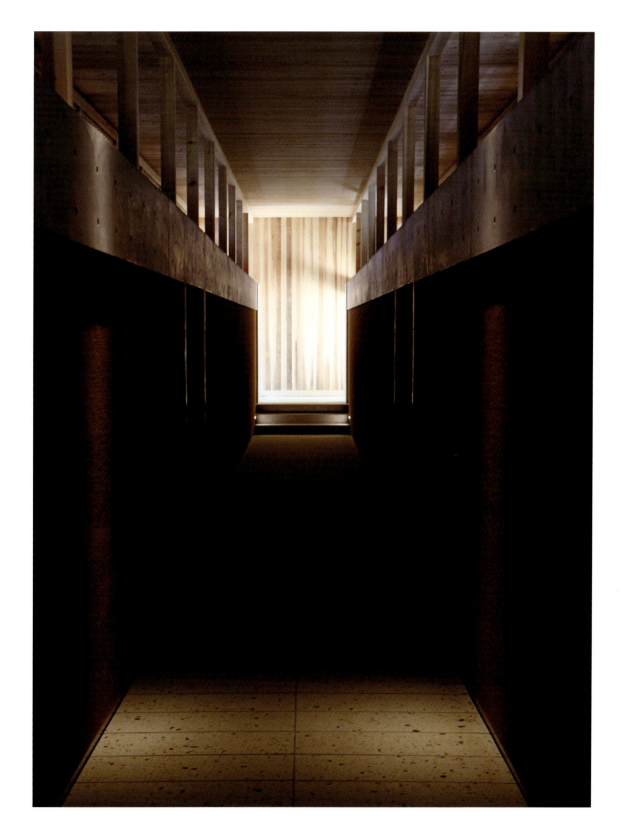

左ページ：境内の山門と石段。右：納骨堂の通路。両側は納骨室、正面はホール。

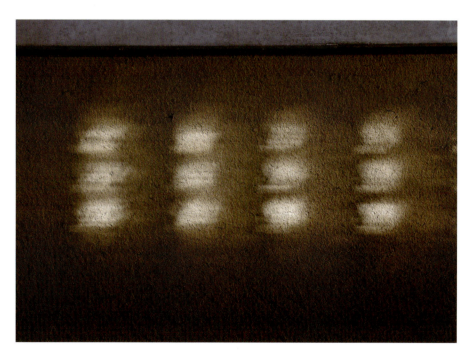

左：納骨室の上部の壁に設けた無双窓から射し込む光。右上：無双窓から入った光は、納骨室の土壁にその姿を現す。右下：納骨室の壁は、この場所で採取された土を塗っている。次ページ：ホールの裏、建物の一番奥にある水庭。

建主の随想「阿佐ヶ谷の家」「ひねもすのたり」「阿佐ヶ谷の書庫」

4回も設計をお願いして

　堀部さんとの出会いは、ある雑誌で見た最初の作品「南の家」でした。その時、恋に落ちたかのように体にビビッと電気が走りました。名前も知らないけれど、もうこの人に頼もう！　と。それから、自宅の全面改装、増築、私の開いたお店「ひねもすのたり」の改装、主人の「阿佐ヶ谷の書庫」の新築、と4回もお願いしてしまいました。

　こんなに何回もお願いしたということは、建主と建築家の間には何の問題もなく、順風満帆だったのだろうと想像なさるかと思います。しかし、実は途中で主人も巻き込み、関係が決裂してもおかしくないような齟齬が生じたことがありました。

　その詳細については触れません。堀部さんはその頃すでに作品集も出され、多くの注文を抱えるようになっていましたが、堀部さんのとった対応が、何の弁解もせず、潔く、謙虚で誠実であったことはお伝えしておきたいと思います。まさにその態度こそ堀部作品の真髄に通じるものであり、多くの方たちに支持されている所以だと確信しています。そうした堀部さんの態度は今も変わらず、それが私たちの関係が続いていることでもあるのです。

　わかりあえる人と出会うことも稀なことだと思いますが、その関係を長く続けていくことはさらに難しい。つくづくそう感じます。私は堀部さんとの、建築家と建主を越えて続いている関係を通して、人と人との付き合い方を学ばせてもらっているのです。

松原幸子
（「ひねもすのたり」店主）

　最初の家を買って改装するにあたり家内が堀部さんを見いだしてきてからというもの、ずっとお付き合いさせていただいています。とくに最新の「阿佐ヶ谷の書庫」新築にあたっては、資金の出所である祖父にはじまる私自身の家族史を調査しながら「仏壇と本の家」を依頼することになった経緯もあり、いっそう濃密なやりとりや摩擦を体験することとなりました。その内容は堀部さんとの共著『書庫を建てる』（新潮社）に書きましたが、この本は私の執筆活動にとって一つの曲がり角となるでしょう。堀部さんにとっても同様に、書庫の建築が今後の発展へ向けての跳躍台になることを期待しています。

　書庫が完成するまで毎日のように現場に出向きました。それでも住んでみるまではよくわかっていなかったことがあります。それは、この家を構成するスケールがきわめて人間の身体になじむものだということです。一つは均等な幅の書棚で、入り口や仏壇はちょうどその倍。この家はすべてがこの単位で出来ているのです。しかもその幅に入るハードカバーで20冊ほどの本が、一つのテーマに過不足なく収まります。これは意図されたスケールですが、堀部さん自身が意識せずにつくってしまった部分もあります。地下の階段の下がそう。そこに潜り込むと部屋の直径が狭すぎず広すぎず、絶妙の大きさで、地底の端と端で対面すると喋りやすいのです。落成前、堀部さんは私に地階がもっと狭いように喋っていたのですから、きっと意識せずにつくってしまったに違いありません。しかしそうした芸当ができるのも、日頃から堀部さんがヒューマン・スケールについて熟考しているからだろうと思うのです。

松原隆一郎
（社会経済学者）

建主の随想「竹林寺納骨堂」

魂のすこやかさを感じる建築

海老塚和秀（五台山竹林寺住職）

近年、少子化やお墓に対する意識の変化に伴い、お墓の継承のことで悩みを抱える方が増えてきました。跡継ぎがいない。子供たちは故郷を離れ、将来戻ってくる見込みがない。あとあとお墓のことで子供たちに負担をかけさせたくない、等々。これらは都市部ばかりではなく、地方も例外ではありません。こうした今日のお墓事情にあって、寺がその受け皿のひとつになるべく建立を計画したのが納骨堂でした。

そして、当寺の名勝庭園の保存整備に携わっていただき、寺の境内整備にあたってはその監修をいただきました今日のわが国の庭園学の第一人者・尼﨑博正先生よりご紹介いただいたのが堀部さんでした。

納骨堂は住宅や商業施設などとは違い、人の日々の生活や営みの場になる建築ではありません。そこに眠る御霊（みたま）には永遠のやすらぎの場となり、そこを訪ねる人にとっては故人を偲び、祈りを捧げるとともに、静寂の魂に向き合うことを通して今を生きる喜びをもたらす場所でなければなりません。また、適度な緊張感を孕みつつもなんだか心地いい建物に。それから、大切なご遺骨をお祀りする建物ですので数十年で古びてしまったり、壊してしまうようなものであってはいけません。逆に時を経ることによって美しさを増す建物に、等々。あれこれと納骨堂への思いや要望を堀部さんにお伝えしたものでした。

実はその時、言葉にはしませんでしたが、納骨堂を手がけることは建築家に、自身がどのように最期を迎え、どう葬られたいか、生者と死者が声なき対話をし、両者をつなぐ空間とはどうあればよいのかなど、その死生観を問うものであるだろうとの思いがありました。

やがて堀部さんからマスタープランが示される日がきました。開口一番、「実は海老塚さんの予想を裏切るものになりました」。堀部さんは続けます。今回の設計は苦しんだ、これが出来なければ建築家としてだめなのではないか、と。しかし、「建築が筋書きをつくらず主張せず、人々の思いや祈りに寄り添う建築。人の五感を大切にした納骨堂になりました」とも。

建築家は一級の観察者であり思索者であらねばならないのでしょう。まずデザインありきではなく、奇をてらうでもなく、物事の本質を突きつめたところに現れる必然の形。場所との対話を重ねながら場所と建築とがつながり、あらゆるものに血が通い始める瞬間。そこに至るまで少しの妥協も許さず、思索と作業を繰り返す堀部さんの建築家としての姿を垣間見た思いでした。

また、これは後になって気づいたことですが、納骨堂の奥に設けられた水庭を満たす水音、建設地から採れた赤土を用いた通路の内壁、そして、建物を包む周囲の緑。それらから、自然のめぐりの中に人は生き、やがては大地に還っていくという人間と自然とのいのちのつながりが、これっぽっちも主張せず、さりげなく形にされているのでした。

私は堀部さんの作品からこの建築家のもつ「魂のすこやかさ」とでもいうべきものをいつも感じずにはいられません。それは建主や世の中に媚することなく、まっすぐに建築の本質を見つめるその精神の逞しさや潔さ、心ずまいの端正さとも言いうるものでしょう。ですから、堀部さんの作品はお寺に似ているとよく言われるというのもさもありなん。寺の境内に足を踏み入れた時に感じる心地よい静謐、お堂のたたずまいの凛とした美しさ。そこには時代を経た建築や空間が醸し出す、人を惹きつけてやまないある種の普遍があります。そして、それらは堀部作品が内包するものです。

ともあれ、こうして出来上がった「竹林寺納骨堂」は杉檜の木立に囲まれた西境内の奥深い場所に、もとからあったかのように佇んでいます。

あとは歳月にゆだねることにしましょう。納骨堂建設に関わった人々の作意や情熱や苦心やなにもかもがやがて年月によって消し去られ、建築が風景に溶け込んだ後に現れるであろう、ただそこにある美しさに思いを馳せながら、この納骨堂を大切に守り伝えていきたいと思うのです。

森の中の
ゲストハウス
Guesthouse in a Forest
2012

所在地　長野県
用途　ゲストハウス
構造設計　山田憲明構造設計事務所
設備設計　yamada machinery office
施工　北野建設
造園　岩城
主体構造　RC造一部木造
敷地面積　3,464.16㎡
建築面積　427.13㎡
延床面積　539.10㎡

建主が営む会社のゲストハウスとして建てられた。主体構造はRCのラーメン構造で、小屋組は鉄骨で補強した木造。かなりの大きさの床面積が求められたことに対し、シンプルで明快な設備と構造のシステムを考え、"わかりにくさ""使いにくさ""複雑さ"を極力軽減する手法をとっている。1階と2階の上下に連なる長方形コアを設け、その中に台所や洗面所、浴室、収納、階段といったスペースとともに、設備や機械などを集約。このコアは構造のコアとしてもその役割を担う。コア以外の部分は構造的に開放されたスペースとなっていて、それらが連続してつながってゆく。内外ともRCの柱には特注で製作したレンガタイルを貼った。あたかも唐松の幹のような雰囲気である。そのほかの部分はチークの板やナラの家具、あるいは版築による土壁などで仕上げている。

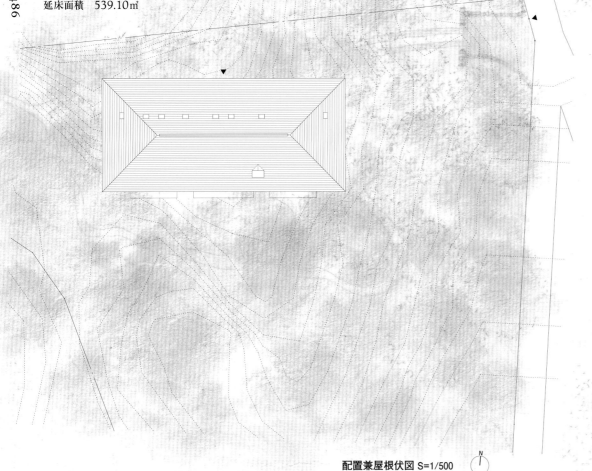

配置兼屋根伏図 S=1/500

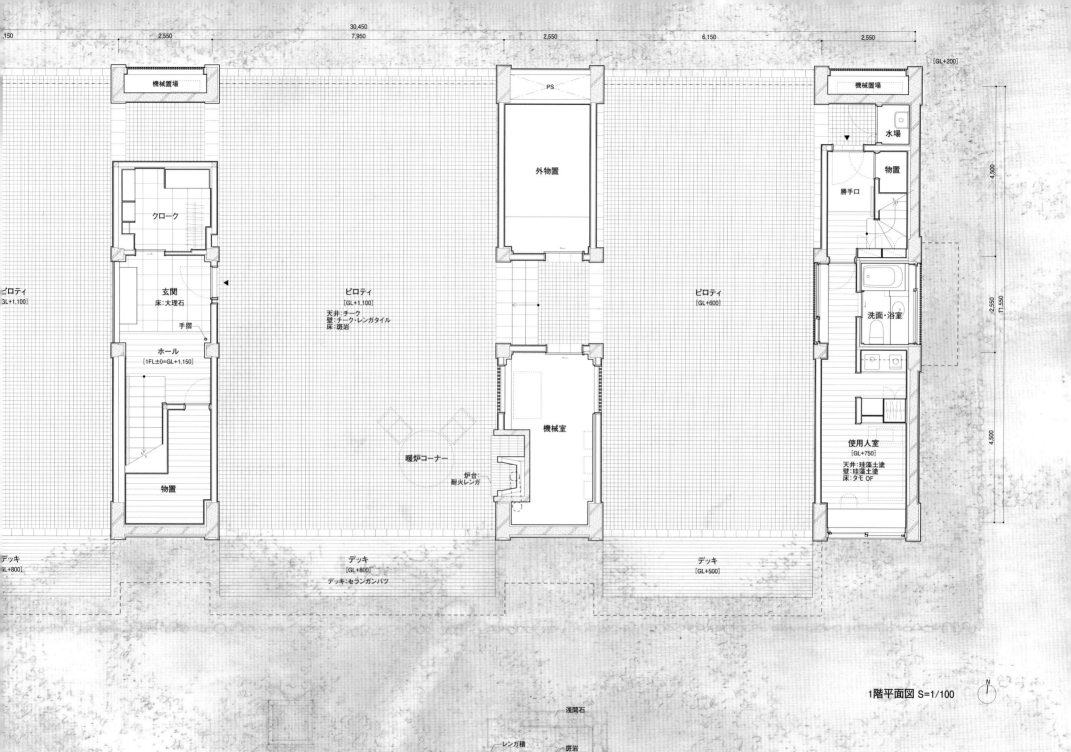

1階平面図 S=1/100

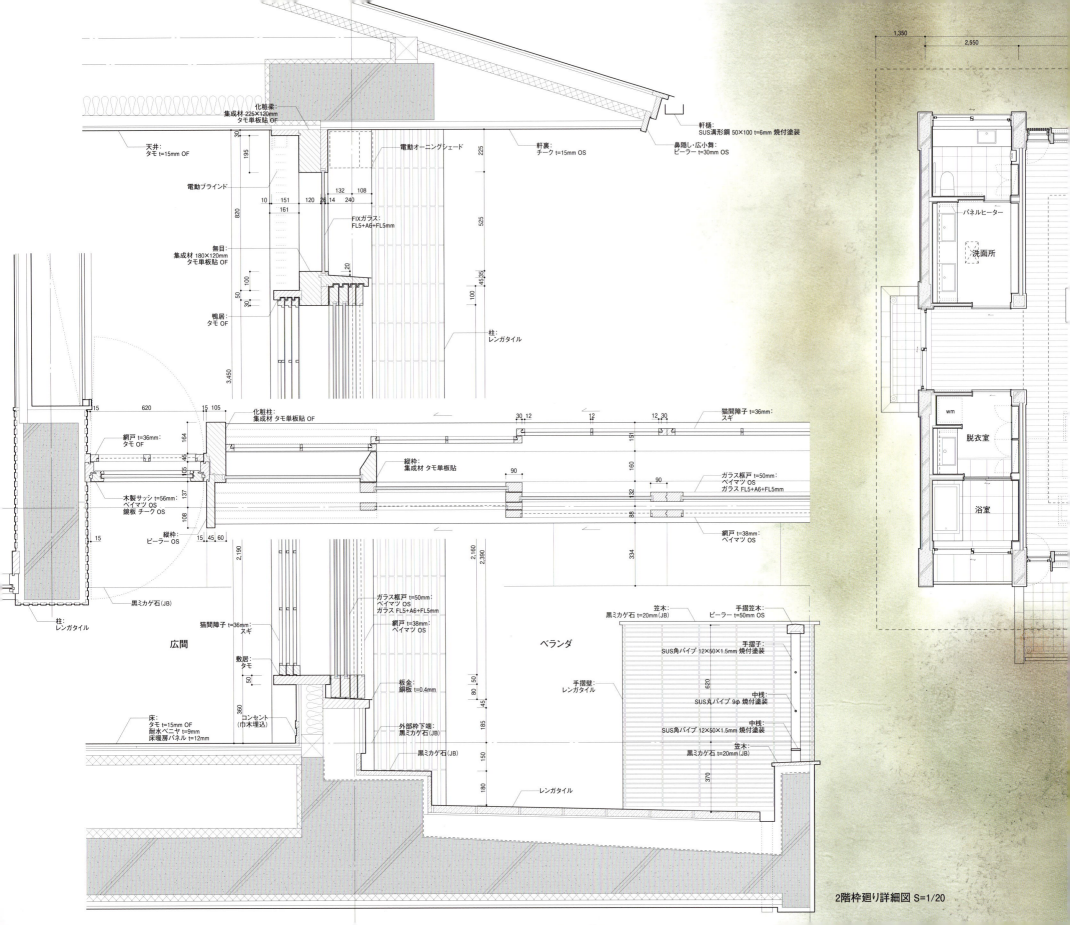

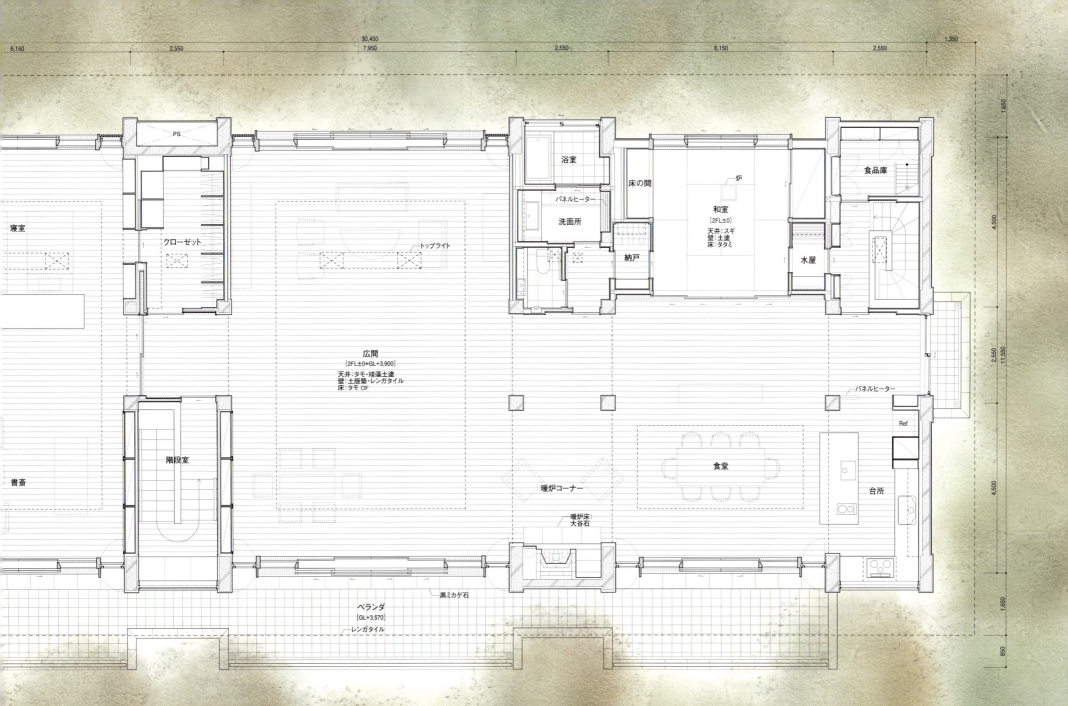

2階平面図 S=1/100

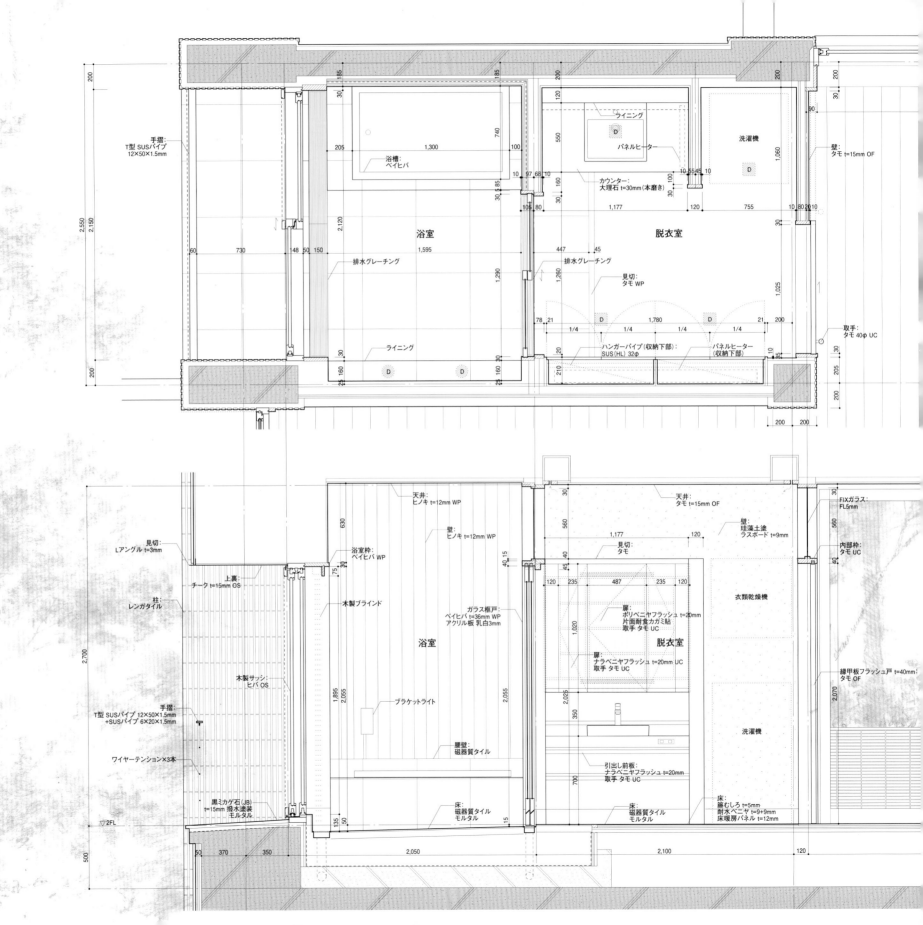

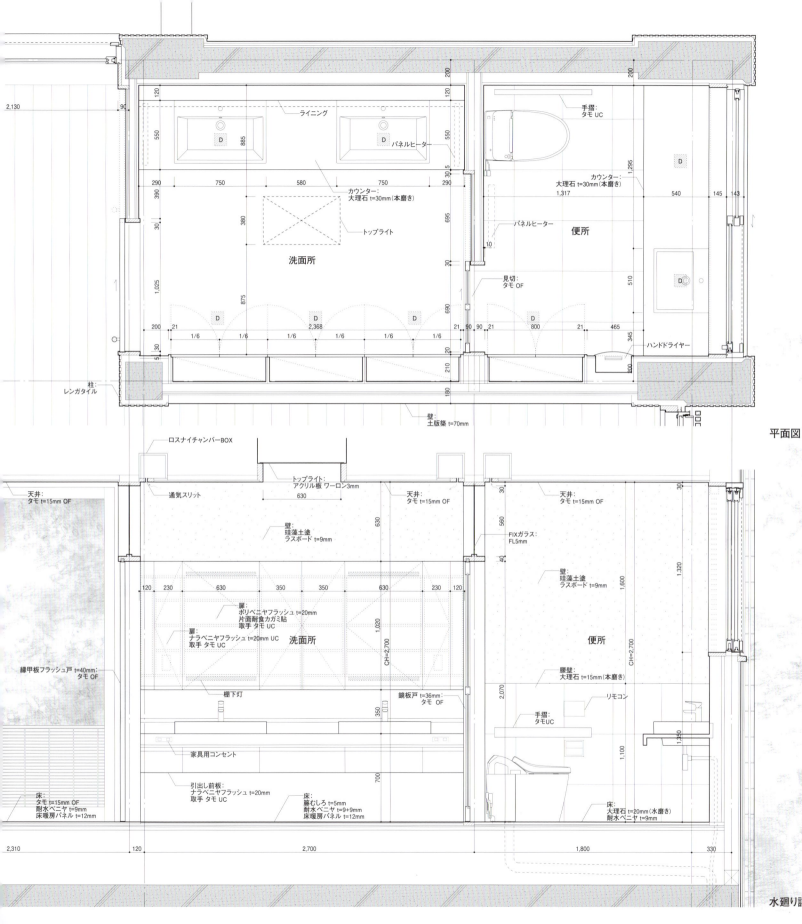

平面図

水廻り詳細 展開図 S=1/30

便所の洗面台まわり。床、腰壁、洗面台は大理石、壁は珪藻土。木製サッシの窓には木製ブラインド。

洗面所。床は籘むしろ、天井と壁、枠などの木部はタモ。欄間はガラスにして空間を連続。

手前は脱衣室、奥に浴室。

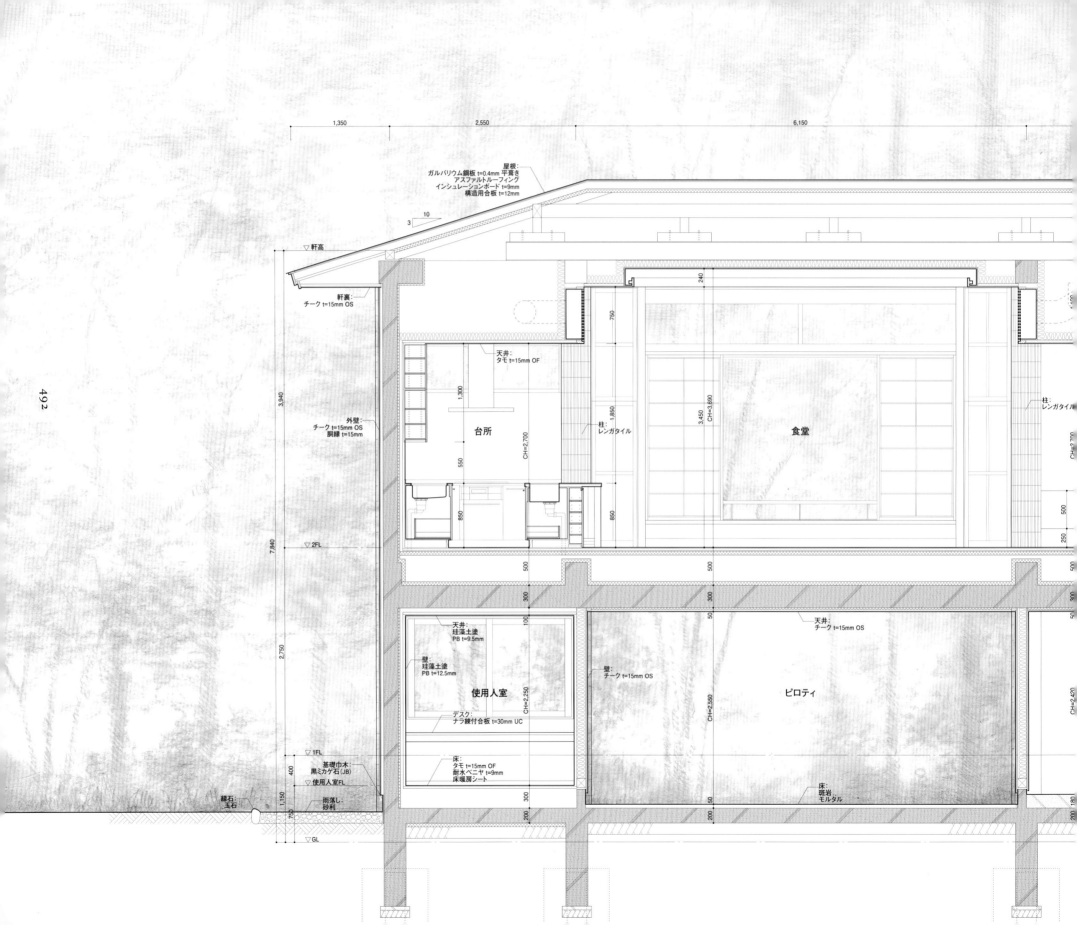

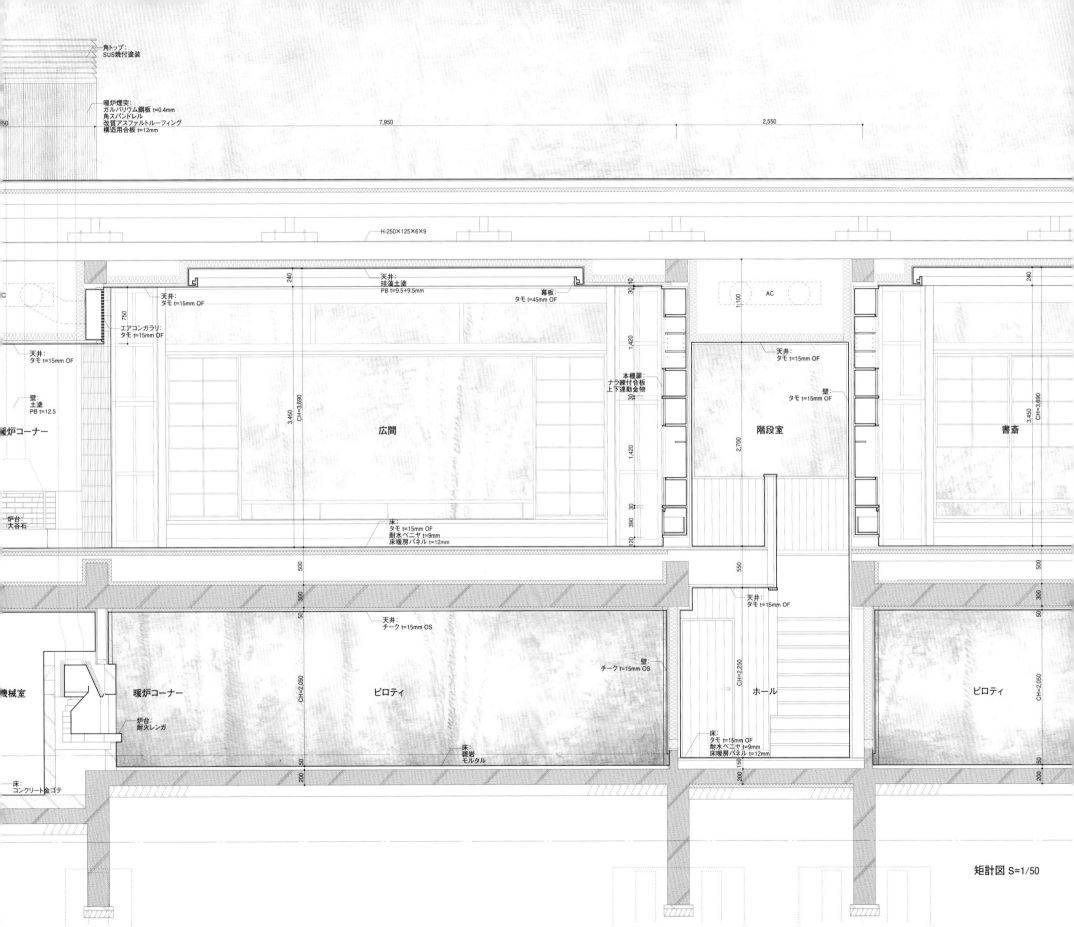

湘南のゲストハウス

Guesthouse in Shonan
2012

所在地　神奈川県
用途　　ゲストハウス
構造設計　山田憲明構造設計事務所
施工　　水澤工務店
造園　　ふじい庭苑
主体構造　木造
敷地面積　268.81㎡
建築面積　69.13㎡
延床面積　82.24㎡

湘南の海を見下ろす風光明媚な高台に建つゲストハウス。外構設計もランドスケープを活かすように計画している。正六角形平面の建物は、樹木の中に溶け込む"お堂"のような雰囲気を醸し出す。内装、外装、構造においても吉野産のスギが使われており、ほぼその1種類の素材で建物はできている。建物は眺望と防湿のために地面より持ち上げられ、宙に浮いたような浮遊感も漂わせている。

柵文様 S=1/10

駐車スペースから見た外観。

鍛鉄製柵には「輪違い麻の葉」という江戸文様が施されている。この文様は建物と同じ六角形が基本。

門塀立断面図 S=1/50

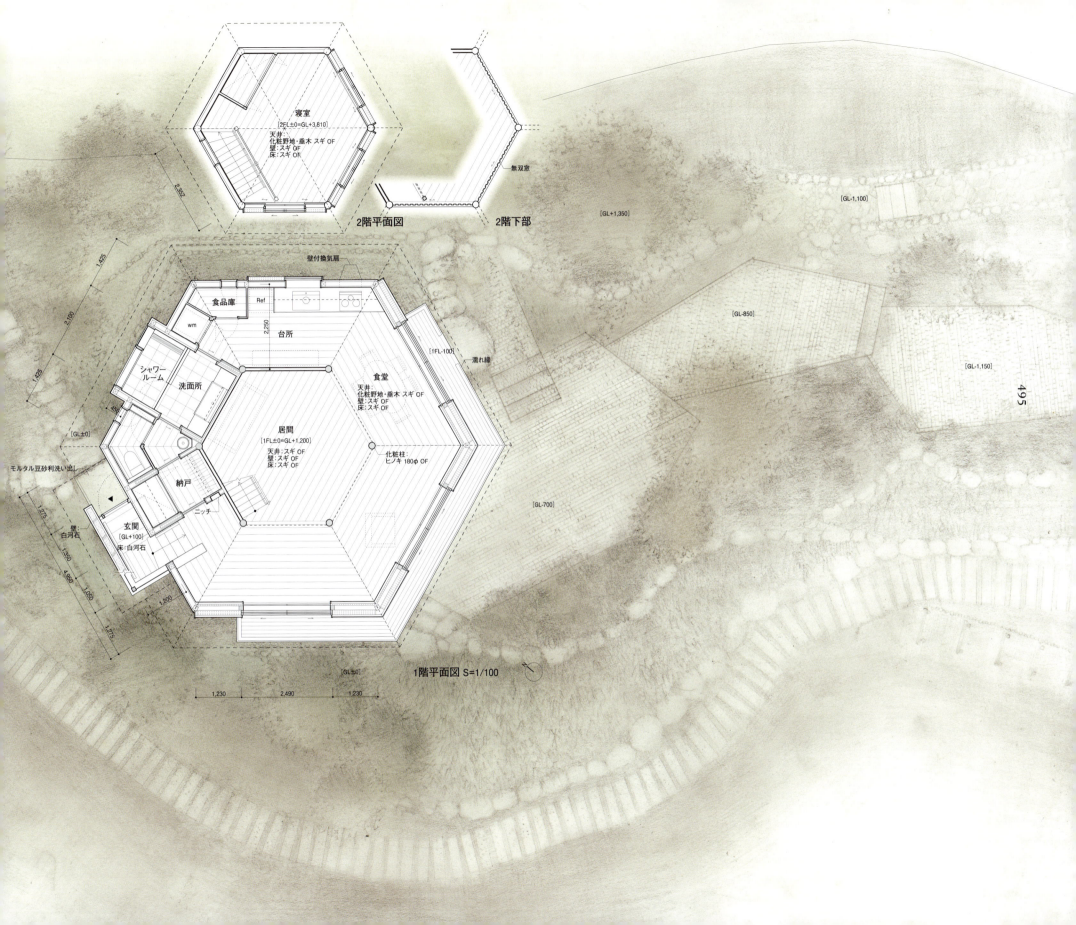

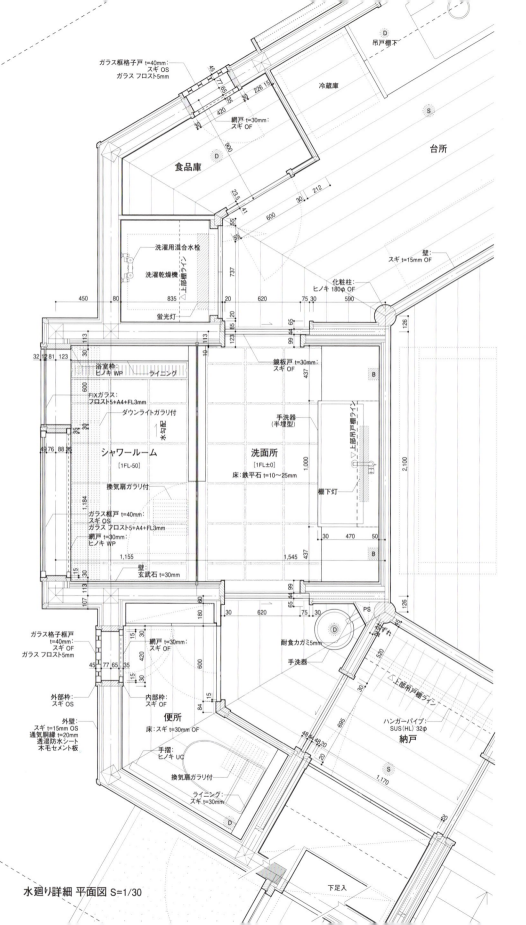

水廻り詳細 平面図 S=1/30

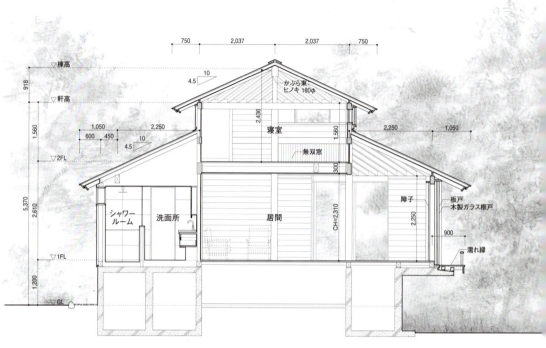

断面図 S=1/100

左に洗面所、右手前に便所前手洗い。洗面所とシャワールームの壁は玄武石、床は鉄平石。

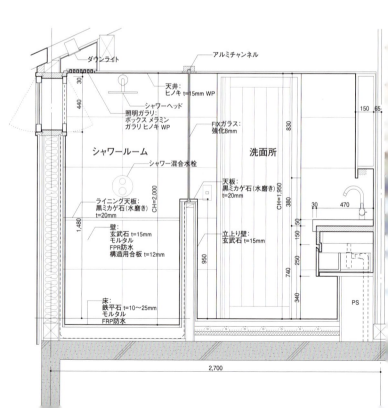

平面図

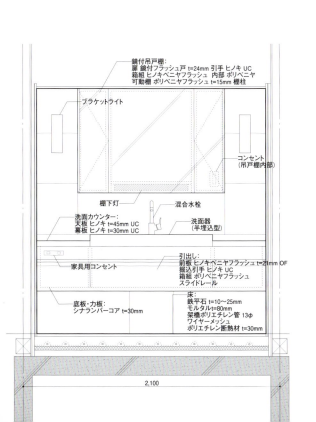

2階の寝室を囲むように設置した無双窓を1階の食堂、居間から見る。連子は重ねたりずらしたり動かすことができる。

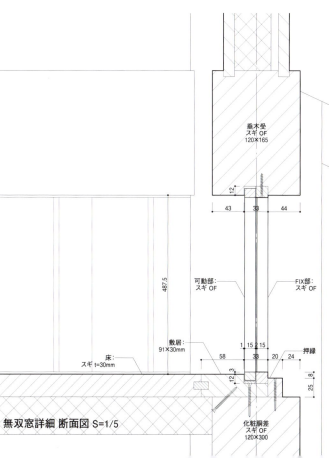

無双窓詳細 断面図 S=1/5

イヴェール ボスケ

Hiver bosque
2012

所在地　石川県加賀市
用途　　店舗
設備設計　yamada machinery office
施工　　谷工務店
造園　　丸山造園
主体構造　木造
敷地面積　2,082.28㎡
建築面積　228.15㎡
延床面積　208.20㎡

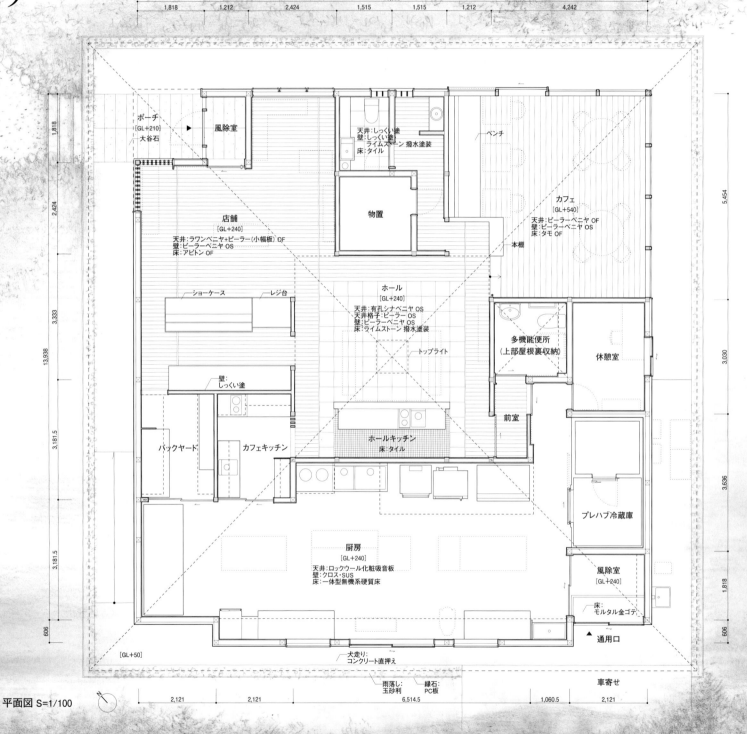

平面図 S=1/100

のどかな田園風景の中に建つカフェ併設の洋菓子店。この風景に似合うような原初的で力強く、かつ素朴でシンプルな佇まいの建物を目指した。おおらかな方形屋根を架けた建物の中は真壁造りで、用途や役割の違う各スペースが独立するように配置、それらは見え隠れしながらつながり、気配を伝え合っている。建物の性格上、表動線と裏動線を整理する必要があり、また、厨房機材や設備の様々な制約や絡みもあったため、厨房のレイアウトを含めて数cm単位の細かい調整を最後まで繰り返した。井戸水を利用し、冷暖房は水冷式を採用。その機器やダクト類は外周部の屋根裏にまとめている。外から煙突のように見えるのは、厨房の上に取り付けられた排気塔である。

北立面図 S=1/150

カフェの造り付けベンチソファー。
特注テーブルと椅子：工房さ竹
ペンダント照明のデザイン：堀部安嗣建築設計事務所　製作：KECK

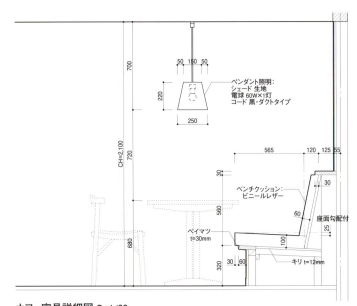

カフェ家具詳細図 S=1/30

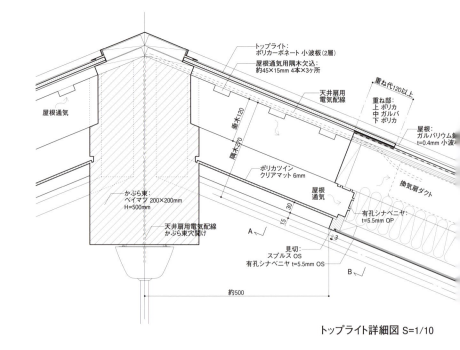

トップライト詳細図 S=1/10

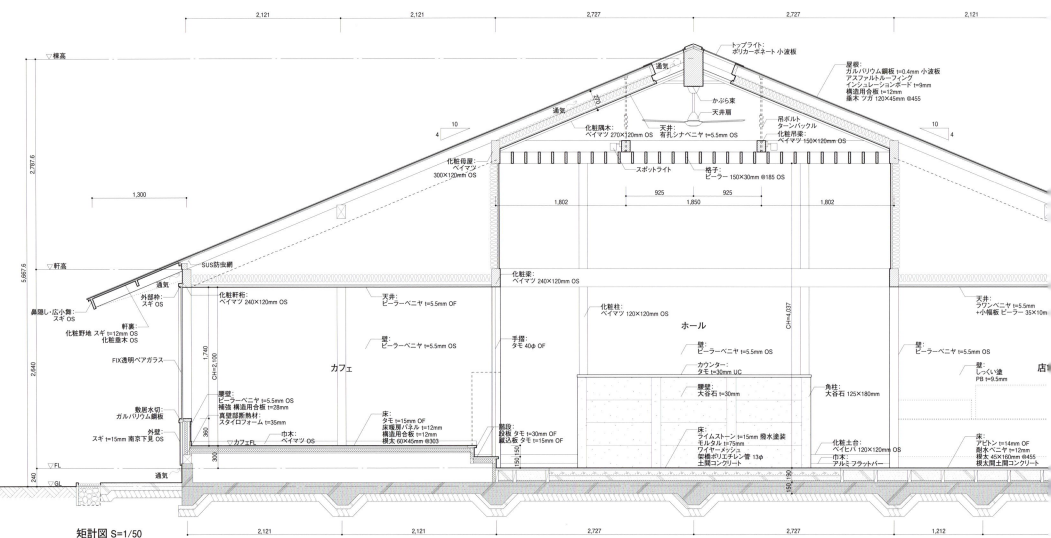

矩計図 S=1/50

屋根。トップライト部はガルバリウム鋼板と同寸法のポリカーボネートの小波板を重ねた。

半透明のポリカツインを取り付ける前に、屋内からトップライトを見上げる。屋根通気をトップライト部の空気層に集め、換気扇で排気している。

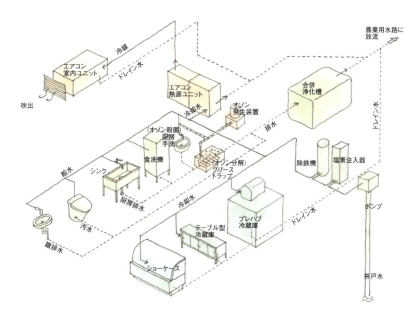

上下水道などの既存インフラがなかったので、井戸を掘り、井水を給水、厨房機器の冷却水、エアコンの冷暖房の熱源に利用している。厨房排水のグリーストラップにはオゾン油脂分解システムを利用し、薬品などを使わずに排水の水質を改善。また、合併浄化槽も高性能タイプを採用した。さらに、冷却水として利用した後の井水も一緒に排水し、排水濃度を下げている。

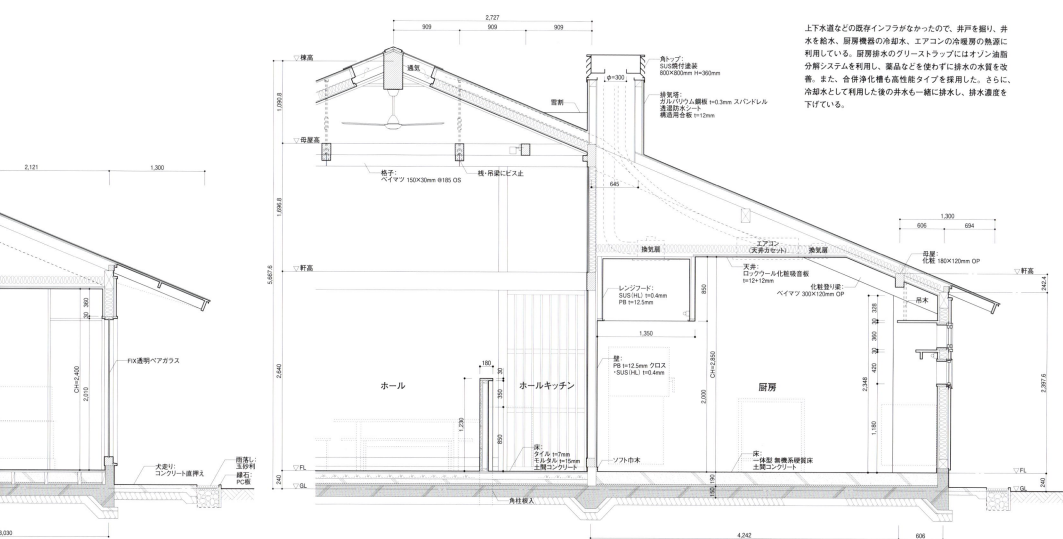

軽井沢のゲストハウス

Guesthouse in Karuizawa

2013

所在地　長野県北佐久郡
用途　　ゲストハウス
施工　　丸山工務店
造園　　雨楽苑
主体構造　木造
敷地面積　1,494.37㎡
建築面積　32.40㎡
延床面積　64.80㎡

断面図 S=1/100

「軽井沢の家」が築10年を過ぎた頃、母屋の離れとして計画されたゲストハウスである。建てられる場所には制約があることと、母屋とは違った眺望が楽しめるようにという理由から、コンパクトな総2階建ての建物としている。また、既存の樹木を避けるように、建物のボリュームが小さく見えるように、建物の平面の輪郭を十字形にしている。母屋からの眺めが樹木の幹のレベルにあり、風景を「く」の字に抱え込むように望めるのに対し、ゲストハウスは枝葉のレベルにある。さらに遠くに横たわる浅間山と谷となっている樹海を、180度のパノラマに開放された窓から、あたかも手に取れるような感覚で眺望することができる。

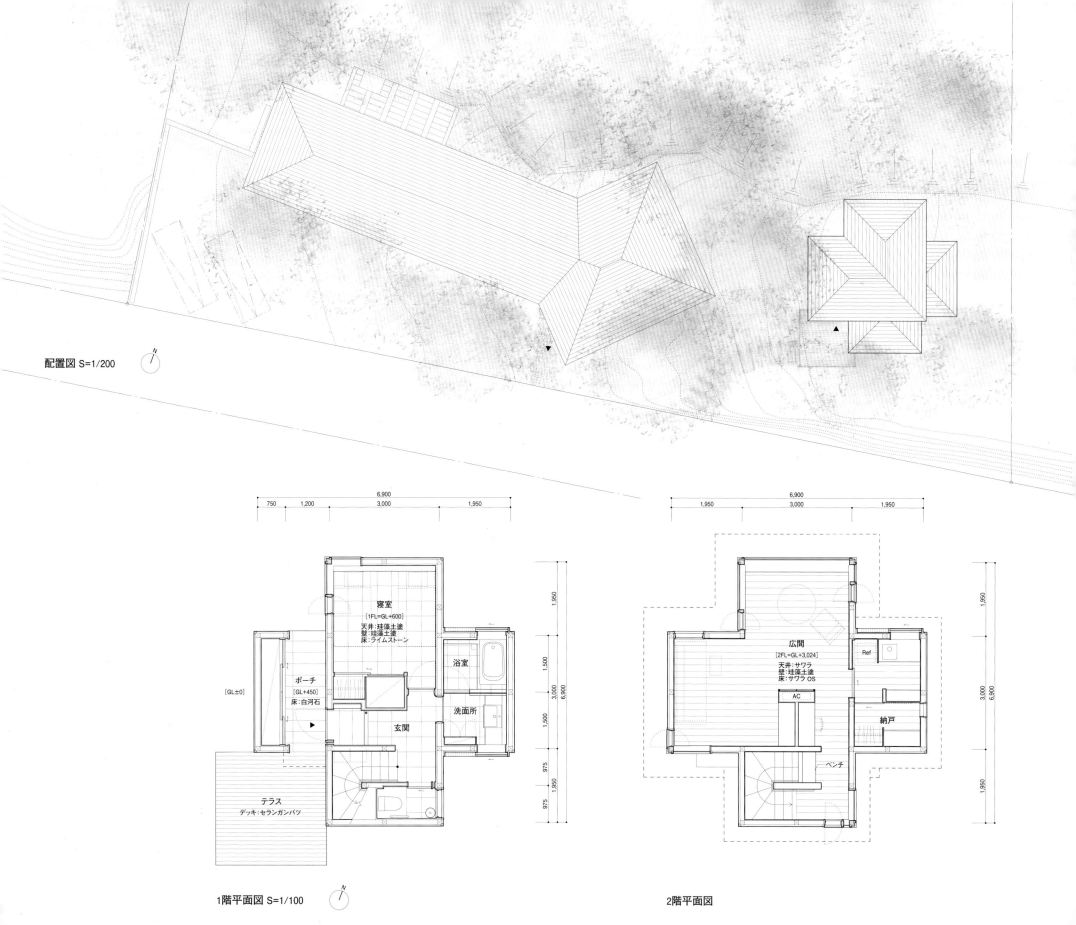

阿佐ヶ谷の書庫
Library in Asagaya
2013

所在地	東京都杉並区
用途	書庫
構造設計	多田脩二構造設計事務所
施工	時田工務店・アルボックス時田
主体構造	RC造
敷地面積	28.70㎡
建築面積	20.83㎡
延床面積	46.24㎡

四角いコンクリートの塊を縦に円筒形にくりぬき、アリの巣のようにつないだプラン。本棚の割り付けと階高や階段の蹴上げ、段板の寸法を密接に連動させていて、どの書棚も台を使わずに手が届く。本棚の1マスがこの建物のモジュールで、階段の段板寸法は1マスの幅、玄関扉や仏壇スペース、エアコンボックスや収納の幅は2マス分にあたる。仏壇の奥行きは角に残されたコンクリートの厚みを利用し、本棚と同面で納めている。また、開口部ではこの厚みがそのまま庇となる。厚い壁は大通りの喧噪を完全に遮断し、読書と執筆のための静かな環境を生み出す。コンクリートのR型枠が高価なので、各階で使い回しできるように軀体の階高も統一している。

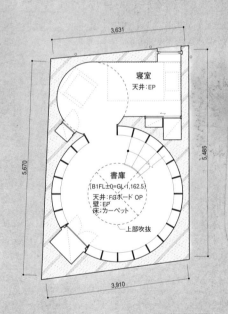

地下1階平面図

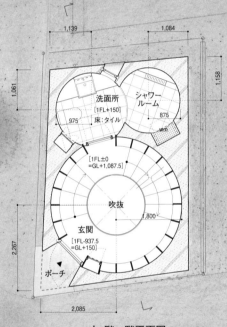

中1階・1階平面図 S=1/100

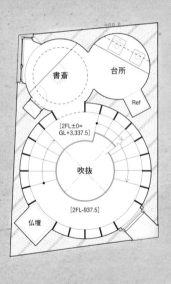

中2階・2階平面図

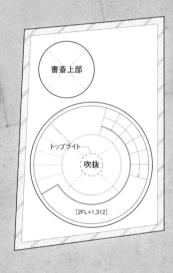

ロフト平面図

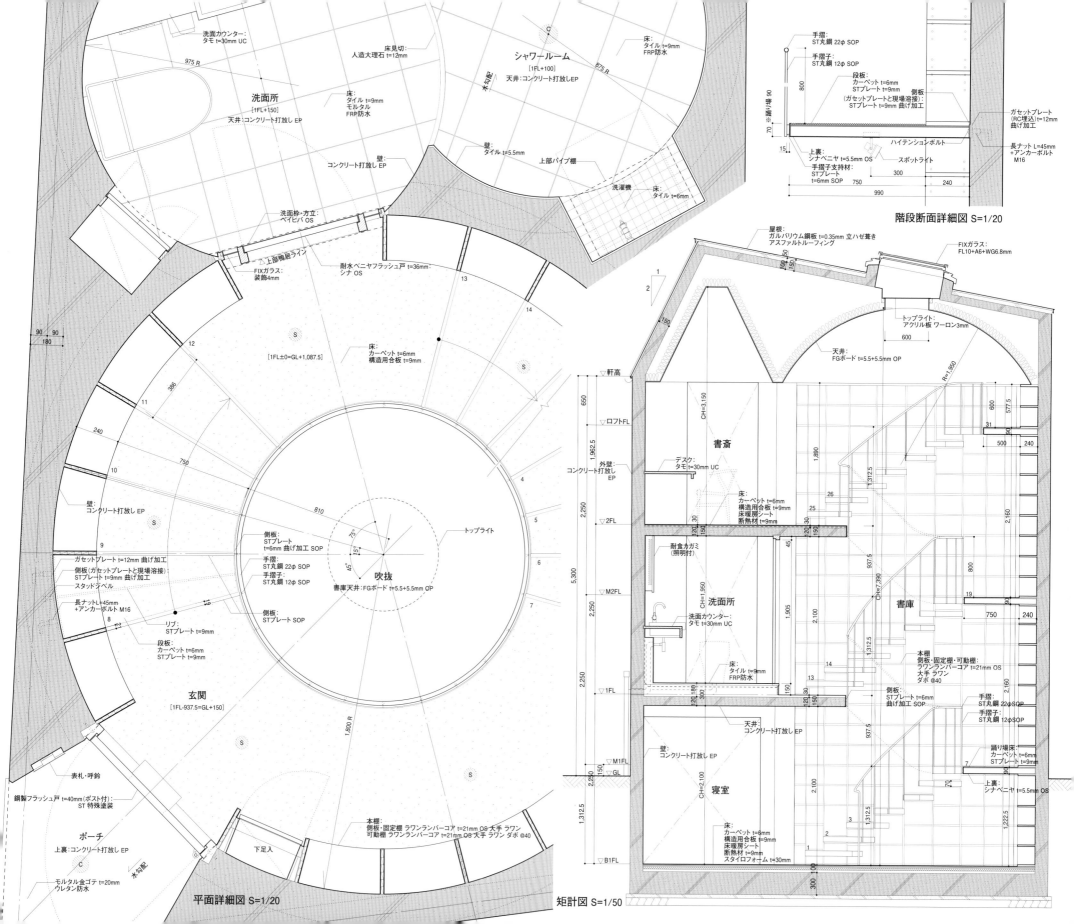

吐水口	天井:コンクリート打放し(スギ型枠)
	壁:コンクリート打放し
雨落し	床:大谷石
水盤:	納骨室
黒ミカゲ石	[GL+200]
外壁:	水場:
スギ	黒ミカゲ石
積層壁:	納骨棚
スギ	
水庭	上部開口(換気用)
[GL+850]	納骨棚
ホール	天井(積層垂木):スギ
[GL+650]	壁:土塗
天井(積層垂木):スギ	床:大谷石
壁:土佐しっくい塗(鏡面)	通路
床:大谷石	[GL+200]
	スロープ
	納骨室

屋根:
チタン亜鉛合金

格子:
スギ

積層垂木:
スギ

柱・梁型:
コンクリート打放し 撥水塗装

外壁:
土佐しっくい塗(鏡面)

空洞せっき質ブロック

竹林寺納骨堂

Charnel House in Chikurinji

2013

所在地　　高知県高知市
用途　　　納骨堂
構造設計　山田憲明構造設計事務所
施工　　　北村商事
造園　　　尼﨑博正（監修）・マスタバアトリエ
主体構造　RC造＋木造
敷地面積　4,650.92㎡
建築面積　209.53㎡
延床面積　195.84㎡

耐火性が求められたことから納骨室をRC造とし、それらを覆うように木造の屋根を架けている。木造部には、最も市場に流通しているため質が高く、安価でもある高知県産のスギの105mm角材を使用。この角材をずらりと敷き並べたり積層させたりして密度の高い空間をつくっている。化粧材や下地材といった二次部材は用いず、断熱材も使用していない。木造部は1,995mmをグリッドにしているが、これは105mmの倍数であり、105mmの梁成のスパンに無理のない寸法から導き出された。確かな質の素材を整然と秩序立てて繰り返し用いることにより、祈りの場に求められる永続性、純粋さ、直截さ、静けさを表現しようと試みている。

平面図 S=1/100

南立面図 S=1/100

東立面図

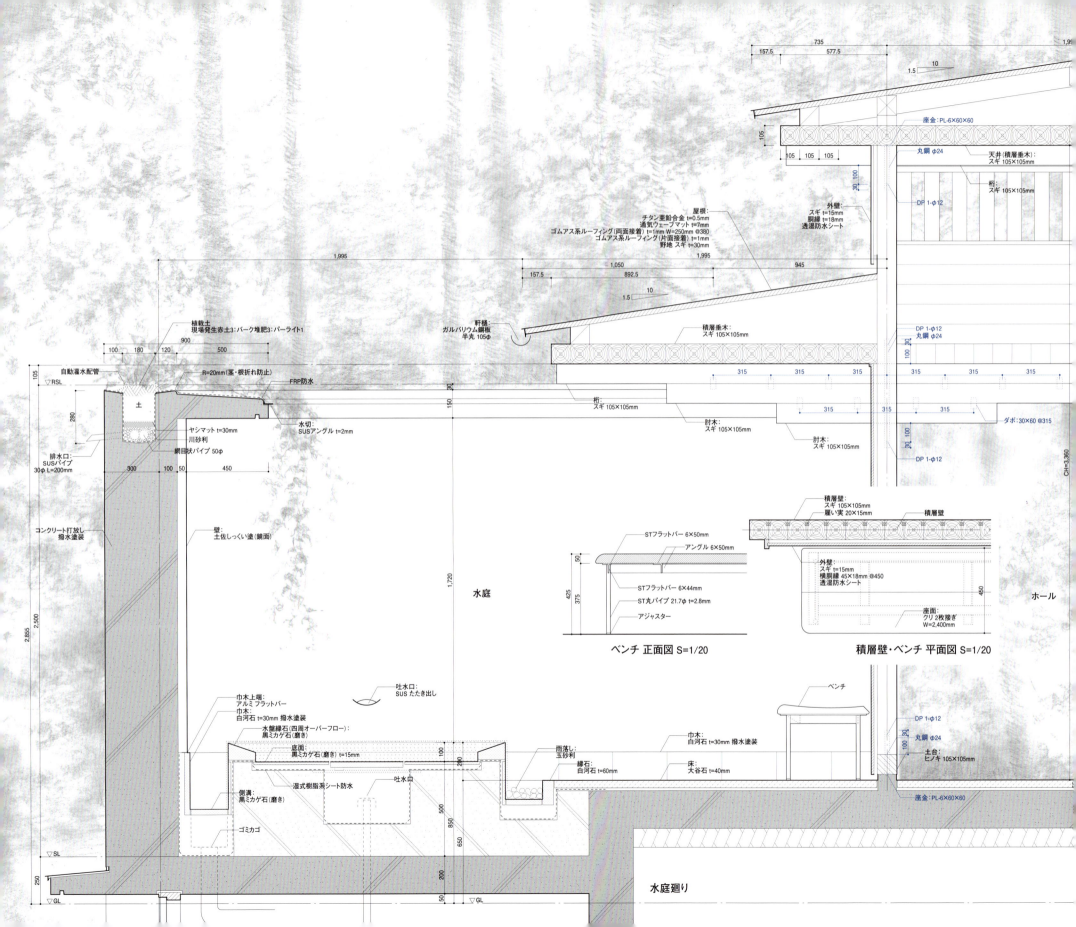

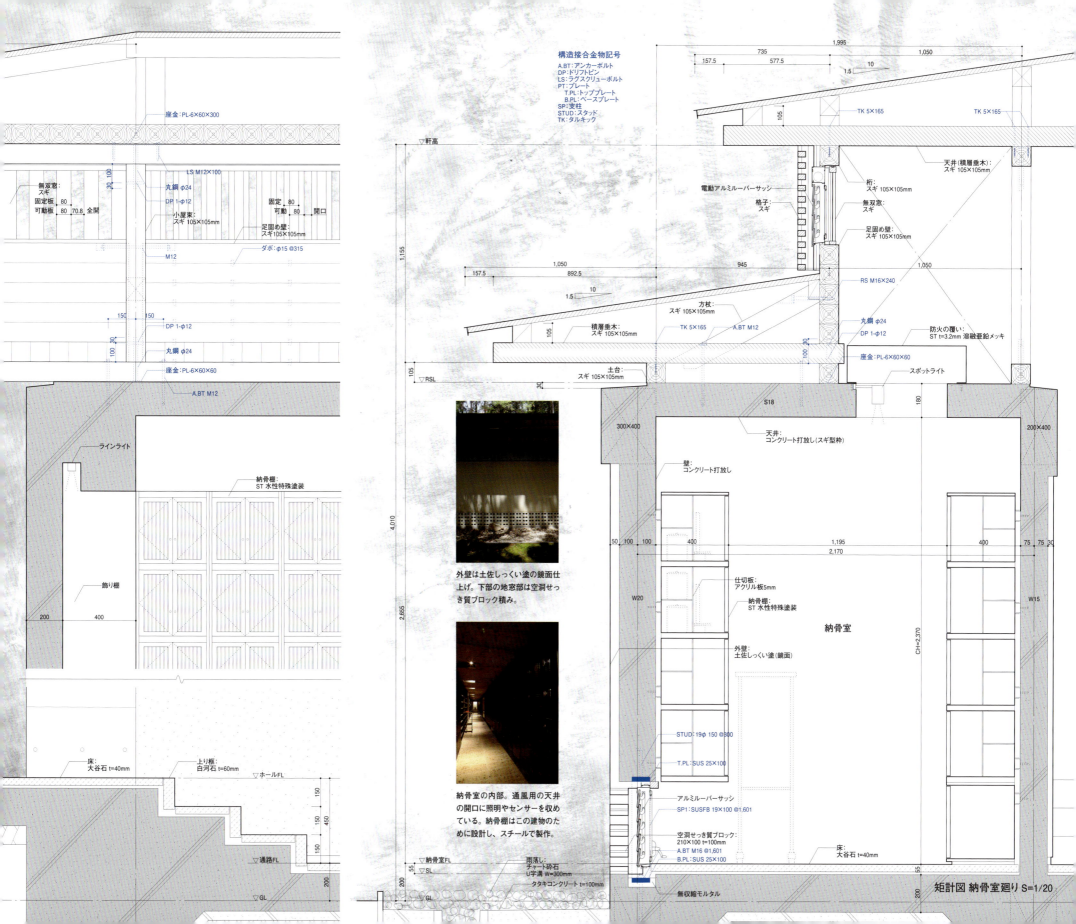

外壁は土佐しっくい塗の鏡面仕上げ。下部の地窓部は空洞せっき質ブロック積み。

納骨室の内部。通風用の天井の開口に照明やセンサーを収めている。納骨棚はこの建物のために設計し、スチールで製作。

矩計図 納骨室廻り S=1/20

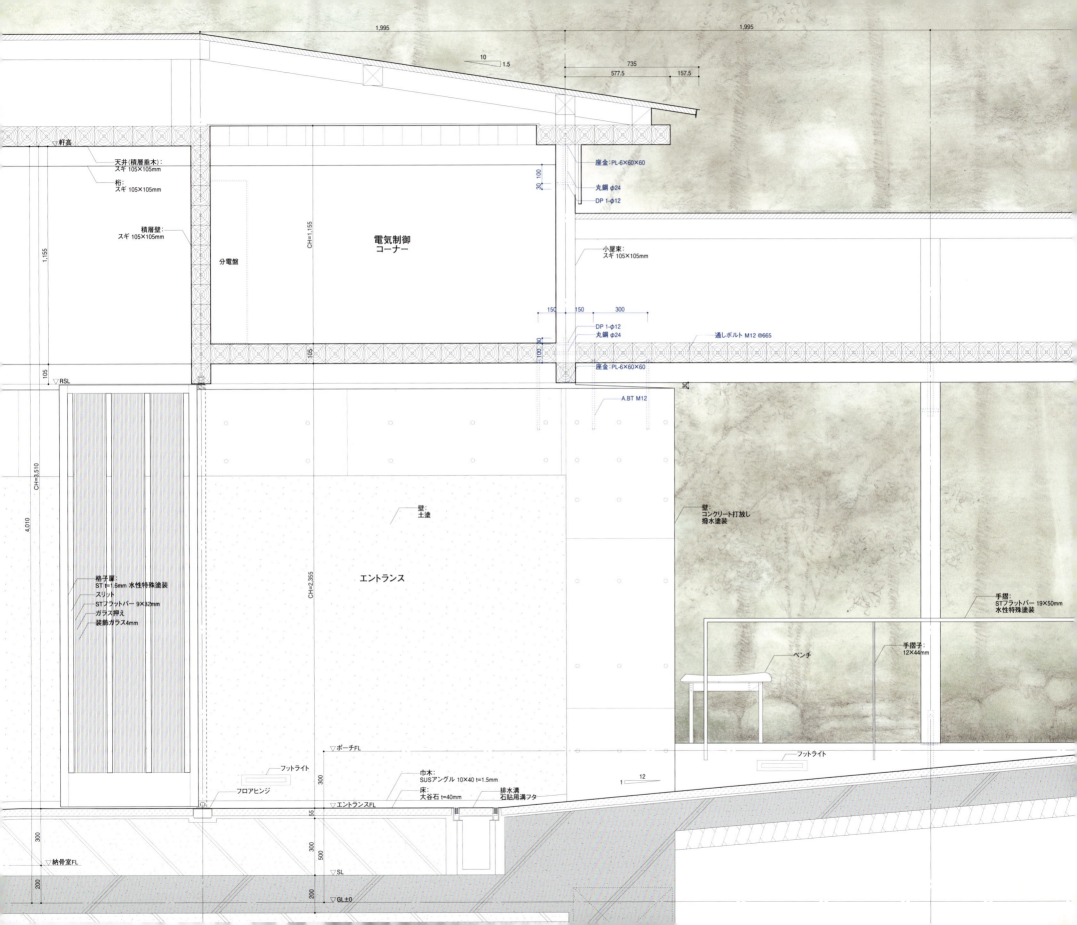

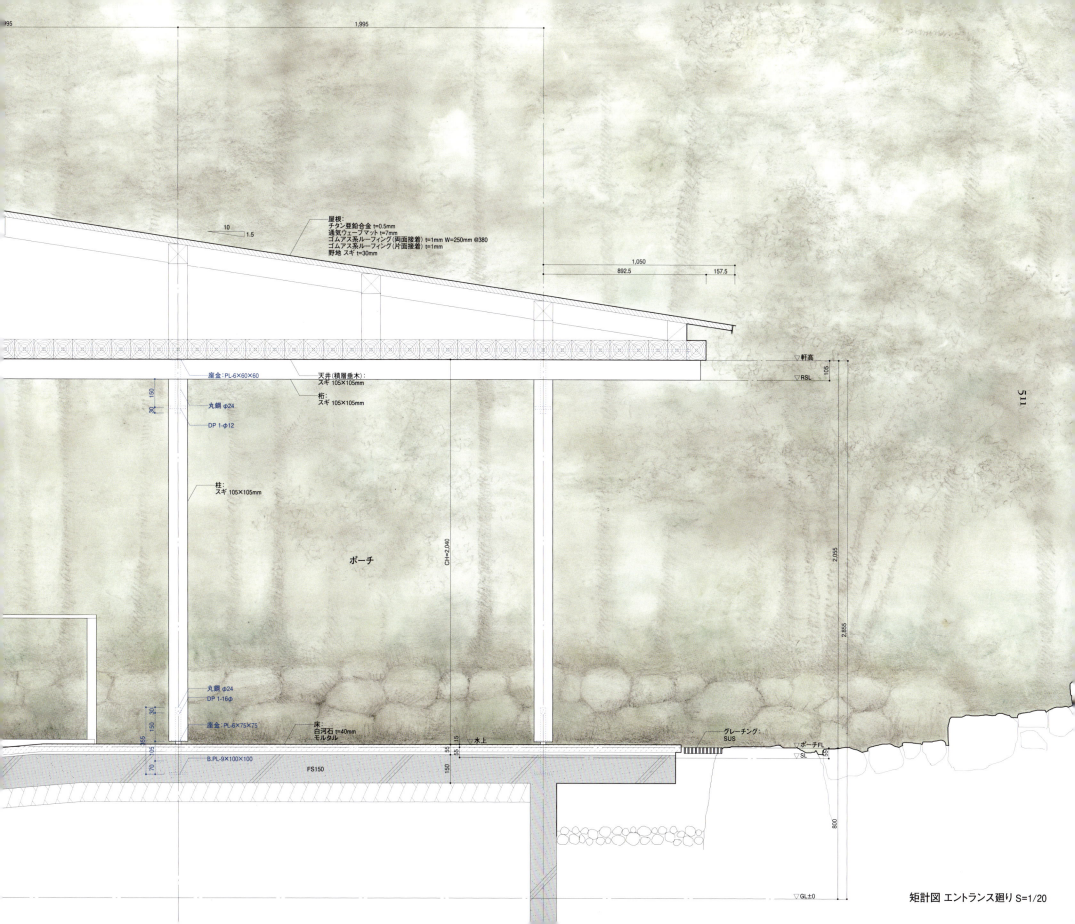

矩計図 エントランス廻り S=1/20

記憶

堀部安嗣

　竣工したばかりの「阿佐ヶ谷の書庫」の本棚に、仏壇が無事に収まったところを見た瞬間、「これでよかったのだ」と直感的に思った。もちろん、どのプロジェクトにおいても、それぞれに納得の瞬間というものがあるけれど、仏壇を収めた時の納得の種類はほかのものとずいぶん違っていたように思う。単に自分が今まで考えてきたことの最適な解を導けたということでもなく、物理的、合理的に辻褄が合ったということとも違う、なにかその光景が現れたことですべてが透き通り、澄み渡ってゆくような、自分の仕事の範囲だけでは語れない、崇高な納得といえばいいだろうか。

　そして、その光景とその時の感覚はかつて経験している、そんな既視感もあった。

　26歳で独立して最初の仕事である「ある町医者の記念館」は、鹿児島の陸の孤島のような辺境の地に建っている。

　この町の地域医療に多大な貢献をし、"赤ひげ先生"と慕われた医師の遺品や診療所に置かれていた家具を保管することがきっかけで計画は始まった。当初は計画地の隣にかつての古い木造の診療所がまだ残っており、中にはアルコールの消毒液の匂いとともに無造作に遺品が置かれていた。それらは歴史的に特別価値あるものではなく、当時普通に使われていた器具や家具である。しかし、老朽化して壊される運命にあった診療所がなくなると、町中の人々に慕われた先生との思い出の手がかりもなくなってしまう。そこで、町の人々にとって思い出がつまった遺品をいつでも見ることのできる、"公開制の蔵"のような役割の建物を建てることになっていった。

　医師を知る町の人の希望は、かつての診療所と同じような木造のノスタルジックであたたかみのある建物で、展示も現役時代の診療所の家具配置を踏襲したものだった。その光景が町の人々には深く焼き付いているからだ。しかし、私が提案したのはRC造で、真っ白い抽象的な空間にただ遺品をポツポツと無造作に置いただけのプランだった。医師のことをよく知る人たちの感想は、「この建物では先生の人間的なあたたかさが伝わらない」「あまりにも展示や説明が不親切で、先生や診療所の歴史が正確に伝わらないのではないか」といった批判的なものが大半だった。それらの感想を聞きながら、本当に自分の計画がふさわしいのかどうかをずいぶんと自問自答した。

　そして、なぜ自分がこのような計画を考えたのか、説明のための言葉を探るようになった。

　そう、私は医師を知る人だけではなく、医師を直接知らない人にも、医療や診療に興味のない人にもひらかれてゆく建築空間を目指した。医師の人間的なあたたかさのようなものを建築で表現することは不可能であり、"嘘"につながるのではないかと思った。この建築は医師と医師を知る人との"思い出"や、ありのままの"記録"を表現するのではなく、生前の医師をまったく知らない人にもなにかを伝えられる場所にしたいと思ったのだ。

　ひとつの出来事の"記録"はありのままに客観的に表現することができる。ゆえにその記録は姿を変えずにそのまま保存される。それは文書や写真で表現できる。しかし、建築は時代とともに、風景や、人の営みや心理にあわせて動いてゆく生き物であるとすれば、その建築の性質と

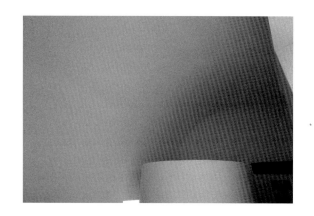

"記録"とは相反するものなのである。

　人の"記憶"はそれぞれ異なる。ある人はその出来事を楽しかったと記憶しても、ある人は同じ出来事を悲しいと記憶するかもしれない。"記憶"は人の感情をともなっていて、その感情も時間とともに変化してゆく。そんな人の"記憶"そのものを建築が表現することはできないけれど、異なる記憶をもったそれぞれの人が、記憶の断片と断片をつなぎあわせて新たな記憶を生み出し、蓄積してゆくような、そんな場所なら建築は表現することができる。そして優れた建築、人に感銘を与える建築とは、記憶と記憶をつなぎあわせる力が強い建築といえるのではないだろうか。

　当時はほかに仕事がなかったので、工事が始まると同時に、かつての診療所の横にあった廃屋のような家を借り、住み込んで現場を見た。工事が進行してゆくと、「はたしてこの計画でよかったのだろうか」と再び不安が膨らんできた。医師の遺品を眺めながら、自問自答していたような、すでに他界した医師と会話をしていたような、どちらとも言えないような、そんな不思議な日々が続いたことを思い出す。

　建物が竣工し、がらんどうの白い空間ができた。それは単に物理的な"建物"の完成を意味し、自分にとってはあまり達成感と充実感を得られない瞬間だ。それにその白い空間は、あざ笑うように容赦なく自分を挑発してくる。「お前はこんなものをつくってよかったのか」。

　その挑発に対して抵抗する術を考えた。「そうだ、遺品を入れよう」と。

　いてもたってもいられず、かつての診療所から遺品の椅子と往診鞄、それから遺影を運んでがらんどうの空間に置いた。その瞬間、背中のゾクゾクした感覚とともに「ああ、これでよかったのだ」と、パタンと蓋が閉じ、すべてが終わるような納得があった。白い空間の挑発もスッと消え去り、コロッと態度を変えたようにおとなしくなり、遺品を見守る母性的な表情をすでに見せ始めている。

　物理的な計画がうまくいったとか、自分のやってきたことが報われたということでは決してない。その時の感覚をあえて言葉にするならば、亡くなった医師が「この空間を許してくれた」ように思った。死者との対話は想像力を駆使しながらの、結局は自分の潜在的な心との対話だ。ゆえに自分にとって最もわかりにくく恐ろしい存在である。そんな死者からの"許し"を感じとった瞬間だったのだ。こう表現すると根拠の乏しい、独りよがりの話のように聞こえるかもしれないが、自分のコントロールできる範囲や自分の意識の世界を超えた、もっともっと遠いところで行われた出来事に遭遇したような感覚は間違いのないことだった。

　「阿佐ヶ谷の書庫」の本棚に収まった仏壇を見て安堵したその感覚も、「お祖父さんがこの空間を許してくれた」、そんな感慨だったのだと思う。孫にあたる人の蔵書に囲まれて眠ることを許してくれ、そしてそれを居心地よく思ってくれたように感じることができたのだ。

　図書館のように多くの本が集まる空間を眺めていると、人類の"記憶"の集積のように思えてくる。そこに"故人との記憶の象徴"といえるような仏壇が加わったことで、その記憶は何倍にも深まっていったのではないだろうか。

対談 益子義弘×堀部安嗣
建築との向き合い方、建築図面の意味

ゲスト 植田 実

堀部安嗣は独立前、建築家の益子義弘氏のもとで設計の実務を学んだ。
自らの事務所を開設して20年。
現在に至る活動の礎はその修業時代にあるという堀部が、
建築との向き合い方や設計図の大切さを、益子氏を迎えて語り合う。
古くから益子氏と交流があり、巻頭の論考の執筆者でもある植田実氏にも参加してもらった。

植田 堀部さんはどんな経緯で益子さんのアトリエに入られたのですか？

堀部 先生に初めてお会いしたのは、吉村順三*¹さんが1989年に「八ヶ岳高原音楽堂」で毎日芸術賞を受賞されたことを祝うパーティの二次会でした。僕はその頃、大学のカリキュラムの一環でインターンシップ生として吉村さんの事務所で研修させてもらっていたんです。「君にとって大事なことが学べるから行ってこい」と、大学の先生に吉村事務所を勧められて。

それで2週間ほどお世話になっていた時にパーティがあり、インターンの分際ながら参加させてほしいと所員の方々に頼み込みました。その二次会の席で、先生は僕の正面に座っておられたのです。そして、先生がなにげなく真摯に話してくださったことに非常に感銘を受け、新座のアトリエに遊びに行かせてくださいとお願いしたところ、どうぞどうぞとおっしゃったので翌日電話をかけたら、「そんな話、しましたっけ？」って（笑）。

益子 僕は若い人を、アトリエにいらっしゃいと誘うことは絶対にしないんです。いつもダメダメと言う。でも、その時は堀部君の人懐っこさに負けたのかな。この人は相手の内懐にすっと入れる才があるでしょう？ それにこの風貌で相手を構えさせない。それでアトリエに訪ねてきたんですね。その後も何度か来たけれど、僕は東京藝術大学で教えていて、大学とアトリエの行き来で若い人の面倒をあまり見られないから、人を雇う予定はないと断っていた。そうしたらしばらくして、「この近くに引っ越してきました」って。

堀部 押しかけたんです（笑）。だから、押しかけ弟子。初めてお邪魔した時は（奥様の）昭子さんのご兄弟が海外赴任中で、その家を借りてアトリエとして使っていらっしゃったんですよね。

益子 長期不在中に家を管理してあげるという名目でね。二つ目に設計した住宅で、自宅（新座の家*²）の隣に建っています。今のアトリエは、彼らの帰国に際して急遽つくりました。

堀部 僕は先生の作品に初めて足を踏み入れた瞬間、建築を勉強するならここしかないと、一目惚れのように胸が高まりました。そして、1991年から先生のもとで働かせていただくようになりました。

益子 その頃はバブル景気がはじける前後で、建築界もすごく浮き足立っていました。経済や不動産の側面ばかりが強調されて、建築の本質なんて取るに足らないものという見方が大勢を占めていた。そんな世の中の流れはこれから建築を始めようとする若い人たちにも影響を与えていました。学生や研究室の人たちはどこに自分の立ち位置を定めたらいいのか決めかねていた。彼らにとっては不幸な時代だったと思う。僕にしても、地に足の着いた立ち位置を無理にでも探しながら建築をつくっていかなければと考えていた頃に、堀部君が参加してくれました。

堀部 大学の友人たちはバブル景気に忙殺されていました。それも実のある忙しさではなかったから、そういう状況に身を置くことは自分には無理だなと。もっと軸足を定められるところじゃないと、時代に流されてとても建築なんて考えられな

植田 実

堀部安嗣

益子義弘

いと思っていた時期だったので、先生のアトリエに伺った時、ここならば落ち着いて、腰を据えて建築に向き合えると確信しました。先生は1年に1軒か2軒、住宅を中心にじっくり取り組んでおられたので。

とにかく平面で解く

益子 僕にとって大事な節目となるものを、堀部君とはいくつか一緒につくりましたね。

堀部 「明野の山荘」や「大泉学園の家」などを担当しました。アトリエに入って3カ月目には、奥村昭雄さん*3の事務所に出向して、山形県の金山中学校の計画で、敷地の一角に建てる部室棟の設計をお手伝いしました。奥村さんは先生とは全く異なる魅力をお持ちでした。先生がアーティストだとすれば、奥村さんはサイエンティストでしたね。

益子 物理学者であり随筆家でもあった寺田寅彦のようなところがありましたね。日常のいろいろな現象や、飼っている猫や金魚など身近なものに興味の目を向けて、そこから自然や現象の原理を追求していく。その追求の仕方が尋常ではなく、だからこそ「OMソーラー」を生み出すことができたのでしょう。

植田 奥村さんの個性は家具にも表れていますね。思いがけないところに補強材の入った、それまでに見たことのない家具だったりして、つまりはスタイルという先入観にとらわれていない。その理屈がおもしろいし、説得力もあった。

益子 家具づくりもデザインだけでなく、木材の選び方から製作まで力を入れて、自らの工房も立ち上げた。気になる現象があると、その成り立ちを無我夢中で追求する。僕らはその追求や観察の仕方に影響を受けました。

植田 益子さんは当時、堀部さんとどのように設計を進めていたのですか?

益子 あの頃は自分の考えを一緒に発展させていくという進め方でした。

堀部 だからすごく時間がかかりましたね。基本設計だけに半年はかけていました。

益子 いろいろなプランを出し合って、堀部君とやりとりを重ねながら、最後にがらっと堀部断面に切り替えたこともある。そのあたりは独立後の堀部君の建築のつくり方と、僕のつくり方の違い、分かれ道につながると思います。堀部君は現実や現象から自立した、変化するものに左右されない建築のあり方を追求しているでしょう? 僕は現実や現象に強い興味があり、それをしつこく観察しながら、ああでもない、こうでもないとプランを解いていく中で、もしかしたらその向こうに、もう少し確かな、動かしがたい何かが見えてくるかもしれないという期待を持っている。そんなやり方だからすごく時間がかかるんです。もちろんそれは堀部創作が何かをぽんと飛躍しているという意味ではありません。確かなものへの向かい方の違いというだけです。

堀部 僕は初めの頃はプランが全然できなくて、特に「大泉学園の家」は難儀しました。二世帯住宅でプログラムが複雑だったり、敷地形状も間口が狭かったりと条件が難しかったこともあるのですが、先生にはずいぶん長い目で見ていただ

いた記憶があります。何度もプランを見せて、そのたびにダメだと言われたり、時にはコメントすらもらえなかったり。それでも諦めずに考えていけば、だんだんできるようになるのだという実感を、この仕事で得ることができました。

　自分でプランをいろいろと考えていると、先生のプランがいかに美しいのかがわかる。どうすれば先生のように美しく解けるのかということを常に意識せざるを得ないという部分はありました。先生のプランが一つの目標になっていた。

益子　僕は一種のプラン派というか、初めのイメージはすごく乏しい。今も基本的にはプランに執着があって、人の日常の行動や脈絡などがプランの上でどう解けるかをたくさん考えて、その中から一つの姿を見いだそうとします。

堀部　断面図や立面図だけを持っていっても、絶対に見てくださらなかった。平面でとにかく解けと。

植田　益子さんが書かれる旅の文章などにも、そういう感触がありますね。砂漠の中に集落が見えてきて、壁と入り口がある。でも、安易に壁と書いたら普通の壁になってしまうし、入り口と書いたらそれで終わるから、それらの言葉をきめ細かく移し替えていく。

　だから慎重に読んでいかないと、わからなくなってしまうこともある。益子さんご自身が慎重を期すあまり迷っておられるような。でも、そんなためらいの中で最後はきっぱりと決断しているところがとてもきれいに見える。文章に透明感が出ている。プランの攻め方もそれと似ているのではないかと思います。

これでいいんだ、と背中を押されたように

益子　その話を否定はしないけれど、僕は堀部君が独立して初期につくった「ある町医者の記念館」や「伊豆高原の家」を見て、ガツーンと頭を打たれた気がしました。この人は実はこういうことをやりたかったのか、密かにこんなイメージを蓄積していたのかと。とてもさわやかな思いもしました。僕の建築への向き合い方に対する反語とは言わないけれど、僕の傍らにいながら自分の立ち位置はこうだと見定めていたのだから、反面教師的には役に立ったのかもしれない。

堀部　僕の図面やプランはとにかく固いんです。固くて粗っぽい。自分でも嫌で嫌でしょうがなかった。先生はべらぼうに図面がうまいわけです。タッチもプランも、柔らかさと鮮やかさがあって。先生のような図面を描きたいけれど、とにかくかなわないといつも思っていました。一生かかっても無理だろうから、先生とは違うやり方をしないといけないという思いが知らず知らずのうちに芽生えたところはあるかもしれません。

植田　図面の端正さで益子さんに勝る人はいないと僕も思っていました。それで『都市住宅』*4 の編集長だった時に、「かたちの生態学」という連載を益子さんにお願いしました。これは工事の仮囲いや水門など、都市の中のいわば野生の建築を拾い上げて図面にしてもらうという企画で、あえて端正な図面を描く方に頼んだ。図面のうまさというのはそれぞれあるけれど、益子さんの図面は寡黙で強い。体質が出るんですね。

益子　そうそう、あの連載は植田さんのお誘いで、都市の中の擬似建築というか、現象として現れるものの姿を図面にしたり実測したりしましたね。『都市住宅』はその頃の僕らにとって大きな拠りどころでした。

堀部　先生が建築の方向に悩まれていた時、チャールズ・ムーアの「シーランチ」*5 をはじめとする「アメリカの草の根」の建築を特集した『都市住宅』をご覧になって、霧が晴れる思いだったと話してくださいましたね。

益子　あの特集は大きなきっかけでした。それ以前、僕ら世代の建築家はコルビュジエやライトやミースといった名だたる巨匠たちの図面をトレースして、それを美しいと思いながらも自分たちの現実との乖離を感じていた。リアリティが全くなかったんです。ところが「アメリカの草の根」特集で紹介されている住まいは、そこで営まれている生活を含めて身近に感じられ、本当にきらきらと輝くような印象を受けた。僕らも自分たちの現実から住宅を考えていけば、このように素敵な生活の場が開けるかもしれないと、勇気と希望をずいぶん与えてもらったものです。

　『都市住宅』が吉村先生の「軽井沢の山荘」を取り上げたのは、あの号の少し後でしたね。吉村先生は「軽井沢の山荘」をプライベートな建物だからとずっと発表しなかった。でも周りが放っておけなくなって先生に働きかけて、じゃあ発表しようかね、というくらい、構えのない建築なんだけど、僕らは日本の「草の根」建築だとかすかに思っていた。そうしたら植田さんが吉村先生の山荘を「草の根」の視線と同じように紹介された。日本にもこれだけ素敵な建築があるじゃないかという再認識を含めて、僕ら世代にとって大きな刺激になりました。

植田　あの頃は藝大系の建築家がとりわけ前衛的でしたね。益子さんの自宅も調和のとれた住宅と言われることが多いけれど、最初にできたばかりの時はとんでもない大胆さに圧倒されたことをよく覚えています。

堀部　先生が「草の根」特集をご覧になって、こういうやり方でいいんだと確信を得たように、僕はバブルの絶頂期に先生の仕事に出会って、建築はやはりこうあるべきだと勇気をもらいました。これでいいんだ、と背中を押されたような気持ちでしたし、それが僕にとっての建築の背骨にもなりました。

建築への向き合い方の違い

益子 吉村先生のお祝いの会で堀部君と出会っていたことは忘れていたからね。今日はなぜ僕のアトリエに来たのかを聞こうと思っていたんですよ。堀部君の表現や空間のつくり方は、どちらかというと永田昌民[*6]に近いように感じるから。

堀部 永田さんは迷いがないというか、明快につくれる人ですよね。

益子 彼は自分の感受性に非常に忠実で、理屈は後から考えるタイプ。観察する目も持っているけれど、それ以上に自らの感受性を大事にして、それをリアライズしていく面が強かった。

僕は机を並べながら、彼が無我夢中で建築と向き合っていることをうらやましく思ったものです。僕はどうしても対象とは少し距離をとり、概念化したり、脈絡を考えたりする性質だから。彼から、益子さんは建主の意見を聞きすぎるとたびたび言われたけれど、相手の意見を聞いて、こちらの考えを返して、というプロセスを繰り返した先に、自分らしさがかすかに表れればいいというのが僕のスタンスですから。

植田 益子さんが永田さんとM&N設計室で協働したのはいつ頃でしたか?

益子 1976年、僕が30代半ばの時から8年間です。空間的な形質からいえば、堀部君は永田の創作に興味を持つのではないかと思うんです。僕は反面教師、映し鏡のような面はあったのかもしれないけれど。

堀部 先生の作品はわかりにくいんですよね。でも、いい映画にしても、いい絵画にしても、いい音楽にしても、いい作品にはわかりやすさと同時に、必ずわかりにくさがある。見えにくさというか、そういうものを先生の作品には強く感じます。先生は切れ味の鋭いシャープな断面で空間を切ろうとはしない。永田さんの作品は非常にわかりやすくて、僕はそれも好きだし勉強させていただきましたが、やっぱり先生の建築とその考え方、思考の過程に惹かれたのだと思います。

益子 評論家の多木浩二[*7]さんが著した『生きられた家』という本は、住人の日常にどんどん侵食されていった家の風景を語るものです。一方で多木さんは篠原一男[*8]さんの初期作品の空間性を写真に撮って世に出してもいる。同じ人が両方の眼差しを持つわけで、それは重なる場合もある。そして、僕はどちらかというと『生きられた家』の側であり、堀部君は空間の精神性や審美的な側に向かっている。それは間違ってはいないと思うんですよ。僕も審美的なものへの憧れや執着はあるけれど、住宅とは紙風船のようなもので、息を吹き込んでいないと膨らんでいられない、そんなか弱い存在であっていい、という思いがある。それに対して堀部君は現象や時間などを消し去ってなお残るものを求めているでしょう?

堀部 そうですね。

益子 そのあたりに建築への向き合い方の違いがあると思うんです。

堀部 違いと同時に未熟さ、若さもあるのだと思います。先生のもとでプランをあれこれ考えている時、なかなかいいものが出てこないから、もう倉庫みたいな空間で自由に生活してもらえばいいんじゃないですかと、かなり投げやりに言ったことがありました。その時に先生は、人間はそんなに強い人ばかりじゃないから、設計者が具体的にどこにどうテーブルを置けば生活しやすくなるのかまで考えてあげないといけない、自由にテーブルを置いて暮らしてくださいと言って、それができる人はそういるものではないと話してくださった。先生は弱者を含めて老若男女、様々な立場の人を相対として捉えてプランを解いていく。だから時間はかかるけれど、じわじわとしたものが蓄積されたプランになる。先生はそういうプランをつくられると思います。

植田 弱者の立場は実際に住んでみないとわからないということですね。建築家は誰でも、住み手の身になって設計しましたと言うけれど、その度合いは人によって違う。益子さんが経験と想像力の中でどれだけ住み手の生活を膨らませているのかを、堀部さんはスタッフとして身近に接する中で感じていたわけですね。同時に、自分が先に進むためにはどうすればいいのかを考える気持ちにもなった。

僕のもとから結構いい人たちが育った

堀部 永田さんの晩年、お酒の席だったのですが、僕は永田さんが先生のことをどう思っているのかを尋ねたことがあるんです。永田さんも「益子さんはとにかくうまい、かなわない」とおっしゃっていました。それと「建主の話をあまり聞くな、どんどん不純になっていくぞ」ということも先生によく言っていたんですって? でも、永田さんはその時、益子さんのような設計の進め方は住宅では大事だから、よく見習いなさいということもおっしゃっていました。

益子 僕はファーストスケッチはわりに早いんですよ。敷地や環境や家族や生活を想像して、ふわっと一つのものがわりとすぐにできる。そこから先が長いのは、これが正しいのかどうかを確かめるために、壊したり、崩したり、解き放したり、最初のイメージにもう一度戻ったり、そういうことを繰り返すからです。最初に描いたイメージのまま、すっと進められたらどんなにきれいにまとまるんだろうとも思うけれど。

堀部 反芻するんですね。永田さんは、先生がパッと最初に閃いたプランはすご

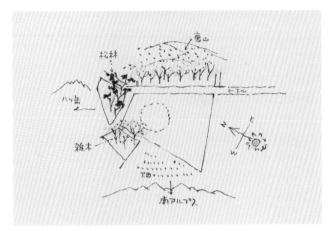 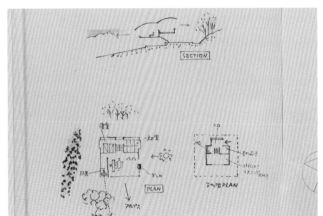 

「明野の山荘」の設計中、益子氏が建主に自らの考えを伝えるために送った手紙から。左は周辺環境をどう読み、敷地のどこに配置するかについて。中は断面や平面のイメージ。右は竣工後の様子。

く明快なのに、疑問を感じたり、人の営みを延々考えたりすることで、鮮やかさがぼやけるのが惜しいって言っておられました。

益子 僕自身も、最初のイメージですっと進めるほうが結晶の純度は高いと思う。けれど、悩みに悩み、試行錯誤することで、よく言えばコクが増すというか。お酒を醸成する時に薬味を入れるように、プランの中にいろいろと矛盾するものが含まれていった結果、初めのすっきりした香りはないけれど、発酵する部分に期待しているのかもしれませんね。

でも、そうやって時間をかけてつくり上げた建築に久しぶりにお邪魔して、完成形をもとにしながら今も生活が刻まれている風景をいくつも見ると、その時の建築への向き合い方は間違っていなかったんだなと嬉しく感じます。堀部君もそうじゃない?

植田 設計過程で、時間をかけるとそのコクが出る部位というのはありますか? 寸法の違いとか、納まりとか。

益子 多分に納まりだったり、素材だったり、微妙なエレメントの構成だったり。あるいは人の居場所の見定め方みたいなものも。初めにパッと描いたものはパターンとしてはきれいなんだけど、もう少し考えていくと、そのパターンが崩れても、居場所の重心が雰囲気を含めて見えてくる気がしますね。

堀部 先生の教え方は、設計に通じるところがあって、こういう見方ややり方があるといったことをほとんど言わず、人を泳がすというか、野放しですよね。藝大で先生の教えを受けた方々も口々に、そのようなニュアンスのことをおっしゃいます。その点でいうと、僕はそこまで野放しにはできない。建築の設計でも、もう少し強い方向性を与えていると思います。

益子 示唆するんですね。

堀部 かなり示唆しています。僕は先生のようにおおらかではない。水面に石を投げたら、すぐにその波紋を見たいタイプなんです。結果がなかなか表れないと、答えから遠ざかっていく気がする。一方、先生は絶対に石を投げない。

益子 そんなに自分に確信があるわけではないからね。ないからこそ、そうなってしまうのかもしれないけれど。でも、デザインに向かうキャラクターはそれぞれが持っているもので、そこにいくら強く押し付けても育つものではない。だからできることなら、原理や原形など根っこにあるものを唯一共有しながら、そこから先はそれぞれの視線で育ち上がればいいという思いは一つの軸としてあるように思います。

堀部 先生は帰納法ですよね。僕や永田さんは演繹的かもしれない。

益子 そういう意味で僕が少し誇ってもいいと思っているのは、堀部君だけでなく、僕のもとから結構いい人たちが育っているんです。それぞれのキャラクターで活動の地平を開いている人が多いように思うんですよ。

堀部 それに先生は学生に対しても、建主や施工者、あるいは協力者に対しても、いつも同じスタンスで接しますよね。建主に対しても強い姿勢は絶対に見せない。プランをつくる時もキャッチフレーズのような決定的なことは一切口にせず、ただ相手がどういう人なのかをじっと見ている。打ち合わせでもずっと雑談していて、

はっきりした答えを急がない。だから先生と一緒にやっていると、なかなか結果が出ない。僕はせっかちなので、早く結果を見つけたいと思うのだけど。

建築の図面はつくり手への手紙

益子 堀部君は揺るぎない確かな建築を目指していると思う。デビュー作から「軽井沢の家」くらいまではプランが流れを持っていて、住み手の生活や環境を解き明かす中からプランが生まれたと推察できるけれど、近年はある種の完結的な図形性を持ち始めている。そのあたり、堀部君が向かおうとしている先を聞かせてほしい。

堀部 今の世の中は、都市や住宅地のつくられ方に、拠りどころとなるものがなかなか見つかりません。例えば隣の家が数年後にどうなるのか、日本経済がどうなっているのか、先が見えない。そんな状況の中で建築を考えていくことがしんどくなった時期がありました。阪神・淡路大震災、オウム真理教事件、耐震強度偽装の姉歯事件、東日本大震災など、大きな震災や事件が相次ぎ、周囲がとても騒がしく、何を軸に建築を解いていけばいいのかがわからず、そんな状況から自分の作品をプロテクトする、自己完結させるために、図形的なものを拠りどころにしたのかもしれないと、今振り返るとそう思います。当時は自分でもわからなかったんです。ただ、自立完結したプランをつくれば問題がすべて解決するとも思っていなくて、あくまで一つの手段であることだけは自覚していました。

益子 でも、堀部君は「自分は環境や敷地や周辺との関係性の中で解いていくことにあまり興味がない。そういうものを判断する軸になるのは自分の内面のイマジネーションだ」とはっきり書いていたように思うけど。

植田 今回、堀部さんの設計された全建築を図面や写真で、いくつかは実際に拝見する機会をいただいたのですが、こんなにはっきり図形をベースにした住宅をつくる建築家は他にいない。意外に思ったほどです。やはり確信的な何かがあるのではないかと思う。

それから堀部さんの作品は、開口部は中央がはめ殺しのガラスで、両脇に木のパネルを設けてそれが開くというように、動くものと動かないものをはっきり分けている。そのあたりが図形と関係しているのかどうかも興味があります。益子さんのプランの攻め方には断面より平面、つまり水平性が基本のように見えるのだけど、堀部さんのプランは垂直性を強く感じる。そしてそこに屋根を架けるという難しいことをやっている。

堀部 かつて先生のアトリエにいた頃、建主にプレゼンテーションするために、僕は先生の1／100くらいのスケッチを、スケッチといってもかなりの精度でしたが、定規を使ってそれを製図したんです。ところが全く違うものになってしまった。寸法もプロポーションも合っているのに、線が変わるともう、先生のプランではなくなるんです。先生の建築は先生が描いた図面じゃないと別のものになり、建主にも職人にも伝わらない。なので、先生と同じことはできないと諦めて、代わりに僕は、自分の描いたスケッチを誰がハードな線に起こしても、誰がCADで図面を描いても、施工者に渡せる建築をつくろうと思ったのだと記憶しています。幾何学形体はそのこととつながっているのかもしれません。

益子 たかだか3年間なんだから、そこまで大仰に考えなくてもよかったのに。

堀部 先生、弟子というのはそんなものですよ（笑）。先生は僕が先生のスケッチを起こして違うものになったとは思われなかったかもしれません。でも明らかに違っていて、愕然としたのです。僕は先生の施工図が特に好きなんです。本当にきれいで、施工者を疲れさせない図面で。職人はすごくつくりやすいと思う。こうつくればいいというのが自然に伝わる、あたたかさや寛容さがあるんです。先生の線は定規を使っていてもフリーハンドに見える。直線なのに柔らかくにじんでいて。

益子 そのあたりは、僕は建築の図面は手紙だと思っているからね。図面はつくり手である職人にこちらの考えを正確に伝える手紙だと考えると、向き合う姿勢も変わってきます。

僕は駆け出しの頃にある現場で、もう間に合わないから図面を用意しないで、口頭でああしてほしい、こうしてほしいと言った。そうしたら棟梁がむっとして、「俺たちに考えさせるのか」と。「詳細がわからない中でも、どうしたいのかを描いてくれれば、俺たちも頑張ってつくるけど」と、がつんと言われました。これは後々までずっと僕の財産になっています。設計者とつくり手の違い、その間をつなぐ図面の存在。とても大きい話でした。

図面を描くことが自分の仕事

堀部 先生は今も施工図を描いていらっしゃいますよね。50歳を超えると建築家の多くが描かなくなるのに。

益子 施工図というのは、ものが出来上がることに直結する、遠くにあったものが現実に近づくような感覚があるでしょう。だから描いていて楽しい。つくる人の顔も見えてくるから、あの人に伝えなくちゃという気持ちになる。そこに設計者のキャラクターも出るのかもしれませんね。

植田 確かに同じ図面といっても、学校の授業で描く擬似パフォーマンス的なも

のと、実際に施工の方に手渡すものとの間には大きな隔たりがあるわけですね。建築家としての自覚も一変するだろうし。

堀部 先生がまだ図面を描いていらっしゃると伺って、僕も先生の年齢まで絶対に描こうと思いました。僕がアトリエに入った頃にちょうど先生の老眼が始まって、よく見えないっとおっしゃっていましたよね。先生は老眼になってから25年描き続けている、僕も老眼が始まる年齢になって、これから25年以上は描くぞ、と。

益子 成り行きもあるのだから、そんなに構えなくても（笑）。

堀部 枚数は少なくなるかもしれないけれど、やっぱり設計者にとって図面を描くことは欠かせませんよね。

益子 そう、図面を描くことは設計者として自分自身を確かめる手段である。そして図面は人に自分の考えを伝達する媒体である。

堀部 腰を据えて実施図面を描いていると、やはり気持ちが落ち着きます。ああ、いい時間だなって思います。ただ、久しぶりに描き始めると鉛筆の先が命中せず、思いとは違うところに置いてしまったり、初めのうちはテンポが出なかったりして苦痛なんですけど、席がだんだんとあたたまってきて、まとまった時間で一気に描いていると、これが自分の仕事だ、という思いを新たにします。

益子 堀部君はアトリエにいた頃も、力のある図面を描いていましたよ。学部を卒業したばかりで経験がないのに、どうするか、こうするか、想像を含めて描いている。ここまで描けるのか、と思ったほどです。どこで図面の修練をしたの？

堀部 先生のアトリエに入る前も、入ってからも、家で毎日、図面を描いていました。先生のところは6時くらいに帰れたので、担当プロジェクトの図面だけでなく、トレースや、架空の建築など、帰宅後もひたすら、写経のように。字が下手なので、字の練習もしたり。

益子 今の若い人に、ちょっと図面を描いてごらんと言っても、なかなか出てこない。時代の流れで建築のフォローするフィールドがどんどん広がり、建築教育の中で設計について集中して指導を受ける場面が少なくなっているからでしょう。堀部君の頃も、バブル期の世の中が浮き足立っている時代とはいいながら、概念を具体的な建築に昇華させるやり方を学ぶ課題が少なからずあったと思います。最近はそのあたりが、ややコンセプチュアルなものに向かいすぎているところがあるかもしれません。もちろん、学校のキャラクターによっても違いますが。

つくり手に対してもフェアで

益子 僕らの頃はトレースの時代というか、トレースを通して「設計図とは」ということをあれこれ学びました。自分がちょっと興味を持ったらまず写し取ってみることを繰り返した。吉村先生の作品はずいぶんトレースしましたよ。でも、ただ図面をトレースしても意味がなくて、住宅であればその背後にある生活の状態を吉村先生がどう観察しているかを想像しながらトレースする。ここの構成はだからこうなっているのかと、自分の想像と重ねながら勉強していたように思います。

吉村先生はスケッチがすごく上手で、対象をどれくらい冷静に、つぶさに観察しているか、その表れがスケッチの中に見届けられる気がします。対象物をすぐさま独自に解釈したり抽象化したりといったことがない。その姿勢は設計にも通じていて、目の前に存在しているものをリアルに受けとめながら、自分の想像力と重ねて戻すようなところがあります。

植田 住宅の仕事がよく知られている建築家として、吉村さんに対して清家清さんや増沢洵さんを並べてみると、逆に戦後の建築家の特性が見えてくる。端的にいえばプロトタイプ化を目指している。清家さんが自宅の「私の家」に書庫を増築した時に、横に建てれば簡単なのに、わざわざ屋根の上にコンテナを載せたのは、原形を守るためだったように見えます。菊竹清訓さんも自宅「スカイハウス」を増築した時、原形はいじらず、1階のピロティに部屋をつくった。一方、吉村さんの自宅「南台の家」はどんどん増築して、外観からは原形がわからなくなっている。戦後建築家のメンタリティとは違うと思うし、吉村さんの強さの表れでもあると思います。

堀部 「軽井沢の山荘」も初めはキノコ形だったのを、平気で増築していますよね。周りの誰もが初期のピュアな形を侵したくないと思っていたのに、ご本人は増築したほうが便利になるのだからいいだろうって。

植田 僕もあそこに、真の吉村さんを見た、という気がしました。他の建築家なら別棟にするでしょうね。戦後住宅の原形指向がスタイル化していた。

堀部 施工者との関係のつくり方も、先生のもとで学んだことの一つです。先生は、例えば職人が誠実にやったうえでの間違いは、それが大局に影響がないのなら許容する。その姿を傍らで見ていて、建築はそういう幅があるものだと自然に教わりました。でも僕がそう当たり前に思っていることは、世の中では意外と当たり前ではない。理不尽なことを施工者に要求したり、フェアにお金を払わなかったり、めちゃくちゃな発言で現場を混乱させたりする建築家や設計者がこんなに多いのかと驚くことがよくあります。

益子 依頼してくださった住み手に対しては当然だけれど、つくり手に対してもフェアでいようということはよく話していましたね。つくり手とはやはり、二度三度と付き合いを重ねながら、僕らが意図するものを確かに現実化してくれる施工者が増えていくというのが、建築をつくる環境としては望ましい。そのためにはお互い

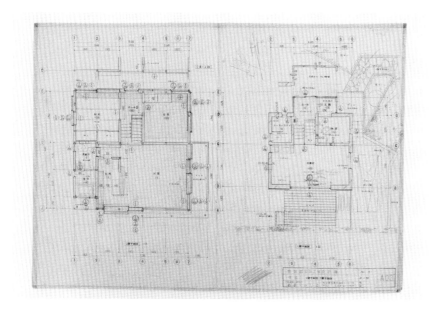
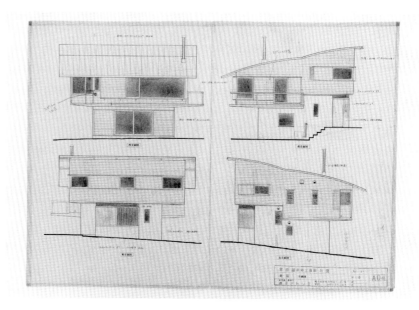
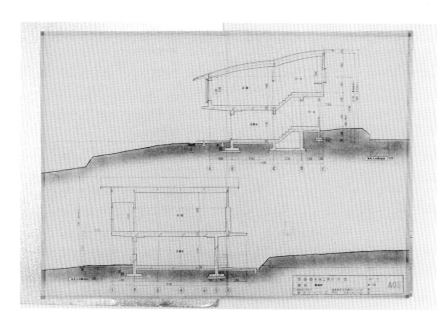
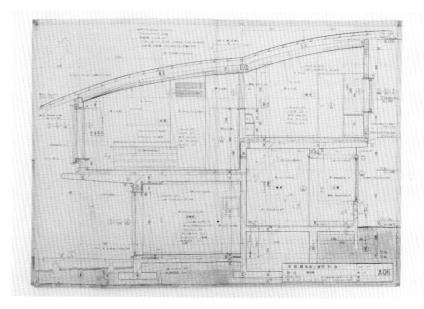

益子アトリエ時代に堀部が描いた「明野の山荘」の実施設計図。
左上は平面図、右上は立面図、左下は断面図、右下は矩計図。

にフェアである必要があります。馴れ合いの関係ではなく。

堀部 例えば今お付き合いしている幹建設は、職人が皆、和気あいあいとしていて、ああいうつくり手はなかなかありません。前身の水野建設の時から先生がうまくいかないところを含めて付き合ってきて、今その中で育った監督や職人が和気あいあいとした中でやっている。先生が築き上げたネットワークの恩恵にあずかっています。

益子 住宅スケールの仕事なら、技量がそれほど突出していなくても、一所懸命やろうとしている者同士が助け合うことで、結果的に出来上がるもののクオリティが増すんじゃないかと思います。

堀部 先生に感謝しているのは、早い段階から現場に出してくださったことです。「明野の山荘」の時も、現場に行きたいと頼んだら、すぐに行かせてくださり、僕も現場に慣れ親しむことができた。現場でも図面でも、先生からよく言われたのが、「緊張していてはダメだ」ということ。図面を見て、まだ緊張しているねとか、現場の雰囲気が緊張しているね、とおっしゃっていましたよね。悪い緊張は解きほぐして、リラックスした関係をつくらなければならないよ、いい建築は人が穏やかにいる環境から生まれるものだと。

これからに期待すること

堀部 アトリエ時代で印象に残っているのは、先生がルイス・カーン*9の建築を見て帰国された時のことです。すごく興奮しながら「実にいいものを見た」と。これまでは本で見て、カーンのような原理的なプランのつくり方や、その結果として生まれた建築をいいと思ったことがなかったけれど、実際の建築ではその原理性は影を潜めて、人の居場所が生き生きとあるんだよ、と話してくださいました。その時の先生の興奮も、僕が形の強さに惹かれることにつながっているのかもしれません。原理的で固いプランでも、人の居場所はきちんとつくれるんだ、自分も修練を積めばできるようになるかも、という思いが芽生えました。

益子 カーンは僕らが学校を卒業する頃、日本に紹介されるようになったけれど、すごく難しい紹介のされ方でした。だから実際の建築を体験して、僕は本当にショックを受けました。

堀部 実際の建築には崇高さとフレンドリーさが同居していますよね。人の営みや等身大の視線にきちんと対応できているし。

益子 「キンベル美術館」もバックヤードが素晴らしい。表の活動を支えるああいう部分をきちんと、むしろそちらに重きを置いているようにさえ感じます。

植田 だから裏側のエレベーションがいいんですよね。表側が有名だけど。

益子さんは住宅以外に、「金山町火葬場」などを設計しておられる。住宅とは意識下でアプローチが変わりますか？

益子 どうでしょう。住宅は建主との対話が続いていくから、どうしても時間がかかりますね。住宅以外はそれがないから、自分なりの軸がつかめれば早いような気がしますけど。

堀部 住宅と住宅以外の大きな違いは、住宅は四六時中、健やかな時も病める時も、お年寄りも赤ちゃんも、晴れの日も雨の日も、どんな状況、どんな心理、どんな環境においても、ある程度その人を包むおおらかさを持たなければなりません。その場面の一つひとつにイマジネーションを広げていくとなると、やはり時間が必要です。住宅以外のものは、一つのストーリーを見いだせれば、そのまま突き進めるところがある。住宅以外を設計すると、その違いがよくわかります。そういう意味で住宅は建築の基本であり、最も難しいものだと思います。

益子 住宅は使う人の顔が見えているし、設計でうまくいかなかったところを含めて反応もビビッドにある。こちらもだから、リアリティとして感じる重さが住宅と住宅以外とでは違います。

堀部 住宅には外してはいけない何かがありますよね。掟のようなものが。

植田 堀部さんの住宅の図面を見ていて共感を抱くのは、例えば十字形のバシッと強い平面で、四隅にバルコニーが付いている。そのバルコニーの一つが「室外機置場」となっている。他の建築家の住宅図面にはあまりないことです。堀部さんがそういうものも図面に描くのは裏表なしに建築をつくるという信念もあるだろうし、もっと率直に、現代の住宅に使われている機器をすべて洗い出して、図面上で可視化しようとしているのかもしれない。とても印象的ですね。

益子 堀部君は本当にここまで、一つの建築的な形質を見据えて、よく高めてきたと思いますね。今に至るまでにはいろいろな迷いや悩みもあったのだろうけど、それらを含めて、建築がどうつくられるべきかということをずっと考えている。堀部創作の芯にあるのは、おそらくとてもシンプルなものなのでしょう。一つの原理にのっとっていて、しかしその原理が生々しく存在するのではなく、空間の根っこのところにあるような建築をつくる。原理から無理に外れて新しさを模索しようとはせず、ものの存在する原理の上に見えてくる場、現代の感受性で開ける空間を見いだそうとしている。そんな感じがします。それは建築の、一つの本質的な向き合い方ではないかと僕は思う。だからある面ではとてもクラシックで、古典的な印象も受けるのでしょう。

堀部 新しく何かを生み出すのではなく、すでに存在するものの中に自分の求め

ているものはあるとの思いを年々強くしています。同時に、それはどんどん見えにくくなっているようにも感じています。ある覚悟を決めて、その求めているものを掘り起こしてゆくことを、ずっと手を休めずにやり続けなければ、結局何も得られないように思うのです。「ああ、なんだ、これでいいのだ、こういうことだったんだ……」と、深い感慨を味わいたいという理想を描いています。

益子 「竹林寺納骨堂」のようにパブリックなものも少しずつ増えているけれど、堀部君は今も住宅スケールに軸足を置いていますね。そのスケールがもう一段階大きくなった時、建築にどう向かっていくのか、どんな空間の形質を実現させるのか。それに興味があるし、そんなチャンスが訪れることを願っています。それくらいのスケールのほうがおそらく、堀部君の考える建築の骨格や空間の見据え方も、新たな場面が開けるのではないかと思う。一つの特徴的なシーンを中心とする空間世界が、日常的な脈略から切り離されたところで出てくるのではないか。その時に堀部君の思いも昇華するのかもしれない。そこが堀部安嗣の課題であり、期待すべきところでもあると思っています。

カーンが54歳で再デビューを果たしたように、堀部君もそろそろそういう年齢に差しかかっているんじゃないですか。

（構成／長井美暁）

2014年6月18日、新宿区袋町の堀部安嗣建築設計事務所にて。

註釈

*1…吉村順三（1908〜97年）
建築家。東京藝術大学教授も長く務め、益子氏は大学時代に師事した。代表作に「奈良国立博物館新館」「ポカンティコヒルの家」「八ヶ岳高原音楽堂」など。

*2…新座の家I
埼玉県新座市に建つ益子氏の自宅。昭子夫人との共同設計。1970年の竣工後、2回増築している。

*3…奥村昭雄（1928〜2012年）
建築家。東京美術学校建築科を卒業後、吉村順三設計事務所に入所。独立後は木曽・三岳村に事務所を開設し、家具の製作を行う木工所も併設。空気集熱式のパッシブソーラーシステム「OMソーラー」の発案者でもある。代表作に「愛知県立芸術大学」「新田体育館」など。

*4…『都市住宅』
1968〜86年に鹿島出版会から発行された建築雑誌。植田氏は創刊号から75年12月号まで編集長を務めた。68年10月号と11月号での「アメリカの草の根」特集は大きな反響を呼び、後に日本の若手建築家が「草の根派」と呼ばれるスタイルの作品群を生み出すきっかけとなった。

*5…チャールズ・ムーア（1925〜93年）
アメリカの建築家。代表作「シーランチ」は1965年の竣工。断崖の上に建つエコロジーロッジで、積み木のような木造住宅が10戸建っている。

*6…永田昌民（1941〜2013年）
建築家。生涯に164の住宅を設計。1976年に益子氏とM&N設計室を共同設立し、84年まで設計活動を共にした。

*7…多木浩二（1928〜2011年）
思想家、美術評論家、写真評論家。『生きられた家』は1976年に初版（後に改訂版も出版）。

*8…篠原一男（1925〜2006年）
建築家。住宅を中心に、抽象的な空間を持つ前衛的な建築作品を多く設計した。代表作に「から傘の家」「白の家」「東京工業大学百年記念館」など。

*9…ルイス・カーン（1901〜74年）
20世紀を代表するアメリカの建築家。代表作に「キンベル美術館」「フィリップ・エクセター・アカデミー図書館」「バングラデシュ・ダッカ国会議事堂」など。

益子義弘 ますこ・よしひろ

建築家。1940年東京生まれ。64年東京藝術大学美術学部建築科卒業。66年同大学大学院修士課程修了。73年MIDI綜合設計研究所に入所。76年永田昌民とM&N設計室を設立。84年東京藝術大学助教授に就任。89年同大学教授。2007年同大学名誉教授。益子アトリエ主宰。

おわりに

堀部安嗣

　古今東西、様々な建築に影響を受けた。その影響から私の建築はつくられている。

　中でも古い建築に強く惹かれる。単純に古いからいいわけではないだろう。現存する古い建築は愛されているからこそ残っているわけで、選ばれた、優れたものだけに今、自分は出会っているともいえる。

　しかし、やはり現代では表せない、なにかとても大切なことを古い建築は教えてくれると思う。

　時代を遡り、その優れた建築をつくった人に話を聞くことができたとしても、おそらく「こうしかできなかったから」「こうせざるを得なかったから」という答えしか返ってこない気がする。理由などない。それしかやることがなかったし、それ以外のことは考えられなかった。入手できる素材や使える工法も限られており、考え方の種類もほとんど存在しなかった。

　あったのは真っ直ぐな気持ちと確かな無駄のない技術。そして良心。

　そうしてできた透明感のある無垢なものに、私は"かなわない"と思ってしまう。

　その超えられない思いは、実は自分の作品の中にもある。決して、その作品が客観的に優れていると自慢したいわけではない。しかし、今、どうしてもそれをつくっていた時の思いを超えられないと感じているのは間違いのないところだ。

〈たった一枚の絵のための美術館〉

　大学の卒業制作として、〈たった一枚の絵のための美術館〉という作品をつくった。現実の世界では多くの展示作品を抱えた大きく華美な美術館が次々に建つ中で、私は、飾るのはたった一枚の絵、その一枚の絵にふさわしい環境を考えた。その絵に穏やかに、自然に向き合える人の気持ちを表現したかった。

　こう書くと聞こえがいいが、単純に「こんな美術館があったらいいな」という思いだけでつくったような気もする。建築や環境に対する勉強不足もあり、学術的なアプローチもなければ複合的な観点もまったく不足していた。建築の成り立ちや構成も不十分な稚拙な作品だ。しかし、長い期間ひとつの教室を借り切って寝食を忘れ、言葉を忘れ、人と会うことを忘れ、ドローイングや図面を描くことに没頭した、自分の感覚にただただ向き合ったその気持ちと時間は、かけがえのない美しいものだったと今、思う。

　だれに頼まれたわけではない、だれに褒められようともしない。なににも捉われない。ただそのままの自分がいた。

　先生や友人の評価はなかった。「卒業制作としての考えに複眼性と客観性が欠ける」と言われた。評価はまったく期待していなかったものの、その時はやはり自分に建築は向いていないのかもしれないと落胆した。やりたいことをやったうえでだめなのだから、潔くこの世界を諦めようと思った。

　しかし、当時総合造形コースの教授だった現代美術家の河口龍夫先生だけは熱心に作品を見て、「なかなかいいね」との言葉をかけてくださった。尊敬を申し上げていた河口先生の一言によって、建築設計の仕事のチャンスはもしかしたらまだ残っているのかも、と僅かな希望がもてるようになった。そしてもう一人、この作品を見てもらいたい人がいた。

不変と良心によって道が拓かれる

　ある時、名作とよばれる建築が紹介されている本の中で、ひとつの住宅が目にとまった。

　60年も前につくられた白い小さな家。現存していると書いてある。いてもたってもいられず、目黒駅から歩いてゆけるという情報だけで、目黒駅界隈を延々と歩いて探し回った。ようやく姿を現したその住宅は物理的には少々くたびれていたけれど、自分の目には宝石のように美しく光り輝いていた。

　なんの躊躇もなくドアのチャイムを押した。お手伝いさんが出てきて訪問を断られたが、しつこく頼むと中に入れてくれた。その家はフランク・ロイド・ライトに師事した建築家の土浦亀城さんの自邸だ。当時90歳を超えていた土浦さんは私の訪問を歓迎していないのか、ずっと椅子に座ったまま無言で新聞を読んでいた。しかし、土浦さんの奥様とお手伝いさんは家の中を丁寧に案内してくれ、アメリカでライトと過ごした時のアルバムを楽しそうに見せてくれた。

　「これが主人で、これが私。それでこれがライトね」。川にライトとピクニックに行った時の思い出に浸りながら、写真を指差し笑って紹介してくれた。歴史上の最も偉大な建築家が急に身近に感じられたのと同時に、震えが止まらなかった。そして、「今度、卒業設計ができたら持ってきます」と言い、土浦邸を後にした。

　土浦邸への再訪は大学の卒業が迫った時だった。前回と同じように挨拶も交わしてくれず、無愛想に椅子に座ったままの土浦さんに「卒業設計を持ってきました。未熟ですが、一所懸命つくったものです。見ていただけませんか」と頼んだ。すると土浦さんは初めてこちらに身体を向け、急に目を輝かし、90歳を超えているとはとても思えない集中力で私の作品を熱心に見てくれた。しばらくして、思いもかけない言葉が土浦さんの真剣かつあたたかい表情の中から発せられた。

　「君は建築家になりなさい」と。

　土浦さんとの会話はそれが最初で最後だった。その6年後、土浦さんは長い生涯を終えた。

　一所懸命つくった卒業制作によって、道が拓かれた。

　自分の正直な気持ちと良心に向きあい、力の限りつくったものは、いずれ良き人との出会いをつないでくれる。この時に得た実感はそれからの設計活動の基盤となった。

　その作品をなんとか超えたいとか、もう一度あの時の気持ちに戻りたいとか、今、そんなふうに思っているわけではない。古い建築を見て"かなわない"と屈しながらも、それで仕方がないと前向きに理解する時の気持ちと同じだ。

　時は動いている。二つとして同じ気持ちも存在しないし、同じ出来事も起こらない。しかし、自分の感覚に忠実に、そして気持ちに正直であることはずっと変わらないことであり、その不変なものを大切にしながら良心を見つめてゆきたい。いや、その不変と良心を失っては、建築というものはつくれないはずだから。

図面に用いた略称について

	材料関係		塗装関係		設備関係		記号関係
CB	コンクリートブロック	AEP	アクリルエマルションペイント	AC	エアコン	A	ペアガラスの中空層の厚さ
CF	クッションフロア	CL	クリアラッカー	EV	エレベーター	@	材料と材料の間隔（ピッチ）
FIX	はめ殺し窓	EP	エマルションペイント	PS	パイプスペース	CH	シーリングハイト。天井高さ
FL	フロートガラス	OF	オイルフィニッシュ	Ref	冷蔵庫	FL	フロアライン
FRP	繊維強化プラスチックを用いた塗膜防水	OP	オイルペイント	wm	洗濯機	GL	グラウンドライン。地盤面
HL	ヘアライン仕上げ	OS	オイルステイン			PL	パラペットライン
JB	ジェットバーナー仕上げ	SOP	スチールオイルペイント			t	厚さ
PB	プラスターボード	UC	ウレタンクリア				
PC	プレキャストコンクリート	VP	ビニルペイント				
ST	スチール	WP	ウッドプロテクション				
SUS	ステンレス						

堀部安嗣 Yasushi Horibe

建築家、一級建築士
1967年　神奈川県横浜市生まれ
1990年　筑波大学芸術専門学群環境デザインコースを卒業
1991-94年　益子アトリエにて益子義弘に師事
1994年　堀部安嗣建築設計事務所を設立
2002年　「牛久のギャラリー」で第18回吉岡賞を受賞
2007年より京都造形芸術大学大学院教授

［初出一覧］
下記以外は書き下ろし
「建築の居場所」『住宅建築』2009年12月号（建築資料研究社）より抜粋
「記憶」『書庫を建てる—1万冊の本を収める狭小住宅プロジェクト』
（2014年／新潮社）

［写真（下記以外）・スケッチ］
堀部安嗣

齋藤さだむ（p.086, 118上, 175, 207, 224, 227, 235, 239, 259）
鈴木研一（p.266右下, 309, 310下2点, 376左上, 377中）
新建築社写真部（p.078, 079）
雨宮秀也［『住む。』21号掲載／2007年／泰文館］（p.219）
舘 国雄［建主］（p.110上, 113下）
疋田貴之［建主］（p.248, 249）
栗原 論（p.515, 518, 521, 523／対談）
伊藤嘉記（p.527）

［堀部安嗣建築設計事務所所員］
松本美奈子
伊藤嘉記
塚越阿希江
鈴木雅也

［元所員・設計協力者］
丸山 彈
村上玲実
立花紗由美
松村裕之
梅原佑司
礒 健介
久保田健助
古賀準一
熊澤安子
畠山祐弘

［作品集図面製作協力者］
永井杏奈
棚橋 玄
坂元晋介
松村 耕
後藤久恵
奥山公平
宗像秀展
佐々木朋之

堀部安嗣 作品集 1994–2014 全建築と設計図集

2015年3月12日　初版第1刷発行
2025年1月5日　初版第8刷発行

[著者]
堀部安嗣

[編集]
宮﨑謙士、長井美暁、日下部行洋（平凡社）

[ブックデザイン]
有山達也、岩渕恵子、山本祐衣（アリヤマデザインストア）

[図面版下製作]
長谷川智大

[DTP]
橋本秀則（シンプル）

[プリンティングディレクター]
佐野正幸（TOPPANクロレ）

[プリンティングマネージャー]
石原真樹、中村直人（TOPPANクロレ）

[製版ディレクター]
大崎俊之（TOPPANクロレ）

[製版]
安田未穂（TOPPANクロレ）

[発行者]
下中順平

[発行所]
株式会社平凡社
〒101-0051　東京都千代田区神田神保町3-29
電話　03-3230-6584（編集）　03-3230-6573（営業）
振替　00180-0-29639

[印刷・製本]
TOPPANクロレ株式会社

©Yasushi HORIBE 2015 Printed in Japan

ISBN 978-4-582-54451-0
NDC分類番号 520
B4変型判（25.1cm）　総ページ 528

平凡社ホームページ　https://www.heibonsha.co.jp/

乱丁・落丁本のお取り替えは直接小社読者サービス係までお送り下さい（送料は小社で負担します）。